Birger Schäfermeier

SELBSTBESTIMMT UND FREI MIT TRADING

Birger Schäfermeier

SELBSTBESTIMMT UND FREI MIT TRADING

Dein Leben - Deine Regeln

DEUTSCHER
WIRTSCHAFTSBUCH
VERLAG

Bibliografische Information der Deutschen Nationalbibliothek
Die Deutsche Nationalbibliothek verzeichnet diese Publikation in der Deutschen Nationalbibliografie; detaillierte bibliografische Daten sind im Internet über dnb.dnb.de abrufbar.

Wir freuen uns auf eure Anregungen und Fragen
info@deutscherwirtschaftsbuchverlag.com

Wichtiger Hinweis
Die im Buch veröffentlichten Empfehlungen wurden von Verfasser und Verlag erarbeitet und geprüft. Der Inhalt dieses Buches beruht ausschließlich auf den persönlichen Erfahrungen des Autors und erhebt keinen wissenschaftlichen Anspruch. Die benutzten Begrifflichkeiten sind wertfrei. Eine Garantie kann dennoch nicht übernommen werden. Ebenso ist die Haftung des Verfassers bzw. des Verlages und seiner Beauftragten für Personen-, Sach- und Vermögensschäden ausgeschlossen.

Originalausgabe
1. Auflage 2025

Deutscher Wirtschaftsbuch Verlag GmbH, Christoph-Rodt-Straße 11, 86476 Neuburg an der Kammel
www.deutscherwirtschaftsbuchverlag.com

Auch wenn eine gendergerechte Sprache wünschenswert ist, gibt es aus Sicht des Verlages bisher keine befriedigende, gut lesbare Lösung. Der leichten Lesbarkeit zuliebe haben wir des Öfteren von der Doppelung männlicher und weiblicher Formen Abstand genommen. Selbstverständlich liegt es uns fern, dadurch einen Teil der Bevölkerung zu diskriminieren.

Redaktion: Judith Engst
Satz: inpunkt[w]o, Wilnsdorf
Korrektorat: Silvia Kinkel
Cover- und Umschlaggestaltung: www.b3k-design.de, © 2025 Andrea Schneider & diceindustries
Bildnachweis: © Sören Murmann
Druck: Mohn Media
Printed in Germany

ISBN Print: 978-3-69066-057-0
ISBN E-Book (PDF): 978-3-69066-059-4
ISBN E-Book (EPUB, Mobi): 978-3-69066-058-7

INHALT

VORWORT

Freiheit, dieses Wort klingt für viele nach einem fernen Ideal – einem Leben jenseits von finanziellen Sorgen, Zeitdruck und Verpflichtungen. Über viele Jahre hinweg habe ich selbst nach dieser Freiheit gesucht – nicht nur beruflich, sondern auch persönlich.

Rückblickend war es oft das Risiko, das mich wirklich weitergebracht hat. Mit diesem Buch lade ich dich ein, meinen Weg nachzuvollziehen – und deinen eigenen zu finden.

Es geht nicht um schnelle Gewinne, sondern um Klarheit, Struktur und Verantwortung. In der Welt des Tradings entscheidet nicht das Wissen, sondern das Verhalten. Nur wer bereit ist, Fehler zu akzeptieren und daraus zu lernen, kann dauerhaft gewinnen.

Echte finanzielle Freiheit beginnt im Kopf – und sie wird durch Wiederholung zur Realität. Klar ist, dass es auch Rückschläge geben wird. Aber mit einem System, das funktioniert, kannst du sie überwinden und du kannst lernen, Risiken nicht zu fürchten, sondern zu beherrschen. Trading ist kein Glücksspiel – es ist ein Handwerk. Jeder Trade ist eine Entscheidung, und jede Entscheidung formt deine Zukunft. Am Ende zählt nur eines: Dass du dein Leben selbst gestaltest – mit Freiheit als Leitstern.

Danke an mein gesamtes tradAc Team, dass mich in den letzten 25 Jahren bei der Arbeit unterstützt hat!

EINLEITUNG: WARUM DIESES BUCH?

Trading ist für mich weit mehr als nur ein Beruf. Es ist meine Leidenschaft, mein »Baby« – etwas, das mich geformt hat, sowohl als Trader und Coach als auch als Mensch. Trading hat mich maßgeblich verändert: meine Persönlichkeit, meine Denkweise und meinen Umgang mit Emotionen.

Seit über 30 Jahren bin ich nun an den Finanzmärkten aktiv, und dennoch lerne ich immer noch, bleibe offen für das, was an den Märkten geschieht, und nehme die Veränderungen bewusst wahr. Gleichzeitig erkenne ich, wie die Faktoren, die seit wahrscheinlich Hunderten von Jahren die Börsen beeinflussen, die Märkte heute noch prägen. Vielleicht verspüre ich deshalb auch nach all den Jahren dieselbe Faszination, die mich schon als Jugendlicher gepackt hat.

Die Anfänge einer Leidenschaft

Ich erinnere mich noch genau an den Moment, als ich meine erste Aktie kaufte – ich war 14 Jahre alt. Während andere in meinem Alter von Sport oder Musik begeistert waren, zog mich die Börsenwelt magisch an. Ich war fasziniert von der Idee, dass sich allein durch die Veränderung von Aktienkursen Wohlstand aufbauen lässt.

Diese Leidenschaft ließ mich nie los. Mein Elternhaus war weit entfernt von Themen wie Vermögensbildung oder Börsenhandel: Geld war in unserer gutbürgerlichen Familie nie ein Thema – nicht, weil wir so reich gewesen wären, sondern weil weder mein Vater noch meine Mutter Geld als wichtig empfanden. Eine solche Einstellung war für meinen Vater, der Pfarrer war, und meine Mutter, die Lehrerin war, natürlich kein Problem, denn als Beamte waren sie finanziell lebenslang abgesichert. Doch gerade deshalb erschien es mir umso spannender, die Welt der Finanzen zu entdecken und mir mein Wissen eigenständig zu erarbeiten.

Mein Weg zum Trading

Nach der Schule studierte ich Volks- und Betriebswirtschaftslehre, doch das, was ich über die Märkte wissen wollte, eignete ich mir selbst an. Während meines Studiums arbeitete ich bei einem amerikanischen Broker und betreute dort Kunden. Diese Zeit war prägend für mich: Ich lernte aus den Erfolgen und Fehlern anderer, sammelte wertvolle Erfahrungen und gewann tiefere Einblicke in die Mechanismen der Märkte.

Doch eines fehlte mir damals: ein Mentor. Jemand, der mir den Weg hätte weisen und mir dabei hätte helfen können, meine Lernkurve abzukürzen. Ohne diese Unterstützung brauchte ich sechs Jahre harter Arbeit, heftiger Rückschläge und unzähliger Lektionen, bis mein Tun endlich profitabel wurde.

Der Preis meiner sechsjährigen Lehrzeit

Hier liegt einer meiner größten Fehler – einer, der mich bis heute beschäftigt: Die sechs Jahre, die ich gebraucht habe, um das Trading zu erlernen, waren sechs Jahre, in denen ich den Zinseszins nicht für mich arbeiten ließ.

Um dir die Tragweite dieses Fehlers zu verdeutlichen, stelle dir Folgendes vor: Mit einem Startkapital von 50.000 Euro und einer durchschnittlichen Rendite von 25 Prozent hätte mein Kapital über einen Zeitraum von 30 Jahren exponentiell wachsen können. Doch durch die verlorenen sechs Jahre fehlte mir wertvolle Zeit, und der Unterschied ist gewaltig:

- Endwert nach sechs verlorenen Jahren: 10.587.912 Euro
- Endwert, wenn ich diese sechs Jahre genutzt hätte: 40.389.678 Euro
- Verlust durch die sechs verlorenen Jahre: 29.801.767 Euro

Dieser »Preis« zeigt eindrucksvoll, wie wichtig Zeit beim Vermögensaufbau ist. Jede Entscheidung, die wir heute treffen – oder nicht treffen –, hat langfristige Auswirkungen. Genau deshalb schreibe ich dieses Buch: um dir zu helfen, solche Fehler zu vermeiden und deine Lernkurve zu verkürzen.

Die Märkte als Lehrer

Trading war für mich von Anfang an eine Schule des Lebens. Die Märkte haben mir meine Schwächen und Fehler schonungslos aufgezeigt und mich gezwungen, an mir zu arbeiten. Ich musste lernen, Disziplin zu entwickeln, Emotionen zu kontrollieren und einen klaren Plan zu verfolgen.

Dabei habe ich eine der wichtigsten Erkenntnisse meines Lebens gewonnen: Ich trade nicht die Märkte – ich trade mich selbst. Erfolg an der Börse beginnt mit dem Verständnis der eigenen Stärken, Schwächen und Emotionen. Erst als ich bereit war, Verantwortung dafür zu übernehmen, änderten sich mein Trading und schließlich auch mein Leben.

Meine Mission: Wissen weitergeben, Wachstum ermöglichen

Trading ist für mich weit mehr als ein Mittel, um Geld zu verdienen. Es ist ein Weg des Wachstums – in allen Facetten des Lebens. In über 30 Jahren als Day-Trader und Coach habe ich gelernt, dass wahres Wachstum nicht nur auf den Kontostand beschränkt ist. Es geht darum, als Mensch zu wachsen, neue Horizonte zu entdecken und schließlich das, was man gelernt hat, zu teilen. Denn eines habe ich tief verinnerlicht: Was wächst, lässt sich teilen – das ist ein Grundprinzip der Natur.

Mein Ziel ist es, Menschen zu inspirieren und sie auf ihrem eigenen Weg des Wachstums zu begleiten – als Trader und als Persönlichkeit. Wachstum beginnt mit dem Mut, sich selbst ehrlich zu hinterfragen, Hürden anzunehmen und Rückschläge als Lerngelegenheiten zu verstehen.

Ich selbst bin diesen Weg gegangen. Bevor ich zu einem der erfolgreichsten Day-Trader Europas wurde, musste ich enorme Herausforderungen meistern. Es gab Momente, in denen ich Rückschläge hinnehmen musste, die mich beinahe zum Aufgeben gebracht hätten. Doch mein unerschütterlicher Glaube an mich selbst und mein Wille, meine Ziele zu erreichen, trugen mich durch diese schwierigen Zeiten.

Die wichtigste Erkenntnis auf meinem Weg war jedoch diese: **Ich trade nicht die Märkte – ich trade mich selbst.** In dem Moment, in dem ich das begriff, änderte sich alles. Ich begann, die Verantwortung für meine Entscheidungen voll zu übernehmen, meine mentalen Barrieren zu durchbrechen und an meinem Selbstvertrauen, meiner Intuition und meiner inneren Balance zu arbeiten.

Dieses Buch ist meine Art, mein Wissen und meine Erfahrung zu teilen. Wissen ist eines der wenigen Dinge, das wächst, wenn man es teilt. Deshalb ist es mir eine Herzensangelegenheit, dir nicht nur die technischen Grundlagen des Tradings beizubringen, sondern dir auch zu der mentalen Stärke und der inneren Klarheit zu verhelfen, die notwendig sind, um wirklich erfolgreich zu sein.

Ich möchte dir helfen, deinen eigenen Weg zu finden – nicht nur als Trader, sondern als Mensch, der seine Träume verwirklicht. Auf den folgenden Seiten wirst du erfahren, wie ich selbst Hindernisse überwunden habe und welche Strategien und Prinzipien mir dabei geholfen haben.

Erfolg durch Erfahrung und Struktur

In meiner Arbeit als Coach habe ich festgestellt, dass es nicht nur meinen Schülern hilft, wenn ich Trading unterrichte, sondern dass sich dadurch auch mein eigenes Trading verbessert hat. Um etwas wirklich zu erklären und anderen beizubringen, muss man es tief durchdringen und in klaren, strukturierten Schritten erklären können.

Heute handle ich täglich mehrere Millionen Euro und bin einer der erfolgreichsten Day-Trader Europas. Doch mein Weg war alles andere als einfach. Und genau deshalb schreibe ich dieses Buch: um dir zu helfen, deine Lernkurve zu verkürzen und deine Chancen auf Erfolg zu maximieren.

Dieses Buch ist nicht nur eine Sammlung von Trading-Strategien. Es ist ein Leitfaden, der dir zeigt, wie du ...

- die Grundlagen des Tradings meisterst.
- dir eine mentale Stärke aufbaust, um auch in schwierigen Zeiten stabil zu bleiben.
- Trading als Werkzeug nutzt, um nicht nur finanziell, sondern auch persönlich zu wachsen.

Mein Ziel: dich inspirieren und unterstützen

Ich weiß aus eigener Erfahrung, wie steinig der Weg zum erfolgreichen Trader sein kann – und wie erfüllend es ist, diesen Erfolg schließlich zu erreichen. Heute sehe ich es als meine Mission an, Menschen dabei zu helfen, diesen Weg zu gehen.

Dabei geht es mir nicht nur darum, dir zu zeigen, wie du profitabel tradest, sondern auch, wie du das Beste aus dir selbst herausholst. Ich möchte dich inspirieren, deine eigenen Grenzen zu verschieben, Hindernisse zu überwinden und ein Leben nach deinen Vorstellungen zu gestalten.

Was dich erwartet

In diesem Buch teile ich mit dir ...

- meine Erfahrungen aus über drei Jahrzehnten als Trader,
- die mentalen und strategischen Prinzipien, die mir geholfen haben, erfolgreich zu werden,
- praktische Anleitungen und Strategien, die du direkt umsetzen kannst.

Trading ist keine Abkürzung zum Reichtum. Es erfordert harte Arbeit, Disziplin und den Willen, an sich selbst zu arbeiten. Aber für diejenigen, die bereit sind, diese Herausforderung anzunehmen, bietet es die Möglichkeit, finanzielle Freiheit zu erreichen – und gleichzeitig als Mensch zu wachsen.

Deine Reise beginnt hier

Ich lade dich ein, mit diesem Buch deine Reise zu beginnen. Es ist nie zu spät, etwas Neues zu lernen und das Leben in die Hand zu nehmen. Lass uns gemeinsam daran arbeiten, deine Ziele zu erreichen und deine Träume Wirklichkeit werden zu lassen.

SCHLUSSGEDANKE

Bevor wir uns den Grundlagen des Tradings widmen, lass uns zuerst klären, was finanzielle Freiheit wirklich bedeutet – und wie sie sich von finanzieller Sicherheit und Unabhängigkeit unterscheidet.

DIE VISION: TRADING ALS WERKZEUG ZUR FINANZIELLEN FREIHEIT

Trading ist weit mehr als nur ein Weg, um Geld zu verdienen – es ist ein Werkzeug, das dir ermöglichen kann, echte finanzielle Freiheit zu erreichen. Doch was bedeutet finanzielle Freiheit? Und warum ist Trading ein so mächtiges Mittel, um dieses Ziel zu erreichen? Wir werden uns in einem späteren Kapitel noch genauer mit diesem Betriff befassen. Aktuell genügt eine Kurzdefinition:

Finanzielle Freiheit bedeutet, dass du genug passives oder aktives Einkommen hast, um dein Leben nach deinen eigenen Vorstellungen zu gestalten, ohne dir ständig Sorgen ums Geld machen zu müssen. Es geht nicht nur darum, reich zu sein – es geht um Unabhängigkeit, Selbstbestimmung und die Fähigkeit, das Leben zu führen, das du dir wünschst. Geld zu haben, bedeutet nicht, glücklich zu sein, aber es bedeutet, Möglichkeiten zu haben. Was du mit diesen Möglichkeiten machst, hängt von deiner Persönlichkeit ab.

WARUM TRADING EIN EINZIGARTIGES WERKZEUG IST

Ich habe mich für das Trading entschieden, weil es eine Reihe unschlagbarer Vorteile bietet. Hier führe ich die wichtigsten fünf in aller Kürze auf. Wir werden uns in einem späteren Kapitel noch ausführlicher damit befassen:

- Der beschleunigte Zinseszinseffekt: Durch schnelle kontinuierliche Gewinne wächst dein Vermögen sehr schnell an.
- Einstieg mit geringem Startkapital: Du kannst mit kleinen Summen beginnen und trotzdem hohe Renditen erzielen.
- Verlustbegrenzung durch präzises Risikomanagement: Durch Trading-Werkzeuge wie Stopp-Loss-Orders behältst du die Kontrolle und bist plötzlichen Marktveränderungen nicht einfach ausgeliefert.
- Unabhängigkeit von Marktbewegungen: Gewinne sind in steigenden und fallenden Märkten möglich.
- Zeitliche Flexibilität und räumliche Unabhängigkeit: Du bist weder an bestimmte Zeiten noch an einen festen Ort gebunden.

TRADING ALS TRANSFORMATIONSPROZESS

Trading ist jedoch nicht nur ein Werkzeug zur finanziellen Freiheit – es ist auch eine Schule des Lebens. Die Märkte lehren dich Disziplin, Geduld und den Umgang mit deinen Emotionen. Jeder Trade ist eine Entscheidung, die Verantwortung erfordert, und jeder Verlust ist eine Lektion, die dich weiterbringt.

Durch das Trading wächst du nicht nur finanziell, sondern auch persönlich. Du lernst, dich selbst besser zu verstehen, klar zu denken und in Stresssituationen ruhig zu bleiben. Das sind Fähigkeiten, die weit über die Finanzmärkte hinausreichen und dir in vielen Lebensbereichen zugutekommen.

Mit der finanziellen Freiheit durch Trading geht aber auch eine große Verantwortung einher. Es liegt an dir, diszipliniert zu bleiben, deine Risiken zu kontrollieren und deine Gewinne klug zu reinvestieren. Trading ist kein Glücksspiel – es ist ein Werkzeug, das nur funktioniert, wenn du bereit bist, die nötige Arbeit und Disziplin aufzubringen.

SCHLUSSGEDANKE

Trading ist mehr als nur ein Mittel, um Geld zu verdienen. Es ist ein Werkzeug, das dir die Möglichkeit gibt, echte Freiheit zu erreichen – finanziell, geografisch und persönlich. Gerade in Krisen, wenn die Märkte fallen, bietet Trading dir außergewöhnliche Chancen, die andere Menschen nicht nutzen können. Doch Freiheit geht mit Verantwortung einher: Du bist derjenige, der die Kontrolle übernimmt und den Erfolg gestaltet.

ZIELGRUPPE – FÜR WEN IST DIESES BUCH GESCHRIEBEN?

Dieses Buch richtet sich an alle, die den Wunsch haben, ihre finanzielle Unabhängigkeit durch Trading zu erreichen. Allerdings ist Trading nicht für jeden geeignet. Es ist kein einfacher Weg, und es erfordert Hingabe, Disziplin sowie den Willen, kontinuierlich zu lernen und sich selbst zu verbessern. Deshalb möchte ich von Anfang an klarstellen, für wen dieses Buch gedacht ist – und für wen nicht.

FÜR WEN DIESES BUCH SICH EIGNET

Beim Schreiben dieses Buches hatte ich vorrangig die folgenden vier Gruppen im Kopf. Kannst du dich mit einer dieser Gruppen identifizieren? Dann setze deine Lektüre fort.

- **Neugierige, die das Trading verstehen wollen:**
  Wenn du bisher wenig über Trading weißt, aber neugierig bist, wie die Märkte funktionieren und wie du sie für deinen finanziellen Erfolg nutzen kannst, dann bist du hier richtig. Dieses Buch bietet dir eine klare Einführung in die Welt des Tradings – ohne unnötige Fachbegriffe und unrealistische Versprechungen.

- **Berufstätige, die ein zweites Standbein suchen:**
  Viele Menschen suchen nach einer Möglichkeit, neben ihrem Hauptberuf ein zusätzliches Einkommen zu generieren. Trading kann genau das sein. Dieses Buch zeigt dir, wie du Trading in dein Leben integrierst, auch wenn du beruflich eingebunden bist, und wie du langfristig erfolgreich wirst.

- **Fortgeschrittene, die ihre Fähigkeiten ausbauen wollen:**
  Wenn du bereits erste Erfahrungen im Trading gesammelt hast, aber das Gefühl hast, noch nicht dein volles Potenzial auszuschöpfen, wirst du in diesem Buch wertvolle Strategien, Ansätze und mentale Techniken finden, die dir helfen, den nächsten Schritt zu machen.

- **Menschen, die finanzielle Freiheit anstreben:**
  Trading bietet dir eine Möglichkeit, unabhängig von Kunden, Chefs oder der wirtschaftlichen Lage ein Einkommen zu erzielen. Wenn du bereit bist, Zeit und Arbeit zu investieren, kann Trading ein Werkzeug sein, um die finanzielle Freiheit zu erreichen, von der du träumst.

FÜR WEN DIESES BUCH NICHT GEEIGNET IST

Eine Reihe von Menschen stellt falsche Erwartungen an das Trading oder bringt nicht die richtigen Voraussetzungen mit. Diesen Menschen kann ich nur von der Lektüre abraten:

- **Denjenigen, die schnelle Gewinne ohne Arbeit erwarten:**
  Trading ist kein Glücksspiel und keine Abkürzung zum Reichtum. Wenn du denkst, dass du ohne Aufwand oder Wissen erfolgreich sein kannst, dann ist dieses Buch nichts für dich. Ich möchte dir nicht die Illusion geben, dass der Erfolg über Nacht käme – das tut er nicht.

- **Menschen, die keine Disziplin haben:**
  Erfolgreiches Trading erfordert Disziplin und die Fähigkeit, Regeln zu befolgen. Wenn du impulsiv handelst, ohne Plan und ohne Kontrolle, wirst du langfristig keinen Erfolg haben. Dieses Buch zeigt dir zwar, wie du Disziplin entwickelst – aber die Bereitschaft dazu musst du selbst mitbringen.

- **Denjenigen, die kein Risiko eingehen möchten:**
  Trading bedeutet, Entscheidungen in unsicheren Situationen zu treffen. Wenn du nicht bereit bist, Risiken einzugehen und mit Verlusten umzugehen, wird Trading für dich schwierig sein. Ich zeige dir, wie du Risiken kontrollierst – aber sie vollständig zu vermeiden, ist nicht möglich.

WAS DU VON DIESEM BUCH ERWARTEN DARFST

- **Eine klare Einführung in die Welt des Tradings:**
  Ich erkläre dir die Grundlagen, zeige dir die wichtigsten Werkzeuge und gebe dir Einblicke in die Denkweise eines erfolgreichen Traders.

- **Praxisnahe Strategien:**
  Du lernst Strategien kennen, die du direkt anwenden kannst, unabhängig davon, ob du Day-Trader, Swing-Trader oder Positionshändler werden möchtest.

- **Mentale Unterstützung:**
  Trading ist mehr als nur ein Zahlenwerk – es ist ein mentaler Prozess. Dieses Buch hilft dir, die richtige Einstellung zu entwickeln und deine Emotionen zu kontrollieren.

- **Einen Weg, der zu dir passt:**
  Ich zeige dir, wie du einen persönlichen Trading-Plan entwickelst, der perfekt auf deine Ziele, deine Zeit und deine Persönlichkeit zugeschnitten ist.

EINLADUNG AN DICH

Dieses Buch ist für Menschen, die bereit sind, in sich selbst zu investieren – sei es Zeit, sei es Mühe und sei es Geduld. Es ist für alle, die bereit sind, den ganzen Weg zu gehen, statt nach Abkürzungen zu suchen. Trading ist eine Herausforderung, aber es kann eine der lohnendsten Herausforderungen deines Lebens sein.

SCHLUSSGEDANKE

Wenn du bereit bist, Trading ernsthaft zu lernen, deine Denkweise anzupassen und dich Schritt für Schritt zu verbessern, dann ist dieses Buch für dich richtig. Es ist dein Begleiter auf dem Weg, Trading zu einem Teil deines Lebens zu machen – und dein Leben damit auf ein neues Niveau zu heben.

KAPITEL 1

WAS IST FINANZIELLE FREIHEIT?

So banal der Begriff »finanzielle Freiheit« klingen mag, so wichtig ist es, ihn zu Beginn sauber zu definieren. Denken wir in diesem Kapitel darüber nach, was damit gemeint ist.

VIER WESENTLICHE ERKENNTNISSE ZUR FREIHEIT

Im Laufe meines Lebens habe ich vier wesentliche Erkenntnisse dazu gewonnen, was finanzielle Freiheit impliziert. Ich finde sie heute noch hilfreich.

DIE ERSTE ERKENNTNIS: GELD SCHAFFT MÖGLICHKEITEN

Als Kind wuchs ich in bescheidenen Verhältnissen auf. Mein Taschengeld war gering – gerade genug, um mir ein paar Bonbons am Kiosk zu leisten. Während meine Freunde von neuen Comics oder kleinen Spielsachen schwärmten, blieb mir oft nur das Zuhören. Meine Eltern gaben mir wenig Taschengeld, obwohl sie finanziell abgesichert waren, da ihre Werte von Bescheidenheit und Sparsamkeit geprägt waren. Mein Vater legte als Pastor großen Wert auf ein Leben im Einklang mit christlichen Prinzipien. Er glaubte, dass wahre Erfüllung nicht im materiellen Überfluss, sondern im Geistigen und im zwischenmenschlichen Miteinander zu finden sei. Meine Mutter vertrat als Lehrerin ähnliche Ansichten. Sie wollte mir beibringen, den Wert von Geld zu schätzen und mit den verfügbaren Mitteln verantwortungsbewusst umzugehen. Sie sah es als Lektion fürs Leben an, dass man mit wenig auskommen kann und dennoch zufrieden sein sollte. Es waren eher preußische Tugenden wie Sparsamkeit und ihr beruflicher Hintergrund, der sie veranlasste, mich knapp mit Geld zu halten. Somit waren die Möglichkeiten begrenzt, die mir dieses wöchentliche kleine Budget eröffnete.

Eines Nachmittags geschah jedoch etwas, das mir ein Gefühl von Freiheit und Gestaltungswillen schenkte, das ich bis heute in meinem Herzen trage.

Ich war auf dem Heimweg, es war ein ganz gewöhnlicher Tag, als mein Blick auf etwas im Staub der Straße fiel. Es funkelte. Ein Sonnenstrahl, der auf etwas Metallisches fiel, zog meine Aufmerksamkeit magisch an. Ich bückte mich und hob es auf – und was ich in der Hand hielt, verschlug mir den Atem: ein 5-Mark-Stück, ein echter Heiermann, wie man damals sagte!

In meiner kleinen Kinderhand lag die schwere Münze, und es war, als würde die Welt für einen Moment stillstehen. Das Gewicht der Münze war spürbar – sie wog schwer, und doch fühlte sie sich leicht an, so voller Möglichkeiten. Ich drehte sie zwischen meinen Fingern, spürte den glatten Rand und die kalte Oberfläche, die sich langsam in meiner Hand erwärmte. Es war, als hielte ich einen Schatz.

Doch es kam noch besser: Nur ein paar Schritte weiter entdeckte ich, fast wie ein kleines Wunder, noch zwei D-Mark-Stücke. Sie lagen da, unscheinbar im Staub, als hätten sie nur darauf gewartet, von mir gefunden zu werden. Jetzt hielt ich nicht nur einen Heiermann in der Hand, sondern insgesamt 7 D-Mark – das Siebenfache meines wöchentlichen Taschengeldes!

Dieses Geld war für mich nicht nur ein Betrag. Es löste unmittelbar in mir ein Gefühl grenzenloser Freiheit aus, weil es mir Möglichkeiten schaffte, die ich sonst nicht hatte. In meinem Kopf malte ich mir sofort aus, was ich damit alles tun könnte: einen Donald-Duck-Comic kaufen, den ich mir sonst niemals würde leisten können. Oder vielleicht ein Yps-Heft? Ich fühlte eine grenzenlose Freude und Euphorie. Es war, als hätte jemand eine unsichtbare Tür zu einer Welt voller Möglichkeiten aufgestoßen.

In diesem Moment verstand ich zum ersten Mal, dass Geld nicht einfach nur etwas ist, was man ausgibt. Es ist ein Werkzeug – ein Schlüssel, der Türen öffnen kann. **Diese erste Erkenntnis zur Freiheit, die ich als Kind erlangte, lautete: Geld schafft Möglichkeiten.**

DIE ZWEITE ERKENNTNIS: DER PREIS DER KONSUMFREIHEIT

Nach meinem ersten Erlebnis mit dem Heiermann und den beiden D-Mark-Stücken, das mir ein Fenster in die Welt der Möglichkeiten öffnete, lechzte ich danach, dieses Gefühl von Freiheit häufiger zu erleben. Doch die Realität in meinem jungen Leben holte mich schnell ein: Möglichkeiten kosteten Geld, und Geld war knapp. Mein Taschengeld, so lehrreich seine Knappheit auch war, reichte gerade für das Nötigste. Also begann ich, mir zusätzlich etwas zu verdienen.

Meine ersten Versuche, mein Einkommen aufzubessern, waren geprägt von harter Arbeit. Ich trug Zeitungen und Prospekte aus, ein paar Stunden am Nachmittag nach der Schule, wenn meine Freunde auf dem Fußballplatz standen und gemeinsam lachten. Während sie die Freiheit genossen, einfach zu spielen, radelte ich mit meiner schweren Tasche durch die Nachbarschaft, klingelte an Türen, warf Post in Briefkästen und kämpfte mit der Müdigkeit, die sich nach einem langen Schultag in meinen Gliedern breitmachte.

An heißen Sommertagen, wenn die Sonne gnadenlos auf meine Stirn brannte, träumte ich von einem Sprung in einen kühlen See. Ich stellte mir vor, wie ich mit meinen Freunden lachend ins Wasser tauchen würde, während die Zeit einfach stillstand. Doch diese Träume wurden stets unterbrochen, wenn ich den nächsten Prospekt aus der Tasche zog und weitermachte.

Die Ferien waren noch härter. Während andere Jugendliche ihre freie Zeit genossen und unternahmen, worauf sie Lust hatten, verbrachte ich viele Stunden in der Gärtnerei. Die Arbeit war eintönig und körperlich anstrengend: Pflanzen gießen, Unkraut jäten, Erde schaufeln. Meine Hände wurden rau, meine Muskeln schmerzten. Jeden Morgen stand ich früh auf, zog meine Arbeitskleidung an und verbrachte den Tag damit, Aufgaben zu erledigen, die kein Ende zu nehmen schienen.

Und doch hielt ich durch. Der Gedanke, dass ich mit jeder eingenommenen D-Mark meiner Vorstellung von Freiheit ein Stück näherkommen würde, gab mir Kraft. Das Geld erlaubte mir, mir Dinge zu leisten, die ich mir sonst nicht hätte leisten können. Ein Kinobesuch hier, ein neues Buch dort – kleine Freuden, die mir den Alltag versüßten.

Doch je länger ich arbeitete, desto klarer wurde mir ein schmerzhafter Konflikt. Ein Tag hat nur 24 Stunden, und jede Stunde, die ich mit Arbeiten verbrachte, war eine Stunde, die mir für mich selbst fehlte. Ich wollte Freiheit mit Geld erkaufen, doch der Preis dafür war hoch: meine eigene Zeit.

Dieser innere Widerspruch nagte an mir. Ich wollte Möglichkeiten schaffen, doch diese Möglichkeiten blieben theoretisch, wenn ich sie nicht nutzen konnte. Während andere Jugendliche den Sommer genossen, am See lagen oder einfach in den Tag hineinlebten, war ich in Bewegung, schuftete, tauschte meine Zeit gegen Geld ein.

An manchen Abenden fragte ich mich, ob es das alles wert war. Wäre es nicht besser, einfach loszulassen und wie meine Freunde die Momente zu genießen, die mir das Leben bot? Doch etwas in mir wollte mehr. Ich wollte unabhängig sein, meine eigenen Entscheidungen treffen können. Und dafür war Geld der Schlüssel – das hatte ich früh verstanden.

Diese zweite Erkenntnis zur Freiheit war eine Lektion zum Thema Widersprüche. Mir wurde klar, dass Geld zwar Möglichkeiten schafft, aber allein nicht ausreicht. Solange ich meine Zeit gegen Geld tauschte, blieb ich gefangen: einerseits auf dem Weg zu größerer Freiheit, andererseits ohne die Freiheit, meine Zeit selbst zu gestalten.

Es war ein Zwiespalt, der mich prägte. Die harte Arbeit disziplinierte mich, lehrte mich den Wert des Geldes und brachte die Erkenntnis, wie wichtig es ist, Verantwortung für sich selbst zu übernehmen. Aber sie zeigte mir auch die Grenzen dieses Weges: Geld, das auf Kosten von Lebenszeit verdient wird, schafft keine wahre Freiheit – sondern nur Konsumfreiheit.

Dieser Konflikt sollte mich noch lange beschäftigen und wurde zu einer treibenden Kraft auf meiner Reise. Ich wusste, dass ich etwas ändern musste, dass es einen Weg geben musste, der nicht nur Konsumfreiheit ermöglichte, sondern auch die Freiheit, meine Zeit selbst zu gestalten.

Diese zweite Erkenntnis war, dass Zeit gegen Geld zu tauschen zwar kurzfristig Möglichkeiten schafft, aber langfristig eine Sackgasse ist.

DIE DRITTE ERKENNTNIS: LEIDENSCHAFT ALS SCHLÜSSEL ZUR FREIHEIT

Manchmal sind es die kleinen Zufälle, die große Dinge ins Rollen bringen. Im Alter von 15 Jahren, ohne viel Planung oder Ambitionen, stolperte ich in eine DJ-AG im Jugendheim. Es war eher Neugier als ein bewusstes Ziel, die mich dazu brachte, an den wöchentlichen Treffen teilzunehmen. Dort lernte ich, Platten aufzulegen, Übergänge zu gestalten und zu verstehen, wie Musik die Stimmung in einem Raum verändern kann.

Doch was als harmloses Hobby begann, entwickelte sich schnell zu einer Leidenschaft. Ich entdeckte, dass ich ein Talent hatte: Ich konnte spüren, was die Menschen auf der Tanzfläche wollten, wusste intuitiv, welcher Song die Menge anheizen und welcher Moment die Party auf den Höhepunkt bringen würde.

Die Partys im Jugendheim, die ich zusammen mit ein paar Freunden organisierte, wurden zu einem riesigen Erfolg. Was anfangs ein kleines Treffen für die örtlichen Jugendlichen war, entwickelte sich bald zu einem Magneten für junge Leute auch aus den umliegenden Dörfern. Die Tanzfläche war jede Woche voll, das Lachen und die Energie der Menschen füllten den Raum. Hinter den Plattentellern zu stehen, das Publikum zu beobachten und mit der Musik zu spielen – das war für mich pure Magie.

Doch so erfolgreich diese Partys waren, Geld verdiente ich damit nicht. Es war reine Leidenschaft, und ich genoss es, etwas aufzubauen, das Menschen Freude brachte. Doch irgendwann fragte ich mich: Könnte ich nicht mit dieser Leidenschaft auch ein Einkommen erzielen?

Ich begann, in den Nachbardörfern nach Möglichkeiten zu suchen. Viele der Gastwirte hatten große Säle, die nur selten genutzt wurden, und ich stellte mir vor, wie ich dort eigene Partys veranstalten könnte. Natürlich hatte ich weder das Geld, um einen Raum zu mieten, noch um eigenes Equipment anzuschaffen. Also schlug ich einen Deal vor: Der Gastwirt würde uns den Raum und die Grundausstattung zur Verfügung stellen, und wir würden die Einnahmen aus der Party teilen.

Es dauerte eine Weile, bis ich jemanden fand, der sich auf diesen Vorschlag einließ, aber dann endlich war es soweit. Schließlich stimmte ein Gastwirt aus dem Nachbardorf zu, der Betreiber des »Liemer Krugs«. Es war eine kleine Sensation für uns. Jetzt ging es darum, die Party zu einem Erfolg zu machen.

Wir plakatierten an den Straßen, erzählten es jedem, den wir kannten, und setzten auf Mundpropaganda. Die Wochen bis zur Party waren nervenaufreibend. Würde genug Publikum kommen? Hatten wir wirklich das Zeug dazu, das Ganze auf die Beine zu stellen? Meine Gedanken kreisten unaufhörlich um den Abend, und ich malte mir sowohl die besten als auch die schlimmsten Szenarien aus.

Dann war der große Abend da. Die ersten Gäste kamen zögerlich, doch bald füllte sich der Raum. Von der Bühne aus sah ich, wie sich die Tanzfläche langsam, aber stetig füllte, und ein Gefühl der Erleichterung durchströmte mich. Es funktionierte! Die Party wurde zu einem vollen Erfolg. Die Menschen tanzten, lachten und genossen den Abend. Meine Freunde und ich, das »Blackout DJ Team«, hatten es geschafft.

Noch vor dem Ende der Party wusste ich, dass dies nicht die letzte sein würde. Und tatsächlich wiederholte sich dieser Erfolg schon einen Monat später. Ich verdiente mit meiner Leidenschaft

Geld – ein Meilenstein in meinem Leben. Es war ein unvergleichliches Gefühl, das zu tun, was ich liebte, und damit gleichzeitig ein Einkommen zu erzielen.

Doch nicht alles lief reibungslos. Eines Abends, nach einer besonders erfolgreichen Veranstaltung, brachte der Gastwirt die Einnahmen wie immer in Sicherheit. Doch als ich am Ende des Abends nach dem Geld fragte, behauptete er plötzlich, die Kasse sei gestohlen worden. Mein Herz sank. Ich wusste, dass das nicht stimmte. Es war unmöglich, dass jemand unbemerkt an die Kasse gelangt war. Doch ich konnte nichts beweisen. Der Gastwirt stritt jede Verantwortung ab, und ich stand mit leeren Händen da.

Ein anderes Mal, bei einer Party an der Universität, wurden die politischen Spielchen des Veranstalters, des AStA, mir zum Verhängnis. Trotz unseres Erfolges und einer etablierten Marke wurde ich nach einem Wechsel in der Führungsriege durch einen anderen DJ ersetzt. Es war, als wären all meine harte Arbeit und mein guter Ruf plötzlich nichts mehr wert.

Diese Erfahrungen lehrten mich eine weitere wichtige Lektion. So sehr ich es liebte, als DJ zu arbeiten, war ich dennoch immer von anderen abhängig – von Gastwirten, Veranstaltern oder Kunden. Diese Abhängigkeit fühlte sich wie eine unsichtbare Kette an, die mich daran hinderte, wirklich frei zu sein.

Inmitten der Freude, mit meiner Leidenschaft Geld zu verdienen, wuchs in mir der Wunsch nach einer Freiheit, die nicht von äußeren Einflüssen bedroht war. Ich wollte nicht nur tun, was ich liebte – ich wollte es auf eine Weise tun, die mich unabhängig machte.

Diese dritte Erkenntnis zeigte mir, dass Leidenschaft der Schlüssel ist und dass der Weg das Ziel sein kann – doch dass wahre Freiheit unerreichbar bleibt, solange man von anderen abhängig ist.

Diese Erkenntnis war ein Wendepunkt. Sie führte mich später zum nächsten Abschnitt meiner Reise: dem Trading, einer Welt, in der ich die volle Kontrolle über meinen Erfolg haben würde. Doch bevor ich dorthin gelangte, prägte mich die Zeit als DJ – mit all ihren Höhen und Tiefen – nachhaltig.

DIE VIERTE UND FINALE ERKENNTNIS: DIE VERWIRKLICHUNG WAHRER UNABHÄNGIGKEIT

Manchmal erkennt man die wirkliche Bedeutung seiner Entscheidungen erst Jahre später. Wenn ich zurückblicke, sehe ich eine klare Linie, die sich durch mein Leben zieht, aber viele Schritte auf meinem Weg geschahen nicht bewusst. Sie waren von unbewussten Motiven geprägt, die mich lenkten, ohne dass ich es in dem jeweiligen Moment vollständig verstanden hätte.

Eine dieser prägenden Entscheidungen traf ich im Alter von 14 Jahren – oder besser gesagt, sie traf mich. Eines Morgens, am Frühstückstisch, begann meine Faszination für die Börse. Unsere Familie pflegte die Tradition, beim Frühstück die Zeitung zu lesen. Die Tageszeitung lag auf dem Tisch, sorgfältig aufgeteilt: Meine Mutter vertiefte sich in den Lokalteil, mein Vater las die Politikseiten, und was blieb für mich? Der Wirtschaftsteil, der damals für mich thematisch etwa so weit entfernt war wie ein fremder Planet.

Doch etwas in dieser Rubrik zog mich an. Besonders diese eine Tabelle: die 30 DAX-Werte mit ihren Kursen. Jeden Tag änderten sich die Zahlen. Ich war fasziniert von der Vorstellung, dass diese vermeintlich unscheinbaren Bewegungen Geld bedeuteten – Gewinne und Verluste, die irgendwo auf der Welt tatsächlich stattfanden. Der Gedanke, allein durch den Kauf eines Papiers an diesen Veränderungen teilhaben zu können, fesselte mich.

Ich wollte es ausprobieren. Ich wollte eine Aktie kaufen. Natürlich war ich mit 14 Jahren nicht alt genug, um das selbst zu tun. Meine Eltern mussten einspringen. Mein Vater, ein Pastor, war aufgeschlossen und unterstützte mich, obwohl er mich in meiner Freizeit lieber bei sozialen Aktivitäten gesehen hätte. Dass er meinen kapitalistischen Unternehmungen seinen Segen gab, war keineswegs selbstverständlich, aber er war tolerant und ließ mir den Freiraum, meine Interessen zu verfolgen. Ich danke ihm heute noch dafür.

Ich weiß noch, wie aufregend es war, meine erste Aktie zu kaufen. Ich entschied mich für die VW-Aktie; nicht weil ich wirklich wirtschaftlichen Sachverstand hatte, sondern weil mir das Unternehmen bekannt vorkam. Immerhin fuhr mein Vater einen Passat und meine Mutter einen Golf. Natürlich war es eine naive Anlageentscheidung, aber ich steckte ja noch in den Kinderschuhen meiner Investmentkarriere.

Als das Depot eröffnet und mein gesamtes Konfirmationsgeld in die VW-Aktie geflossen war, fühlte es sich an, als hielte ich ein kleines Stück der großen Wirtschaftswelt in den Händen. Und als die Kurse stiegen und ich tatsächlich einen Gewinn erzielte, war ich endgültig angefixt.

Die nächste Etappe meiner Börsenreise begann, als ich an einem Börsenspiel der Sparkasse teilnahm. Schüler konnten ein fiktives Depot führen und in Aktien investieren. Ich begann, mir Börsenzeitschriften zu kaufen, verschlang Artikel über Investitionen und versuchte, das Rätsel der Märkte zu entschlüsseln. Doch meine Motivation war zu dieser Zeit eher naiv: Ich wollte schnell reich werden.

Diese Naivität wurde jedoch bald durch die harte Realität zerstört. Am Ende meiner Schulzeit wagte ich meinen ersten spekulativen Handel mit echtem Geld. Ich hatte in einer Zeitschrift namens *Effecten-Spiegel* von Covered Warrants gehört, einer hochriskanten Form von Wertpapieren. Angeblich war dieses Wertpapier ein heißer Investmenttipp, und so entschied ich mich, auf die Kaufhalle-Aktie zu wetten. Die Idee schien einfach: Wenn der Kurs stieg, würde ich überproportional profitieren.

Doch die Realität verlief anders. Die Aktie bewegte sich nicht wie erhofft, und der Warrant verlor rapide an Wert. Mein gesamter Einsatz – das Ergebnis harter Arbeit und langer Stunden unerfreulicher Tätigkeiten – war weg. Ich verspürte eine Mischung aus Frustration und Enttäuschung, aber auch einen Funken Entschlossenheit. Diese Niederlage schreckte mich nicht ab, sie forderte mich heraus. Ich wollte verstehen, warum ich gescheitert war und wie ich solche Fehler in Zukunft vermeiden konnte.

Von da an vertiefte ich mich ernsthaft in die Welt des Tradings. Ich las Bücher, studierte Chartanalysen und begann, die Mechanismen des Marktes zu durchdringen. Was als jugendliche Neugier begann, wurde zu einer echten Leidenschaft – einer, die mich nie wieder losließ.

Im Rückblick sehe ich, dass das Trading für mich mehr war als nur ein Mittel, um Geld zu verdienen. Es war die Verkörperung der vierten und finalen Erkenntnis zum Thema Freiheit. Hier war ich endlich unabhängig – von Chefs, Kunden, Veranstaltern oder politischen Spielchen. Ich war allein auf mich gestellt, und mein Erfolg hing ausschließlich von meinem Wissen, meinen Entscheidungen und meiner eigenen Disziplin ab.

Das Trading war für mich die reine Essenz der Freiheit. Hier hatte ich nicht nur die Möglichkeit, Geld zu verdienen, sondern konnte es auf eine Weise tun, die mich von äußeren Zwängen befreite. Es war, als hätte ich nach Jahren des Suchens endlich das gefunden, wonach ich unbewusst mein ganzes Leben lang gestrebt hatte: wahre Unabhängigkeit und die Freiheit, mein Leben selbst zu gestalten.

Trading war die Verkörperung der Erkenntnis: Freiheit bedeutet völlige Unabhängigkeit. Mein Erfolg hing nur von meiner Disziplin, meinem Wissen und meinen Entscheidungen ab. Zum ersten Mal in meinem Leben war ich völlig frei – frei, mein eigenes Schicksal zu bestimmen, ohne von anderen abhängig zu sein.

Natürlich war mein Weg im Trading nicht von Anfang an von Erfolg gekrönt – ich war zunächst weit davon entfernt. Ich wusste zwar, was ich wollte, und hatte diese tiefe Leidenschaft, die mich antrieb. Aber die ersten Jahre waren geprägt von Frust, Fehlentscheidungen und einer schier endlosen Zahl an Sackgassen. Ohne einen Mentor oder jemanden, der mir den richtigen Weg zeigen konnte, war ich auf mich allein gestellt. Alles musste ich selbst lernen, durch Bücher, Studien und vor allem durch Versuch und Irrtum.

Manche Tage fühlten sich zermürbend an. Es gab Momente, in denen ich dachte, ich hätte einen Durchbruch erzielt, nur um kurz darauf festzustellen, dass ich wieder auf dem Holzweg war. Die Märkte zeigten mir immer wieder, wie wenig ich eigentlich verstand, und jede falsche Entscheidung zog neue Zweifel nach sich. Gleichzeitig war da dieser brennende Wunsch, es zu schaffen – dieser Glaube, dass ich nur weitermachen musste, um irgendwann erfolgreich zu sein.

Sechs Jahre dauerte es, bis ich wirklich die ersten beständigen Erfolge vorweisen konnte. Sechs Jahre, in denen ich Rückschläge einstecken musste, die mich oft hart trafen. Aber bei all dem Frust und aller Ungewissheit gab es einen Anker: meine Leidenschaft. Sie war es, die mich aufrecht hielt, die mich motivierte, nach jeder Niederlage wieder aufzustehen und weiterzumachen.

Ich richtete mein Leben auf dieses Ziel aus. Jede freie Minute investierte ich in das Studium der Märkte. Ich analysierte bis spät in die Nacht Charts, las alles, was ich finden konnte, und probierte unermüdlich neue Strategien aus. Es war oft einsam und manchmal entmutigend, aber tief in mir wusste ich, dass all diese Anstrengungen eines Tages Früchte tragen würden.

Am meisten spornte mich in dieser schwierigen Zeit ein Buch an, das mich immer wieder daran erinnerte, warum ich weitermachen musste: *Magier der Märkte* von Jack Schwager. Obwohl mein eigenes Trading noch nicht profitabel war, zeigte mir dieses Buch, dass es Menschen gab, die den Weg erfolgreich beschritten hatten. Es handelt sich um eine Sammlung von Interviews mit den besten Tradern der Welt – Menschen, die nicht nur außergewöhnliche Erfolge erzielt hatten, sondern die auch von ihren Kämpfen, Rückschlägen und Herausforderungen erzählten.

Diese Geschichten waren wie ein Leuchtfeuer in der Dunkelheit meiner Unsicherheiten. Immer wieder griff ich zu diesem Buch, wenn mich der Frust schier überwältigte. Ich las über ihre Anfänge, die oft genauso schwierig waren wie meine eigenen. Ich sah, wie sie Fehler machten, Zweifel durchlebten und sich dann doch wieder aufrappelten, um weiterzumachen. Es waren nicht ihre Gewinne, die mich inspirierten – es war ihr Denken.

Ich versuchte, ihre Glaubenssätze zu verstehen: die Überzeugung, dass Scheitern ein notwendiger Teil des Prozesses ist; der Glaube an die eigene Disziplin und Geduld; die Fähigkeit, Risiken zu kontrollieren und Verluste zu akzeptieren. Diese Trader waren keine Übermenschen – sie waren wie ich. Sie hatten klein angefangen, mussten lernen und kämpfen, doch sie hatten es geschafft.

Dieser Gedanke gab mir Kraft: Wenn sie es konnten, dann konnte ich es auch. Es war, als würden diese Geschichten mir zuflüstern: »Bleib dran, es lohnt sich.« Dieses Buch wurde zu einem treuen Begleiter, zu einer Art Mentor, den ich in der realen Welt nicht hatte. Es hielt die Flamme meiner Leidenschaft am Brennen und half mir, die Gewissheit zu bewahren, dass Erfolg möglich war – wenn ich bereit war, weiter zu lernen, mich zu verbessern und nicht aufzugeben.

Diese Jahre waren eine Prüfung, aber sie haben mich geformt. Sie lehrten mich Geduld, Disziplin und die Bereitschaft, aus meinen Fehlern zu lernen. Und schließlich zahlte sich all das aus. Der Erfolg kam nicht über Nacht, aber er kam – und mit ihm das Gefühl, wirklich angekommen zu sein. Ich hatte nicht nur ein Ziel erreicht, sondern auf diesem Weg eine der wertvollsten Lektionen des Lebens gelernt: dass Leidenschaft und Beharrlichkeit der Schlüssel sind, um auch die schwierigsten Herausforderungen zu meistern.

ZUSAMMENFASSUNG: MEINE VIER WESENTLICHEN ERKENNTNISSE ZUR FREIHEIT

Diese vier Erkenntnisse zum Thema Freiheit – Möglichkeiten durch Geld, Konsumfreiheit, Geld verdienen mit Leidenschaft und schließlich totale Unabhängigkeit – wurden zur Grundlage meines Lebensweges. Jede Erkenntnis war ein Schritt hin zu dem, was ich heute als wahre finanzielle Freiheit verstehe.

1. **Erste Erkenntnis: Freiheit durch Möglichkeiten**
   »Die erste Erkenntnis kam mir als Kind, als ich erkannte, dass Geld Türen öffnet und Möglichkeiten schafft, die zuvor unerreichbar schienen.«

2. **Zweite Erkenntnis: Konsumfreiheit durch Arbeit**
   »Die zweite Erkenntnis tauchte auf, als ich Zeit gegen Geld tauschte, um mir Freiheiten zu erkaufen, nur um zu merken, dass diese Form der Freiheit begrenzt ist – denn sie kostete mich genau das, was ich mir ersehnte: Zeit.«

3. **Dritte Erkenntnis: Freiheit durch Leidenschaft**
   »Die dritte Erkenntnis brachte die Einsicht, dass der Weg das Ziel ist – mit Leidenschaft Geld zu verdienen, bedeutete, Erfüllung im Tun zu finden, auch wenn die Abhängigkeit von anderen meine Freiheit noch einschränkte.«

4. **Vierte Erkenntnis: Vollständige Freiheit durch Unabhängigkeit**
   »Die finale Erkenntnis brachte die Verwirklichung wahrer Freiheit: durch Trading ein Leben zu führen, das nicht nur unabhängig von äußeren Zwängen, sondern ganz im Einklang mit meinen eigenen Entscheidungen und Werten war.«

FINANZIELLE FREIHEIT – EINE SAUBERE DEFINITION

Finanzielle Freiheit – ein Begriff, der oft verwendet wird, doch was bedeutet er wirklich? Für manche bedeutet er, keine Schulden mehr zu haben. Für andere drückt er die Möglichkeit aus, ohne finanzielle Sorgen in den Ruhestand zu gehen. Doch wahre finanzielle Freiheit geht darüber hinaus.

Finanzielle Freiheit bedeutet, mehr Kontrolle über das eigene Leben zu haben. Es ist die Fähigkeit, Entscheidungen zu treffen, ohne dass Geld der dominierende Faktor ist. Es ist nicht nur eine Frage von Wohlstand, sondern von Unabhängigkeit: Du arbeitest nicht, weil du musst, sondern weil du möchtest. Du lebst nicht von Gehaltsscheck zu Gehaltsscheck, sondern kannst dein Leben nach deinen Vorstellungen gestalten.

Es ist der Punkt, an dem dein Vermögen – durch passives Einkommen oder kluge Investments – deine Lebenshaltungskosten deckt. Von diesem Moment an arbeitest du aus Leidenschaft, und nicht, weil du dazu gezwungen bist. Finanzielle Freiheit ist damit ein Schlüssel zu einem selbstbestimmten Leben.

DER UNTERSCHIED ZWISCHEN FINANZIELLER SICHERHEIT, UNABHÄNGIGKEIT UND FREIHEIT

Finanzielle Freiheit ist ein Ziel, das über verschiedene Stufen erreicht werden kann. Jede dieser Stufen hat ihre eigene Bedeutung:

- **Stufe 1: Finanzielle Sicherheit:**
  Finanzielle Sicherheit bedeutet, dass du deine Grundbedürfnisse – wie Wohnen, Essen und grundlegende Gesundheitskosten – decken kannst, ohne dich von Monat zu Monat sorgen zu müssen. Dies ist der erste Schritt auf dem Weg zur Freiheit.

Beispiel: Du hast genug Ersparnisse oder passives Einkommen, um mindestens sechs Monate deines Lebensstils zu finanzieren, auch wenn du vorübergehend kein aktives Einkommen hast.

- **Stufe 2: Finanzielle Unabhängigkeit:**
  Die nächste Stufe ist finanzielle Unabhängigkeit. Hier bist du nicht mehr auf ein aktives Einkommen angewiesen. Deine Investments und passiven Einkommensquellen decken nicht nur die Grundbedürfnisse, sondern ermöglichen dir auch einen komfortablen Lebensstil.
  Beispiel: Deine Einkünfte aus Dividenden, Mieteinnahmen oder Trading sind höher als deine monatlichen Ausgaben. Du bist nicht mehr gezwungen, für Geld zu arbeiten, aber du tust es möglicherweise trotzdem, weil es dir Freude bereitet.

- **Stufe 3: Finanzielle Freiheit:**
  Die höchste Stufe ist die finanzielle Freiheit. Du hast nicht nur genug, um komfortabel zu leben, sondern auch die Möglichkeit, große Ziele oder Träume zu verfolgen, ohne dass Geld ein limitierender Faktor ist.
  Beispiel: Du kannst reisen, neue Projekte starten, großzügig spenden oder Zeit mit deinen Liebsten verbringen, ohne jemals über Geld nachdenken zu müssen.

WIE TRADING DABEI HELFEN KANN, JEDE STUFE ZU ERREICHEN

Trading kann ein mächtiges Werkzeug sein, um jede dieser Ebenen zu erreichen – wenn es mit der richtigen Strategie und Disziplin angegangen wird.

- **Finanzielle Sicherheit durch Trading**
  Bereits mit einem kleinen Startkapital und einer stabilen Strategie kann Trading dabei helfen, ein zusätzliches Einkommen zu generieren. Dieses Einkommen kann genutzt werden, um sich ein Sicherheitsnetz aufzubauen, Schulden zu tilgen oder Ersparnisse anzuhäufen. Die Märkte bieten hier eine flexible Möglichkeit, finanzielle Sicherheit zu erreichen.

- **Finanzielle Unabhängigkeit durch Trading**
  Durch konsequentes Wachstum deines Trading-Kapitals und kluges Risikomanagement kannst du ein Einkommen erzielen, das deine monatlichen Lebenshaltungskosten deckt. Trading ermöglicht es dir, aktiv oder passiv – durch längerfristige Positionen – Geld zu verdienen, ohne von einem festen Arbeitgeber abhängig zu sein.

- **Finanzielle Freiheit durch Trading**
  Auf dieser Stufe wird Trading zu einem Werkzeug, das es dir erlaubt, deinen Wohlstand exponentiell zu steigern. Hier ist der Zinseszinseffekt dein stärkster Verbündeter. Je länger du

erfolgreich handelst und dein Kapital wachsen lässt, desto näher kommst du der völligen finanziellen Freiheit. Trading bietet dabei die Flexibilität, von jedem Ort der Welt aus zu arbeiten, was dir zusätzliche Unabhängigkeit verleiht.

TRADING ALS SCHLÜSSEL ZUR FREIHEIT

Trading ist kein einfacher Weg, aber ein gangbarer. Es erfordert Disziplin, Wissen und die Bereitschaft, aus Fehlern zu lernen. Doch für diejenigen, die bereit sind, sich der Herausforderung zu stellen, bietet es eine Möglichkeit, finanzielle Freiheit schneller und effizienter zu erreichen als mit traditionellen Einkommens- und Investmentwegen.

Die Märkte sind wie ein Ozean – voller Chancen, aber auch voller Risiken. Mit diesem Buch möchte ich dir zeigen, wie du sicher navigierst und das Beste aus deinen Möglichkeiten machst. Finanzielle Freiheit ist erreichbar, und Trading kann dein Schlüssel dazu sein.

Jetzt, da wir wissen, was finanzielle Freiheit wirklich bedeutet, lass uns gemeinsam die Grundlagen des Tradings erarbeiten – denn sie sind die Basis für deinen Erfolg.

KAPITEL 2

RISIKO UND FREIHEIT: WARUM BEIDES UNTRENNBAR MITEINANDER VERBUNDEN IST

Was bedeutet Freiheit wirklich? Wenn du Menschen fragst, was sie sich im Leben am meisten wünschen, antworten viele mit »Freiheit«. Doch was meinen wir eigentlich, wenn wir von Freiheit sprechen? Meist ist damit die Konsumfreiheit gemeint: die Möglichkeit, das Leben nach eigenen Vorstellungen zu gestalten, Dinge zu kaufen oder zu tun, die wir möchten. Aber das ist nur ein Teil der Wahrheit.

Wahre Freiheit beginnt erst dort, wo wir die Macht haben, Entscheidungen zu treffen, die echte Konsequenzen haben – Entscheidungen, die mit Risiken verbunden sind. Ohne Risiko ist jede Wahl vorgegeben, jede Handlung berechenbar. Freiheit existiert nur, wenn wir uns auch falsch entscheiden können und die Konsequenzen tragen müssen.

Wenn eine Entscheidung keinerlei Risiko mit sich bringt, ist sie bedeutungslos. Das Risiko ist es, was einen Moment dramatisch und bedeutsam macht. Ein Fußballspiel, bei dem wir das Ergebnis schon kennen, wäre langweilig. Die Spannung entsteht aus der Unsicherheit.

Das Gleiche gilt für das Leben. Dramatische Ereignisse oder Entscheidungen sind solche, bei denen der Ausgang ungewiss ist und wir den Konsequenzen eine hohe Bedeutung beimessen. Ohne Risiko wäre jede Entscheidung vorgezeichnet – wir würden immer die »richtige« Wahl treffen. Doch das würde auch bedeuten, dass wir keine Freiheit hätten.

FREIHEIT BEDEUTET, ENTSCHEIDUNGEN UNTER RISIKO ZU TREFFEN

Entscheidungen lassen sich in drei Kategorien einteilen:

1. **Entscheidungen mit sicherem Ausgang:**
   Das Ergebnis ist klar und vorgegeben. Ein Beispiel dafür wäre, einen Stein fallen zu lassen – die Gravitation garantiert, dass er auf den Boden fällt. Es gibt keine Unsicherheit, keine Wahl.

2. **Entscheidungen mit berechenbarem Risiko:**
   Hier ist die Wahrscheinlichkeit der möglichen Ergebnisse bekannt oder kann mathematisch hinreichend genau geschätzt werden. Das ist der Kern des Tradings: Jede Entscheidung trägt ein kalkulierbares Risiko, das auf Wahrscheinlichkeiten basiert. Wer hier bewusst gegen mathematische Wahrscheinlichkeiten handelt – sei es aus Ignoranz, Hoffnung oder Übermut – wird früher oder später aussortiert. Denn die Märkte sind gnadenlos, und große Verluste werden die betreffende Person unweigerlich wegfegen.

3. **Entscheidungen unter Unsicherheit:**
   Hier sind die Wahrscheinlichkeiten der möglichen Ergebnisse unbekannt. Solche Entscheidungen sind oft besonders dramatisch, da der Ausgang nicht vorhersehbar ist.

Bei Entscheidungen unter berechenbarem Risiko gibt es eine klare Vorgabe: **Handle auf Basis der Wahrscheinlichkeiten.** Wenn du weißt, dass ein bestimmtes Ergebnis eine höhere Wahrscheinlichkeit hat und diese rational kalkulierbar ist, dann ist jede andere Entscheidung irrational. Wer diese Regeln ignoriert und bewusst gegen die mathematische Wahrscheinlichkeit handelt, wird entweder durch Verluste diszipliniert oder vom Markt ausgeschaltet.

Das bedeutet nicht, dass jede Entscheidung einen Gewinn bringen muss – aber langfristig werden Entscheidungen, die auf einem berechenbaren Risiko basieren, immer erfolgreicher sein als impulsive oder uninformierte Handlungen. Die Märkte belohnen rationales Handeln und bestrafen Dummheit.

WARUM RISIKO EIN UNIVERSELLES PRINZIP IST

Schon die Natur zeigt uns, dass Risiko ein zentrales Prinzip ist. Evolution basiert auf Risiko: Jede Mutation, jede Anpassung birgt die Möglichkeit von Erfolg oder Scheitern. Ohne Risiko gäbe es keinen Fortschritt, keine Transformation.

Dieses Prinzip des Risikos ist in allen Bereichen des Lebens präsent. Entscheidungen unter Risiko und Unsicherheit treiben Veränderungen voran und eröffnen neue Möglichkeiten. Die Sumerer, die vor 4700 Jahren das Spiel Backgammon erfanden, verstanden diese Lektion. Damals hatten Spiele eine tiefere Bedeutung: Sie wurden genutzt, um Wissen über das Leben, über das Risiko und über das Wesen von Entscheidungen weiterzugeben.

Heutzutage unternehmen wir immense Anstrengungen, um die Welt berechenbarer zu machen und Risiken zu minimieren. Doch dabei verlieren wir etwas Entscheidendes: die Chance auf Veränderung. Ohne Risiko gäbe es keine Überraschungen, keine Wendepunkte, keine echten Herausforderungen.

Das Paradox ist, dass viele Menschen Sicherheit suchen, aber gleichzeitig von dramatischen Geschehnissen fasziniert sind – sei es im Sport, in der Kunst oder im persönlichen Leben. Diese Geschehnisse sind dramatisch, weil sie mit Unsicherheit einhergehen. Wir müssen akzeptieren, dass das Risiko nicht unser Feind ist, sondern die Grundlage von Freiheit und Fortschritt.

RISIKO IM TRADING: DER UMGANG MIT UNSICHERHEIT

Ich habe mehr als die Hälfte meines Lebens an den Finanzmärkten verbracht. Tag für Tag habe ich mit Unsicherheit und Risiko zu tun. Jede Entscheidung, die ich treffe, birgt die Möglichkeit von Gewinn oder Verlust. Der Umgang mit Unsicherheit erfordert einen besonderen Ansatz, der sich durch folgende Fähigkeiten auszeichnet:

- **Flexibilität und Anpassungsfähigkeit:**
  Da die Wahrscheinlichkeiten oft nicht genau bekannt sind, müssen wir bereit sein, unsere Strategien anzupassen.

- **Resilienz:**
  Fehler und Verluste gehören dazu. Die Kunst besteht darin, daraus zu lernen und weiterzumachen.

- **Klares Denken:**
  Besonders in entscheidenden Momenten ist es wichtig, Emotionen wie Angst oder Gier zu kontrollieren und rational zu bleiben.

Wahre Freiheit bedeutet, Entscheidungen treffen zu können, auch wenn der Ausgang unsicher ist. Freiheit und Risiko sind untrennbar miteinander verbunden. Das Trading lehrt uns, wie wir mit diesem Risiko umgehen und es nutzen können, um Chancen zu ergreifen.

SCHLUSSGEDANKE

Ohne Risiko gibt es keine Freiheit. Jede Entscheidung, die wirklich zählt, trägt ein Risiko in sich. Das Trading ist ein Spiegelbild des Lebens – ein ständiges Balancieren zwischen Unsicherheit und Chancen, zwischen Freiheit und Verantwortung.

KAPITEL 3

DER TRAUM VIELER TRADER – UND WIE DIE REALITÄT DER MEISTEN AUSSIEHT

Ich bin leidenschaftlich davon überzeugt, dass Trading ein gangbarer Weg zur finanziellen Freiheit ist. Das zeigt auch der Verlauf meines bisherigen Lebens. Trotzdem muss ich an dieser Stelle mit einigen Fallstricken und Mythen aufräumen, die mit dem Thema Trading verbunden sind.

TYPISCHE MYTHEN BEI DER SUCHE NACH FINANZIELLER FREIHEIT

Die Vorstellung von finanzieller Freiheit ist verlockend: ein Leben ohne finanzielle Sorgen, voller Unabhängigkeit und Freiheit. Doch auf dem Weg dorthin verfangen sich viele Menschen in typischen Fallstricken oder gehen falschen Versprechungen auf den Leim. Hier sind die häufigsten Mythen, die dir auf dem Weg zur finanziellen Freiheit im Trading begegnen und dich auf die falsche Fährte führen können.

MYTHOS 1: »TRADING IST DER SCHNELLE WEG ZUM REICHTUM.«

Viele glauben, dass Trading eine Abkürzung zum Wohlstand wäre – ein Irrglaube, der oft von Social-Media-Gurus oder dubiosen Coaches befeuert wird. Die Realität ist jedoch, dass erfolgreiches Trading Geduld, Wissen und harte Arbeit erfordert. Es gibt keine Geheimformel, die dich über Nacht reich macht. Harte Arbeit hört sich auf den ersten Blick genau nach dem Gegenteil von Freiheit an, aber Trading ist eine einzigartige Möglichkeit, den höchst denkbaren Freiheitsgrad, den du dir vorstellen kannst, für dich zu schaffen.

Trading ist Arbeit, die Freiheit schafft. Anders als in vielen Berufen bist du als Trader völlig unabhängig: Es gibt keine Kunden, keine Chefs und keine Abhängigkeit von der konjunkturellen Lage. Du bist dein eigener Herr, und deine Ergebnisse hängen allein von deinem Wissen, deiner Disziplin und deinen Entscheidungen ab.

Der besondere Reiz des Tradings liegt auch in seiner Skalierbarkeit: Was du mit einer Aktie, einem Kontrakt oder einer Position verdienst, kannst du mit 10, 100 oder sogar 1000 Positionen vervielfachen – ohne dass dein Arbeitsaufwand proportional wächst. Das bedeutet, dass dein Erfolg nur durch deine Fähigkeiten begrenzt ist, nicht durch äußere Umstände. Und das Beste: Diese Arbeit macht Spaß, weil du täglich neue Herausforderungen angehst und dabei absolute Freiheit genießt.

Du kannst also sehr viel erreichen, aber es ist kein schneller Weg zum Reichtum. **Warum das so ist:** Im Gegensatz zum Investieren, bei dem du dich an einem Unternehmen in Form von Aktien beteiligst und hoffst, dass es wächst, gehst du im Trading eine Wette auf steigende oder fallende Kurse ein.

Trading ist ein Nullsummenspiel: Stell dir Trading wie eine Wette vor: Wenn du eine Position eingehst, gibt es immer jemanden auf der anderen Seite, der gegen dich wettet. Einer von euch beiden wird am Ende gewinnen – der andere verlieren. Das ist die Natur des Tradings. Es ist ein sogenanntes Nullsummenspiel, bei dem das, was einer gewinnt, zwangsläufig der Verlust des anderen ist.

Doch hier kommt eine wichtige Erkenntnis: **Du brauchst keine moralischen Bedenken zu haben.** Spekulation und Trading erfüllen eine essenzielle Funktion für die Märkte. Sie sorgen dafür, dass sich faire Preise bilden und die Märkte liquide bleiben. Ohne Trader wie dich oder andere wäre es viel schwieriger, Werte wie Aktien oder Rohstoffe zu kaufen und zu verkaufen. Mehr dazu erfährst du im Kapitel »So funktionieren die Märkte«.

MYTHOS 2: »BEIM TRADING KOMMT ES AUF ZUFALL UND BAUCHGEFÜHL AN.«

Natürlich kann es passieren, dass du als absoluter Anfänger durch Glück eine Wette gewinnst. Vielleicht triffst du eine Entscheidung, die sich als richtig herausstellt, ohne zu wissen warum. Aber die Wahrheit ist: Langfristig wird dein Geld weniger, wenn du dich allein auf den Zufall oder dein Bauchgefühl verlässt.

Trading ist von Anfang an die »Champions League der Entscheidungen«: Es gibt keinen separaten Markt für Anfänger, wo du dich erst einmal in Ruhe ausprobieren kannst. Du trittst direkt gegen Profis an – Hedgefonds-Manager, erfahrene Day-Trader und institutionelle Investoren. Anders als etwa beim Poker gibt es beim Trading keine Tische, an denen nur Anfänger gegen Anfänger spielen, während die Profis anderswo mit größeren Einsätzen spielen. Du bist sofort mitten im Geschehen, unabhängig davon, ob du mit 100 Euro oder 100.000 Euro tradest. Und die Profis sind immer da – gleichgültig, wie klein dein Einsatz ist.

Wie du dich behauptest: Um in dieser »Champions League der Entscheidungen« zu bestehen, brauchst du eine solide und fundierte Ausbildung. Du musst lernen, wie Märkte funktionieren, wie du Risiken minimierst und Chancen identifizierst. Denn während es möglich ist, kurzfristig durch Glück zu gewinnen, ist nachhaltiger Erfolg nur durch Wissen, Disziplin und Strategie erreichbar. Trading ist kein Glücksspiel, sondern ein Handwerk – eines, das du lernen kannst. Mit dem richtigen Wissen und der richtigen Einstellung hast du die Möglichkeit, dich in diesem herausfordernden Umfeld zu behaupten und langfristig erfolgreich zu sein.

SCHLUSSGEDANKE

Beim Trading gibt es keine Proberunde. Du bist sofort im Wettbewerb – und das ist auch gut so. Denn genau das gibt dir die Chance, mit den Besten der Welt zu konkurrieren. Alles, was du brauchst, ist die richtige Vorbereitung.

MYTHOS 3: »MIT DER RICHTIGEN STRATEGIE GEWINNST DU IMMER.«

Ein weit verbreiteter Irrglaube im Trading ist, dass es die eine perfekte Strategie gibt, mit der du jedes Mal gewinnst. Die Realität ist jedoch eine andere: Keine Strategie funktioniert immer und in jeder Marktphase. Selbst die besten Trader der Welt erleben Verluste. Oft liegt das nicht an der Strategie selbst, sondern daran, dass sie nicht zu der aktuellen Marktphase passt.

Eine Trading-Strategie ist wie ein Werkzeug, das dir hilft, einen Vorteil aus dem Markt zu ziehen. Was genau ein Vorteil ist und wie du ihn identifizierst, erkläre ich in einem späteren Kapitel. Doch für den Moment ist es wichtig zu verstehen, dass eine Strategie lediglich ein Werkzeug ist – und kein magisches Erfolgsrezept.

Stell dir einen Handwerker vor: Für jede Aufgabe hat er das passende Werkzeug. Um ein Brett zu sägen, greift er zur Säge, und um einen Nagel in die Wand zu schlagen, benutzt er einen Hammer. Doch was passiert, wenn er versucht, den Nagel mit der Säge einzuschlagen? Er wird scheitern – und sich vielleicht sogar verletzen. Genauso verhält es sich im Trading:

- **Für jede Marktphase gibt es passende Strategien:** Märkte befinden sich ständig im Wandel. Es gibt Trendphasen, Seitwärtsbewegungen, volatile Märkte und ruhige Märkte. Eine Strategie, die in einem klaren Aufwärtstrend hervorragend funktioniert, wird in einer Seitwärtsbewegung oft Verluste bringen.

- **Das falsche Werkzeug führt zu Verlusten:** Wenn du versuchst, mit einer Trendfolge-Strategie in einem seitwärts laufenden Markt zu traden, ist das so, als wolltest du mit der Säge einen Nagel einschlagen. Du brauchst ein Werkzeug – oder eine Strategie –, das beziehungsweise die zur aktuellen Marktphase passt.

Ein guter Trader muss flexibel sein: Erfolgreiche Trader sind wie gut ausgestattete Handwerker: Sie haben nicht nur eine Strategie, sondern einen ganzen Werkzeugkasten an Methoden, die sie je nach Situation einsetzen können. Sie erkennen die jeweilige Marktphase und wählen passend dazu das richtige Werkzeug aus. Beispiele für bestimmte Marktphasen sind etwa:

- **Trendmärkte:** Erforderlich sind Trendfolge-Strategien, die auf steigende oder fallende Kurse setzen.
- **Seitwärtsmärkte:** Hierzu passen Strategien wie Range-Trading, bei denen du von Bewegungen zwischen Unterstützungs- und Widerstandsniveaus profitierst.
- **Volatile Märkte:** In solchen Börsenphasen liegst du mit Momentum-Strategien oder Breakout-Trading richtig, um schnelle Kursbewegungen zu nutzen.

SCHLUSSGEDANKE

Eine Strategie ist wie ein Werkzeug – sie muss zur Aufgabe passen, um effektiv zu sein. Dein Ziel als Trader ist es, die Marktphasen zu verstehen und deinen Werkzeugkasten so zu füllen, dass du immer das passende Werkzeug griffbereit hast.

MYTHOS 4: »GROSSE GEWINNE KOMMEN DURCH GROSSES RISIKO.«

Dieses Missverständnis führt oft zu übermäßigem Hebeleinsatz oder riesigen Positionen. Doch kluges Trading basiert auf kontrolliertem Risiko – nicht etwa auf waghalsigen Einsätzen. Es geht darum, Chancen zu identifizieren und Verluste zu minimieren.

Mit diesem Mythos habe ich meine eigenen Erfahrungen: In meiner Anfangszeit als Trader war ich jung und voller Ambitionen. Ich wollte schnell reich werden – ein Gedanke, der viele Trading-Anfänger antreibt. Mein Ansatz war klar: Wer groß gewinnen will, muss auch bereit sein, große Risiken einzugehen. Doch diese Haltung führte mich nicht zu schnellen Gewinnen, sondern immer wieder zu Totalverlusten.

Durch schmerzhafte Verluste habe ich eine der wichtigsten Lektionen gelernt: Ich erinnere mich noch gut an die Tage, an denen mein Konto von einem Moment auf den anderen auf null stand. Das war nicht nur ein finanzieller Rückschlag, sondern auch ein persönlicher. Ohne Kapital konnte ich nicht weitertraden. Ich musste mir zunächst neues Geld verdienen, um überhaupt wieder einsteigen zu können. Damals habe ich als DJ gearbeitet und Partys organisiert, um mein Trading-Konto wieder aufzufüllen.

Doch die Konsequenzen eines Totalverlusts gehen weit über das Geld hinaus:

- **Verlust von Zeit:** Jeder Totalverlust bedeutete, dass ich Wochen oder Monate verlor, in denen ich, statt zu traden, mein Kapital wieder aufbauen musste. Zeit, die ich hätte nutzen können, um langsam und stetig zu wachsen, war unwiederbringlich verloren.
- **Mentale Narben:** Die Verluste traumatisierten mich. Jedes Mal, wenn ich wieder zu traden begann, war da die Angst, erneut alles zu verlieren. Diese Angst führte zu zögerlichen Entscheidungen und häufig auch zu falschen Trades. Angst ist ein schlechter Ratgeber, besonders beim Trading. Ich begann, potenzielle Chancen zu meiden oder Positionen zu früh zu schließen, weil ich mich nicht traute, Risiken einzugehen – selbst wenn diese kalkuliert waren.

Warum Geduld und Kontrolle entscheidend sind: Rückblickend hätte ich mir viel ersparen können, wenn ich langsamer, aber stetiger gehandelt hätte. Große Risiken mögen verlockend erscheinen, doch sie setzen dich großen Schwankungen aus, die nicht nur dein Kapital, sondern auch deinen Verstand strapazieren. Was ich aus meinen Erfahrungen gelernt habe:

- **Große Gewinne kommen durch kleine, konsistente Schritte, nicht durch großes Risiko:** Der Zinseszinseffekt und konstante Gewinne sind mächtiger, als du dir vorstellen kannst.
- **Verluste begrenzen ist wichtiger, als Gewinne zu maximieren:** Wenn du dein Kapital schützt, kannst du langfristig am Markt bleiben und wachsen.
- **Dein mentaler Zustand ist genauso wichtig wie deine Strategie:** Ein traumatisierter Trader, der von Angst getrieben wird, kann keine klaren Entscheidungen treffen.

Der Weg zum nachhaltigen Erfolg sieht anders aus: Heute weiß ich, dass es nicht darum geht, jede Gelegenheit am Markt zu nutzen oder mit jeder Position einen großen Gewinn zu erzielen. Es geht darum, Chancen mit Bedacht auszuwählen und Risiken konsequent zu managen.

SCHLUSSGEDANKE

Große Gewinne kommen nicht durch großes Risiko, sondern durch kluge Entscheidungen und konsequentes Risikomanagement. Die wichtigste Aufgabe eines Traders ist es, nicht nur Geld zu verdienen, sondern auch sein Kapital zu schützen – und sich seine mentale Stärke zu bewahren.

MYTHOS 5: »ERFOLG IST NUR EINE FRAGE DER TECHNIK.«

Technik ist wichtig, aber nicht alles. Psychologie spielt eine ebenso entscheidende Rolle. Selbst die beste Strategie scheitert, wenn du von Gier, Angst oder Ungeduld getrieben wirst.

Hier zeigt sich schnell, wie weit Theorie und Praxis auseinanderklaffen. Ein weit verbreiteter Glaube unter Trading-Anfängern ist, dass Erfolg allein durch das Beherrschen der Technik erreichbar ist. Doch Theorie und Praxis sind zwei völlig verschiedene Welten. Trading ist viel mehr als das bloße Befolgen von Regeln oder das Verstehen von Strategien. Es ist ein Handwerk, das gelernt, geübt und immer wieder angepasst werden muss – ähnlich wie viele andere Fertigkeiten im Leben.

Einige alltägliche Beispiele verdeutlichen, warum reine Theorie nicht ausreicht:

- **Auto fahren:** Du kannst alle Verkehrsregeln auswendig kennen, doch das eigentliche Fahren lernst du erst, wenn du hinter dem Steuer sitzt. Nur durch Übung entwickelst du die Reflexe, die Übersicht und das Gefühl dafür, ein Fahrzeug sicher zu führen.
- **Schwimmen:** Niemand lernt schwimmen, indem er ein Lehrbuch liest. Du musst ins Wasser springen, deine Bewegungen koordinieren und lernen, dich an der Oberfläche zu halten und fortzubewegen.
- **Klavier spielen:** Notenlesen zu beherrschen ist eine Sache, aber das Klavierspiel erfordert jahrelanges Üben, um Technik, Tempo und Ausdruck zu perfektionieren.
- **Poker:** Auch bei scheinbar einfachen Spielen wie Poker reicht es nicht, die Regeln und Wahrscheinlichkeiten zu kennen. Die psychische Verfassung deiner Mitspieler, dein eigenes Verhalten unter Druck und deine Fähigkeit, Emotionen zu kontrollieren, entscheiden über Erfolg und Misserfolg.

Auch der Vergleich zum Leistungssport ist angebracht: Trading lässt sich gut damit vergleichen, insbesondere auf Spitzenniveau. Hier entscheiden nicht allein Technik und Können über den Erfolg, sondern vor allem mentale Stärke. Beispiele aus dem Sport:

- **Golf:** Auf den ersten Blick scheint Golf ein technischer Sport zu sein. Der Schwung, die Haltung, der richtige Schläger – all das ist essenziell. Doch auf höchstem Niveau sind fast alle Spieler technisch brillant. Was sie unterscheidet, ist ihre mentale Stärke. Wer in den entscheidenden Momenten ruhig bleibt, sich von Fehlern nicht aus der Fassung bringen lässt und unter Druck Höchstleistungen abruft, wird erfolgreich sein.
- **Tennis:** Die meisten Profis haben eine nahezu perfekte Technik, doch wer im Finale eines Grand-Slam-Turniers spielt, entscheidet sich oft im Kopf. Emotionale Stabilität, der Umgang mit Rückschlägen und die Fähigkeit, sich in kritischen Momenten zu fokussieren, machen den Unterschied.

Auch Trading ist gewissermaßen Leistungssport. Auch hier gilt: Technik ist wichtig, aber nicht alles. Du kannst die besten Strategien haben und am meisten wissen, doch wenn du unter Druck emotional reagierst, wirst du scheitern. **Was bedeutet mentale Stärke im Trading?**

- Du musst in der Lage sein, Verluste zu akzeptieren, ohne in Panik zu geraten.
- Gier und Angst sind deine größten Feinde. Nur wenn du lernst, sie zu kontrollieren, kannst du klug und diszipliniert handeln.
- Selbstvertrauen ist entscheidend, um nach Fehlern wieder aufzustehen und konsequent weiterzumachen.

Auf Übung und Erfahrung kommt es an. Erfolg im Trading erfordert Praxis. Du musst lernen, wie es sich anfühlt, echtes Geld zu riskieren, wie du auf unerwartete Marktsituationen reagierst und wie du Entscheidungen triffst, wenn der Druck hoch ist.

SCHLUSSGEDANKE

Die Theorie mag dir die Technik beibringen, doch die wahre Meisterschaft im Trading – wie im Sport – erreichst du erst durch Übung, Erfahrung und mentale Stärke. Nur wer bereit ist, sich auch mental weiterzuentwickeln, kann langfristig erfolgreich sein.

WARUM EIN SEMINAR ODER EIN PAAR BÜCHER NICHT AUSREICHEN, UM DAUERHAFT ERFOLGREICH ZU SEIN

Trading ist mehr als ein Hobby oder eine kurzfristige Beschäftigung – es ist ein Beruf. Und wie jeder andere anspruchsvolle Beruf erfordert auch das Trading weit mehr als theoretisches Wissen. Ein Seminar oder das Lesen einiger Bücher mag dir die Grundlagen vermitteln, aber um dauerhaft erfolgreich zu sein, benötigst du umfassende Praxiserfahrung und beständige Weiterentwicklung.

TRADING IST WIE EINE BERUFSAUSBILDUNG

Denke an jede professionelle Ausbildung: Sie besteht aus einem Mix aus Theorie und Praxis und wird oft von einem erfahrenen Lehrmeister oder Ausbilder angeleitet.

- **Die Theorie allein reicht nicht:** Sie verschafft dir die nötigen Grundlagen, aber erst durch die Anwendung in der Praxis entwickelst du die Fähigkeiten, die du für den Erfolg benötigst.
- **Praxis ist entscheidend:** Wie bei einem Handwerk lernst du aus Fehlern, profitierst von Wiederholungen und verbesserst schrittweise deine Fähigkeiten.

Trading unterscheidet sich hier nicht: Es ist ein Beruf, der Zeit, Hingabe und die Bereitschaft erfordert, kontinuierlich zu lernen und zu wachsen.

DER LERNPROZESS IM TRADING: EIN IRRGARTEN VOLLER SACKGASSEN

Der Weg zum erfolgreichen Trader ist wie ein Irrgarten. Zu Beginn stehst du an einem Eingang, voller Enthusiasmus und mit einem Grundverständnis der Richtung, die du einschlagen möchtest. Doch schon bald merkst du, dass der Weg voller Sackgassen, Umwege und falscher Abzweigungen ist.

- **Die Sackgassen der Märkte:** Es gibt unzählige Trading-Strategien, Indikatoren, Tools und Philosophien. Du wirst wahrscheinlich einige ausprobieren, die vielversprechend aussehen, aber dich nicht weiterbringen.
- **Verlockende, aber irreführende Abkürzungen:** Manche Wege im Irrgarten scheinen schneller zu sein – wie der Traum, über Nacht reich zu werden. Doch solche Abkürzungen enden oft in Rückschlägen und Enttäuschungen.
- **Verwirrung und Frustration:** Der Irrgarten des Tradings kann überwältigend sein. Fehlentscheidungen, Verluste und das Gefühl, im Kreis oder ständig gegen eine Wand zu laufen, gehören zu den häufigsten Herausforderungen, die Anfänger erleben.

DIE ROLLE EINES LEHRMEISTERS IM IRRGARTEN

Ein erfahrener Lehrmeister kann den Unterschied zwischen einem langen, steinigen Weg voller Rückschläge und einer zielgerichteten, effizienten Lernkurve ausmachen. Er ist wie ein Mentor, der den Irrgarten bereits durchlaufen hat. Das hilft dir bei ...

- **der Vermeidung von Sackgassen:** Ein Lehrmeister zeigt dir, welche Strategien, Ansätze oder Denkweisen nicht funktionieren, bevor du selbst in diese Fallen tappst.
- **der Suche nach dem richtigen Weg:** Bevor du dich ziellos im Irrgarten verlierst, kannst du mithilfe eines Lehrmeisters eine klare Richtung finden. Er zeigt dir gewissermaßen auf einer Karte, wie du deine Ziele erreichen kannst.
- **der Frage, wie du deine Zeit effizient nutzen kannst:** Du sparst wertvolle Zeit, die du sonst mit erfolglosen Experimenten und Fehlern verbringen würdest.

DEN WEG MUSST DU TROTZDEM SELBST GEHEN

Auch wenn der Lehrmeister dir den Weg zeigt, bleibt der eigentliche Lernprozess in deiner Verantwortung. Niemand kann den Irrgarten für dich durchqueren. Du musst:

- **die Schritte selbst machen:** Jeder Erfolg, aber auch jeder Fehler, ist ein Teil deines individuellen Weges.
- **Erfahrungen sammeln:** Theorie mag dich mit einer Karte ausstatten, aber nur durch Praxis lernst du, den Irrgarten eigenständig zu meistern.
- **dein Ziel klar vor Augen behalten:** Der Lehrmeister kann dich motivieren und führen, aber es liegt an dir, dranzubleiben und nicht aufzugeben.

WAS EIN LEHRMEISTER IM TRADING FÜR DICH LEISTEN KANN

Ein erfahrener Lehrmeister kann deine Entwicklung enorm beschleunigen. Hier sind die sechs wichtigsten Punkte, wie er dich unterstützen kann:

1. **Wissenstransfer:**
   Ein Lehrmeister bringt dir nicht nur technisches Wissen bei, sondern vermittelt auch seine Erfahrungen und bringt dir Lektionen bei, die man in keinem Buch findet:
   - Wie man Marktphasen richtig erkennt.
   - Welche Strategien in der Praxis funktionieren – und welche nicht.
   - Wie man Risiken effektiv managt.

2. **Individuelles Feedback:**
   Ein Buch oder Seminar ist starr; dort bekommst du nur allgemeine Informationen. Ein Lehrmeister hingegen gibt dir individuelles Feedback:
   - Er analysiert deine Trades und zeigt dir, wo du dich verbessern kannst.
   - Er hilft dir, deine Stärken zu erkennen und deine Schwächen zu überwinden.

3. **Mentale Unterstützung;**
   Trading ist ein emotionaler Prozess. Ein Lehrmeister kann dir helfen, mit den Höhen und Tiefen umzugehen:
   - Er zeigt dir, wie du Verluste akzeptierst und daraus lernst.
   - Er hilft dir, mit Angst und Gier umzugehen – zwei der größten Herausforderungen im Trading.

4. **Struktur und Disziplin:**
   Gerade am Anfang kann es schwierig sein, einen klaren Lernpfad zu finden. Ein Lehrmeister sorgt für Struktur:
   - Er gibt dir eine klare Roadmap, aus der hervorgeht, welche Schritte du in welcher Reihenfolge gehen solltest.
   - Er stellt sicher, dass du dich an die Regeln und Strategien hältst, die dir einen langfristigen Erfolg ermöglichen.

5. **Praxisnahes Lernen:**
   Ein Lehrmeister kann dir helfen, die Brücke zwischen Theorie und Praxis zu schlagen:
   - Du profitierst von Live-Trading-Sitzungen, in denen du direkt zuschauen und lernen kannst.
   - Du lernst am meisten bei gemeinsamen Analysen, mit deren Hilfe du die Marktentwicklungen besser verstehst.

6. **Motivation und Durchhaltevermögen:**
   Trading ist ein langer Weg, und es gibt Phasen, in denen Zweifel und Frustration aufkommen. Ein Lehrmeister sorgt dafür, dass du motiviert bleibst:
   - Er ermutigt dich, auch in schwierigen Zeiten weiterzumachen.
   - Er erinnert dich an deine Ziele und unterstützt dich dabei, sie zu erreichen.

WARUM DER IRRGARTEN WICHTIG IST

Der Irrgarten des Tradings ist kein Hindernis – er ist ein essenzieller Teil des Prozesses. Nur durch die Herausforderungen, vor die er dich stellt, entwickelst du die Fähigkeiten, die du brauchst, um langfristig erfolgreich zu sein:

- **Durchhaltevermögen:** Wenn du lernst, Rückschläge zu bewältigen, wirst du widerstandsfähiger.
- **Eigenständigkeit:** Am Ende wirst du nicht nur wissen, wie du in diesem einen Irrgarten ans Ziel findest, sondern auch, wie du dich in jedem anderen, neuen Irrgarten orientierst.

SCHLUSSGEDANKE

»Trading ist ein Handwerk und ein Beruf, der Zeit, Hingabe und Übung erfordert. Ein Lehrmeister kann dir den Weg durch den Irrgarten zeigen und dir helfen, Fehler zu vermeiden – aber den Weg musst du selbst gehen. Deine Fortschritte hängen davon ab, wie konsequent du lernst, wie geduldig du bist und wie bereit du bist, dich den Herausforderungen zu stellen.«

TIPP: STELLE DIE RICHTIGEN FRAGEN UND SUCHE DIR EINEN GUTEN AUSBILDER ODER COACH

Einen guten Lehrmeister oder Coach zu finden, ist ein entscheidender Schritt auf deinem Weg zum erfolgreichen Trader. Allerdings ist nicht jeder, der sich als Coach präsentiert, auch qualifiziert, dich langfristig zu begleiten und dir wirklich zu helfen. Bevor du dich für einen Coach oder Ausbilder entscheidest, stelle sicher, dass er deine Erwartungen erfüllt und deine Entwicklung ernst nimmt.

FRAGEN, DIE DU STELLEN SOLLTEST

Nutze diese Checkliste, um potenzielle Coaches oder Ausbilder zu bewerten:

1. **Langfristige Begleitung**
   - Bietet der Coach eine **langfristige und intensive Betreuung** an, oder endet die Zusammenarbeit nach einem einzigen Kurs oder Seminar?
   - Gibt er dir auch nach dem Kurs weiterhin **individuelles Feedback** zu deinen Trades?
   - Unterstützt er dich bei deiner **persönlichen Entwicklung**, zum Beispiel bei der Verbesserung deiner mentalen Stärke?

2. **Transparenz und Glaubwürdigkeit**
   - Ist der Coach **offen und transparent** bezüglich seiner eigenen Erfahrungen, Erfolge und Misserfolge?
   - Handelt er selbst aktiv an den Märkten? **Lebt er, was er lehrt?**
   - Gibt er klare Einblicke in seine Handelsstrategien und zeigt er Beispiele aus der Praxis?

3. **Praktische Unterstützung**
   - Gibt es **praxisnahe Übungen** wie Live-Trading-Sessions oder die Analyse deiner echten Trades?
   - Hilft er dir, deine Stärken und Schwächen zu identifizieren und darauf aufzubauen?
   - Unterstützt er dich dabei, deinen individuellen Weg im Trading zu finden, anstatt dir eine Einheitslösung aufzuzwingen?

4. **Erfolg der Schüler**
   - Kann der Coach aufzeigen, wie andere Schüler von seiner Anleitung profitiert haben?
   - Gibt es echte Erfahrungsberichte von anderen Teilnehmern, die nach den entsprechenden Coachings ihren eigenen Weg erfolgreich beschreiten konnten?

5. **Persönliche Eignung**
   - Fühlst du dich vom Stil und der Persönlichkeit des Coaches angesprochen?
   - Ist er bereit, dir ehrlich Rückmeldungen zu geben – auch, wenn sie unangenehm sind?

EIN LEHRMEISTER SOLLTE DICH FÖRDERN – UND FORDERN

Ein guter Coach wird dir nicht nur deine Fragen beantworten, sondern dir auch helfen, die richtigen Fragen zu stellen. Er wird dich herausfordern, dir deine Schwächen aufzeigen und dir gleichzeitig Mut machen, deine Ziele zu erreichen. Trading ist ein intensiver Prozess, und ein Lehrmeister sollte sich genauso intensiv für deine Entwicklung engagieren.

SCHLUSSGEDANKE

Wenn du einen Coach suchst, sei kritisch und stelle die richtigen Fragen. Ein guter Lehrmeister wird dir nicht nur die Abkürzungen zeigen, sondern auch bereit sein, dich langfristig zu begleiten und individuell zu fördern. Investiere Zeit in die Auswahl – es ist eine der wichtigsten Entscheidungen auf deinem Weg zum erfolgreichen Trader.

WARUM TRADING KEINE ABKÜRZUNG, JEDOCH EIN REALISTISCHER WEG ZUR FINANZIELLEN FREIHEIT IST

Trading ist kein einfacher Weg, aber ein realistischer. Es unterscheidet sich fundamental von vielen anderen Wegen, finanzielle Freiheit zu erreichen; denn es bietet dir die Möglichkeit, unabhängig von Ort und Zeit Einkommen zu generieren. Doch das bedeutet nicht, dass dir das ohne Anstrengung gelingt.

1. **Trading erfordert Disziplin und Geduld**
   Trading ist wie der Aufbau eines Unternehmens: Es braucht Zeit, bis du die Grundlagen beherrschst, deine Fähigkeiten entwickelst und schließlich profitabel wirst. Schnelle Erfolge sind selten und oft nicht nachhaltig. Wer sich auf den Prozess einlässt und bereit ist, zu lernen, kann jedoch langfristig profitieren.

2. **Ein Werkzeug, nicht die Lösung**
   Trading ist ein Werkzeug, um finanzielle Freiheit zu erreichen – aber es ist keine Zauberei. Es liegt an dir, das richtige Wissen zu erlangen, Strategien zu entwickeln und mit einer disziplinierten Einstellung zu handeln.

3. **Die Märkte als Lehrer**
   Die Märkte sind brutal ehrlich: Sie belohnen dich für Disziplin und bestraften dich für Übermut. Diese Dynamik macht Trading zu einem einzigartigen Weg, nicht nur finanziell, sondern auch persönlich zu wachsen. Du lernst, mit Rückschlägen umzugehen, deine Emotionen zu kontrollieren und klare Entscheidungen zu treffen.

4. **Die Macht des Zinseszinses nutzen**
   Trading erlaubt es dir, den Zinseszinseffekt schneller zu nutzen, als viele traditionelle Anlagemethoden. Mit jeder erfolgreichen Position wächst dein Kapital, und das Wachstum beschleunigt sich exponentiell, wenn du diszipliniert und langfristig handelst.

DER TRAUM, DIE REALITÄT – UND DIE WAHL, DIE DU HAST

Finanzielle Freiheit ist kein unerreichbarer Traum. Sie lässt sich erreichen – aber das verlangt Hingabe, kontinuierliches Lernen und die Bereitschaft, Fehler zu machen und daraus die richtigen Erkenntnisse zu ziehen. Trading ist keine Abkürzung, sondern ein realistischer Weg – für diejenigen, die bereit sind, den Preis für Erfolg zu zahlen, sprich sich Wissen anzueignen sowie Disziplin und Zeit aufzubringen.

TRADING ALS LEIDENSCHAFT, NICHT ALS ARBEIT

Für mich ist Trading keine Arbeit. Es ist meine Leidenschaft. Jeden Tag freue ich mich darauf, den Märkten zu begegnen, ihre Dynamik zu analysieren und mich den Herausforderungen zu stellen, die sie mit sich bringen.Trading ist für mich wie ein großes Puzzle. Jeden Tag gibt es neue Teile, die ich zusammensetzen muss, um die Märkte zu verstehen und die richtigen Entscheidungen zu treffen. Dieses Puzzle ist nie gleich – es ist ständig im Wandel, und genau das fasziniert mich.

Die Märkte sind lebendig, unberechenbar und voller Möglichkeiten. Sie fordern mich heraus, flexibel zu bleiben, neue Strategien zu entwickeln und mich kontinuierlich weiterzubilden. Dieser Prozess macht mir nicht nur Spaß – er erfüllt mich.

FREIHEIT BEDEUTET NICHT REGELBRUCH

Obwohl ich durch das Trading absolute Freiheit erreicht habe – die Freiheit, zu arbeiten, wann und wo ich möchte, und das Leben nach meinen Vorstellungen zu gestalten – bedeutet das nicht, dass ich keine Regeln befolgen würde. Im Gegenteil: Gerade die Regeln sind es, die meinen Erfolg überhaupt erst möglich machen.

Viele Menschen sehnen sich nach Freiheit und Unabhängigkeit. Sie wollen frei sein von Zwängen, frei von äußeren Vorgaben. Doch ein häufiger Fehler, den ich bei vielen meiner Schüler beobachtet habe, besteht darin, dass sie diese Vorstellung von Freiheit auch auf ihr Trading projizieren. Sie wollen einfach tun, was ihnen gerade in den Sinn kommt, ohne feste Regeln, ohne Struktur.

Doch das ist ein fataler Fehler. **Freiheit im Trading bedeutet nicht, planlos zu handeln.** Im Gegenteil: Um finanziell frei zu werden, brauchst du klare und sinnvolle Regeln, die dir den Weg weisen und deine Entscheidungen auf die richtige Bahn lenken. Regeln geben dir Stabilität, schützen dich vor impulsiven Fehlern und ermöglichen es dir, langfristig erfolgreich zu sein.

TRADING MIT STRUKTUR UND DISZIPLIN

Ich habe gelernt, dass Freiheit im Trading nur durch Disziplin erreicht wird. Meine täglichen Routinen, meine Risikomanagement-Strategien und meine klaren Regeln sind das Fundament meines Erfolges. Sie ermöglichen es mir, flexibel zu bleiben, ohne die Kontrolle zu verlieren, und mutige Entscheidungen zu treffen, ohne unüberlegt zu handeln. Zu den **wichtigen Regeln, die ich immer befolge, gehören:**

1. **Risikomanagement:** Ich riskiere nie mehr, als ich zu verlieren bereit bin.

2. **Strategie:** Jede meiner Entscheidungen basiert auf einer fundierten Strategie, die ich getestet und perfektioniert habe.

3. **Emotionskontrolle:** Gier und Angst haben keinen Platz in meinem Trading. Meine Entscheidungen sind rational, nicht impulsiv.

4. **Kontinuierliches Lernen:** Die Märkte ändern sich ständig, und ich bin bereit, mich anzupassen und weiterzuentwickeln.

Die Wahl liegt bei dir: Trading ist ein Weg, der Freiheit und Leidenschaft vereinen kann – aber nur, wenn du bereit bist, die nötige Disziplin aufzubringen. Du hast die Wahl: Möchtest du planlos und ohne Regeln handeln und immer wieder Rückschläge erleiden? Oder möchtest du deine Freiheit durch Struktur, Wissen und klare Entscheidungen erreichen?

SCHLUSSGEDANKE

Wahre Freiheit entsteht nicht durch fehlende Regeln, sondern durch die Fähigkeit, Regeln bewusst und konsequent einzusetzen. Trading ist wie ein großes Puzzle: Mit jeder Regel, die du einhältst, fügst du ein neues Teil hinzu und kommst der Lösung näher.

UNBEWUSSTE MOTIVE: WIE SIE DEIN TRADING SABOTIEREN KÖNNEN

Viele Menschen werden von unbewussten Motiven in ihren Entscheidungen geleitet, ohne je darüber nachzudenken. Gerade im Trading können versteckte Wünsche und Bedürfnisse zu erheblichen Problemen führen. Motive wie der Wunsch nach Freiheit, Abwechslung oder Aufregung sind an sich nichts Schlechtes – sie sind Teil unserer Persönlichkeit. Doch wenn sie unkontrolliert ins Trading einfließen, können sie dich vom Erfolg abhalten.

DIE FALLE DER UNBEWUSSTEN MOTIVE

Als junger Mensch hatte ich vor allem ein Ziel: Ich wollte ein aufregendes Leben führen. Die Märkte schienen dafür wie geschaffen. Sie boten alles, was ich suchte: Spannung, unvorhersehbare Wendungen und die Möglichkeit, in kurzer Zeit große Gewinne zu erzielen – oder zu verlieren.

Aufregung ist garantiert, wenn du große Positionen mit enormen Risiken handelst. Der Adrenalinschub, der Nervenkitzel, wenn der Markt sich schnell bewegt und dein Kapital auf dem Spiel steht, kann berauschend sein. Aber genau hier liegt das Problem: **Du bekommst, was du suchst: Aufregung – aber keinen Trading-Erfolg!**

Trading, das von solchen unbewussten Motiven gesteuert wird, wird früher oder später scheitern. Warum? Weil der Fokus auf deinen emotionalen Bedürfnissen liegt, nicht auf den rationalen Entscheidungen, die in Wirklichkeit für deinen Erfolg notwendig sind.

DER SCHLÜSSEL: MOTIVE ERKENNEN UND UMLEITEN

Eine der wichtigsten Lektionen, die ich im Laufe meiner Karriere gelernt habe, war, diese unbewussten Motive in mir zu erkennen. Es war nicht leicht, mir einzugestehen, dass meine Suche nach Spannung und Abwechslung mich davon abhielt, die Disziplin und Ruhe zu entwickeln, die erfolgreiches Trading ausmacht.

Doch die Erkenntnis allein reicht nicht aus. **Du musst eine Art Ventil für deine unbewussten Motive finden – und zwar außerhalb des Tradings.**

DIE LÖSUNG: LEBE DEINE MOTIVE BEWUSST ANDERSWO AUS

Statt das Trading zu nutzen, um unbewusste Wünsche zu erfüllen, habe ich gelernt, diese Bedürfnisse auf andere Weise zu befriedigen. Die Aufregung, die ich suchte, fand ich in Aktivitäten außerhalb des Tradings – Reisen, Sport, Abenteuer. Und das Beste daran: Durch diszipliniertes und erfolgreiches Trading konnte ich mir all das finanzieren. **Hier ist der Ansatz, der für mich funktioniert hat und den ich auch dir empfehle:**

1. **Erkenne deine unbewussten Motive:** Frage dich, was dich wirklich antreibt. Suchst du Freiheit, Abenteuer, Spannung oder Anerkennung?

2. **Trenne deine Motive vom Trading:** Akzeptiere, dass das Trading nicht die richtige Tätigkeit ist, um diese Bedürfnisse zu erfüllen. Es ist ein Beruf, der klare Regeln, Disziplin und Rationalität erfordert.

3. **Nutze das, was du im Trading verdienst:** Das Geld, das du mit Trading verdienst, kannst du dafür einsetzen, deine unbewussten Motive auszuleben. Möchtest du reisen? Möchtest du spannende Hobbys ausüben? Erfolgreiches Trading gibt dir die Mittel, um diese Wünsche zu erfüllen – ohne deinen Trading-Erfolg zu gefährden.

Erfolgreiches Trading erfordert, dass du »um die Ecke denkst«. Du musst erkennen, dass du langfristig mehr Freude und Freiheit erleben kannst, wenn du deine Bedürfnisse nicht im Trading suchst. Stattdessen solltest du das Trading als Werkzeug betrachten, das dir die Freiheit gibt, diese Wünsche anderswo zu realisieren.

SCHLUSSGEDANKE

Trading sollte keine Beschäftigung sein, bei der du deine unbewussten Motive auslebst. Es ist ein Werkzeug, mit dem du die Freiheit erlangst, das Leben zu führen, das du dir wünschst. Handle mit klarem Kopf, finde deine Balance und setze das, was du verdienst, ein, um deine Träume zu verwirklichen.

KAPITEL 4

DER MASSAN-ZUG – TRADING UND FINANZIELLE FREIHEIT INDIVIDUELL GESTALTEN

Großartige Konzepte, brillantes Wissen und inspirierende Strategien scheitern häufig nicht daran, dass sie schlecht sind – sondern daran, dass sie nicht zu der Person passen, die sie anwenden soll. Es ist wie bei einem Kleidungsstück: Selbst der teuerste Anzug sieht unvorteilhaft aus, wenn er nicht richtig sitzt. Ein Maßanzug hingegen passt perfekt, betont die körperlichen Vorzüge und kaschiert die Schwächen seines Trägers. Genau das ist die Essenz meines Ansatzes: **Trading und finanzielle Freiheit müssen wie ein Maßanzug auf dich zugeschnitten sein.**

DIE HÄUFIGE FALLE: »ICH WILL SEIN WIE XY«

Viele Menschen scheitern, weil sie versuchen, einen anderen Menschen zu kopieren. Sie schauen auf einen erfolgreichen Trader, einen zielstrebigen Unternehmer oder eine andere beeindruckende Persönlichkeit und sagen: »Ich will genau so sein wie XY.« Doch dieser Ansatz funktioniert selten – aus einem einfachen Grund: **Du bist nicht XY. Du bist du.**

Ein Beispiel: Ein Trader mag erfolgreich sein, weil er unter hohem Stress hervorragende Leistungen zeigt, blitzschnelle Entscheidungen trifft und emotional stabil bleibt. Aber was, wenn du ein anderer Typ Mensch bist – ruhiger, analytischer und mit der Tendenz, länger über Entscheidungen nachzudenken? Solltest du je versuchen, diese blitzschnellen Day-Trading-Strategien nachzuahmen, wirst du dich nicht nur unwohl fühlen, sondern wahrscheinlich sogar scheitern.

Vielleicht kennst du die Erzählung vom Fisch und vom Vogel: Stell dir vor, ein Fisch schaut zu einem Vogel auf, der majestätisch durch die Lüfte gleitet. Der Fisch denkt: »Ich möchte fliegen wie der Vogel.« Er springt aus dem Wasser – und fällt zurück, weil er nicht zum Fliegen geschaffen ist. Der Vogel hingegen kann nicht tauchen und sich unter Wasser so flink bewegen wie der Fisch.

Dieses Bild verdeutlicht, warum immer individuelle Voraussetzungen berücksichtigt werden müssen. **Ein Fisch kann nicht fliegen, aber er kann die Strömungen des Wassers nutzen, um schnell und elegant zu gleiten.** Genauso ist es beim Trading und beim Streben nach finanzieller Freiheit: Du musst dein Tun so anpassen, dass beide zu deinen Stärken, deinem Leben und deiner Persönlichkeit passen.

WIE DU DAS TRADING PERFEKT AUF DICH ZUSCHNEIDEST

In der Welt des Tradings gibt es keine Einheitslösung. Jeder Trader muss seinen persönlichen Weg finden, der zu ihm passt – sei es in Bezug auf Zeitaufwand, Risiko, Stil oder Zielsetzung. Dennoch bedeutet das nicht, dass du völlig frei von jeglicher Struktur agieren kannst. Ähnlich wie bei einem Maßanzug ist es auch im Trading entscheidend, die grundlegenden Prinzipien zu beachten: Ein Maßanzug erfordert einen präzisen Handwerker mit einem fundierten Verständnis für Schnitte, Materialien und deren Eigenschaften. Ebenso muss ein Trader wissen, wie die »Nähte« seiner Strategie verlaufen sollen, um Stabilität und Nachhaltigkeit zu gewährleisten. Es gilt, geeignete »Stoffe« – also bewährte Methoden und Instrumente – auszuwählen, die zum gewünschten Ziel und den individuellen Rahmenbedingungen passen.

Ein Beispiel: Wer mit hohem Risiko handelt, muss gleichzeitig robuste Risikomanagement-Strategien integrieren, um Stabilität zu bewahren. Das ist ganz so, wie ein Schneider für einen Arbeitsanzug, der besonders stark beansprucht wird, einen strapazierfähigen Stoff wählt, den er mit besonders stabilen Nähten verarbeitet. Ein anderer Trader, der langfristige Ziele verfolgt, benötigt vielleicht eine weniger robuste Struktur, die Flexibilität und Anpassung ermöglicht, ähnlich einem Sommeranzug, bei dem ein leichter Leinenstoff genügt.

Das Bild vom Maßanzug verdeutlicht, dass individuelles Handeln nur dann erfolgreich ist, wenn es auf einem soliden Fundament steht – mit klaren Regeln, professionellem handwerklichem Geschick, aber auch mit einer durchdachten Anpassung an die jeweilige Persönlichkeit und Situation.

In diesem Buch werde ich dir Schritt für Schritt helfen, deinen individuellen Maßanzug im Trading zu entwickeln. Wie bei jedem Maßanzug ist es dafür unerlässlich, zunächst deine persönlichen Maße genau zu kennen. Nur so kann das Ergebnis perfekt auf dich abgestimmt werden. Im Trading bedeutet das, dass du ein klares Bild von deinen Voraussetzungen und Zielen haben musst. Faktoren wie Zeitbudget, Persönlichkeit, Erfahrung, Motivation und finanzielles Budget spielen hierbei eine entscheidende Rolle.

Um deine Maße zu bestimmen, solltest du dir in mehreren verschiedenen Kategorien die folgenden Fragen stellen:

Zeitbudget

- Wie viel Zeit kann und möchte ich täglich, wöchentlich oder monatlich ins Trading investieren?
- Bin ich bereit, auch außerhalb der Handelszeiten Zeit für Analyse und Weiterbildung aufzubringen?

Persönlichkeit

- Bin ich eher risikobereit oder eher risikoscheu?
- Wie gehe ich mit Stress und Unsicherheit um?
- Arbeite ich lieber systematisch mit festen Regeln oder intuitiv mit mehr Spielraum?

Erfahrung

- Welche Kenntnisse und Erfahrungen habe ich bereits im Trading oder in verwandten Bereichen wie Finanzen oder Statistik?
- Wie gut kenne ich mich mit den verschiedenen Märkten und Handelsinstrumenten aus?
- Habe ich bereits Erfolge oder Misserfolge im Trading erlebt, und was habe ich daraus gelernt?

Motivation

- Warum möchte ich traden? Geht es mir um finanzielle Unabhängigkeit, um zusätzliche Einnahmen oder um die persönliche Herausforderung?
- Welche langfristigen und kurzfristigen Ziele verfolge ich im Trading?
- Bin ich bereit, mich kontinuierlich weiterzubilden und meine Strategien anzupassen?

Finanzielles Budget

- Wie viel Kapital kann und möchte ich in mein Trading investieren?
- Bin ich darauf vorbereitet, mögliche Verluste zu verkraften, ohne meine finanzielle Stabilität zu gefährden?
- Plane ich, mein Kapital im Laufe der Zeit zu erhöhen, oder möchte ich mit einem festen Betrag arbeiten?

Weitere wichtige Punkte

- **Disziplin:** Wie konsequent bin ich darin, Pläne einzuhalten und Regeln zu befolgen?
- **Technologie:** Verfüge ich über die nötige Ausrüstung (zum Beispiel leistungsfähige Rechner, stabile Internetverbindung)?
- **Lernbereitschaft:** Bin ich offen für Neues und bereit, bestehende Überzeugungen zu hinterfragen?

Indem du dir diese Fragen ehrlich beantwortest, kannst du die Grundlage für deinen individuellen Trading-Maßanzug schaffen. Dies wird dir helfen, deine Strategie nicht nur passend, sondern auch stabil und nachhaltig zu gestalten. Hier sind einige Beispiele, wie ein Maßanzug im Trading aussehen kann:

Zeitaufwand:

- **Vollzeit-Trader:** Hast du die Möglichkeit, dich ganztägig auf die Märkte zu konzentrieren? Dann könnten Day-Trading oder Trendfolge-Strategien dein Ansatz sein.
- **Nebenberuflich:** Arbeitest du in einem Hauptjob und hast nur wenig Zeit? Dann sind Swing-Trading oder langfristige Investments die besseren Optionen.

Risikoprofil:

- **Hohe Risikobereitschaft:** Wenn du emotional stabil bist und größere Schwankungen ertragen kannst, könnten spekulativere Ansätze wie Rohstoff- oder Währungs-Trading geeignet sein.
- **Konservative Natur:** Bist du vorsichtiger, solltest du mit geringem Hebel handeln und klare Verlustbegrenzungen setzen.

Persönlichkeit:

- **Geduldiger Charakter:** Liebst du es, langfristige Pläne zu schmieden und geduldig abzuwarten? Dann ist die Trendfolge perfekt für dich.
- **Entschlussfreudige Natur:** Bist du analytisch stark und kannst blitzschnell reagieren? Day-Trading oder News-Trading könnten besser zu dir passen.

WARUM DER MASSANZUG IN DER PRAXIS ENTSCHEIDEND IST

Ein häufiges Problem beim Trading ist, dass Menschen versuchen, universelle Regeln ohne Anpassung zu übernehmen. Doch es ist wie bei Kleidung: Solche Regeln passen nur dann, wenn sie auf den Träger zugeschnitten sind.

Ein Beispiel aus meiner Erfahrung: Ich habe Schüler gesehen, die nach einem festen Plan traden wollten, den sie irgendwo gelernt hatten. Doch dieser Plan funktionierte für sie nicht – nicht, weil der Plan an sich schlecht war, sondern weil er nicht zu ihnen passte. Einer dieser Schüler war ein Mensch, der extrem risikoavers war. Er versuchte, eine aggressive Day-Trading-Strategie anzuwenden, fühlte sich dabei aber permanent gestresst und traf letztlich falsche Entscheidungen. Erst als ich mit ihm zusammen eine ruhigere Swing-Trading-Strategie entwickelte, die zu seiner Persönlichkeit passte, stellte sich bei ihm der gewünschte Erfolg ein.

Der universelle Kern heißt Anpassung statt Nachahmung. Es gibt universelle Prinzipien im Trading – wie die Bedeutung von Risikomanagement, Geduld und Disziplin. Doch diese Prinzipien müssen individuell interpretiert werden. Hier liegt die Kunst der maßgeschneiderten Lösung: Die Grundstruktur bleibt bestehen, aber der Schnitt wird für jeden individuell angepasst.

- **Ein Trader mit wenig Zeit** konzentriert sich auf langfristige Investments oder wenige, ausgewählte Trades pro Monat.
- **Ein Trader mit hohem Zeitaufwand** nutzt Intraday-Trading und analysiert Märkte in Echtzeit.
- **Ein risikofreudiger Trader** arbeitet mit Hebel und tradet bevorzugt in spekulativen Märkten.
- **Ein risikobewusster Trader** fokussiert sich auf Diversifikation und konservative Ansätze.

SCHLUSSGEDANKE

Trading sollte in dein Leben passen – nicht dein Leben ins Trading. Das ist die Essenz des Maßanzug-Konzepts. Finanzielle Freiheit ist ein universelles Ziel, aber der Weg dorthin ist für jeden unterschiedlich. Es geht nicht darum, einen anderen Menschen zu kopieren, sondern deinen eigenen Weg zu finden und die Prinzipien so anzupassen, dass sie zu dir passen.

Ein Maßanzug sieht gut aus, fühlt sich gut an und passt perfekt. Genau das sollte auch dein Ansatz im Trading sein. Nimm die universellen Prinzipien und gestalte sie so, dass sie deine Stärken betonen und deinen Zielen dienen.

VERFÜGBARE ZEIT – DER AUSGANGSPUNKT FÜR DEINEN TRADING-STIL

Bevor du dich für Strategien, Setups oder Märkte entscheidest, gibt es eine Frage, die allem vorangeht: **Wie viel Zeit hast du realistisch für das Trading zur Verfügung – und zwar regelmäßig?**

Genau hier beginnt dein Weg. Deine persönliche Verfügbarkeit ist der Ausgangspunkt, aus dem sich dein gesamtes Trading-Modell entwickelt. Es zählen nicht allein dein Wissen, nicht allein deine Ziele – sondern dein Zeitbudget.

1. PERSÖNLICHE VERFÜGBARKEIT ALS DEIN FUNDAMENT

In der Praxis ist oft zu beobachten: Viele scheitern nicht an der Strategie, sondern an der **fehlenden Passung zwischen Zeitaufwand und Anspruch**. Wer täglich mehrere Stunden tradet, hat ganz andere Möglichkeiten als jemand, der nur zweimal pro Woche reinschauen kann. Deshalb ist der erste Schritt zur Klarheit die Klärung der Frage:

Wie viel Zeit kannst du realistisch – dauerhaft – fürs Trading einplanen?

Die Antwort auf diese Frage legt fest, **auf welcher Zeitebene du handeln solltest**, und wie **aktiv** oder **passiv** deine Herangehensweise sein darf.

2. DIE HANDELSEBENE ALS DEIN SPIELFELD

Je nachdem, wie viel Zeit du mitbringst, ergeben sich unterschiedliche **Zeitebenen**, auf denen du sinnvoll handeln kannst:

Verfügbarkeit pro Woche	Mögliche Zeitebene	Beispiele für Strategien
15 – 30 Stunden	Intraday (Minuten, Stunden)	DAX-Handel, News-Trading, Scalping
5 – 10 Stunden	Swing (Tages- bis Wochenbasis)	Forex-Swings, Rohstoffe, Index-Swings
< 5 Stunden	Positions- oder Wochen-Trading	Wochen-Trades, ETF-Rotation, Carry-Setups

Dein **Trading-Zeitrahmen** ist also keine Frage des Stils, sondern der **verfügbaren Zeit.** Und das ist gut so – denn er gibt dir Orientierung.

3. TRENDFOLGE FUNKTIONIERT AUF ALLEN EBENEN – ABER BLEIB KONSEQUENT

Die gute Nachricht: Unsere **Trendfolge-Strategie funktioniert auf jeder dieser Zeitebenen.** Egal ob du auf Stundenbasis im DAX arbeitest oder über Wochen einen Währungstrend reitest – die Grundidee bleibt gleich.

Aber – und das ist entscheidend – **du musst auf deiner Zeitebene bleiben.** Es ist **nicht sinnvoll,** bei Gelegenheit mal ein bisschen Day-Trading zu betreiben, nur weil du gerade einen freien Tag hast.

Warum?

- Du **kennst den Rhythmus dieser Zeiteinheit nicht.**
- Du wirst versuchen, **Chancen zu erzwingen**, obwohl du keine echte Vorbereitung hast.
- Du hast **keine Statistik, kein Erfahrungsgefühl, keine Routine** für diese Ebene.

Trading lebt von Wiederholung, Wiedererkennung und Disziplin. Der Versuch, spontan auf eine andere Zeiteinheit zu springen, ist wie in einer fremden Sprache plötzlich spontan diskutieren zu wollen – das wird holprig.

Allein das konsequente Beharren auf einer einmal festgelegten Zeitebene bringt dir Sicherheit – und stärkt langfristig das Vertrauen in dich selbst.

4. RISIKOPROFIL ALS DEIN SICHERHEITSGURT

Häufig denken Einsteiger: »*Je kürzer die Zeiteinheiten, in denen ich handle, desto kleiner ist das Risiko.*« Doch genau das Gegenteil ist oft der Fall – oder besser gesagt: **Es sollte andersherum gedacht werden.**

Je höher deine Zeiteinheit – also je seltener du handelst – desto mehr Risiko darfst du pro Trade eingehen.

Warum?

- **Weniger Trades bedeuten weniger Gebühren und weniger Stress.**
- **Längere Haltezeiten bringen zwar größere Schwankungen mit sich, aber diese sind einkalkuliert.**
- **Eine geringere Handelsfrequenz ermöglicht mehr Risiko pro Trade, ohne das Gesamtkapital zu gefährden.**

Umgekehrt gilt:

- **Intraday-Trader handeln oft 5- bis 20-mal pro Woche.** Ein zu hohes Risiko würde das Konto schnell überbeanspruchen.
- **Positions-Trader handeln vielleicht nur 2- bis 4-mal pro Monat.** Hier darf der einzelne Trade etwas mehr Raum bekommen – im Hinblick auf das Risiko genauso wie beim Kursverlauf.

Die folgende Tabelle zeigt die Verbindung von Zeiteinheit und Risiko (anhand von Beispielen):

Trader-Typ (nach verfügbarer Zeit)	Typ A »Trading als Job« (15 –30 Std./Woche)	Typ B »Zusatz-Einkommen« (5 - 10 Std./Woche)	Typ C »Lifestyle-Trading« (< 5 Std./Woche)
Zeiteinheit	Intraday	Swing-Trading	Positions-Trading
Handelsfrequenz	Hoch (mehrere Trades/Tag möglich)	Mittel (mehrere Trades/Woche)	Gering (einige Trades/ Monat)
Empfohlenes Risiko pro Trade	Gering (z. B. 0,25–0,5 % vom Konto)	Mittel (z. B. 0,5–1 %)	Höher möglich (z. B. 1–2 % bei sauberem Setup)
Typischer Fehler	Zu viele Trades, Over-Trading	Ungeduld, zu frühe Ausstiege	Zu viel Vorsicht, zu selten im Markt

Häufiges Handeln bedeutet, pro Trade besteht nur ein kleines Risiko. Seltenes Handeln ermöglicht ein größeres Risiko pro Trade. Diese Logik schützt dich vor der Überlastung deines Kapitals – und vor der Überforderung deiner Psyche.

5. DEIN TRADER-TYP DARF SICH VERÄNDERN

Wichtig: Dein Trading-Stil ist **kein starres Korsett**, sondern ein Abbild deines aktuellen Lebens.

Du hast heute vielleicht nur abends Zeit zum Traden, weil du in Vollzeit arbeitest. Aber in sechs Monaten hast du vielleicht mehr Luft – oder willst Trading bewusst weiter ausbauen. Dann ändert sich deine Verfügbarkeit – und damit auch deine Rolle.

Viele starten als **positioneller Trader** mit wenigen Trades im Monat – und entwickeln sich mit wachsender Erfahrung und Begeisterung weiter zum **Swing-Trader** oder sogar **Intraday-Trader**. Das ist ein ganz natürlicher Weg – **solange du immer ehrlich bleibst mit dir selbst.**

Folgende Reflexionsfrage hilft dir, deinen Weg zu erkennen:

Wie viele Stunden pro Woche kannst du derzeit dauerhaft fürs Trading einplanen – ohne Stress und ohne dass andere Lebensbereiche leiden?

Diese Stundenzahl ist dein Startpunkt. Sie ist nicht in Stein gemeißelt, aber sie gibt dir eine **klare Richtung**. Und Klarheit ist die wichtigste Voraussetzung für Selbstvertrauen und Erfolg.

KAPITEL 5

WORIN BESTEHT DER UNTERSCHIED ZWISCHEN TRADING UND INVESTIEREN?

Trading und Investieren werden oft in einem Atemzug genannt, doch sind sie grundlegend unterschiedlich. Beide Konzepte zielen darauf ab, finanzielle Gewinne zu erzielen, aber die Herangehensweise, der Zeitrahmen und die Philosophie, die dahinter steckt, unterscheiden sich erheblich. Um zu verstehen, was Trading wirklich ist, müssen wir diese Unterschiede genau betrachten.

WAS IST INVESTIEREN?

Investieren ist eine langfristige Strategie, bei der Kapital in Vermögenswerte wie Aktien, Anleihen, Immobilien oder Fonds angelegt wird, um im Laufe der Zeit eine Rendite zu erzielen. Investoren konzentrieren sich auf den fundamentalen Wert eines Vermögenswertes, basierend auf Faktoren wie Ertragskraft, Wachstumspotenzial oder Marktposition eines Unternehmens.

Merkmale des Investierens:

- **Langer Zeithorizont:** Investoren denken in Jahren oder Jahrzehnten. Sie lassen ihre Investitionen wachsen, oft mit dem Ziel, von Dividenden, Zinsen oder Wertsteigerungen zu profitieren.
- **Fundamentale Analyse:** Investoren prüfen Geschäftsmodelle, Bilanzen, Marktpositionen und zukünftige Wachstumschancen, um Entscheidungen zu treffen.

- **Buy-and-hold-Strategie:** Investoren kaufen Vermögenswerte, um diese langfristig zu halten, unabhängig von kurzfristigen Marktbewegungen.
- **Risikoreduktion:** Der Fokus liegt beim Investieren auf Stabilität und der Minimierung von Verlusten durch Diversifikation und langfristiges Denken.

Ein Beispiel: Ein Investor kauft Aktien eines Technologieunternehmens, weil er davon überzeugt ist, dass das Unternehmen durch seine innovative Technologie langfristig erfolgreich sein wird. Er hält die Aktie für mehrere Jahre, um von Kursgewinnen und Dividenden zu profitieren.

WAS IST TRADING?

Trading hingegen ist eine aktive Strategie, bei der Händler kurzfristige Preisbewegungen ausnutzen, um Gewinne zu erzielen. Trader konzentrieren sich auf den Kauf und Verkauf von Finanzinstrumenten wie Aktien, Währungen, Rohstoffen oder Derivaten und nutzen die Volatilität der Märkte.

Merkmale des Tradings:

- **Kurzer Zeithorizont:** Trades können in Sekunden, Minuten, Stunden oder wenigen Tagen abgeschlossen werden.
- **Technische Analyse:** Trader verwenden Charts, Indikatoren und historische Kursdaten, um kurzfristige Marktbewegungen vorherzusagen.
- **Frequenz:** Trader führen häufig mehrere Transaktionen pro Tag aus, oft mit hohen Handelsvolumina.
- **Risikomanagement:** Da Trading risikoreicher ist, setzen Trader auf strikte Risikomanagement-Regeln wie Stopp-Loss-Orders, die Begrenzung der Positionsgrößen und Kapitalmanagement.
- **Spekulation statt Beteiligung:** Im Gegensatz zum Investieren geht es beim Trading nicht darum, langfristig am Erfolg eines Unternehmens teilzuhaben, sondern darum, Marktbewegungen schnell auszunutzen.

Ein Beispiel: Ein Trader beobachtet, dass der Preis einer Aktie stark ansteigt, und kauft sie in der Hoffnung, sie innerhalb weniger Stunden mit Gewinn zu verkaufen, bevor der Markt wieder nachgibt.

Merkmal	Trading	Investieren
Zeithorizont	Kurzfristig (Sekunden bis Tage)	Langfristig (Jahre bis Jahrzehnte)
Analyseansatz	Technische Analyse	Fundamentale Analyse
Ziel	Ausnutzen von Preisbewegungen Aufbau von Vermögen	Aufbau von Vermögen
Risiko	Höheres Risiko durch hohe Volatilität	Geringeres Risiko durch Diversifikation
Engagement	Hohe Aktivität, kurzfristiges Handeln	Geringere Aktivität, Buy-and-hold-Strategie
Erträge	Kurzfristige Gewinne	Langfristige Wertsteigerung

Die wesentlichen Unterschiede zwischen Trading und Investieren

DIE VORTEILE DES TRADINGS

Ich habe es in der Einleitung bereits kurz erwähnt: Trading bietet im Vergleich zum Investieren einige entscheidende Vorteile, die es für viele Menschen besonders attraktiv machen. Schauen wir uns diese Vorteile doch einmal genauer an.

VORTEIL 1: DER ZINSESZINSEFFEKT – BESCHLEUNIGT DURCH TRADING

Ein großer Vorteil des Tradings ist der starke Zinseszinseffekt, der sich durch schnelle, kontinuierliche Gewinne ergibt. Während im klassischen Investieren der Zinseszinseffekt oft erst über Jahre hinweg wirkt, kannst du im Trading – vor allem im Day-Trading – teilweise täglich von diesem Effekt profitieren.

Mein Beispiel aus der Real Money Challenge 2018: Im Jahr 2018 habe ich an der **Real Money Challenge von Inveus** teilgenommen, bei der ich aus **10.000 Euro Startkapital über 400.000 Euro** in einem Jahr gemacht habe – und das mit echtem Geld. Dieser Erfolg war nicht das Ergebnis von Glücksspiel oder waghalsigen Einsätzen, sondern ein Ergebnis disziplinierter Trades, bei denen ich den Zinseszinseffekt von Anfang an für mich arbeiten ließ. Wie das funktionierte:

- **Anfangsrisiko:** Zu Beginn habe ich nie mehr als 1 Prozent meines Kapitals pro Trade riskiert.
- **Reinvestition der Gewinne:** Jedes Mal, wenn ich einen Gewinn erzielte, erhöhte sich automatisch mein Handelskonto, und damit auch das absolute Risiko, das ich pro Trade eingehen konnte. Durch diese exponentielle Wirkung konnte mein Konto rasch wachsen – nicht aufgrund eines großen Risikos, sondern durch konsequentes Risikomanagement und kluge Entscheidungen.

VORTEIL 2: GERINGERES STARTKAPITAL

Im Vergleich zum Investieren benötigst du für das Trading oft weniger Startkapital. Während viele langfristige Investitionen größere Summen erfordern, um nennenswerte Renditen zu erzielen, kannst du im Trading bereits mit kleinen Beträgen beginnen und trotzdem hohe Gewinne erzielen – vorausgesetzt, du bist diszipliniert und kennst deine Strategie.

Ein Beispiel: Mit nur 1.000 Euro kannst du im Trading durch den gezielten Einsatz von Hebelprodukten oder durch das Ausnutzen kleinerer Marktbewegungen beträchtliche Erträge erzielen. Investieren hingegen erfordert oft größere Beträge, um vergleichbare Renditen zu erreichen, da es auf langfristige Wertsteigerungen abzielt.

VORTEIL 3: VERLUSTBEGRENZUNG DURCH PRÄZISES RISIKOMANAGEMENT

Ein häufiger Irrglaube ist, dass Trading risikoreicher wäre als Investieren. Tatsächlich kannst du im Trading deine Verluste viel genauer begrenzen als beim Investieren. Durch den Einsatz von **Stopp-Loss-Orders** und striktem Risikomanagement weißt du genau, wie viel du bei einem Trade maximal verlieren kannst. Im Gegensatz dazu kann Investieren ohne ausreichende Diversifikation erhebliche Risiken bergen. Wenn du zum Beispiel eine große Position in eine einzelne Aktie investierst und diese stark im Wert fällt, können deine Verluste unkontrollierbar sein.

Ein Beispiel: Ein Investor, der in eine einzige Aktie investiert, riskiert bei einem plötzlichen Kurseinbruch 50 Prozent oder mehr seines Kapitals, ohne dass er es rechtzeitig verkaufen kann. Ein Trader hingegen kann bereits im Voraus einen Stopp-Loss setzen, der seine Verluste bei beispielsweise 1 oder 2 Prozent begrenzt – unabhängig davon, wie stark der Kurs fällt.

Verluste beim Investieren: Einblicke in reale Beispiele – Enron, Wirecard und andere Skandale

Wie wenig Investoren vor Verlusten geschützt sind, zeigt vor allem der Blick auf Aktiengesellschaften, bei denen entweder Betrug im Spiel war oder bei denen unerwartete Ereignisse zu einem rasanten Kurssturz führten. Das will ich im Folgenden an einigen Beispielen verdeutlichen.

Enron (2001): Das US-amerikanische Energieunternehmen Enron galt jahrelang als Paradebeispiel für Innovation und Erfolg. Viele Investoren hielten die Aktie für eine sichere langfristige Investition – bis der Bilanzskandal ans Licht kam. Innerhalb weniger Wochen ging das Unternehmen in die Insolvenz, und die Aktie verlor nahezu ihren gesamten Wert.

Dieses Beispiel zeigt, warum ein Stopp-Loss oft nichts bringt: Im Fall von Enron stürzte die Aktie so schnell ab, dass Stopp-Loss-Orders teilweise nicht mehr ausgeführt werden konnten. Dazu muss man wissen: Die Stopp-Loss-Schwelle löst die Verkaufsorder lediglich aus. Ausgeführt wird sie dann aber zur nächsten Kursfeststellung, wo auch immer diese liegen mag. Eine Stopp-Loss-Order nützt also gar nichts, wenn der Kurs rasant um mehrere Prozentpunkte fällt. Investoren, die nicht diversifiziert waren oder zu lange an der Aktie festhielten, verloren nahezu ihr gesamtes Kapital.

Wirecard (2020): Ein weiteres eindrückliches Beispiel ist der deutsche Zahlungsdienstleister Wirecard. Über Jahre hinweg galt das Unternehmen als Vorreiter der Digitalisierung im Zahlungsverkehr. Doch als 2020 bekannt wurde, dass 1,9 Milliarden Euro in den Bilanzen fehlten, brach die Aktie von über 100 Euro auf wenige Cent ein – innerhalb weniger Tage.

Auch das verdeutlicht das Problem mit Stopp-Loss-Orders beim Investieren: Wie bei Enron war der Kursverfall so rapide, dass Stopp-Loss-Orders nicht rechtzeitig ausgeführt wurden. Viele Anleger, die blind auf Wirecard gesetzt hatten, verloren erhebliche Summen, bevor der Verkauf überhaupt ausgeführt werden konnte.

Lehman Brothers (2008): Während der globalen Finanzkrise war die Insolvenz der Investmentbank Lehman Brothers ein Schock für die Weltmärkte. Viele Anleger hielten Anteile an der Bank oder an Fonds, die stark in Lehman investiert waren. Der plötzliche Zusammenbruch führte zu massiven Verlusten, die auch langfristig orientierte Investoren unvorbereitet trafen.

Was Anleger oft übersehen: Auch große, renommierte Unternehmen können in Krisen untergehen. Ohne Diversifikation oder eine klare Exit-Strategie sind Verluste in solchen Situationen oft unvermeidbar.

Gamestop und AMC (2021): Meme-Aktien sind Aktien, deren Kurs hauptsächlich durch Anlegerforen beeinflusst wird. Dazu gehören Gamestop und AMC. Sie verzeichneten durch den Einfluss von Reddit-Foren massive Kurssprünge – und ebenso massive Einbrüche. Investoren, die zu spät eingestiegen waren oder keine klare Exit-Strategie hatten, verloren oft 50 Prozent oder mehr ihres Kapitals innerhalb weniger Tage.

Das Risiko beim Investieren in Hypes: Solche plötzlichen Bewegungen sind für Investoren schwer zu antizipieren und zu managen, während Trader in solchen volatilen Märkten oft gezielt Chancen nutzen und Verluste eng begrenzen können.

Warum Trading Risiken besser kontrolliert

Im Trading hast du durch aktives Risikomanagement und klare Regeln die Möglichkeit, Verluste zu begrenzen und flexibel auf Marktbewegungen zu reagieren. Das unterscheidet das Trading fundamental vom langfristigen Investieren.

Kontrolle über Verluste:
Als Trader kannst du Stopp-Loss-Orders präzise setzen und Positionen schnell schließen, wenn sich der Markt gegen dich bewegt. Du weißt bereits vor einem Trade, wie viel du maximal verlieren kannst – oft sind es nur 1 Prozent oder 2 Prozent deines Kapitals.

Flexibilität bei Marktveränderungen:
Im Gegensatz zu Investoren, die langfristig an Positionen gebunden sind, kannst du als Trader in-

nerhalb von Sekunden auf neue Marktinformationen reagieren. Das schützt dich vor plötzlichen Kursstürzen wie bei Enron oder Wirecard.

Unabhängigkeit von Einzelwerten:
Während Investoren oft stark in einzelne Aktien oder Branchen investiert sind, handeln Trader flexibel in verschiedenen Märkten und nutzen kurzfristige Gelegenheiten. Dadurch verteilen sie ihr Risiko und sind weniger anfällig für plötzliche Verluste in einzelnen Positionen.

Risikobegrenzung durch befristetes Engagement:
Investieren wird oft als sicherer wahrgenommen, doch diese Sicherheit ist eine Illusion. Große Verluste können auch hier auftreten, wenn ein Portfolio nicht ausreichend diversifiziert ist oder Anleger sich zu stark auf Einzelwerte verlassen. Ein Beispiel: Ein Anleger, der 50 Prozent seines Kapitals in eine vermeintlich sichere Aktie wie Wirecard investiert, kann durch einen plötzlichen Zusammenbruch dieser Position massive Verluste erleiden. Trader hingegen halten Positionen in der Regel nicht langfristig, sondern begrenzen ihr Risiko aktiv und diversifizieren stärker.

Trading ist nicht riskanter – es bietet sogar mehr Möglichkeiten zur Kontrolle
Trading mag auf den ersten Blick risikoreicher erscheinen, doch mit klarem Risikomanagement und disziplinierten Strategien kannst du Verluste effektiv begrenzen. Investieren hingegen birgt oft unkontrollierte Risiken, insbesondere bei plötzlichen Unternehmenszusammenbrüchen oder Marktkrisen.

SCHLUSSGEDANKE

Trading ist nicht das Spiel mit dem Feuer, wie viele denken. Es ist ein Werkzeug, das dir die Kontrolle über dein Kapital gibt – vorausgesetzt, du handelst diszipliniert. Während Investoren oft der Illusion von Sicherheit verfallen, lehrt dich das Trading, mit Risiko umzugehen und es zu deinem Vorteil zu nutzen.

VORTEIL 4: UNABHÄNGIGKEIT VON MARKTBEWEGUNGEN

Ein großer Vorteil des Tradings gegenüber dem klassischen Investieren ist die Möglichkeit, sowohl von steigenden als auch von fallenden Märkten zu profitieren. Während Investoren oft auf ein wachsendes Wirtschaftsumfeld angewiesen sind, um ihre Portfolios wachsen zu lassen, bietet Trading dir Flexibilität in jeder Marktsituation.

Meine Erfahrung während der Finanzkrise und Coronapandemie bestätigen das: Einige der profitabelsten Phasen in meiner Trading-Karriere waren Krisenzeiten – die Finanzkrise 2008 und der Corona-Crash 2020. Während viele Investoren in diesen Zeiten in Panik verkauften und massive Verluste erlitten, boten mir die hohen Volatilitäten und die starken Kursbewegungen im Trading außergewöhnliche Chancen.

- Während der **Finanzkrise 2008**, als die Märkte um mehr als 50 Prozent einbrachen, konnte ich gezielt auf fallende Kurse setzen und von den heftigen Bewegungen profitieren.
- Ähnlich war es während der **Coronapandemie 2020**, als die Märkte innerhalb weniger Wochen um fast 30 Prozent fielen. Diese Zeit war eine der ertragreichsten Phasen meiner Karriere, da die hohe Volatilität und Unsicherheit zahlreiche kurzfristige Chancen boten.

Warum Krisen ein Vorteil für Trader sind:

- **Hohe Volatilität:** In Krisenzeiten schwanken die Märkte stärker, was Tradern ermöglicht, häufiger und schneller Gewinne zu erzielen.
- **Flexibilität:** Mit der Möglichkeit, Short-Positionen einzugehen, kannst du direkt von fallenden Kursen profitieren, anstatt Verluste hinzunehmen.
- **Emotionale Märkte:** In Krisen reagieren Märkte oft übertrieben, was Tradern, die rational handeln, erhebliche Vorteile verschafft.

VORTEIL 5: ZEITLICHE FLEXIBILITÄT UND RÄUMLICHE UNABHÄNGIGKEIT

Im Trading bist du an keine festen Arbeitszeiten oder Orte gebunden. Alles, was du brauchst, ist ein Computer oder Smartphone, eine Internetverbindung und einen Broker. Du kannst arbeiten, wann und wo du möchtest – sei es zu Hause, in einem Café oder sogar am Strand.

Das gibt dir die Freiheit, deine Zeit selbst zu gestalten: Trading ermöglicht dir, deinen Tag so zu strukturieren, wie es zu deinem Lebensstil passt. Du kannst es als Hauptberuf ausüben oder es neben einem anderen Job betreiben, solange du die nötige Disziplin und das Wissen mitbringst.

FAZIT: TRADING IST EIN MÄCHTIGES WERKZEUG

Es ist eine faszinierende Disziplin, die dir einzigartige Vorteile bietet, wenn du bereit bist, sie zu meistern. Du profitierst von einem beschleunigten Zinseszinseffekt, kannst mit geringem Startkapital beginnen und deine Risiken präzise kontrollieren. Darüber hinaus sind deine Gewinnmöglichkeiten unabhängig von der aktuellen Richtung, in die der Markt läuft, und das Trading bietet dir zeitliche und räumliche Flexibilität. Doch der Schlüssel liegt in der Disziplin, der Bereitschaft zu lernen und der Fähigkeit, Verluste zu akzeptieren.

SCHLUSSGEDANKE

Trading bietet Chancen, die das klassische Investieren nicht hat – aber es erfordert auch Disziplin, Wissen und einen kühlen Kopf. Mit der richtigen Strategie kannst du den Zinseszinseffekt nutzen, deine Verluste kontrollieren und auch mit kleinem Kapital große Erfolge erzielen.

VOM BÖRSENPARKETT INS ECHTE LEBEN: TRADING KANN AUCH EINE GUTE ERGÄNZUNG ZUM INVESTIEREN SEIN

Trading und Investieren werden oft als Gegensätze betrachtet, doch tatsächlich ergänzen sie sich hervorragend. Wenn du beide Disziplinen beherrschst, profitierst du nicht nur finanziell, sondern entwickelst auch ein tieferes Verständnis für die Märkte und stärkst deine Fähigkeiten in beiden Bereichen. Hier sind sechs Gründe dafür, warum Trading sich als Ergänzung für deine Tätigkeit als Investor eignet und warum es dich letztlich sogar zu einem besseren Investor macht.

GRUND 1: TIEFERES MARKTVERSTÄNDNIS

Als Trader beobachtest du die Märkte sehr genau und lernst, kurzfristige Trends, Muster und Dynamiken zu erkennen. Diese Fähigkeit ist auch für Investoren von unschätzbarem Wert:

- **Timing:** Du entwickelst ein besseres Gefühl dafür, wann günstige Kauf- oder Verkaufszeitpunkte sind.
- **Volatilität nutzen:** Während Investoren oft von kurzfristiger Volatilität abgeschreckt werden, lernst du als Trader, sie zu deinem Vorteil zu nutzen.

Beispiel: Ein Investor, der die Techniken des Tradings beherrscht, könnte in einer Marktkrise wie der Coronapandemie 2020 gezielt Aktien kaufen, wenn sie überverkauft sind, anstatt seine Bestände in Panik abzustoßen.

GRUND 2: DISZIPLIN UND RISIKOMANAGEMENT

Trading erfordert ein strenges Risikomanagement, da du mit jedem Trade einen kleinen Teil deines Kapitals riskierst. Diese Disziplin kannst du direkt auf dein Investment übertragen:

- **Klare Exit-Strategien:** Viele Investoren halten zu lange an Verlustpositionen fest. Als Trader lernst du, Verluste frühzeitig zu begrenzen und Gewinne mitzunehmen.
- **Rationalität statt Emotionen:** Trading schärft deine Fähigkeit, rational zu handeln und Entscheidungen nicht von Angst oder Gier beeinflussen zu lassen – eine wesentliche Eigenschaft erfolgreicher Investoren.

GRUND 3: BESSERE DIVERSIFIKATION

Trading eröffnet dir Zugang zu Märkten und Anlageklassen, die von Investoren oft vernachlässigt werden. Du kannst auf Währungen, Rohstoffe oder Indizes setzen und auf diese Weise dein Portfolio diversifizieren.

- **Ausweichen auf andere Assets:** Während dein Investment-Portfolio hauptsächlich aus Aktien und Anleihen besteht, kannst du als Trader auch in volatilen Phasen mit Rohstoffen wie Gold oder Öl Gewinne erzielen.
- **Hedge-Strategien:** Trader können durch Short-Positionen oder andere Techniken bestehende Risiken in ihrem Investment-Portfolio absichern.

GRUND 4: FLEXIBILITÄT BEI FALLENDEN MÄRKTEN

Investoren sind oft auf steigende Märkte angewiesen, um Gewinne zu erzielen. Als Trader kannst du jedoch auch von fallenden Märkten profitieren, indem du Short-Positionen eingehst. Dieses Wissen macht dich als Investor flexibler und gibt dir zudem Möglichkeiten, dein Portfolio in schwierigen Zeiten zu schützen.

Beispiel: Während der Finanzkrise 2008 haben viele Investoren hohe Verluste erlitten, weil sie ihre Positionen nicht absicherten. Trader, die fallende Märkte gehandelt haben, konnten hingegen große Gewinne erzielen und diese später in langfristige Investments reinvestieren.

GRUND 5: SCHNELLE BESCHAFFUNG VON ZUSÄTZLICHEM KAPITAL

Trading ermöglicht dir, Gewinne schneller zu reinvestieren als klassisches Investieren. Durch den bereits erwähnten beschleunigten Zinseszinseffekt kannst du dir rasch Kapital aufbauen, das du später in langfristige Investments steckst.

Ein erfolgreicher Trader könnte beispielsweise kurzfristige Gewinne nutzen, um solide Aktien oder Immobilien zu kaufen und auf diese Weise ein stabiles Investment-Portfolio aus verschiedenen Vermögenswerten aufzubauen.

GRUND 6: PERSÖNLICHE WEITERENTWICKLUNG

Trading ist eine mentale Herausforderung. Du lernst, mit Stress umzugehen, schnelle Entscheidungen zu treffen und auch nach Rückschlägen weiterzumachen. Diese Fähigkeiten helfen dir, auch als Investor langfristig fokussiert zu bleiben:

- **Geduld entwickeln:** Trading lehrt dich, Chancen abzuwarten, was dir auch als Investor hilft, nicht übereilt zu handeln.
- **Flexibilität ausweiten:** Du lernst, dich an unterschiedliche Marktsituationen anzupassen – eine Fähigkeit, die beim Investieren genauso wichtig ist.

FAZIT: DAS BESTE AUS BEIDEN WELTEN LÄSST SICH KOMBINIEREN

Indem du Trading und Investieren kombinierst, nutzt du die Stärken beider Ansätze:

- **Langfristige Stabilität durch Investieren:** Du baust ein solides Fundament für dein Vermögen auf.
- **Kurzfristige Chancen durch Trading:** Du nutzt Marktbewegungen, um zusätzliches Einkommen zu generieren und dein Kapital schneller zu vermehren.

SCHLUSSGEDANKE

Trading und Investieren sind keine Gegensätze – sie sind zwei Seiten derselben Medaille. Trading macht dich zu einem besseren Investor, weil du lernst, Märkte besser zu verstehen, Risiken zu kontrollieren und flexibel auf Veränderungen zu reagieren. Investieren gibt dir Stabilität und eine langfristige Perspektive, während Trading dir die Werkzeuge gibt, Chancen in Echtzeit zu nutzen.

KAPITEL 6

TRADING-STILE IM CHECK

In der Welt des Tradings gibt es verschiedene Ansätze, um die Märkte zu handeln. Die Wahl des Trading-Stils hängt stark von der Persönlichkeit des Traders, seiner Risikobereitschaft und der verfügbaren Zeit ab. Hier werfen wir einen Blick auf drei der bekanntesten Stile: Scalping, Trendfolge und Mean Reversion.

Es ist ratsam, dass du dich näher damit beschäftigst. Denn hier spielt der Gedanke des Maßanzuges wieder eine wichtige Rolle. Du musst einen Trading-Stil finden, der zu dir passt. Dabei spielt nicht nur deine Persönlichkeit eine Rolle, sondern vor allem auch dein Zeitbudget.

Jeder dieser Ansätze hat seine eigenen Vorteile, bringt eigene Herausforderungen mit sich und wird von unterschiedlichen prominenten Vertretern verfolgt. Aber nicht jeder Ansatz eignet sich gleichermaßen für jeden privaten Trader.

SCALPING – DER HOCHFREQUENZANSATZ

Was ist Scalping?
Scalping ist ein ultra-kurzfristiger Trading-Stil, bei dem Trader versuchen, kleine Preisbewegungen auszunutzen. Scalper führen häufig Dutzende oder sogar Hunderte Trades pro Tag aus und halten Positionen oft nur für Sekunden oder Minuten. Ziel ist es, von minimalen Kursänderungen zu profitieren.

Merkmale:

- sehr kurze Haltezeit
- hohe Handelsfrequenz
- Nutzung kleiner Preisbewegungen
- Fokus auf Liquidität und enge Spreads

Vorteile:
- geringere Marktrisiken, da Trades nur kurze Zeit offen sind
- regelmäßige kleine Gewinne können sich summieren

Herausforderungen:
- hohe Konzentration und schnelle Reaktionsfähigkeit erforderlich
- hohe Transaktionskosten durch häufiges Handeln

Bekannte Vertreter:
- **Paul Rotter:** Bekannt wurde er als »The Flipper«. Rotter war einer der erfolgreichsten Scalper. Seine Strategie basierte auf blitzschnellen Orders und der Ausnutzung von Ungleichgewichten in den Orderbüchern.

WAS PAUL ROTTERS HANDELSSTIL AUSZEICHNETE UND WARUM ER HEUTE NICHT MEHR VERBREITET IST

Paul Rotter war vor allem in den 1990er- und frühen 2000er-Jahren aktiv und galt als einer der erfolgreichsten Scalper an den europäischen Finanzmärkten, insbesondere an der **Eurex** (einer der größten Terminbörsen Europas). Sein Fokus lag auf hochliquiden Instrumenten wie deutschen Staatsanleihen (Bund-Futures). Er stellte oft riesige Orders ins Orderbuch ein, um die Reaktionen anderer Marktteilnehmer zu analysieren, und handelte diese dann blitzschnell – daher sein Spitzname. Allerdings ging Rotters Erfolg im Laufe der Zeit zurück – und das hatte mehrere Gründe:

Veränderte Marktstrukturen:
Ab den späten 2000er-Jahren wurden die Märkte zunehmend von **algorithmischem Handel** und **Hochfrequenz-Trading (HFT)** dominiert. Diese Systeme handeln in Millisekunden und haben die Liquidität und Preisbewegungen so stark verändert, dass klassische Scalping-Ansätze wie der von Rotter nicht mehr so profitabel sind.

1. **Regulatorische Änderungen:**
   Regulierungen, die auf Markttransparenz abzielen, erschweren es Tradern, wie Rotter Orders als »Köder« (Order Spoofing) einzusetzen. Obwohl Rotters Strategien nicht direkt als Manipulation galten, führte die strengere Überwachung durch Regulierungsbehörden zu einem anderen Marktumfeld.

2. **Sinkende Volatilität in Rotters bevorzugten Märkten:**
   Die Bund-Futures, auf die Rotter spezialisiert war, wurden mit der Zeit weniger volatil. Für Scalping-Strategien, die von schnellen Preisbewegungen profitieren, bedeutet dies geringere Gewinnmöglichkeiten.

3. **Technologie und Konkurrenz:**
   Hochentwickelte HFT-Systeme und algorithmusbasierte Marktteilnehmer verdrängten manuelle Scalping-Ansätze. Diese Systeme sind nicht nur schneller, sondern auch günstiger in der Ausführung, da sie mit niedrigeren Transaktionskosten einhergehen.

Rotter zog sich aus dem aktiven Scalping zurück, nachdem sich die Märkte und ihre Dynamik verändert hatten. Er hat jedoch sein Wissen und seine Erfahrungen genutzt, um anderen Tradern beizubringen, wie sie Märkte analysieren und handeln können. Rotter ist bekannt dafür, dass er seine Strategien anpasst, aber seine glanzvollen Scalping-Erfolge sind in der heutigen Marktlandschaft kaum mehr zu reproduzieren.

Fazit: Der Trading-Stil von Paul Rotter funktionierte in einem spezifischen Marktumfeld, das durch manuelle Händler geprägt war und noch kaum im Wettbewerb mit Algorithmen stand. Mit den Fortschritten in der Technologie und aufgrund der veränderten Marktbedingungen wurden Scalping-Ansätze wie die Rotters zunehmend schwierig. Dennoch bleibt Rotter ein Symbol für Erfolg im aktiven Trading, und seine Fähigkeit, sich anzupassen, inspiriert viele Trader weiterhin.

WARUM SCALPING FÜR PRIVATE TRADER UNGEEIGNET IST

Scalping mag auf den ersten Blick faszinierend erscheinen: schnelle Trades, häufige Gewinne und die Möglichkeit, kleine Preisbewegungen auszunutzen. Doch bei genauer Betrachtung wird deutlich, dass dieser Ansatz für private Trader nicht nur ungeeignet, sondern oft der direkte Weg in die Frustration ist. Hier sind die wichtigsten Gründe:

Der Zeitaufwand ist enorm – Scalping ist das Gegenteil von Freiheit

Wer Scalping betreiben will, muss nahezu ununterbrochen vor dem Bildschirm sitzen. Jeder Sekundenbruchteil kann entscheidend sein, was bedeutet, dass du als Trader deine gesamte Aufmerksamkeit dem Markt widmen musst. Für private Trader, die oft nach mehr Flexibilität und Freiheit suchen, ist dieser Ansatz schlicht unvereinbar mit einem ausgewogenen Lebensstil. **Warum das problematisch ist:**

- **Hohe psychische Belastung:** Ständige Wachsamkeit und schnelle Entscheidungen führen zu Stress und Erschöpfung.
- **Keine Skalierbarkeit:** Während andere Trading-Stile sich mit der Zeit optimieren lassen, steht ein Scalping-Trader auch dann ständig unter Hochdruck, wenn er schon viel Erfahrung und Routine erworben hat.

Scalping ist somit das Gegenteil von dem, was viele Menschen sich vom Trading erhoffen: Freiheit und Flexibilität.

Unterlegenheit gegenüber algorithmischen Tradern

Die größten Hürden für private Trader im Scalping sind die technologischen und strukturellen Vorteile der Big Player. Diese Vorteile sind so groß, dass sie private Trader im direkten Wettbewerb schlicht chancenlos machen. Diese Vorteile haben die algorithmischen Trader:

- **Latenzzeiten:** Professionelle Marktteilnehmer wie Hedgefonds und Hochfrequenzhändler haben ihre Server direkt neben den Börsen positioniert. Diese Nähe reduziert die Latenzzeit (die Verzögerung bei der Übermittlung von Orders) auf wenige Mikrosekunden – ein Vorteil, den private Trader niemals erreichen können.
- **Überlegene Technologie:** Big Player geben Millionen für erstklassige Hardware, ultraschnelle Verbindungen und spezielle Software aus, die in Echtzeit Orders platzieren und Trades ausführen kann.
- **Fachkräfte:** Unternehmen, die im Hochfrequenzhandel tätig sind, beschäftigen die besten Physiker, Mathematiker und Informatiker, die Algorithmen entwickeln, mit deren Hilfe sich selbst kleinste Marktineffizienzen ausnutzen lassen.

Für dich als privaten Trader bedeutet das, du bist immer einen Schritt hinter den Maschinen. Während du einen Trade manuell platzierst, haben die Algorithmen bereits Hunderte Entscheidungen getroffen. Selbst bei idealem Timing verlierst du durch die Geschwindigkeit der Algorithmen oft den Vorteil deiner Order.

Hohe Transaktionskosten und geringe Margen

Beim Scalping führen die hohe Frequenz der Trades und die minimalen Kursbewegungen, die ausgenutzt werden, zu einem zusätzlichen Problem: den hohen Transaktionskosten.

- **Hohe Gebühren:** Selbst bei geringen Brokergebühren summieren sich die Kosten bei Hunderten Trades pro Tag schnell auf nennenswerte Beträge.
- **Minimale Gewinnmargen:** Da Scalper auf kleine Preisbewegungen setzen, können schon kleine Gebühren oder Spreads den Gewinn eines Trades zunichtemachen.

Mentale Belastung durch ständige Entscheidungen

Scalping erfordert, dass du innerhalb von Sekundenbruchteilen Entscheidungen triffst. Diese Geschwindigkeit führt zu einer mentalen Belastung, die langfristig nur schwer durchzuhalten ist. Für private Trader, die oft allein handeln und nicht von einem Team unterstützt werden, ist dies auf Dauer kaum machbar.

Fazit: Scalping ist ein ineffizienter Stil für private Trader

Scalping mag auf professionellem Niveau funktionieren, doch für private Trader ist es ungeeignet. Die Notwendigkeit, ununterbrochen vorm Bildschirm zu sitzen, die mentale Belastung und vor allem die strukturellen Nachteile gegenüber algorithmischen Tradern machen diesen Stil langfristig nicht profitabel. Obwohl Scalping actionreich erscheint, führt dieser Trading-Stil in den meisten Fällen zu Frustration und Verlusten.

»Scalping ist ein Rennen, bei dem private Trader auf einem Fahrrad gegen Formel-1-Autos antreten. Setze auf Strategien, die dir echte Chancen bieten – und Freiheit ermöglichen.«

REVERSE-TO-MEAN-ANSATZ: ZURÜCK ZUR MITTE

Was ist der Reverse-to-Mean-Ansatz (auch »Mean Reversion« genannt)? Dieser Ansatz basiert auf der Idee, dass Märkte nach einer Über- oder Unterbewertung dazu neigen, zu ihrem Durchschnittswert zurückzukehren. Trader identifizieren Zonen, in denen einzelne Werte überkauft oder überverkauft sind, um gegen den kurzfristigen Trend zu handeln.

Merkmale:
- kürzere Haltezeit als bei Trendfolgern, aber länger als bei Scalpern
- Fokus auf Indikatoren wie Bollinger-Bändern oder RSI (Relative Strength Index)
- Eröffnung von Trades, wenn der Markt »extrem« erscheint

Vorteile:
- profitiert von Seitwärtsmärkten, die häufig vorkommen
- kann schnellere Gewinne erzielen als Trendfolge

Herausforderungen:
- hohe Risiken, wenn sich Märkte entgegen der Erwartung weiter bewegen (»Falling-Knife«-Szenario)
- weniger geeignet in stark trendenden Märkten

Bekannte Vertreter:
- **Victor Niederhoffer:** Ein prominenter Mean-Reversion-Trader, der sich auf statistische Muster konzentrierte. Allerdings erlitt er auch Rückschläge, da Märkte sich nicht immer an Wahrscheinlichkeiten halten.

REVERSE-TO-MEAN-ANSATZ: PRINZIPIELL MACHBAR, ABER VOLLER HERAUSFORDERUNGEN

Der Reverse-to-Mean-Ansatz kann für erfahrene Trader durchaus profitabel sein, bringt jedoch gravierende Schwächen mit sich, die das Risiko gerade in dynamischen Marktphasen erhöhen. Schauen wir uns das Kernprinzip dieses Ansatzes einmal an – und beleuchten wir seine Grenzen.

Beim Reverse-to-Mean-Trading suchen Trader nach überkauften oder überverkauften Marktbedingungen, die oft durch Indikatoren wie Bollinger-Bänder, RSI oder gleitende Durchschnitte identifiziert werden. Die Grundannahme lautet: Wenn ein Preis sich stark von seinem Durchschnitt entfernt hat, wird er früher oder später dorthin zurückkehren.

PROBLEME DIESES ANSATZES

Das Reverse-to-Mean-Trading bringt eine Reihe von Problemen mit sich, über die du Bescheid wissen solltest.

Problem 1: Begrenzte Gewinnmöglichkeiten

Der Reverse-to-Mean-Ansatz funktioniert nach dem Prinzip: »Schnell rein, schnell raus!« Gewinne werden realisiert, sobald der Preis zur Mitte (dem Durchschnittsniveau) zurückkehrt. Das führt dazu, dass Trader ihre Gewinne nicht laufen lassen können:

- **Kein Mitnehmen von starken Bewegungen:** Anders als bei der Trendfolge, bei der Gewinne maximiert werden können, stoppt das Reverse-to-Mean-Trading oft an einem vorbestimmten Punkt – selbst wenn der Markt noch weiteres Potenzial zeigt.
- **Kleine Gewinne, große Risiken:** Da die Märkte nicht immer zur Mitte zurückkehren, können Verluste durch weiterlaufende Bewegungen die kleinen Gewinne schnell aufzehren.

Problem 2: Gefährlich in starken Trends

Einer der größten Schwachpunkte dieses Ansatzes ist seine Ineffektivität in Märkten, die einen starken Trend aufweisen. Wenn ein Markt einen kraftvollen Aufwärts- oder Abwärtstrend entwickelt, kehrt er oft lange Zeit nicht zum Durchschnitt zurück – oder das geschieht gar nicht.

- **Beispiel für eine ausbleibende Rückkehr zum Durchschnitt:** Während der Finanzkrise 2008 fiel der S&P 500 um über 50 Prozent, ohne in nennenswerten Bewegungen zum Durchschnitt zurückzukehren. Reverse-to-Mean-Trader, die auf eine Erholung gesetzt haben, erlitten schwere Verluste.
- **Die beste Phase des Marktes wird verpasst:** Starke Trends bieten die größten Gewinnmöglichkeiten. Trader, die auf eine Rückkehr zur Mitte setzen, gehen nicht nur leer aus, sondern riskieren zusätzlich hohe Verluste, wenn sich die Bewegung fortsetzt.

Problem 3: Die Illusion der Sicherheit

Reverse-to-Mean-Trading wird oft als sicher wahrgenommen, weil es auf die Rückkehr zu einem Durchschnitt abzielt. Doch diese Sicherheit ist eine Illusion:

- **Kein garantierter Rücklauf:** Es gibt keine Garantie, dass ein Markt jemals zum Durchschnitt zurückkehrt. Die Gefahr, dass dies nicht geschieht, ist insbesondere bei fundamentalen Umbrüchen wie Finanzkrisen, technologischen Revolutionen oder geopolitischen Verwerfungen hoch.
- **Verlustgrenzen sind oft schwer durchsetzbar:** Wenn ein Markt weiterläuft, während der Trader auf eine Umkehr wartet, können Verluste schnell eskalieren.

Problem 4: Abhängigkeit von Seitwärtsmärkten

Der Reverse-to-Mean-Ansatz funktioniert am besten in Märkten mit geringer Volatilität und klar definierten Schwankungsbereichen. Doch Märkte befinden sich für nur einen Bruchteil der Zeit in einer solchen Phase. In volatilen Phasen oder bei dynamischen Bewegungen erweist sich dieser Ansatz als fast nutzlos.

Problem 5: Psychologische Belastung

Die Erwartung, dass ein Markt zurückkehren muss, ist oft mehr Wunschdenken als Realität. Trader, die nicht bereit sind, Verluste zu akzeptieren, halten an ihren Positionen fest und erzielen dabei oft katastrophale Ergebnisse.

PROMINENTES BEISPIEL FÜR DAS SCHEITERN: VICTOR NIEDERHOFFER

Victor Niederhoffer, ein legendärer Trader und Pionier in der Anwendung statistischer Ansätze, erlitt mehrere schwere Rückschläge durch eine zu starke Abhängigkeit vom Reverse-to-Mean-Prinzip:

- **Sein erster großer Verlust (1997):** Niederhoffer hatte Positionen auf eine Erholung des thailändischen Baht aufgebaut, als die asiatische Finanzkrise eskalierte. Der Markt kehrte jedoch nicht wie erwartet zurück, und Niederhoffer verlor einen Großteil seines Vermögens.
- **Erneuter Zusammenbruch (2007):** Kurz vor der globalen Finanzkrise setzte Niederhoffer auf eine Rückkehr der Märkte nach einer Überverkaufs-Phase. Doch die Märkte fielen weiter, und sein Hedgefonds ging erneut bankrott.

Warum scheiterte Niederhoffer? Er setzte darauf, dass sich Märkte normalisieren, ohne die Möglichkeit extremer, weiterlaufender Bewegungen ausreichend zu berücksichtigen. Seine Strategie funktionierte gut in ruhigen Phasen, erwies sich aber in Krisenzeiten als katastrophal.

EIN MOMENT DER NACHLÄSSIGKEIT KANN ALLES ZERSTÖREN

Im Trading genügt ein einziger unkontrollierter Trade, um die harte Arbeit von Jahren zunichtezumachen. Dies gilt besonders für den Reverse-to-Mean-Ansatz, bei dem Trader oft darauf vertrauen, dass der Markt »zurückkehren muss«, wie sie sagen. Diese Denkweise führt dazu, dass Verlustpositionen zu lange gehalten werden, was katastrophale Folgen haben kann.

Warum ein Trade alles ruinieren kann:

- **Unbegrenzte Verluste:** Wenn der Markt nicht zur Mitte zurückkehrt und sich stattdessen weiter in eine Richtung bewegt, können Verluste exponentiell wachsen. Ohne klare Verlustbegrenzung kann ein einziger Trade ein gesamtes Konto auslöschen.
- **Psychologische Spirale:** Trader, die sich weigern, Verluste zu akzeptieren, versuchen oft, ihre Positionen zu retten, indem sie sie vergrößern – ein fataler Fehler, der in der Regel zu noch größeren Verlusten führt.

Beispiel aus der Praxis: Viele erfahrene Trader berichten, dass ihre größten Verluste nicht das Ergebnis vieler schlechter Trades waren, sondern auf einem einzigen Trade beruhen – einem Trade, bei dem sie die Kontrolle über ihr Risiko verloren. Das zeigt, dass Disziplin und Risikomanagement im Trading nicht optional, sondern überlebenswichtig sind.

FAZIT: REVERSE-TO-MEAN – FÜR WEN IST DIESER ANSATZ GEEIGNET?

Reverse-to-Mean-Trading kann in stabilen und seitwärts laufenden Märkten profitabel sein, ist jedoch für viele Trader mit erheblichen Risiken verbunden. Die Begrenzung der Gewinne, die hohe Anfälligkeit in starken Trends und die Illusion der Sicherheit machen diesen Stil besonders für Anfänger ungeeignet.

SCHLUSSGEDANKE

Im Trading gibt es keine Garantie für Erfolg, aber es gibt fast immer Garantien für Misserfolg: mangelnde Disziplin, fehlendes Risikomanagement und die Annahme, dass der Markt sich an deine Erwartungen halten muss. Ein einziger Trade, der außer Kontrolle gerät, kann deine gesamte Karriere ruinieren. Risikomanagement ist nicht nur eine Technik – es ist dein Schutzschild gegen die Launen des Marktes. Dazu später mehr im Kapitel Risikokontrolle. Die Annahme, dass Märkte immer zur Mitte zurückkehren, ist trügerisch. Während der Reverse-to-Mean-Ansatz in ruhigen Phasen profitabel sein kann, versagen Trader, die sich ausschließlich darauf verlassen, in den Phasen, in denen Märkte ihre größten Chancen und Gefahren bieten – den starken Trends. Wer langfristig erfolgreich sein will, muss über den Durchschnitt hinausdenken.

TRENDFOLGE – MIT DEM MARKT FLIESSEN

Was ist Trendfolge?
Trendfolgende-Trader versuchen, an bestehenden Trends teilzuhaben, egal ob diese aufwärts oder abwärts gerichtet sind. Ziel ist es, einen Trend frühzeitig zu erkennen und so lange wie möglich davon zu profitieren. Trendfolge-Strategien basieren oft auf technischen Indikatoren wie gleitenden Durchschnitten oder Trendlinien.

Merkmale:
- mittlere bis lange Haltezeit
- Trade-Eröffnung in Richtung des bestehenden Trends
- Einsatz von Stopp-Loss-Orders, um Gewinne zu sichern

Vorteile:
- **Einfach zu verstehen:** »The trend is your friend« – Trends sind oft langfristig profitabel.
- **Hohe Gewinnchancen:** Bei starken Trends sind die möglichen Erträge erheblich.
- **Reduziertes Timing-Risiko:** Anders als beim Scalping müssen Trader nicht ständig auf der Lauer sein.

Herausforderungen:
- Verluste durch plötzliche Trendwenden.
- Geduld erforderlich, um Gewinne laufen zu lassen.

Bekannte Vertreter:
- **Richard Dennis und die Turtle Trader:** Richard Dennis bildete in den 1980er-Jahren eine Gruppe von Tradern aus, die nach einem klaren Trendfolge-System arbeiteten. Ihre Erfolge bewiesen, dass auch Anfänger mit dieser Methode außergewöhnliche Ergebnisse erzielen können.
- **Ed Seykota:** Das ist einer der berühmtesten Trendfolger, der in dem Buch *Magier der Märkte* porträtiert wurde. Seykota baute ein Vermögen auf, indem er konsequent an seiner Trendfolge-Strategie festhielt.

»THE TREND IS YOUR FRIEND« – WARUM DIE TRENDFOLGE SO MÄCHTIG IST

Der Spruch, »The Trend is Your Friend«, ist eines der bekanntesten Mantras im Trading. Es bedeutet, dass Trader die beste Chance auf Erfolg haben, wenn sie mit der vorherrschenden

Marktrichtung handeln, anstatt sich gegen sie zu richten. Trends entstehen, wenn sich der Markt langfristig in eine klare Richtung bewegt – sei es aufwärts (Bullenmarkt) oder abwärts (Bärenmarkt). Die Trendfolge-Strategie basiert darauf, diese Bewegungen zu erkennen und davon zu profitieren.

Warum der Trend wirklich dein Freund ist

1. **Hohe Gewinnchancen:**
   Trends bieten die Möglichkeit, an ausgedehnten Marktbewegungen teilzuhaben, was zu erheblichen Gewinnen führen kann. Im Gegensatz zu den Verfechtern anderer Trading-Stile, die sich auf kleinere Bewegungen konzentrieren, lassen Trendfolger ihre Gewinne laufen und maximieren auf diese Weise ihr Potenzial.

2. **Klares Regelwerk:**
   Die Trendfolge basiert auf relativ simplen Prinzipien, wie dem Überschreiten gleitender Durchschnitte oder dem Durchbruch von Widerstands- und Unterstützungszonen. Diese Einfachheit minimiert Fehler durch Überanalysen.

3. **Psychologischer Vorteil:**
   Im Gegensatz zum Reverse-to-Mean-Ansatz handelst du als Trendfolger mit der Marktbewegung, was psychologisch weniger belastend ist. Du bist Teil des »Flow« und musst dich nicht gegen die Dynamik des Marktes stellen.

4. **Flexibilität:**
   Trends können in verschiedenen Märkten auftreten – von Aktien über Rohstoffe bis hin zu Währungen. Dies macht die Trendfolge zu einem universellen Ansatz.

EIN PROMINENTES BEISPIEL: RICHARD DENNIS

Richard Dennis war gewissermaßen der König der Trendfolge. Er begann seine Karriere als Trader mit nur wenigen Tausend Dollar, die er sich von Familie und Freunden geliehen hatte. Innerhalb weniger Jahre verwandelte er dieses kleine Kapital in ein Vermögen von über **200 Millionen Dollar** – und das vor allem durch die Anwendung von Trendfolge-Strategien.

Dennis' revolutionäres Experiment: Die Turtle Trader

Dennis wollte beweisen, dass der Erfolg beim Trendfolge-Ansatz nicht auf angeborenen Fähigkeiten beruht, sondern dass dieses System erlernbar ist. Er startete in den 1970er-Jahren ein Experiment, bei dem er eine Gruppe von Menschen ohne Trading-Erfahrung in wenigen Wochen zu erfolgreichen Tradern ausbildete. Diese Gruppe, bekannt als die **Turtle Trader**, erhielt einen Satz einfacher Regeln:

- **Identifiziere den Trend:** Basierend auf dem sogenannten Donchian Channel handelte Dennis Ausbrüche des Marktes jeweils bei einem neuen 20-Tages-Hoch oder -Tief.
- **Nutze Stopps: Dennis** nutzte einen volatilitätsbasierten Stopp. Abhängig von der Schwankungsbreite des Marktes war sein Stopp enger am Einstieg oder weiter weg davon.
- **Riskiere wenig:** Dennis riskierte nie zu viel, sondern immer nur einen kleinen Prozentsatz seines Kontos.
- **Lass Gewinne laufen:** Dennis schloss eine Position erst nach 40 beziehungsweise nach 80 Tagen. Er vertraute einfach auf den jeweils bestehenden Trend.

Die Ergebnisse waren beeindruckend: Viele der Turtles wurden selbst zu erfolgreichen Millionären, was die Wirksamkeit der Trendfolge-Strategie unter Beweis stellte. Warum Trendfolge so erfolgreich ist:

1. **Ausnutzen der größten Marktbewegungen:**
   Die größten Gewinne im Trading entstehen oft in starken, klaren Trends. Egal, ob es sich um die Technologieblase der 1990er-Jahre, den Bitcoin-Boom oder den Ölpreiscrash handelt – Trends bieten außergewöhnliche Gelegenheiten.

2. **Vermeidung von kleinen Bewegungen:**
   Im Gegensatz zum Scalping- oder Reverse-to-Mean-Ansatz konzentrieren sich Trendfolger auf die großen Gewinne. Verluste werden durch enge Stopp-Loss-Orders begrenzt, während die Gewinne exponentiell wachsen können.

3. **Disziplin und Geduld als Schlüssel:**
   Trendfolge belohnt Trader, die bereit sind, Geduld aufzubringen und ihre Gewinne laufen zu lassen. Psychologisch ist dies anspruchsvoll, aber es ist der Schlüssel zu großen Erfolgen.

Richard Dennis: Ein Vorbild für kleine Trader

Dennis' Geschichte ist ein Beweis dafür, dass auch Trader mit kleinen Konten Großes erreichen können. Mit einem klaren Regelwerk und der Disziplin, Trends konsequent zu handeln, gelang es ihm, aus bescheidenen Anfängen ein riesiges Vermögen aufzubauen.

SCHLUSSGEDANKE

»The Trend is Your Friend« ist nicht nur ein Spruch, sondern eine Erfolgsformel. Es erfordert Disziplin, Geduld und die Fähigkeit, Verluste zu akzeptieren, aber die Belohnungen können gewaltig sein. Egal, ob du mit einem kleinen Konto startest oder bereits Erfahrung hast – die Trendfolge bietet dir die Möglichkeit, in den größten Marktbewegungen dabei zu sein und langfristig Vermögen aufzubauen. Wenn du lernen möchtest, wie man den Markt wirklich nutzt, folge den großen Bewegungen – denn sie sind deine Chance, die Märkte zu deinem Freund zu machen.

TRENDFOLGE: DAS IST AUCH MEIN SCHLÜSSEL ZUM ERFOLG

»The Trend is Your Friend« – Dieser Satz hat meine Karriere geprägt. Für mich ist das mehr als ein Spruch – es ist eine Philosophie, die den Kern meines Trading-Erfolges ausmacht. Die Idee, mit der Marktrichtung zu handeln und die stärksten Bewegungen auszunutzen, ist höchst effektiv. Auf diesem Wege habe ich mir mein Vermögen aufgebaut.

Wie ich mit der Trendfolge erfolgreich wurde

Als ich mit dem Trading begann, probierte ich verschiedene Ansätze aus – von Scalping bis hin zu kurzfristigen Strategien. Doch es war die Trendfolge, die mich wirklich voranbrachte. Der Grund ist einfach: In der Trendfolge geht es nicht darum, jeden kleinen Marktimpuls zu handeln, sondern sich auf die wirklich bedeutenden Bewegungen zu konzentrieren.

Heute mache ich etwa **95 Prozent meiner Gewinne mit nur 5 Prozent meiner Trades.** Das mag viele überraschen, doch genau das ist die Kraft der Trendfolge: Du wartest auf die besten Gelegenheiten, und wenn sie kommen, lässt du sie laufen.

Warum Trendfolge funktioniert – und warum ich daran glaube

Gewinne maximieren, Verluste minimieren

Der größte Unterschied zwischen einem erfolgreichen und einem erfolglosen Trader ist die Fähigkeit, Gewinne laufen zu lassen und Verluste zu begrenzen. In der Trendfolge setze ich Stopp-Loss-Orders, um mein Risiko zu kontrollieren, aber ich lasse Gewinne so lange wie möglich wachsen. Ein Beispiel aus meiner Erfahrung: Es gab Trades, bei denen ich anfänglich ein kleines Risiko einging, nur um am Ende ein Vielfaches meines Einsatzes zu verdienen – weil ich den Trend nicht vorzeitig unterbrach. Diese wenigen, großen Trades sind es, die wirklich zählen.

Geduld ist der Schlüssel
Viele Trader versuchen, ständig aktiv zu sein, doch das führt oft zu Verlusten. Die Trendfolge erfordert Geduld – du wartest auf die richtige Gelegenheit, statt jeden kleinen Marktimpuls zu handeln. Diese Disziplin hat mir geholfen, meine größten Gewinne zu erzielen.

Flexibilität in allen Märkten
Trends entstehen überall – ob am Aktien-, Währungs- oder Rohstoffmarkt. Die Finanzkrise, der Bitcoin-Boom, der Corona-Crash – all diese Phasen boten unglaubliche Chancen, die ich durch Trendfolge nutzen konnte. Während andere Trader in Krisen oft Verluste erlitten, waren diese Phasen für mich besonders profitabel. Denn starke Trends entstehen häufig in turbulenten Zeiten.

Die Realität der Trendfolge – warum sie anspruchsvoll ist

Die Trendfolge ist kein einfacher Ansatz. Sie erfordert Disziplin, Geduld und vor allem die Bereitschaft, Verluste hinzunehmen. Nicht jeder Trade ist ein Gewinner – im Gegenteil. Viele Trades enden mit kleinen Verlusten. Aber das Entscheidende ist: **Die wenigen Gewinner-Trades machen alles wett – und bringen darüber hinaus erkleckliche Erträge.** Richard Dennis hat mich immer wieder inspiriert. Was ich besonders an seiner Geschichte bewundere: Er hat bewiesen, dass diese Methode nicht nur für ihn funktioniert, sondern für jeden, der bereit ist, diszipliniert zu handeln. Wie Dennis konzentriere ich mich darauf, Trends zu identifizieren und sie so lange wie möglich zu reiten. Die Regeln sind einfach, aber die Umsetzung erfordert Konsequenz. Trendfolge hat mir nicht nur finanziellen Erfolg gebracht, sondern auch eine klare Struktur in meinem Trading gegeben. Sie zeigt, dass du nicht jeden Tag traden musst, um erfolgreich zu sein. Stattdessen geht es darum, auf die besten Chancen zu warten – und sie dann konsequent zu nutzen. »95 Prozent meiner Gewinne stammen aus 5 Prozent meiner Trades. Das ist die Magie der Trendfolge: Du setzt auf die großen Bewegungen und machst sie zu deinem Verbündeten. Der Trend ist wirklich dein Freund – wenn du bereit bist, ihn zu akzeptieren.«

SCHLUSSGEDANKE

Jeder Trading-Stil hat seine Vor- und Nachteile. Die Wahl des richtigen Ansatzes hängt von deinen Zielen, deiner Risikobereitschaft und deinem Zeitaufwand ab. Die Trendfolge hebt sich jedoch durch ihre Einfachheit und Erfolgsbilanz hervor, insbesondere für Trader, die bereit sind, Geduld und Disziplin zu zeigen.
Egal, ob du ein schneller Scalper, ein ruhiger Trendfolger oder ein risikobewusster Mean-Reversion-Trader bist: Entscheidend ist, dass du einen Stil findest, der zu dir passt – und ihn konsequent meisterst.

KAPITEL 7

VOLKSWIRTSCHAFTLICHES GRUNDLAGENWISSEN – WAS DU ALS TRADER WISSEN MUSST

Als Trader handelst du immer anhand von Charts, die sich durch die ständige Kursänderung dessen ergeben, was sie abbilden – ob das nun ein Index, ein Währungspaar oder ein Rohstoff ist. Du betrachtest also stets einen winzigen Ausschnitt des Marktgeschehens. In diesem Kapitel betrachten wir einmal das ganze Bild – sprich das volkswirtschaftliche Geschehen und die Märkte, die ein Teil davon sind. Dies ist hilfreich, um jeweils einordnen zu können, was da abläuft.

»TRADING IST EIN NULLSUMMENSPIEL« – WAS BEDEUTET DAS?

Im Kern bedeutet die Aussage »Trading ist ein Nullsummenspiel«, dass jeder Gewinn eines Traders den Verlust eines anderen Traders darstellt. Anders als beim Investieren, wo langfristige Wertsteigerungen durch das Wachstum von Unternehmen oder die Ausschüttung von Dividenden erzielt werden können, geht es beim Trading um das kurzfristige Ausnutzen von Preisbewegungen. Der eine gewinnt, weil der andere verliert – die Summe bleibt gleich.

WARUM TRADING VOLKSWIRTSCHAFTLICH SINNVOLL IST

Obwohl Trading wie jede Form der Spekulation oft kritisch gesehen wird, spielt es eine essenzielle Rolle in der Volkswirtschaft. Spekulation sorgt für Liquidität an den Märkten – die Tatsache, dass jeder Marktteilnehmer Vermögenswerte schnell und zu fairen Preisen kaufen oder verkaufen kann.

Ein Beispiel aus der Coronakrise: Während des Corona-Crashs 2020 wollten viele Marktteilnehmer gleichzeitig verkaufen. Doch an wen konnten sie verkaufen? Genau hier kamen Trader ins Spiel.

Rolle der Trader: Trader übernehmen Positionen, weil sie glauben, dass der Markt überverkauft ist oder sich bald erholen könnte. Sie handeln kurzfristig und schaffen die nötige Liquidität, um Verkäufern eine Möglichkeit zu bieten, aus dem Markt auszusteigen.

Volkswirtschaftlicher Nutzen: Ohne diese Liquidität könnten Marktteilnehmer ihre Positionen nicht schnell genug verkaufen, was zu noch stärkeren Preisstürzen führen würde. Trader helfen, diese Dynamik abzufedern, indem sie bereit sind, für Sekunden, Minuten oder Stunden Risiko zu übernehmen.

WOFÜR SPEKULANTEN BEZAHLT WERDEN

Trader und Spekulanten werden nicht für die Produktion eines Gutes oder für eine klassische Arbeitsleistung bezahlt – sie werden für die Übernahme von **Risiken** belohnt. Das Risiko, das andere Marktteilnehmer nicht tragen wollen, liegt bei ihnen.

Vergütung für Risikoübernahme: Ähnlich wie ein Versicherungsanbieter, der Prämien dafür erhält, dass er das Risiko eines Schadens übernimmt, verdienen Trader Geld, indem sie das Risiko von kurzfristigen Preisbewegungen tragen.

Marktfunktion: Ohne Spekulanten wären Märkte nicht nur illiquider, sondern auch weniger effizient, da neue Informationen sich nicht so schnell in den Kursen widerspiegeln würden. Man spricht hier von »eingepreisten Informationen«.

WAS PASSIERT, WENN SPEKULATION EINGEDÄMMT WIRD? – DAS BEISPIEL SCHWEDEN

In Schweden wurde in den 1980er-Jahren eine **Finanztransaktionssteuer** eingeführt, um angeblich spekulatives Trading einzudämmen und die Märkte stabiler zu machen. Doch das Ergebnis war das Gegenteil:

- **Rückgang der Liquidität:** Durch die Steuer sank das Handelsvolumen dramatisch, da viele Trader den Markt verließen.
- **Stärkere Preisschwankungen:** Die verringerte Liquidität führte dazu, dass selbst kleine Orders große Preisbewegungen auslösten. Statt stabiler zu werden, wurden die Märkte volatiler.
- **Rücknahme der Steuer:** Die schädlichen Auswirkungen führten dazu, dass Schweden die Steuer nach wenigen Jahren wieder abschaffte.

Studien haben immer wieder gezeigt, dass eine Finanztransaktionssteuer die Märkte ineffizienter macht, die Kosten für Investoren erhöht und letztlich der gesamten Wirtschaft schadet.

TRADING ALS WETTKAMPF: WARUM NUR DIE BESTEN GEWINNEN

Da Trading ein Nullsummenspiel ist, ist es wie ein sportlicher Wettkampf: Nur die Besten können langfristig erfolgreich sein. Es ist wie in der Champions League – das Spielfeld ist offen, aber nur diejenigen mit den besten Fähigkeiten, den besten Strategien und der größten Disziplin gewinnen.

Es lohnt sich, die langfristige Perspektive einzunehmen: Kurzfristig kann jeder Glück haben und Gewinne erzielen. Doch langfristig entscheidet die Fähigkeit, konstant besser als der Durchschnitt zu sein, über Erfolg oder Misserfolg.

Die Verlierer finanzieren die Gewinner: Trader, die schlecht vorbereitet oder undiszipliniert sind, verlieren ihr Geld an diejenigen, die professioneller handeln.

Sorge dafür, zur Gruppe der Besten aufzusteigen: Nur die besten Trader sind langfristig erfolgreich. Mit der richtigen Herangehensweise kannst du aber sicherstellen, dass du zu dieser Gruppe gehörst:

- **Wissenserwerb und Vorbereitung:** Lerne die Märkte zu verstehen, analysiere Muster und eigne dir eine Strategie an, die du sicher beherrschst. Kompetenz ist die Grundlage jedes Erfolges.
- **Risikomanagement:** Begrenze Verluste und setze niemals mehr Kapital aufs Spiel, als du dir leisten kannst zu verlieren. Ein gutes Risikomanagement ist deine Versicherung im Markt.
- **Kontrolle der eigenen Emotionen:** Vermeide impulsives Handeln, Angst und Gier. Nur ein disziplinierter Trader bleibt langfristig erfolgreich.
- **Konsequente Weiterentwicklung:** Märkte ändern sich ständig. Erfolgreiche Trader passen ihre Strategien an und bleiben flexibel.

FAZIT: IM NULLSUMMENSPIEL LIEGT DEINE CHANCE

Trading mag ein Nullsummenspiel sein, doch es ist weit mehr als nur ein Kampf um Gewinne. Es ist ein essenzieller Bestandteil funktionierender Märkte und bietet denjenigen, die es ernsthaft angehen, große Chancen. Doch der Weg an die Spitze ist nicht leicht – er erfordert Wissen, Disziplin und die Bereitschaft, Verantwortung für jedes Risiko zu übernehmen.

SCHLUSSGEDANKE

Wie ein sportlicher Wettkampf belohnt Trading nur die Besten. Doch mit der richtigen Vorbereitung und mit Disziplin kannst auch du Teil dieser Gewinnergruppe werden – und die Märkte zu deinem Spielfeld machen.

FINANZMÄRKTE – EINFACH ERKLÄRT

Ein Markt ist ein Ort, an dem Käufer und Verkäufer zusammenkommen, um Waren, Dienstleistungen oder Finanzprodukte wie Aktien, Währungen oder Rohstoffe zu handeln. Das Ziel eines Marktes ist es, **Preise zu finden**, die sowohl Käufer als auch Verkäufer akzeptieren können. Egal ob es um Äpfel auf dem Wochenmarkt oder um Aktien an der Börse geht, das Grundprinzip ist immer dasselbe.

ANGEBOT UND NACHFRAGE – DIE TREIBENDEN KRÄFTE

Der Preis eines Gutes oder einer Aktie wird durch **Angebot und Nachfrage** bestimmt:

- **Angebot:** Die Menge, die Verkäufer bereit sind zu einem bestimmten Preis anzubieten. Je höher der Preis, desto mehr Verkäufer wollen verkaufen.
- **Nachfrage:** Die Menge, die Käufer bereit sind zu einem bestimmten Preis zu kaufen. Je niedriger der Preis, desto mehr Käufer wollen kaufen.

Wenn sich Angebot und Nachfrage treffen, entsteht ein **Marktpreis.**

Ein einfaches Beispiel: Auf einem Wochenmarkt bietet ein Händler Äpfel für 1 Euro pro Stück an. Einige Käufer denken, dass das ein fairer Preis ist, und kaufen. Wenn der Händler den Preis auf 2 Euro erhöht, kaufen weniger Menschen, da sie den Preis zu hoch finden. Umgekehrt: Senkt er den Preis auf 0,50 Euro, kaufen mehr Menschen, weil sie den Preis attraktiv finden. So regelt der Markt, zu welchem Preis am meisten Äpfel verkauft werden.

WIE FUNKTIONIEREN FINANZMÄRKTE?

An Finanzmärkten wie der Börse läuft das Prinzip ähnlich, aber es geht nicht um physische Waren wie Äpfel, sondern um Finanzprodukte wie Aktien, Rohstoffe oder Währungen.

- **Aktienmarkt:** Unternehmen emittieren Anteile (Aktien) an ihrem Geschäft. Investoren kaufen diese Aktien, um von zukünftigen Gewinnen zu profitieren, stoßen sie aber auch immer wieder ab. Der Preis der Aktien schwankt je nach Angebot und Nachfrage.
- **Rohstoffmarkt:** Hier werden physische Güter wie Öl, Gold oder Weizen gehandelt. Die Preise ändern sich je nach Verfügbarkeit (Angebot) und Bedarf (Nachfrage).
- **Währungsmarkt (Forex):** Hier werden Währungen gehandelt, zum Beispiel Euro gegen Dollar. Wechselkurse schwanken je nach wirtschaftlicher Lage und globalen Ereignissen.

WER SIND DIE TEILNEHMER AM MARKT?

An einem Markt gibt es unterschiedliche Akteure, die alle verschiedene Ziele verfolgen:

- **Käufer und Verkäufer:** Privatpersonen, Unternehmen und Regierungen handeln Güter oder Finanzprodukte.
- **Trader:** Diese Teilnehmer kaufen und verkaufen kurzfristig, um von Preisbewegungen zu profitieren.
- **Investoren:** Sie halten ihre Positionen länger und hoffen auf Wertsteigerungen oder Dividenden.
- **Market Maker:** Große Institutionen sorgen für Liquidität, indem sie Personen stellen, die jederzeit bereit sind, zu kaufen oder zu verkaufen und damit die Gegenpartei zu stellen, wenn gerade niemand anders als Käufer oder Verkäufer auftritt.

WIE **BILDET SICH** EIN PREIS?

Die Preisbildung ist das Ergebnis von Angebot und Nachfrage. Wenn mehr Menschen kaufen wollen, steigt der Preis, weil die Nachfrage größer ist als das Angebot. Wenn mehr Menschen verkaufen wollen, sinkt der Preis, weil das Angebot größer ist als die Nachfrage.

Ein Beispiel: Eine beliebte Aktie kostet derzeit 100 Euro. Plötzlich veröffentlicht das Unternehmen sehr gute Geschäftszahlen. Viele Menschen wollen diese Aktie kaufen, weil sie glauben, dass sie in Zukunft mehr wert sein wird. Die Nachfrage steigt, aber das Angebot bleibt gleich – der Preis klettert auf 110 Euro. Umgekehrt gilt: Wenn das Unternehmen schlechte Nachrichten veröffentlicht, möchten viele ihre Aktien verkaufen. Das Angebot übersteigt die Nachfrage – der Preis fällt auf 90 Euro.

WARUM SCHWANKEN PREISE?

Preise schwanken, weil die Erwartungen von Käufern und Verkäufern sich ständig ändern. Diese Erwartungen basieren auf:

- **Nachrichten:** Politische Ereignisse, Wirtschaftsdaten oder Unternehmensberichte können den Markt beeinflussen.
- **Psychologie:** Angst (zum Beispiel in Krisen) und Gier (zum Beispiel in Boomphasen) treiben die Märkte oft stärker als rationale Entscheidungen.
- **Angebots- und Nachfrageschocks:** Wenn plötzlich etwas knapp wird (zum Beispiel Öl wegen eines Krieges), steigen die Preise dramatisch.

WAS IST DER ZWECK EINES MARKTES?

Der wichtigste Zweck eines Marktes ist es, **Liquidität** und **faire Preise** zu schaffen. Das bedeutet: Käufer und Verkäufer können schnell handeln, ohne große Preisunterschiede in Kauf zu nehmen. Die Preise reflektieren die aktuellen Informationen und Meinungen aller Marktteilnehmer.

SCHLUSSGEDANKE

Ein Markt ist wie ein Spiegel, der die Meinungen, Ängste und Hoffnungen der Teilnehmer in Echtzeit widerspiegelt. Die Preise, die du siehst, sind gewissermaßen das Ergebnis eines ständigen Dialogs zwischen Käufern und Verkäufern. Trading bedeutet, diesen Dialog zu verstehen und die besten Chancen zu nutzen.

FINANZMARKTWISSEN: KONZENTRIERE DICH AUF DIE PRINZIPIEN STATT AUF DETAILS

In diesem Kapitel wollen wir die Funktionsweise der Märkte beleuchten – aber auf eine Weise, die verständlich und praxisnah bleibt. Es ist wichtig, die Grundlagen zu kennen, ohne sich in Details zu verlieren, die für den Erfolg als Trader nicht entscheidend sind.

Ich bin der Überzeugung, dass die Frage nach dem »Warum?« nicht immer hilfreich ist, zumindest nicht in jedem Kontext. Wenn wir uns beispielsweise fragen, warum sich Kurse an der Börse bewegen, dann ist das so, als würden wir einem Fahrschüler im Detail erklären, wie der Motor eines Autos funktioniert. Es mag faszinierend sein, die Mechanik des Motors zu verstehen, aber es hilft ihm nicht, das Auto tatsächlich zu steuern. Im Gegenteil: Solche Erklärungen führen oft dazu, dass sich der Schüler auf Nebensächlichkeiten konzentriert, anstatt die wichtigsten Prinzipien des Fahrens zu verinnerlichen.

DAS RICHTIGE MASS AN WISSEN

Natürlich heißt das nicht, dass man gar nichts über die Märkte wissen sollte – so wie ein Fahrschüler zumindest wissen muss, dass ein Verbrennerauto Sprit benötigt, um vom Fleck zu kommen. Dieses grundlegende Verständnis bildet die Basis, auf der alles aufbaut. Ohne diese Basis könnte man wichtige Zusammenhänge falsch interpretieren oder wichtige Entscheidungen unüberlegt treffen.

Aufgabe dieses Kapitels ist es, dir die Märkte so zu erklären, dass du die wichtigsten Prinzipien verstehst, ohne dich in Details zu verlieren, die dich vom Wesentlichen ablenken. Du brauchst das richtige Maß an Wissen, um fahren zu können – sprich: um erfolgreich zu traden.

WARUM WENIGER OFT MEHR IST

Gerade beim Einstieg ins Trading ist es entscheidend, den Fokus auf das zu richten, was wirklich zählt. Zu viel technisches oder theoretisches Wissen kann kontraproduktiv sein, weil ...

- **es den Fokus verwässert:** Anstatt dich auf die Praxis zu konzentrieren – also darauf, wie du in den Märkten agierst – könntest du dich in Details verlieren, die dich als Trader nicht weiterbringen.
- **es die Komplexität erhöht:** Zu viele Informationen können einschüchternd wirken und zu Überanalysen führen. Ein klarer Blick auf die Grundlagen hilft dir, schneller ins Handeln zu kommen.
- **es das Wesentliche verschleiert:** Die wichtigsten Prinzipien – etwa das Verstehen von Angebot und Nachfrage oder die Bedeutung von Volatilität – bleiben oft auf der Strecke, wenn man zu tief ins Detail geht.

DIE WICHTIGSTEN PRINZIPIEN FÜR DEN ANFANG

Damit du die Märkte sicher navigieren kannst, konzentrieren wir uns auf die vier wesentlichen Grundlagen, die du unbedingt verstehen musst:

1. **Der Markt ist ein Marktplatz:** Hier treffen Käufer und Verkäufer aufeinander, um Finanzinstrumente wie Aktien, Währungen oder Rohstoffe zu handeln. Angebot und Nachfrage bestimmen die Preise.

2. **Kurse bewegen sich, weil sich Erwartungen ändern:** Die Preise spiegeln die Erwartungen der Marktteilnehmer wider – über Unternehmen, die Wirtschaft und viele andere Faktoren.

3. **Volatilität ist dein Freund:** Schwankungen von Kursen bieten die Grundlage für Gewinne – ohne Bewegung gibt es keine Chancen für Trader.

4. **Liquidität macht das Handeln möglich:** Je mehr Teilnehmer es im Markt gibt, desto einfacher kannst du kaufen und verkaufen.

EIN ANSATZ, DER FUNKTIONIERT

Stell dir das Ganze so vor: Wir bauen zusammen ein solides Fundament, auf dem du Schritt für Schritt aufbauen kannst. So wie ein Fahrschüler erst lernt, wie er Gas gibt, bremst und lenkt, bevor er sein Fahrzeug auf eine Autobahn lenkt, wirst du hier die Grundlagen verstehen, die dir in der Praxis den entscheidenden Vorteil verschaffen. Und wenn es später sinnvoll wird, tiefer in die Theorie einzutauchen – sei es, wie der »Motor« der Märkte im Detail funktioniert oder welche komplexen Mechanismen im Hintergrund wirken –, wirst du besser vorbereitet sein, weil du die Grundlagen bereits beherrschst.

ZUSAMMENFASSUNG

In diesem Kapitel fokussieren wir uns auf das Wesentliche. Wir wollen, dass du nicht nur verstehst, **wie** die Märkte funktionieren, sondern auch, warum dieses Wissen in der Praxis relevant ist. Unser Ziel ist es, dir das richtige Maß an Verständnis zu vermitteln – genug, um sicher und effektiv zu handeln, ohne dich in unwichtigen Details zu verlieren. So wird dein Einstieg ins Trading effizient und erfolgreich.

WESENTLICHE MARKTKENNTNISSE, DIE DU BRAUCHST

Gehen wir einmal die wichtigsten Fragen durch, die fürs Trading bedeutsam sind.

Warum schwankt der Preis von Aktien täglich?

Der Preis einer Aktie wird ausschließlich durch **Angebot und Nachfrage** bestimmt. Die Nachfrage nach einer Aktie hängt davon ab, wie attraktiv sie für Käufer erscheint. Diese Attraktivität wird von vielen Faktoren beeinflusst – einige wirken kurzfristig, andere langfristig. Das erklärt, warum Aktienkurse jeden Tag schwanken. Die Ursache liegt in der ständigen Anpassung der **Erwartungen der Marktteilnehmer**, die sich mit jeder neuen Information ändern.

Was beeinflusst die Erwartungen und damit die Kurse?

Das sind eine ganze Reihe von Faktoren. Hier die wichtigsten.

1. **Unternehmensnachrichten**
   Die Erwartungen an die Zukunft eines Unternehmens ändern sich durch aktuelle Informationen:
   - **Positive Nachrichten:** Höhere Gewinne, neue Produkte oder erfolgreiche Expansionspläne steigern die Attraktivität einer Aktie. Mehr Menschen wollen sie kaufen, wodurch die Nachfrage steigt und der Preis klettert.
   - **Negative Nachrichten:** Verluste, Skandale oder schwache Zukunftsaussichten senken die Attraktivität. Anleger verkaufen die jeweilige Aktie, was das Angebot erhöht und den Preis sinken lässt.

2. **Wirtschaftliche Rahmenbedingungen**
   Makroökonomische Faktoren beeinflussen die Stimmung der Anleger und damit ihre Entscheidungen:
   - **Positive Rahmenbedingungen:** Niedrige Zinsen, wirtschaftliches Wachstum oder niedrige Arbeitslosigkeit führen zu Optimismus und steigender Nachfrage nach Aktien.
   - **Negative Rahmenbedingungen:** Hohe Inflation, Rezessionsängste oder steigende Zinsen machen andere Anlageformen attraktiver und führen dazu, dass Anleger Aktien verkaufen.

3. **Emotionen und Psychologie der Anleger**
   Die Börse ist nicht nur rational – sie wird stark von Emotionen geprägt. Solche Emotionen können die Kurse stärker schwanken lassen, als es die tatsächlichen Fundamentaldaten rechtfertigen:
   - **Euphorie (Gier):** Wenn Anleger von steigenden Kursen ausgehen, kaufen sie mehr, was den Preis weiter nach oben treibt.
   - **Panik (Angst):** Bei negativen Aussichten verkaufen viele, was die Preise fallen lässt.

4. **Externe Ereignisse**
   Ereignisse außerhalb des Marktes können die Erwartungen der Anleger schnell und drastisch verändern:
   - **Politische Entscheidungen:** Neue Steuergesetze, Handelsabkommen oder Regulierungen beeinflussen die wirtschaftlichen Aussichten.
   - **Geopolitische Krisen:** Kriege, Sanktionen oder Naturkatastrophen können Unsicherheit erzeugen und zu Verkäufen führen.

5. **Technologische Einflüsse**
   Moderne Technologien spielen eine immer größere Rolle im Handel:
   - **Algorithmen und Hochfrequenzhandel:** Diese Systeme reagieren blitzschnell auf Nachrichten und sorgen für zusätzliche Dynamik. Sie können kurzfristige Kursbewegungen verstärken.
   - **Markttechnische Faktoren:** Optionen und Absicherungsstrategien wie Delta- und Gamma-Hedging führen zu großen Volumenbewegungen, die die Kurse beeinflussen.

6. **Die ständige Veränderung der Marktteilnehmer**
   Der Aktienmarkt ist ein lebendiges System, das ständig in Bewegung ist:
   - **Wechselnde Teilnehmer:** Neue Teilnehmer kommen hinzu, während andere den Markt verlassen. Ein Privatanleger, der kurzfristig spekuliert, hat andere Ziele als ein institutioneller Investor, der langfristig investiert.
   - **Kein bleibender Status quo:** Diese Wechsel führen dazu, dass Angebot und Nachfrage nie statisch sind. Die Erwartungen und Handlungen der Marktteilnehmer spiegeln sich fortlaufend in den Kursen wider.

Die Dynamik der Kursbewegungen

Die täglichen Schwankungen der Aktienkurse sind normal und ein Zeichen dafür, dass der Markt lebt. Sie spiegeln die **ständige Veränderung der Erwartungen** der Teilnehmer wider. Anleger kommen und gehen, neue Informationen ändern die Perspektiven, und unterschiedliche Ziele führen zu einer permanenten Bewegung.

Diese Dynamik ist es, die den Aktienmarkt so faszinierend macht. Gleichzeitig zeigt sie, dass die Kurse nie statisch sind – sie befinden sich in einem ständigen Entstehungsprozess, der von Angebot, Nachfrage und den Erwartungen der Marktteilnehmer geprägt ist.

Die Schwankungen der Aktienkurse werden als **Volatilität** bezeichnet. Dieser Begriff beschreibt, wie stark und wie häufig sich die Preise in einem bestimmten Zeitraum verändern. Je größer die Schwankungen – ob nach oben oder nach unten –, desto höher ist die Volatilität. Ein Markt mit starken, häufigen Bewegungen gilt als hochvolatil, während ein Markt mit geringen Preisänderungen als wenig volatil angesehen wird. Volatilität ist somit ein Maß für die Dynamik und Aktivität eines Marktes.

NICHT JEDER MARKT IST FÜRS TRADING GEEIGNET – VORAUSSETZUNGEN, AUF DIE DU ACHTEN SOLLTEST

Um erfolgreich traden zu können, braucht ein Markt zwei wesentliche Eigenschaften: **Liquidität** und **Volatilität**. Beide sind unverzichtbar, um regelmäßig Chancen für Gewinne zu generieren und sicherzustellen, dass die Trades effizient abgewickelt werden können. Dabei erfüllt jeder Aspekt eine bestimmte Funktion – während Liquidität die Basis legt, um reibungslos handeln zu können, ist Volatilität der Motor, der die Gewinnchancen bringt.

LIQUIDITÄT – DIE GRUNDLAGE FÜR EFFIZIENTES TRADING

Der Begriff »Liquidität« beschreibt, wie leicht es ein Markt den Teilnehmern ermöglicht, eine Position zu eröffnen oder zu schließen, ohne dass sich der Preis dabei erheblich verändert. Ein liquider Markt hat viele aktive Käufer und Verkäufer, wodurch das Trading einfacher, schneller und transparenter wird. **Warum ist Liquidität so wichtig?**

- **Möglichkeit, jederzeit ein- und auszusteigen:**
  In einem liquiden Markt kannst du jederzeit kaufen oder verkaufen, da es genügend Teilnehmer gibt, die den Part als Gegenpartei übernehmen. Ohne Liquidität könntest du in einer Position stecken bleiben, weil du keinen Käufer oder Verkäufer findest.
- **Faire Preise durch enge Spreads:**
  Der Spread ist die Differenz zwischen Kaufpreis (Ask) und Verkaufspreis (Bid). In liquiden Märkten ist dieser Spread sehr eng, was bedeutet, dass du nahe am fairen Marktpreis handelst. In illiquiden Märkten sind die Spreads oft groß, was das Trading teuer macht.
- **Stabilere Kursbewegungen:**
  Liquidität sorgt für Stabilität. In einem illiquiden Markt können schon kleine Orders den Preis stark beeinflussen, was unvorhersehbare und oft nachteilige Bewegungen verursacht.
- **Effiziente Preisbildung:**
  In einem liquiden Markt spiegeln die Preise schnell und präzise alle verfügbaren Informationen wider, was Tradern eine fundierte Grundlage für Entscheidungen bietet.

VOLATILITÄT – DER WIND FÜR DEN TRADER

Während Liquidität die Grundlage für reibungsloses Trading schafft, ist **Volatilität** das, was den Trader in Bewegung hält. Der Begriff beschreibt, wie stark und wie oft sich die Preise in einem bestimmten Zeitraum ändern. Trader sind auf Volatilität angewiesen, um Gewinne zu erzielen – ähnlich wie ein Segler Wind braucht, um voranzukommen. **Warum ist Volatilität so wichtig?**

- **Gewinnmöglichkeiten durch Preisdifferenzen:**
  Trader erzielen Gewinne aus der Differenz zwischen Kauf- und Verkaufspreis. Ohne Volatilität blieben die Kurse stabil, und es gäbe kaum Chancen, von Marktbewegungen zu profitieren.
- **Flexibilität bei Long- und Short-Strategien:**
  Volatilität sorgt dafür, dass Trader sowohl von steigenden als auch von fallenden Kursen profitieren können, indem sie wahlweise long oder short gehen. Die Richtung der Bewegung ist für den Trader zweitrangig – entscheidend ist, dass sich der Markt bewegt.
- **Marktsignale und Dynamik:**
  Volatile Märkte generieren klare Handelsmöglichkeiten und Trends, die Trader nutzen können. In einem trägen Markt ohne Bewegung fällt es schwer, profitable Gelegenheiten zu finden.

DER MARKT ALS OZEAN – LIQUIDITÄT UND VOLATILITÄT IM VERGLEICH

Stell dir den Markt als Ozean vor, den ein Segler überqueren möchte.

- **Liquidität** ist vergleichbar mit der Wassertiefe: Ein tiefes Meer ermöglicht es dem Segler, sicher zu navigieren, ohne ständig aufzusetzen. In einem flachen, unberechenbaren Gewässer (illiquider Markt) wird jede Bewegung schwierig und riskant.
- **Volatilität** ist der Wind: Ohne Wind kommt das Boot nicht vom Fleck, egal wie tief das Wasser ist. Mit kräftigem Wind kann der Segler Fahrt aufnehmen – vorausgesetzt, er weiß, wie er die Segel setzen muss.

Wenn der Markt liquide ist, aber kaum Volatilität aufweist, ist das wie eine Flaute auf einem tiefen Meer. Der Trader (Segler) kann zwar handeln, aber es passiert wenig, und er kommt kaum voran. Umgekehrt wäre ein Markt mit hoher Volatilität, aber geringer Liquidität wie ein starker Wind in einem flachen, steinigen Gewässer – gefährlich und unberechenbar.

WELCHE MÄRKTE SICH ZUM TRADEN EIGNEN

Mit diesen beiden Kriterien – **Liquidität** und **Volatilität** – lässt sich leicht herausfinden, welche Märkte sich besonders gut für Trader eignen:

1. **Aktienmärkte**
   - **Warum geeignet?**
     Aktienmärkte wie die NASDAQ oder die Börse Frankfurt sind hochliquide und bieten viele volatile Werte. Besonders Aktien großer Unternehmen (zum Beispiel Tesla, Apple) werden täglich in riesigen Mengen gehandelt und reagieren stark auf Unternehmensnachrichten.
   - **Besonderheit:**
     Aktien bieten sowohl kurzfristige Volatilität durch Nachrichten, sie bilden aber auch langfristige Trends aus, die sich für Swing-Trader eignen.

2. **Devisenmärkte (Forex)**
   - **Warum geeignet?**
     Der Devisenmarkt ist der größte Finanzmarkt der Welt und extrem liquide. Währungspaare wie EUR/USD oder GBP/USD haben enge Spreads und sind rund um die Uhr handelbar.
   - **Besonderheit:**
     Die hohe Volatilität bei Wechselkursen wird durch globale wirtschaftliche Daten, Zinssatzänderungen und geopolitische Ereignisse angetrieben.

3. **Rohstoffmärkte**
   - **Warum geeignet?**
     Rohstoffe wie Gold, Öl oder Kupfer weisen oft starke Preisschwankungen auf und eignen sich daher hervorragend für Trader. Diese Märkte reagieren empfindlich auf geopolitische Entwicklungen, wirtschaftliche Daten und Wetterbedingungen.
   - **Besonderheit:**
     Rohstoffe sind sowohl liquide als auch volatil, das gilt besonders für beliebte Werte wie Öl oder Gold.

4. **Indizes**
   - **Warum geeignet?**
     Indizes wie der DAX, S&P 500 oder Nikkei 225 fassen die Performance einer Gruppe börsennotierter Unternehmen zusammen und bieten eine breite Marktübersicht. Sie sind liquide und volatil, da sie die Stimmung ganzer Märkte widerspiegeln.
   - **Besonderheit:**
     Indizes sind ideal für Trader, die weniger Risiko mit einzelnen Aktien eingehen möchten, aber von Marktbewegungen profitieren wollen.

5. **Kryptowährungen**
   - **Warum geeignet?**
     Kryptowährungen wie Bitcoin oder Ethereum sind bekannt für extreme Volatilität. Obwohl sie in Bezug auf Liquidität hinter traditionellen Märkten zurückbleiben, bieten sie enorme Gewinnchancen.
   - **Besonderheit:**
     Der 24/7-Handel und die hohe Volatilität machen Kryptowährungen besonders attraktiv für risikofreudige Trader.

LIQUIDITÄT UND VOLATILITÄT ALS SCHLÜSSEL

Ein guter Markt zum Traden zeichnet sich durch **Liquidität** (für schnelle und effiziente Handelsabwicklung) und **Volatilität** (für Gewinnmöglichkeiten durch Preisschwankungen) aus. Diese beiden Eigenschaften sind vergleichbar mit dem, was tiefes Wasser und ein kräftiger Wind für einen Segler bedeuten. Sie ermöglichen es, auf dem Markt effizient und profitabel zu navigieren. Märkte wie Aktien, Forex, Rohstoffe, Indizes und Kryptowährungen erfüllen diese Bedingungen und bieten Tradern eine breite Palette von Chancen.

WELCHE PRODUKTE EIGNEN SICH ZUM TRADEN?

Was für Märkte gilt, gilt auch auf der Ebene der Wertpapiere, Derivate und sonstiger Anlagen: Nicht jedes Finanzprodukt ist gleichermaßen für das Trading geeignet. Ein wichtiger Aspekt, der oft übersehen wird, ist die **Art und Weise, wie der Preis des Produkts gebildet wird**. Ein ideales Trading-Produkt sollte transparent und fair sein, was vor allem gewährleistet wird, wenn es an einer zentralen Börse gehandelt wird. Es gibt jedoch auch Produkte, die außerhalb solcher regulierten Märkte (OTC – over-the-counter) gehandelt werden und Nachteile mit sich bringen.

PRODUKTE, DIE AN ZENTRALEN BÖRSEN GEHANDELT WERDEN

An zentralen Börsen wie der Frankfurter Börse oder der New Yorker Börse kommen Preise durch das Prinzip von **Angebot und Nachfrage** zustande. Das bedeutet, dass viele Käufer und Verkäufer aktiv sind und der Marktpreis durch den Wettbewerb zwischen ihnen entsteht. Die Vorteile solcher Märkte sind:

- **Fairness:** Der Preis reflektiert die Erwartungen vieler Marktteilnehmer und wird nicht von einem einzelnen Anbieter kontrolliert.
- **Transparenz:** Börsen zeigen öffentlich den aktuellen Kurs, das Handelsvolumen und die Markttiefe, sodass Trader klare Informationen haben.
- **Liquidität:** Durch die Vielzahl der Teilnehmer können Trader leicht ein- und aussteigen, oft mit engen Spreads.

Produkte wie Aktien, Futures, Rohstoffe und börsengehandelte Fonds (ETFs) werden an zentralen Börsen gehandelt und sind daher in der Regel gut für Trader geeignet.

PRODUKTE MIT SCHEINBARER BÖRSENNOTIERUNG

Manche Produkte scheinen auf den ersten Blick ähnlich wie Aktien oder Futures zu funktionieren, doch die Preisbildung ist oft anders geregelt. Ein Beispiel sind **Optionsscheine, Wertpapiere, die zur Gruppe der strukturierten Produkte (Derivate) gehören**.

- **Optionsscheine von Emittenten:** Diese werden zwar an einer Börse gelistet, doch der Preis wird oft **nicht durch Angebot und Nachfrage bestimmt**, sondern vom Emittenten gestellt. Der Emittent entscheidet, zu welchem Kurs er den Optionsschein kauft oder verkauft, und nicht der Markt.
- **Nachteil für Trader:** Da man auf die Kursstellung des Emittenten angewiesen ist, können die Preise oft unvorteilhaft oder intransparent sein. Es fehlt die Fairness, die durch den Wettbewerb vieler Marktteilnehmer entsteht.

Während des Corona-Crashs im März 2020 kam es zu extremen Marktbedingungen mit hoher Volatilität und geringer Liquidität. In dieser Phase haben einige Emittenten von strukturierten Produkten, wie Optionsscheinen und Zertifikaten, die Kursstellung zeitweise ausgesetzt. Dies bedeutete, dass Anleger ihre Positionen nicht handeln konnten, da keine aktuellen Kauf- oder Verkaufskurse verfügbar waren. Solche Maßnahmen wurden ergriffen, um die Emittenten vor Verlusten zu schützen, die durch die Pflicht zur Kursstellung in illiquiden Märkten entstehen könnten. Die Bundesanstalt für Finanzdienstleistungsaufsicht (BaFin) hat in der Vergangenheit Emittenten von der Pflicht zur fortlaufenden Kursstellung befreit, insbesondere in Zeiten geringer Liquidität, um die Wahrscheinlichkeit ineffizienter Preisstellungen zu reduzieren.

Diese Praxis zeigt die potenziellen Nachteile von Produkten, deren Preisbildung hauptsächlich vom Emittenten abhängt. In volatilen Marktphasen kann die Aussetzung der Kursstellung dazu führen, dass Anleger ihre Positionen nicht wie gewünscht schließen oder anpassen können, was zu unerwarteten Verlusten führen kann. Daher ist es für Trader wichtig, die Struktur und Funktionsweise der gehandelten Produkte zu verstehen und die Risiken zu berücksichtigen, die mit der Abhängigkeit von der Preisstellung durch den Emittenten verbunden sind.

OVER-THE-COUNTER-PRODUKTE (OTC-PRODUKTE)

OTC-Produkte werden **außerhalb zentraler Börsen** gehandelt, meist direkt zwischen zwei Parteien (zum Beispiel ein Trader und ein Broker). Beispiele sind **Contracts for Difference (CFDs)** oder bestimmte Forex-Instrumente. **Nachteile von OTC-Produkten:**

- **Keine unabhängige Preisbildung:** Der Broker oder Anbieter stellt die Kurse selbst und hat dabei oft einen Interessenskonflikt. Da er die Gegenpartei des Traders ist, verdient er an den Verlusten seiner Kunden.
- **Mangelnde Transparenz:** Es gibt keine öffentliche Kontrolle oder klare Regeln, wie die Kurse gestellt werden. Trader können nie sicher sein, ob der Preis »fair« ist.
- **Geringere Sicherheit:** Ohne eine zentrale Börse gibt es keine Instanz, die überwacht, ob die Abwicklung korrekt erfolgt. Das Risiko von Manipulationen oder technischen Problemen ist höher.
- **Eingeschränkte Liquidität:** Da keine breite Masse an Teilnehmern vorhanden ist, können Trades schwieriger oder teurer sein, insbesondere in volatilen Phasen.

Ein Beispiel dafür, wie gravierend die Auswirkungen sein können, zeigte sich Anfang 2025 am Devisenmarkt: Am 15. Januar 2015 gab die Schweizerische Nationalbank (SNB) überraschend bekannt, den seit 2011 bestehenden Mindestkurs von 1,20 Schweizer Franken pro Euro aufzuheben. Diese Entscheidung führte zu einer abrupten und massiven Aufwertung des Schweizer Frankens gegenüber dem Euro und anderen Währungen. Innerhalb von Minuten stieg der Wert des Frankens um bis zu 30 Prozent, bevor sich die Kurse teilweise wieder einpendelten.

Diese extreme Marktbewegung hatte weitreichende Folgen, insbesondere für Broker, die Over-the-counter-Produkte wie Contracts for Difference (CFDs) anbieten. Ein prominentes Beispiel ist der neuseeländische Devisenhändler Global Brokers NZ, der infolge der plötzlichen Kursbewegungen seine Geschäfte einstellen musste. Das Unternehmen erklärte, dass die Verluste durch die Marktbewegungen das Kapital der Firma aufgezehrt hätten, sodass es nicht mehr den Anforderungen der Finanzaufsicht entsprach.

Ein weiteres betroffenes Unternehmen war der dänische Broker Saxo Bank. Die Bank sah sich gezwungen, die Ausführungspreise für Aufträge in CHF-Währungspaaren während der illiquiden Phasen nach der SNB-Ankündigung anzupassen, was zu zusätzlichen Verlusten für einige Kunden führte. Die Saxo Bank meldete am 23. Januar 2015, dass sie aufgrund negativer Kundenkontosalden, die möglicherweise nicht eingezogen werden konnten, einen Verlust von bis zu 700 Millionen Dänischen Kronen (etwa 107 Millionen US-Dollar) erleiden könnte.

Diese Ereignisse verdeutlichen die Risiken des Handels mit OTC-Produkten wie CFDs, insbesondere in Zeiten extremer Marktvolatilität. Da solche Produkte oft nicht an zentralen Börsen gehandelt werden, besteht ein erhöhtes Kontrahentenrisiko. Wenn der Emittent zahlungsunfähig wird, können Kunden erhebliche Verluste erleiden oder ihre Positionen nicht wie gewünscht schließen. Daher ist es für Trader essenziell, die Bonität und Stabilität des Emittenten der betreffenden Derivate zu berücksichtigen und sich der potenziellen Risiken bewusst zu sein, die mit dem Handel von OTC-Produkten verbunden sind.

WEITERE PUNKTE, DIE BEI DER PRODUKTAUSWAHL WICHTIG SIND

Als Trader solltest du dir genau anschauen, zu welchen Konditionen sich die von dir gewählten Finanzinstrumente handeln lassen. Auf folgende Punkte solltest du achten:

- **Transparente Gebührenstruktur:**
  Einige Produkte wie CFDs haben versteckte Gebühren (zum Beispiel über Spreads oder Finanzierungskosten), die den Handel teurer machen. Produkte, die an zentralen Börsen gehandelt werden, bieten oft klarere Gebührenstrukturen.
- **Regulierung und Sicherheit:**
  Börsengehandelte Produkte unterliegen strengen Vorschriften und Kontrollen durch Regulierungsbehörden. OTC-Produkte haben oft weniger strenge Regeln, was das Risiko für Trader erhöht.
- **Handelszeiten und Flexibilität:**
  Produkte, die an zentralen Börsen gehandelt werden, haben festgelegte Handelszeiten, während OTC-Produkte oft rund um die Uhr gehandelt werden können. Dies kann ein Vorteil für Trader mit unregelmäßigem Zeitplan sein, birgt jedoch auch das Risiko, außerhalb der regulären Marktzeiten zu handeln, wenn die Liquidität niedrig ist, weil sonst kaum jemand handelt.

ZUSAMMENFASSUNG

Für Trader eignen sich am besten Produkte, die **an zentralen Börsen gehandelt werden**, da sie durch Angebot und Nachfrage fair, transparent und liquide sind. Produkte, deren Kurse von einem Emittenten oder Anbieter gestellt werden, wie Optionsscheine oder OTC-Produkte (zum Beispiel CFDs), bringen oft Nachteile wie Intransparenz und höhere Risiken mit sich. Die Wahl des richtigen Produkts sollte sorgfältig abgewogen werden, um eine solide Grundlage für den erfolgreichen Handel zu schaffen.

GUTE PRODUKTE FÜR TRADER

Produkte, die für Trader besonders geeignet sind, erfüllen wichtige Kriterien wie Transparenz, Fairness bei der Preisbildung, hohe Liquidität und ausreichende Volatilität. Dazu gehören **Aktien, Futures,** die meisten **Kryptowährungen** und **Optionen.** Hier ein kurzer Überblick:

1. **Aktien**
   Warum geeignet?
   Aktien werden an zentralen Börsen wie der NASDAQ oder der Frankfurter Börse gehandelt, wo die Preise ausschließlich durch Angebot und Nachfrage entstehen. Die Transparenz ist hoch, da Handelsvolumen, Orderbücher und Preise öffentlich einsehbar sind.

   Vorteile:
   - hohe Liquidität, insbesondere bei Blue-Chip-Aktien
   - regelmäßige Volatilität, die durch Nachrichten und Unternehmensentwicklungen entsteht
   - breite Auswahl an Sektoren und Unternehmen, um Strategien zu diversifizieren

2. **Futures**
   Warum geeignet?
   Futures sind standardisierte Terminkontrakte, die an zentralen Börsen wie der CME (Chicago Mercantile Exchange) gehandelt werden. Sie basieren auf Basiswerten wie Rohstoffen, Indizes oder Währungen.

   Vorteile:
   - hohe Liquidität, insbesondere bei beliebten Kontrakten wie S&P-500-Futures oder Rohöl-Futures
   - transparente Preisbildung und geringe Spreads
   - Hebelwirkung, die es Tradern ermöglicht, mit relativ kleinem Kapital größere Positionen zu handeln (aber Vorsicht: ein Hebel erhöht auch das Risiko)
   - breite Einsatzmöglichkeiten: Absicherung, Spekulation oder Arbitrage

3. **Kryptowährungen**
   Warum geeignet?
   Die meisten Kryptowährungen wie Bitcoin oder Ethereum werden auf zentralisierten und dezentralen Plattformen gehandelt, wo Angebot und Nachfrage die Preise bestimmen.

   Vorteile:
   - hohe Volatilität, die große Gewinnmöglichkeiten bietet
   - rund-um-die-Uhr-Handel, ideal für Trader mit flexiblem Zeitplan

- wachsende Liquidität, insbesondere bei großen Kryptowährungen

Hinweis:
Trader sollten auf Plattformen mit hoher Liquidität und regulatorischer Sicherheit achten, um Risiken, etwa durch Kursmanipulationen oder technische Probleme, zu minimieren.

4. **Optionen**
Warum geeignet?
Optionen sind standardisierte Kontrakte, die an zentralen Börsen wie der CBOE (Chicago Board Options Exchange) gehandelt werden. Sie bieten das Recht, aber nicht die Pflicht, einen Basiswert zu einem festgelegten Preis zu kaufen oder zu verkaufen.

Vorteile:
- hohe Flexibilität, um Strategien für jede Marktphase zu entwickeln
- Hebelwirkung ermöglicht größere Gewinne mit geringerem Kapitaleinsatz (aber auch hier: Vorsicht vor erhöhtem Risiko)
- zentralisierte Preisbildung durch Angebot und Nachfrage, mit klaren Regulierungen

FAZIT: WARUM EIGNEN SICH DIESE PRODUKTE?

Diese Produkte sind transparent, liquid, fair in der Preisbildung und bieten ausreichend Volatilität – alles wesentliche Kriterien für erfolgreiches Trading. Ob du kurzfristig spekulierst oder langfristige Strategien verfolgst, Aktien, Futures, Kryptowährungen und Optionen bieten eine solide Grundlage, um in verschiedenen Märkten aktiv zu sein.

DIE WICHTIGSTEN BEGRIFFE – LONG, SHORT, LEVERAGE UND ANDERE

Mein erster Kontakt mit der Börse war die Suche nach Wissen am Bahnhofskiosk. Anfang der 1990er-Jahre war die Börse für viele etwas Exotisches. Es gab nur wenige Zeitschriften zu dem Thema, und Publikationen mit Börsenwissen waren gewissemaßen Spezialliteratur. Eine Börsenzeitschrift bekam man nicht einfach an jedem Kiosk – nur Läden mit einem großen Sortiment, das sich auch an Geschäftsreisende richtete, führten solche Magazine. So zum Beispiel Bahnhofs-Buchläden.

Da mich das Thema faszinierte, stand ich bei Reisen mit dem Zug oft in solchen Bahnhofs-Buchläden und blätterte durch die wenigen Börsenjournale, die ich finden konnte. Ich versuchte, so viel Wissen wie möglich aufzusaugen, doch die Zeitschriften waren teuer – oft zu teuer für mich. **»Eberts Terminmarktmagazin« kostete damals 25 D-Mark**, eine stolze Summe, die ich nicht einfach aus der Portokasse zahlen konnte.

Während ich durch die Seiten blätterte, wurde mir klar, dass ich eine völlig neue Welt betreten hatte – eine Welt mit einer eigenen Sprache, voller Begriffe, die mir damals noch fremd waren. Ich wusste: Wenn ich an der Börse erfolgreich sein wollte, musste ich diese Sprache lernen.

Leider gab es auch kaum deutschsprachige Bücher, die für Einsteiger gedacht waren. Mir war nur ein relativ langweiliges Nachschlagewerk von **Uwe Bestmann** bekannt. Bei *Börsen- und Finanzlexikon: Rund 4000 Begriffe für Studium und Praxis* war der Name Programm: Rund **4000 Begriffe** wurden darin erklärt – kein Wunder, dass sich kaum jemand für das Thema Börse interessierte. Ich lernte somit nicht aus Büchern, sondern versuchte, mir die auftauchenden Begriffe aus dem Kontext zu erschließen. Das war sicherlich nicht effizient und nicht ganz einfach, und ab und zu unterliefen mir dabei Fehler. Gut, dass das heute anders ist. Einige wichtige Begriffe werde ich dir in diesem Kapitel erklären, damit du dich leichter zurechtfindest.

Warum sind Wörter wie »long« und »short« so wichtig? Wenn du an der Börse Geld verdienen möchtest, ist es entscheidend, zu verstehen, dass Kurse nicht nur steigen, sondern auch fallen können. Viele Anfänger konzentrieren sich nur darauf, Aktien zu kaufen und auf steigende Kurse zu hoffen. Doch das ist nur das halbe Leben.

Die Möglichkeit, auch an fallenden Kursen zu verdienen, eröffnet völlig neue Chancen. Stell dir vor, du kannst nicht nur profitieren, wenn ein Unternehmen erfolgreich ist, sondern auch dann, wenn eine Blase platzt oder eine Firma Schwierigkeiten bekommt. Das ist der Grund, warum du die Begriffe »**long**« und »**short**« unbedingt kennen musst.

LONG UND SHORT – EINFACH ERKLÄRT

Long zu gehen bedeutet, man kauft ein Wertpapier in der Erwartung, dass sein Preis steigt. Das ist der klassische Kauf eines Aktieninvestors: Man erwirbt eine Aktie zu einem bestimmten Preis und hofft, sie später teurer verkaufen zu können.

Short zu gehen bedeutet, man verkauft ein Wertpapier, das man gar nicht besitzt, weil man darauf spekuliert, dass der Kurs fällt. Dabei leiht man sich etwa eine Aktie von einem Broker, verkauft sie sofort und kauft sie später zurück – idealerweise zu einem niedrigeren Preis. Die Differenz ist der Gewinn.

Ein Beispiel für Long und Short:

- **Long:** Du kaufst eine Aktie von Unternehmen X für 50 Euro. Nach einiger Zeit steigt der Kurs auf 60 Euro, und du verkaufst. Dein Gewinn beträgt 10 Euro pro Stück.

- **Short:** Du leihst dir eine Aktie von Unternehmen X und verkaufst sie sofort für 50 Euro. Später fällt der Kurs auf 40 Euro, und du kaufst die Aktie zurück, um sie dem Broker zurückzugeben. Dein Gewinn beträgt 10 Euro.

Die Begriffe mögen am Anfang ungewohnt sein, aber sie sind essenziell für den Börsenhandel. Wer nur long denkt, verpasst die Hälfte der Möglichkeiten.

Um die Begriffe »long« und »short« besser zu verstehen, ist es hilfreich, ihre Ursprünge zu betrachten. Der Begriff **»long«** stammt aus dem Englischen und bedeutet »lang« . Im Finanzkontext bezeichnet eine **Long-Position** den Kauf eines Finanzinstruments mit der Erwartung, dass dessen Wert steigt. Man hält also eine Position in der Hoffnung auf Wertsteigerung.

Der Begriff **»short«** hingegen bedeutet »kurz« oder »knapp«. Eine **Short-Position** entsteht, wenn ein Anleger ein Finanzinstrument verkauft, das er nicht besitzt, in der Erwartung, es später zu einem niedrigeren Preis zurückzukaufen. Dieser Vorgang wird auch als **Leerverkauf** bezeichnet. Der Händler ist also »short« an dem betreffenden Gut, da er es sich erst noch beschaffen muss.

Leverage oder Hebel – der Schlüssel zur schnellen Kapitalvermehrung?

Ich hatte nicht viel Geld, nur **10.000 DM,** und ich rechnete mir aus, dass ich, selbst wenn der Aktienmarkt im Durchschnitt **9 Prozent pro Jahr** ansteigen würde, über **acht Jahre** brauchen würde, um mein Kapital zu verdoppeln. Acht Jahre! Wie sollte ich da je auf einen grünen Zweig kommen?

Aber dann entdeckte ich etwas Spannendes: **den Hebel. Einen Hebel findest du bei allen Termingeschäften wie Futures und auch Optionen. Theoretisch kannst du ihn auch bei Aktiengeschäften nutzen, indem du dir Geld leihst. Wir bleiben hier aber bei den Termingeschäften, insbesondere den Futures.**

Was ist ein Future?

Ein **Future** ist ein **standardisierter Terminkontrakt**, bei dem sich zwei Parteien verpflichten, einen bestimmten Basiswert (zum Beispiel einen Rohstoff, Aktienindex, ein Paket aus Anleihen oder Währungen) zu einem festgelegten Preis und zu einem zukünftigen Zeitpunkt zu kaufen oder zu verkaufen.

Weil ein Future standardisiert ist, sind alle Vertragsbedingungen **festgelegt und einheitlich geregelt**. Jeder Future eines bestimmten Typs hat also **immer dieselben Merkmale**, unabhängig davon, wer ihn kauft oder verkauft. **Was genau ist standardisiert? Das betrifft die folgenden fünf Punkte:**

1. **Der Basiswert**
   - Jeder Future bezieht sich auf einen **fest definierten Basiswert**, zum Beispiel Gold, den DAX oder Rohöl.

2. **Die Kontraktgröße**
   - Die Menge des gehandelten Basiswerts ist immer gleich.
   - Beispiel: Ein Gold-Future entspricht **100 Feinunzen Gold** – egal, wo oder von wem er gehandelt wird.

3. **Der Fälligkeitstermin (Verfallstag)**
   - Futures haben immer einen klar definierten **Ablaufzeitpunkt**, an dem sie entweder **abgerechnet oder geliefert** werden.

4. **Die Tickgröße und Preisstellung**
   - Die kleinste mögliche Preisänderung ist **festgelegt**.
   - Beispiel: Beim DAX-Future beträgt ein Tick **0,5 Punkte**, also 12,50 Euro.

5. **Die Abrechnungsmethode**
   - Entweder **physische Lieferung** (zum Beispiel Rohöl wird tatsächlich geliefert) oder **Barausgleich** (zum Beispiel beim DAX-Future wird nur die Preisdifferenz bezahlt).

Warum sind Futures standardisiert?

- **Einfacher Handel:** Jeder weiß genau, was er kauft oder verkauft.
- **Vergleichbarkeit:** Ein Future auf den S&P 500 hat weltweit immer dieselben Bedingungen.
- **Börsengehandelter Vertrag:** Futures werden an großen Börsen wie der CME oder Eurex gehandelt – keine individuellen Abmachungen nötig.

FAZIT

Die Standardisierung sorgt dafür, dass Futures einfach, transparent und weltweit handelbar sind!

Der Hebel im Bund-Future

Der Bund-Future, ein Terminkontrakt auf deutsche Staatsanleihen, hatte im Jahr 1991 einen Kurs von **91 Punkten**. Der Gegenwert eines Bund-Futures wird berechnet als **Punktzahl × 1.000 DM**, sodass ein Kontrakt einen Nominalwert von **91.000 DM** hatte.

Ein **Ein-Punkt-Anstieg** entsprach also einem Gewinn von **1.000 DM** pro Kontrakt. Ein Punkt wiederum besteht aus **100 Ticks**, wobei jeder Tick **10 DM** wert ist. Die Kontraktgröße gilt auch heute noch, wenn auch in Euro umgerechnet.

Um das Instrument allerdings zu handeln, benötigst du nicht den Nominalwert des Kontraktes. Das liegt daran, dass es sich bei Termingeschäften um Differenzgeschäfte handelt. Der Käufer oder Verkäufer eines Terminkontraktes schuldet der Gegenpartei lediglich die Differenz zwischen Kauf und Verkaufspreis. Man kann sich das vorstellen wie eine Wette. Beide Parteien wetten gegeneinander, der Käufer auf steigende Kurse, der Verkäufer auf fallende Kurse, und für jeden Punkt, den der Markt sich bewegt, wird ein bestimmter Betrag fällig. Wie hoch dieser Punktwert ist, hat die Börse festgelegt, somit sind die Wetten an den Terminmärkten standardisiert.

Genau davon profitierst du als Trader: Du musst nicht den Kaufpreis hinterlegen, sondern nur eine Sicherheit. Diese Sicherheit wird auch Margin genannt.

Margin einfach erklärt

Die Margin ist eine Sicherheitsleistung, die du hinterlegen musst, wenn du mit gehebelten Finanzprodukten handelst. Sie dient als eine Art **Pfand**, das sicherstellt, dass du Verluste im schlimmsten Fall abdecken kannst.

Wie funktioniert die Margin? Wenn du beispielsweise mit einem **Hebel von 10:1** handelst, bedeutet das, dass du nur **10 Prozent des eigentlichen Handelswertes** als Margin hinterlegen musst.

Beispiel:

- Du möchtest eine **Position im Wert von 100.000 Euro** eröffnen.
- Dein Broker verlangt eine **Margin von 10 Prozent**.
- Das bedeutet, du musst nur **10.000 Euro** als Margin hinterlegen.

Wenn der Trade in deine Richtung läuft, profitierst du von der **vollen Positionsgröße (100.000 Euro)**. Läuft er gegen dich, und dein Verlust nähert sich deiner Margin, kann der Broker einen **Margin Call** auslösen. Das heißt, du musst entweder **mehr Geld nachschießen** oder deine Position wird automatisch geschlossen. Damit dass nicht passiert, nutzen wir niemals all unser Geld für Marginzwecke, sondern lassen immer einen Spielraum.

ZUSAMMENFASSUNG

Eine Margin ist die Sicherheitsleistung für gehebelte Trades. Der Hebel ermöglicht größere Positionen mit wenig Kapital. Bei Verlusten droht ein Margin Call (Nachschusspflicht oder Positionsschließung). Kurz gesagt: Die **Margin erlaubt es dir, mit einem Vielfachen deines Eigenkapitals zu traden! Deshalb kannst du dein Kapital hebeln.**

Da ich für den Handel nur eine **Margin von 6.000 D-Mark** hinterlegen musste, hatte ich einen **Hebel von circa 15:1** (91.000 DM / 6.000 DM). Da mein gesamtes Konto 10.000 Mark betrug, war mein **effektiver Hebel geringer**, nämlich **9,1:1** (91.000 DM / 10.000 DM).

Wir unterscheiden also den Hebel eines Instrumentes, der sich aus dem Verhältnis Sicherheitshinterlegung (Margin) zum Gesamtwert des Instrumentes ergibt. Der effektive Hebel bezeichnet hingegen das Verhältnis des eingesetzten Eigenkapitals zum Wert des Instrumentes (Underlying).

Was sind Punkte und Ticks?

Im Börsenjargon bezeichnet ein **Punkt** die grundlegende Kurseinheit eines Future-Kontrakts. Bei einem Bund-Future entspricht **ein Punkt einer Bewegung von 1.000 DM** im Wert des Kontrakts.

Ein **Tick** ist die kleinstmögliche Preisveränderung innerhalb eines Futures. Beim Bund-Future ist ein Punkt in **100 Ticks** unterteilt, und **jeder Tick hat einen Wert von 10 DM**. Das bedeutet:

- Eine Bewegung von **1 Punkt** entspricht 100 Ticks × 10 DM = **1.000 DM.**
- Eine Bewegung von **0,5 Punkten** entspricht 50 Ticks × 10 DM = **500 DM.**

Was passiert bei einer Marktbewegung?

Ein Anstieg oder Rückgang des Marktes wirkt sich mit dem Hebel verstärkt auf mein Konto aus:

- **Szenario 1 (Gewinn):** Der Markt steigt um 1 Prozent, also von **91 auf 91,91 Punkte**. Da ein Punkt **1.000 DM** entspricht, entspricht ein Anstieg um **0,91 Punkte** einem Gewinn von **910 DM**.
- **Szenario 2 (Verlust):** Der Markt fällt um 1 Prozent, also auf 90,09 Punkte. Mein Verlust beträgt ebenfalls **910 DM** (91 Ticks mal 10 Mark).

Durch den Hebel können sich Gewinne rasch vervielfachen – das gilt aber auch für Verluste. Das macht ihn so super interessant für Trader!

Warum Trader einen Hebel nutzen – Chancen und Risiken

Im Beispiel dürfte schon klargeworden sein, was den Hebel so attraktiv macht:

- **Erhöhte Gewinnchancen**: Mit geringem Kapitaleinsatz können größere Positionen bewegt werden, was potenziell höhere Gewinne ermöglicht.
- **Zugang zu größeren Märkten**: Ein Hebel ermöglicht es, in Märkten zu agieren, die sonst aufgrund des hohen Kapitaleinsatzes unzugänglich wären.
- **Flexibilität**: Der Hebel bietet die Möglichkeit, verschiedene Strategien umzusetzen und auf unterschiedliche Marktsituationen zu reagieren.

Allerdings ist die Nutzung eines Hebels ein zweischneidiges Schwert. Während er die Gewinnchancen erhöht, steigert er ebenso das Verlustrisiko. Ein verantwortungsvoller Umgang und ein tiefes Verständnis der Mechanismen sind daher unerlässlich.

Du weißt jetzt: Die Margin ist eine Sicherheitsleistung, die du hinterlegen musst, wenn du mit gehebelten Finanzprodukten handelst. Sie dient als eine Art Pfand, das sicherstellt, dass du Verluste im schlimmsten Fall abdecken kannst.

Viele Trader machen den Fehler, sich von der geringen Margin täuschen zu lassen und ihr gesamtes Konto zu hebeln. Doch genau das ist der sichere Weg in eine Katastrophe! Wir nutzen die Margin nie vollständig aus. Warum? Weil es nicht der Hebel ist, der unsere Positionsgröße bestimmt – sondern das Risiko.

Ein häufiger Fehler vieler Trader ist, dass sie ihre Positionsgröße nach dem Hebel bestimmen. Doch genau das führt dazu, dass sie zu hohe Risiken eingehen. Wir berechnen unsere Positionsgröße nicht nach dem Hebel, sondern nach unserem Risiko – und wie genau das funktioniert, erkläre ich im Kapitel Risikomanagement.

Aber eines vorweg: Wenn du einen Margin Call bekommst, bist du bereits vollkommen überhebelt!

Ein Margin Call bedeutet, dass dein Konto nicht mehr genug Kapital hat, um die offenen Positionen abzusichern. Der Broker fordert dich dann auf, Geld nachzuschießen – oder er schließt deine Positionen zwangsweise. **Das ist der absolute Worst Case und muss unter allen Umständen vermieden werden.**

Zusammenfassung: Margin mit Köpfchen nutzen

- Die Margin ist ein Sicherheitsbetrag und kein »Spielgeld«.
- Wir bestimmen unsere Positionsgröße über das Risiko, nicht über den Hebel.
- Ein Margin Call ist ein Warnsignal, das zeigt, dass du viel zu viel Risiko eingegangen bist.

Kurz gesagt: Margin kann ein mächtiges Werkzeug sein – aber nur, wenn du sie verantwortungsvoll nutzt. Trading ist kein Glücksspiel. Wer sein Konto mit maximalem Hebel voll ausreizt, spielt mit dem Feuer. Lerne stattdessen, dein Risiko clever zu managen – dann brauchst du dir über einen Margin Call nie Sorgen zu machen.

WISSEN IST DAS EINE – DOCH MACHEN IST DAS ANDERE

Theorie und Praxis sind zwei völlig unterschiedliche Dinge. Man kann noch so viel über **Risiko und Margin** wissen – doch erst, wenn man es selbst erlebt, begreift man die Bedeutung wirklich. Ich musste diese Lektion auf die harte Tour lernen.

Meine Story aus dem Jahr 1994

1994 war ein Jahr voller Überraschungen an den Finanzmärkten. Die Zinsen in Deutschland stiegen unerwartet stark an und brachten massive Turbulenzen mit sich. Ich war damals überzeugt, dass die Zinsen fallen würden, und hatte eine Long-Position im Bund-Future aufgebaut. Meine Überlegung war einfach: Fallende Zinsen führen zu steigenden Anleihekursen – also eine sichere Wette, oder?

Falsch gedacht. Die Märkte hatten andere Pläne. Statt zu fallen, stiegen die Zinsen – und damit fielen die Kurse der Anleihen. Doch das eigentliche Problem war nicht nur meine falsche Einschätzung, sondern die Hebelwirkung, die ich genutzt hatte.

Mit jedem Punkt, den der Bund-Future fiel, summierten sich meine Verluste exponentiell. Ich hatte nicht realisiert, wie schnell sich ein hoher Hebel gegen mich als Trader wenden konnte.

Der Anruf, der mich traumatisierte

Dann passierte es: Mein Telefon klingelte. Am anderen Ende war mein Broker – und er hatte schlechte Nachrichten: »Margin Call.«

Mein Konto war unter die erforderliche Margin gefallen. Das bedeutete, dass ich entweder sofort Geld nachschießen musste oder meine Positionen zwangsweise **geschlossen** würden. Ich stand vor einer Entscheidung, die kein Trader jemals treffen möchte.

Und das Schlimmste daran? Diese Erfahrung hat mich nachhaltig geprägt. Wochenlang bekam ich jedes Mal einen Schock, wenn das Telefon klingelte. Sobald sich mein Broker meldete, schoss mir der Gedanke durch den Kopf: »Ist es wieder ein Margin Call? Habe ich wieder alles falsch gemacht?« Dieses Gefühl war purer Stress. So etwas wollte ich nie wieder erleben.

Was heute anders ist – und warum du trotzdem vorsichtig sein musst

Heute würde ich einen solchen Anruf gar nicht mehr bekommen. Warum? Weil Broker inzwischen automatisch handeln, um sich selbst zu schützen. Wenn dein Konto unter die erforderliche Margin fällt, schließt der Broker sofort deine Positionen – ohne vorherige Warnung. Das nennt man automatische Liquidation.

Das liegt daran, dass Broker gar nicht erst das Risiko eingehen wollen, dass dein Konto ins Minus rutscht. Und genau hier kommt eine entscheidende gesetzliche Regelung ins Spiel:

Privatanleger in Deutschland haben keine Nachschusspflicht!

Laut § 20 Abs. 1 der WpHG-BinIV (Wertpapierhandelsgesetz-Binnenmarktverordnung) darf ein Broker Privatanlegern keine Nachschusspflicht auferlegen. Das bedeutet: Wenn dein Konto auf null fällt, kann dich der Broker nicht dazu zwingen, weiteres Geld einzuzahlen.

In der Praxis heißt das, dass Broker in Deutschland das Risiko gar nicht erst eingehen und Positionen frühzeitig automatisch liquidieren, sobald die Margin nicht mehr ausreicht. Diese Regelung schützt private Trader vor finanziellen Katastrophen – aber sie ändert nichts an der Grundregel:

Wenn du dich erst einmal in eine Situation bringst, in der der Broker deine Positionen schließen muss, hast du bereits viel zu viel Risiko auf dich genommen!

Die Lektion, die ich nie vergessen werde

Diese Erfahrung war ein **Gamechanger** für mich. Sie lehrte mich zwei essenzielle Regeln:

1. **Nutze den Hebel niemals vollständig aus.**
   Nur weil du mit einem hohen Hebel handeln kannst, heißt das nicht, dass du es tun solltest.

2. **Bestimme deine Positionsgröße immer über das Risiko – nicht über die Margin.**
   Dein Konto muss so aufgestellt sein, dass ein einzelner Trade dich niemals aus dem Markt wirft.

Ich habe seitdem viele Höhen und Tiefen im Trading erlebt, aber eines ist sicher: **Ich habe nie wieder einen Margin Call erhalten – und ich werde auch nie in eine Zwangsliquidation geraten. Lerne aus meinen Fehlern – und stelle sicher, dass du es gar nicht erst so weit kommen lässt.**

KAPITEL 8

PRAKTISCHE ASPEKTE DES TRADINGS

Bevor wir konkret ins Tun kommen und ich dir erkläre, wie du einen Trade richtig aufsetzt, ist es an der Zeit, die praktischen Aspekte des Tradings zu beleuchten. Denn nur, wenn die Rahmenbedingungen stimmen, kannst du dich voll und ganz auf die Charts konzentrieren und dir überlegen, welche Positionen du eingehst.

DEIN ARBEITSPLATZ – DEIN COCKPIT IN DIE FREIHEIT

Stell dir vor: Es ist früher Morgen. Die Stadt schläft noch, der erste Kaffee dampft in deiner Tasse, während du Rechner und Bildschirme hochfährst. Ein Klick – und du bist mitten im Markt. Kein Büro, kein Chef, kein Stau. Nur du, dein Setup und die Welt der Finanzmärkte. Du sitzt dort an deinem Platz – nicht im Großraumbüro, sondern in deinem eigenen Command Center.

Hier entscheidest du. Hier bist du der Pilot. Alles ist auf Effizienz ausgelegt: Kein unnötiger Schnickschnack, keine Ablenkung. Nur du, dein Bildschirm-Setup und der Markt.

Drei Monitore werfen ihr Licht auf deinen Schreibtisch. Links beobachtest du die Bewegungen deiner Trading-Plattform. In der Mitte tanzen die Kerzen im Chart, rechts flimmern aktuelle Nachrichten über die Märkte. Du sitzt nicht einfach an einem Schreibtisch. Du sitzt im Cockpit deiner finanziellen Freiheit.

Hier entscheidest du. Dein Arbeitsplatz ist kein Zufall, sondern strategisch gestaltet – er sorgt für Klarheit, Fokus und Geschwindigkeit. Ob du heute in deinem Homeoffice tradest, in einem Co-Working-Space am Strand in Bali oder in einer Berghütte mit Blick auf die nächsten Gipfel – dein Setup bleibt das gleiche. Du arbeitest ortsunabhängig, selbstbestimmt, fokussiert.

DEIN WERKZEUGKASTEN: TECHNIK, AUF DIE DU DICH VERLASSEN KANNST

Ein erfolgreicher Trader braucht keine Spielereien – sondern Werkzeuge, die funktionieren:

- **Ein schneller, stabiler Rechner** mit mindestens 16 GB RAM, damit auch nichts stockt, wenn mehrere Programme gleichzeitig laufen
- **Eine zuverlässige Internetverbindung**, die hält, wenn der Markt tobt. Am besten ist ein zusätzlicher Backup-Hotspot, falls mal was ausfällt. Jeder Aussetzer kann dich teuer zu stehen kommen.
- **Drei Monitore**, dein Blick in die Tiefe des Marktes:
  - **links**: dein Trading-Terminal für Orders und Positionen
  - **Mitte**: Charts, Analyse-Software, deine technische Landkarte
  - **rechts**: Newsfeeds, Browser, Notizen, dein Tradingtagebuch
- **Komfortzone**: ergonomische Maus, gute Tastatur, ein Stuhl, der dir auch nach Stunden keine Rückenschmerzen verpasst
- **Optional**: ein zweites Gerät oder Tablet für den Notfall, Safety first

Das ist kein übertriebenes Hightech-Setup. Das ist ein funktionierendes Werkzeug für deinen Alltag als Trader. Reduziert aufs Wesentliche. Stark, zuverlässig, flexibel.

INFOBOX: DAS MINIMUM-SETUP FÜR MOBILE FREIHEIT

Du willst nicht gleich drei Monitore aufstellen? Kein Problem. Für den Start genügen:

- Ein leistungsstarker Laptop (mind. 16 GB RAM)
- Ein zusätzlicher Monitor (zum Beispiel via USB-C oder HDMI)
- Mobiler WLAN-Hotspot oder Smartphone-Tethering
- Headset für Zoom-Calls oder Live-Sessions
- Damit kannst du ortsunabhängig traden – ob im Café, im Coworking-Space oder aus dem Van.

BILDSCHIRMSTRUKTUR: DEIN NAVIGATIONSSYSTEM DURCH DIE MÄRKTE

Ein Trader in Action denkt nicht nach, wo er klicken muss. Er weiß es einfach. Weil sein Setup sitzt.

- **Links**: Hier beobachtest du live den Markt, platzierst Orders, kontrollierst deine Positionen.
- **Mitte**: Hier läuft deine Chartanalyse. Ob TradingView, NinjaTrader oder dein Broker-Tool – hier schaust du tief in die Struktur.
- **Rechts**: Aktuelle Nachrichten, Marktmeinungen, dein Tagebuch. Hier finden sich die Grundlagen für dein strategisches Denken.

Diese Aufteilung ist kein Dogma, aber nutze es als Kompass. Sie bringt Ruhe in die Komplexität und sorgt für Klarheit im Kopf.

DEINE PLATTFORM: WIE DEIN AUTO – DU MUSST SIE BEHERRSCHEN

Die perfekte Handelsplattform? Gibt's nicht. Ob du mit einem Porsche oder einem BMW unterwegs bist – wichtig ist, dass du weißt, wie du ihn steuerst. Bei Handelsplattformen gilt das Gleiche. Es gibt nur die richtige für dich. Wichtig ist nicht, wie viele Knöpfe oder Funktionen sie hat. Wichtig ist, dass du sie blind bedienen kannst. **Wichtige Punkte zur Handelsplattform:**

- **Brokerspezifisch:** Viele Broker bieten ihre eigene Plattform an. Diese ist oft einfach zu bedienen und direkt auf den Broker abgestimmt.
- **Flexible Lösungen:** Einige Plattformen lassen sich mit verschiedenen Brokern verbinden, sodass du deine bevorzugte Software nutzen kannst.
- **Beispiele:**
- Ich selbst nutze **NinjaTrader**, weil die Plattform intuitiv ist und meinen Bedürfnissen entspricht.
- Für Analysen setze ich auf **TradingView**, da es umfangreiche Tools und eine einfache Bedienung bietet (mehr dazu später).
- Mein Tradingtagebuch führe ich im **Trade Tracer** von **TradAc** durch, um meine Trades zu dokumentieren und zu analysieren.

Wichtig: Deine Plattform muss sich anfühlen wie ein verlängerter Arm. Sie ist dein Werkzeug und darf nicht zum Hindernis werden. Nur dann kannst du im Flow arbeiten.

ORDNUNG IST DEIN VORTEIL: KLARHEIT BRINGT GESCHWINDIGKEIT

Ein aufgeräumtes Setup bedeutet weniger Stress, weniger Fehler, mehr Klarheit. Wenn alles seinen Platz hat, kannst du dich ganz auf den Markt konzentrieren. Und genau das brauchst du, wenn es ernst wird – denn Märkte verzeihen keine Unachtsamkeit. Ein unordentlicher Schreibtisch ist wie ein Cockpit voller Post-its: stressig, fehleranfällig, langsam.

- Ein aufgeräumter Arbeitsplatz reduziert Stress.
- Du findest schneller, was du brauchst.
- Du triffst klarere Entscheidungen.
- Du arbeitest in Routinen – und Routinen machen dich schneller, sicherer, besser.

Chaos kostet Geld. Ordnung schafft Fokus. Und Fokus ist dein Kapital.

FAZIT: FREIHEIT BEGINNT AUF DEINEM SCHREIBTISCH

Du brauchst kein Hochhaus in Frankfurt, um als Trader erfolgreich zu sein. Du brauchst Klarheit. Struktur. Und Technik, auf die du dich verlassen kannst.

Ein Laptop mit zwei Bildschirmen reicht, um loszulegen. Damit bist du bereit, von überall aus zu handeln: Ob du in Sydney in der City sitzt, in Obertauern auf einer Skihütte oder in einem Co-Working-Space mit Blick auf das Meer in Bali – du bist bereit. Und wenn du heute Lust auf Veränderung hast? Dann packst du deine Technik ein, steigst in den nächsten Zug oder Flieger – und nimmst deinen Arbeitsplatz einfach mit. Dein Arbeitsplatz reist mit dir.

ANALYSE-TOOLS – TECHNISCHE VERSUS FUNDAMENTALE ANALYSE

Um erfolgreich zu traden, musst du die Märkte analysieren können. Dabei gibt es zwei grundlegende Ansätze: die **technische Analyse** und die **fundamentale Analyse**. Jeder dieser Ansätze verfolgt eine andere Methodik und eignet sich für unterschiedliche Ziele. Für Trader ist es wichtig, den Fokus klar auf die technische Analyse zu legen.

WAS IST TECHNISCHE ANALYSE?

Die technische Analyse basiert auf der Untersuchung von **Kursverläufen und Handelsvolumen**, um zukünftige Preisbewegungen vorherzusagen. Sie geht davon aus, dass alle verfügbaren Informationen bereits im Kurs enthalten sind und dass sich menschliche Verhaltensmuster (wie Emotionen, Gier, Angst) in wiederkehrenden Mustern zeigen. Außerdem kannst du an den Verhältnissen von alten Hochs und Tiefs sehr gut erkennen, ob Geld in einen Markt hineinfließt oder aber aus einem Markt abfließt. Diese Trends gilt es mithilfe der technischen Analyse zu identifizieren. Dafür betrachten Trader sogenannte Charts. Auf den Charts ist die historische Preisentwicklung von einem Wert grafisch sichtbar dargestellt. Wichtige Werkzeuge der technischen Analyse:

- **Charts und Preisdiagramme** zeigen die Entwicklung eines Marktes über die Zeit.
- **Indikatoren:** Werkzeuge wie gleitende Durchschnitte, RSI (Relative Strength Index) oder MACD (Moving Average Convergence Divergence) helfen, Trends sowie Überkauf- oder Überverkaufssituationen zu erkennen.
- **Unterstützungen und Widerstände:** Bereiche, in denen der Kurs tendenziell stoppt oder sich umkehrt.
- **Trendlinien und Chartmuster,** wie zum Beispiel Dreiecke, Flaggen oder Kopf-Schulter-Formationen, können Hinweise auf zukünftige Bewegungen geben.

Warum ist die technische Analyse für Trader wichtig? Sie hilft, kurzfristige Trends und Handelschancen zu identifizieren. Sie liefert klare Ein- und Ausstiegspunkte basierend auf objektiven Daten. Sie ist flexibel und kann in jeder Marktsituation angewendet werden.

WAS IST FUNDAMENTALE ANALYSE?

Die **fundamentale Analyse** untersucht die wirtschaftlichen und finanziellen Grundlagen eines Marktes oder eines Unternehmens, um den »inneren Wert« eines Vermögenswerts zu bestimmen. Ziel ist es, unterbewertete oder überbewertete Werte zu identifizieren. Wichtige Werkzeuge der fundamentalen Analyse:

- **Unternehmensdaten:** Bilanzen, Gewinn- und Verlustrechnungen, Umsatzwachstum, Verschuldung
- **Makroökonomische Daten:** Zinsen, Inflation, Arbeitslosigkeit, Handelsbilanzen
- **Politische Ereignisse:** Wahlen, Handelsabkommen, geopolitische Entwicklungen

Wozu wird die fundamentale Analyse genutzt? Sie eignet sich gut für langfristige Investitionen, da sie hilft, den Wert eines Vermögenswertes unabhängig von kurzfristigen Schwankungen zu beurteilen. Anleger, die auf Dividenden oder langfristiges Wachstum setzen, nutzen fundamentale Daten als Grundlage ihrer Entscheidungen.

Warum ist fundamentale Analyse für Trader weniger relevant? Für Trader, die kurzfristig auf Kursbewegungen spekulieren, ist die fundamentale Analyse oft nicht hilfreich. Hier sind die Gründe:

1. **Fokus auf kurzfristige Bewegungen:**
   Trader interessieren sich für die **Bewegung der Preise**, nicht für den »inneren Wert« eines Vermögenswertes. Ein Kurs kann steigen oder fallen, unabhängig davon, ob ein Unternehmen fundamental stark oder schwach ist.

2. **Zeitliche Verzögerung:**
   Fundamentale Daten ändern sich langsam (zum Beispiel Quartalsberichte, Zinssatzänderungen). Trader handeln jedoch oft innerhalb von Minuten, Stunden oder Tagen, weshalb technische Signale viel relevanter sind.

3. **Marktpsychologie zählt mehr:**
   Kurzfristige Preisbewegungen werden häufig von Emotionen, Spekulationen und Trends getrieben – Aspekte, die die technische Analyse besser abdeckt.

4. **Ineffizienz bei der Informationsverarbeitung:**
   Die fundamentale Analyse erfordert viel Zeit und detaillierte Recherchen. Für Trader, die schnelle Entscheidungen treffen müssen, ist dieser Ansatz unpraktisch.

5. **Alles ist bereits im Kurs enthalten:**
   Die technische Analyse geht davon aus, dass der Markt bereits alle fundamentalen Informationen verarbeitet hat und sie im aktuellen Kurs widerspiegelt. Trader nutzen diesen Kursverlauf, um ihre Strategien zu entwickeln.

ZUSAMMENFASSUNG: WELCHER ANSATZ FÜR TRADER?

Technische Analyse: Die technische Analyse ist das wichtigste Werkzeug für Trader. Sie liefert die notwendigen Signale, um kurzfristige Preisbewegungen zu handeln.
Fundamentale Analyse: Die fundamentale Analyse ist vor allem für langfristige Investoren von Bedeutung. Für kurzfristiges Trading ist sie jedoch zu langsam und unpraktisch.

> Für dich als Trader ist es entscheidend, dich auf die technische Analyse zu konzentrieren. Sie gibt dir die Werkzeuge an die Hand, um Trends zu erkennen, klare Entscheidungen zu treffen und erfolgreich auf die Dynamik des Marktes zu reagieren. Für den Anfänger reicht es, sich auf die technische Analyse zu konzentrieren.

Die fundamentale Analyse – nicht nutzlos, aber sekundär für Trader

Obwohl die fundamentale Analyse für kurzfristige Trader meist unnütz ist, hat sie dennoch ihre Daseinsberechtigung, besonders in Kombination mit der technischen Analyse. Vor allem dann, wenn fundamentale Bewertungen und technische Signale in dieselbe Richtung zeigen, entstehen oft starke und nachhaltige Trends, die sich ideal für das Trading eignen. Einem erfahrenen Trader hilft dies enorm bei der Auswahl guter Trading-Chancen. Wie fundamentale Bewertungen Tradern helfen können:

1. **Bestätigung starker Trends:**
   - Wenn die fundamentale Analyse zeigt, dass ein Unternehmen oder ein Markt aufgrund seiner wirtschaftlichen Grundlagen unterbewertet ist, und gleichzeitig die technische Analyse einen Aufwärtstrend signalisiert, ist die Wahrscheinlichkeit hoch, dass sich ein starker, nachhaltiger Trend entwickelt.
   - Beispiel: Ein Unternehmen meldet starke Quartalszahlen und hebt seine Prognosen an. Die Aktie bricht aus einer technischen Widerstandszone aus. Solche Kombinationen führen oft zu langfristigen Aufwärtstrends.

2. **Langfristige Perspektive für Swing-Trader:**
   - Trader, die Positionen über mehrere Tage oder Wochen halten (Swing-Trader), können von einer Kombination aus fundamentaler und technischer Analyse profitieren. Die fundamentale Stärke eines Unternehmens oder einer Branche kann die Grundlage für längerfristige Bewegungen sein, die durch technische Signale gehandelt werden.
   - Beispiel: Eine Branche wie erneuerbare Energien könnte durch politische Förderprogramme (fundamentale Stärke) langfristig wachsen, was durch technische Signale wie steigende Kurse und Volumen unterstützt wird.

3. **Filterung von Rauschen:**
   - Die Märkte sind oft von kurzfristigem »Rauschen« geprägt – sprich, von zufälligen Bewegungen, die wenig mit der tatsächlichen Entwicklung zu tun haben. Fundamentale Daten können helfen, sich auf Märkte oder Aktien zu konzentrieren, die das Potenzial für nachhaltige Bewegungen haben.

Kombination aus fundamentaler und technischer Analyse – Der ideale Ansatz

Der beste Ansatz für Trader ist es, die fundamentale Analyse unterstützend zu nutzen, um Kontext und Richtung zu finden, und die technische Analyse, um Einstiegs- und Ausstiegspunkte zu bestimmen. Aber Achtung, mute dir am Anfang nicht zu viel zu. Es gibt so viel zu lernen, dass es vollkommen ausreicht, wenn du mit den wesentlichen Dingen beginnst. In meiner Trading-Ausbildung schule ich die Trader in der fundamentalen Analyse auch erst auf dem Level 3. Bis dahin sollten sie schon erfolgreich wiederholbar in vielen Marktphasen allein mithilfe der technischen Analyse traden können.

1. **Fundamentale Analyse gibt die Richtung vor:**
   - Sie zeigt, welche Märkte oder Werte langfristig interessant sein könnten. Beispielsweise könnten makroökonomische Trends wie steigende Rohstoffpreise oder technologischer Fortschritt in einer Branche fundamentale Unterstützung für bestimmte Märkte bieten.

2. **Technische Analyse liefert präzise Signale:**
   - Sobald die Richtung durch fundamentale Faktoren gestützt wird, liefert die technische Analyse klare Einstiegspunkte und Stopp-Loss-Marken. So können Trader sicherstellen, dass sie im richtigen Moment in den Markt einsteigen.

3. **Nachhaltige Trends sind am profitabelsten:**
   - Trends, die sowohl durch fundamentale als auch durch technische Faktoren gestützt werden, sind oft die stärksten und beständigsten. Diese Bewegungen bieten Tradern die Möglichkeit, länger in einer Position zu bleiben und größere Gewinne zu erzielen.
   - Beispiel: Nach der Coronakrise 2020 unterstützten fundamentale Stimuli wie niedrige Zinsen und fiskalpolitische Maßnahmen die Aktienmärkte, während technische Signale wie Breakouts aus Widerstandszonen und steigende Volumina starke Trends bestätigten.

ZUSAMMENFASSUNG

Auch wenn die fundamentale Analyse für kurzfristige Trading-Entscheidungen oft weniger relevant ist, kann sie in Kombination mit der technischen Analyse wertvoll sein. Wenn fundamentale Bewertungen und technische Signale übereinstimmen, entstehen starke und nachhaltige Trends, die Trader am besten ausnutzen können. Fundamentale Daten geben die Richtung vor, während die technische Analyse die Werkzeuge liefert, um präzise und profitabel zu handeln.

WARUM ICH AUF DIE MEISTEN INDIKATOREN VERZICHTE

Stell dir vor, du trägst eine Brille mit getönten Gläsern. Vielleicht verbessert sie den Kontrast, mildert grelles Licht oder hilft dir, dich auf das Wesentliche zu konzentrieren. In manchen Momenten kann das hilfreich sein – besonders, wenn du dich im Chaos zurechtfinden willst.

Aber eine solche Brille verändert auch deine Sicht auf die Welt. Sie macht das Helle dunkler, das Klare verschwommener, das Bunte blasser. Und plötzlich glaubst du, etwas erkannt zu haben – dabei war es vielleicht nur ein Schatten, erzeugt durch das Glas.

Genauso funktionieren Indikatoren im Trading. Sie legen einen Filter über das, was eigentlich zählt: den Preis selbst. Und dieser Filter kann mal helfen, mal in die Irre führen. Deshalb verzichte ich weitgehend auf sie.

WARUM INDIKATOREN SO BELIEBT SIND

Viele Trader greifen zu Indikatoren, weil sie nach Sicherheit suchen. Eine Linie kreuzt eine andere – das sieht nach einem klaren Signal aus. Ein RSI rutscht in den überkauften Bereich – das scheint eine eindeutige Sache zu sein.

Indikatoren vermitteln das Gefühl, dass es Klarheit gibt. Dass man den richtigen Moment erkennen kann. Dass es da draußen ein Werkzeug gibt, das einem sagt, wann man kaufen oder verkaufen soll.

Aber das ist ein Trugschluss. An der Börse wird nicht zum Einstieg geklingelt. Es gibt keine Gewissheit. Keine Garantie. Nur Wahrscheinlichkeiten.

Und genau deshalb kann die vermeintliche Klarheit von Indikatoren trügerisch sein – sie wiegt dich in falscher Sicherheit. Und das ist gefährlicher, als gar keine Sicherheit zu haben.

INDIKATOREN – FILTER MIT NEBENWIRKUNGEN

Indikatoren basieren immer auf denselben Rohdaten: Preis, Zeit, Volumen. Sie verwandeln diese Informationen, verarbeiten sie mathematisch und spucken ein Signal aus: »Überkauft!«, »Trend bestätigt!«, »Momentum lässt nach!« – Das klingt spannend. Aber diese Tools ...

- **zeigen dir nicht die Wahrheit, sondern eine gefilterte Version davon.**
- **hinken hinterher**, weil sie auf vergangenen Daten beruhen.
- **erschaffen eine Illusion von Präzision,** wo es in Wahrheit nur Interpretationsspielräume gibt.

Ein gleitender Durchschnitt glättet Kursbewegungen – aber dabei verschwinden oft genau die Details, die den Unterschied machen. Ein RSI gibt dir einen Schwellenwert – aber der Preis selbst erzählt dir die Geschichte viel klarer, wenn du ihn lesen kannst.

TATORT TRADING – UND WAS INDIKATOREN DAMIT ZU TUN HABEN

Stell dir vor, du bist Ermittler in einem Kriminalfall. Du findest Indizien: Fingerabdrücke, eine leere Tasse, einen Fußabdruck im Flur. Spannend, oder? Diese Hinweise erzählen dir etwas – aber nicht alles. Vor allem sagen sie dir **nicht**, wie die Geschichte weitergeht. Indikatoren sind genau solche Indizien:

- Sie deuten an, dass »etwas im Busch« sein könnte.
- Sie zeigen Auffälligkeiten – bieten aber keine Gewissheit.
- Sie liefern Hinweise, aber keine Beweise.

Wenn du dich zu sehr auf diese Indizien verlässt, übersiehst du vielleicht das Entscheidende – nämlich das, was sich direkt vor deinen Augen im Preischart abspielt.

DER PREISCHART – DER EIGENTLICHE TATORT

Der Preis ist das Einzige, was der Markt nicht verstecken kann. Er ist der Tatort, an dem alles geschieht – offen, direkt, ehrlich. Im Preischart siehst du, ...

- **wo Käufer und Verkäufer aufeinandertreffen.**
- **wie sich Dynamik, Tempo und Psychologie verändern.**
- **ob ein Trend lebt, kippt oder stirbt.**

Du brauchst keinen Übersetzer für den Markt. Du brauchst keine Brille. Du brauchst einen klaren Blick – und der beginnt immer beim Preis selbst.

WARUM ICH INDIKATOREN FÜR ÜBERFLÜSSIG HALTE

Ich sage nicht, dass Indikatoren »falsch« sind. Ich sage: **Sie sind überbewertet.** Denn alles, was sie dir zeigen, erkennst du auch direkt am Kurs – nur klarer und weniger verzerrt.

- Ein RSI? Zeigt dir den Status »überkauft« an – aber das erkennst du auch an überdehnten Bewegungen in Widerstandsbereichen.
- Ein gleitender Durchschnitt? Zeigt einen Trend – aber du siehst ihn auch mit bloßem Auge.
- Ein Momentum-Indikator? Kann dir sagen, dass der Schwung nachlässt – aber das tun die Kerzenkörper auch, wenn sie kleiner werden.

Außerdem gilt:

- **Indikatoren laufen dem Markt immer hinterher.**
- **Sie machen den Chart unübersichtlich.**
- **Sie fördern Überanalyse.**

Kurz: Sie setzen dir eine getönte Brille auf – obwohl du den Markt auch mit deiner bestehenden Sehkraft wahrnehmen könntest.

WANN ICH INDIKATOREN DOCH EINSETZE

Es gibt genau einen Bereich, in dem ich Indikatoren gezielt einsetze: **im Trade-Management**. Nicht zur Analyse, nicht für Ein- oder Ausstiegsentscheidungen – sondern, um laufende Trades **klar, regelbasiert und wiederholbar zu verwalten**.

Denn sobald ein Trade läuft, geht es nicht mehr um Interpretation, sondern um **Struktur, Übersicht und Automatisierung**. Ich nutze Indikatoren hier ganz bewusst, um meinen **Trailing Stopp systematisch** an das Marktverhalten zu koppeln und **automatisch Gewinne zu sichern** – ohne ständig manuell eingreifen zu müssen. **Konkret setze ich folgende Indikatoren dafür ein:**

- **Supertrend:** Ein volatilitätsbasierter Indikator, der den Stopp-Loss dynamisch anpasst und sich besonders gut für automatisierte Trailing-Mechanismen eignet.
- **Donchian Channel:** Dieser Indikator funktioniert ähnlich, basiert aber auf Preis- und Zeitintervallen. Er markiert Hoch- und Tiefpunkte und hilft, Ausstiegszonen klar zu definieren.
- **Parabolic SAR:** Dieser Indikator unterstützt in trendstarken Phasen eine beschleunigende Stopp-Führung – vor allem im Zusammenspiel mit automatisierten Systemen.

Wichtig: Diese Indikatoren übernehmen bei mir **keine Analysearbeit**. Es sind **Werkzeuge zur Umsetzung**, nicht zur Entscheidung. Sie helfen mir, zuvor getroffene Setups **konsequent umzusetzen** – klar, systematisch und skalierbar.

FAZIT: DER PREIS LÜGT NICHT

Indikatoren geben vielen Tradern das Gefühl von Sicherheit. Aber an der Börse wird nicht geklingelt. Es gibt keine Gewissheiten – nur Wahrscheinlichkeiten.

Indikatoren sind wie getönte Brillen: manchmal hilfreich, oft verzerrend. Sie sind wie Indizien am Tatort: interessant, aber nicht entscheidend.

Der Preischart hingegen ist die nackte Realität. Und wenn du lernst, ihn zu lesen, brauchst du keine Filter, keine Zusatzsignale, keine Krücken. **Der Preis sagt dir alles, was du wissen musst. Direkt. Unverfälscht. Echt.** Und genau deshalb ist er die Grundlage all meiner Entscheidungen.

KAPITEL 9

EINFÜHRUNG IN DIE SEQUENZ-STRATEGIE (SQ-STRATEGIE)

Die Sequenz-Strategie (kurz: SQ-Strategie) ist meine eigene Entwicklung. Es handelt sich um eine zuverlässige Methode, Trends zu erkennen und zu handeln. In diesem Kapitel erfährst du die Grundlagen dazu.

DIE STRÖMUNG DER MÄRKTE – MEINE REISE ZUM VERSTEHEN VON TRENDS IM TRADING

Als ich meine Reise im Trading begann, war ich von einer fast kindlichen Begeisterung und einem ebenso kindlichen Missverständnis getrieben. Mein Ziel war es, jede Bewegung im Markt zu erwischen – ob nach oben oder nach unten. Es schien mir, als liege das wahre Können eines Traders darin verborgen, jede Wendung vorherzusehen und in perfekter Eleganz die Wellen des Marktes zu reiten. Doch bald stellte ich fest, dass dieses Streben nicht nur extrem schwierig, sondern auch kontraproduktiv war.

Wenn du mit dem Trading startest, dann denkst du meist noch nicht wie ein Trader, sondern du denkst in den Mustern, die du in deinem bisherigen Leben gelernt hast. Eines dieser Muster ist: Je mehr, desto besser. Selbst wenn du noch nicht erfolgreich bist, denkst du: »Mehr Trades, mehr Training!«, und du erwartest, dass du dadurch die Märkte besser verstehen wirst. Aber du trainierst dann nicht das Richtige. Du trainierst irgendwas, aber kein qualitativ gutes Trading. Dazu später mehr, wenn es um das richtige Börsentraining geht.

Viele Trader, so auch ich, haben am Anfang Probleme damit, Trends zu vertrauen. Statt einfach in die Richtung des Trends zu handeln, wollen sie besonders schlau sein und den Markt am Tief kaufen und am liebsten am Hoch verkaufen.

»Buy low, sell high«, ist so ein Mythos, der durch die Börsenwelt geistert. Gute Trader denken aber anders: »Buy high, sell higher.« Was auf den ersten Blick seltsam aussieht und sich nicht vernünftig anhört, ist aber bei genauer Betrachtung ausgesprochen sinnvoll. Natürlich würde ich auch gern von Beginn eines Trends mit dabei sein. Aber wie soll das gehen? Ich müsste dafür ja den Moment erkennen, in dem der Markt von einer Abwärtsbewegung in einen Aufwärtstrend dreht. Ich müsste somit schlauer sein als der gesamte Markt. Ein ziemlich hoher Anspruch, oder? Um Trends zu erkennen, müssen sich diese erst einmal entwickelt haben. Die meisten Menschen denken: »Wenn ich erfasst habe, dass der Markt hochgeht, ist es schon zu spät.« Das liegt an ihren unbewussten Denkmustern. Sie vergleichen den aktuellen Preis mit dem tiefsten Preis, an dem der Trend gestartet ist. Natürlich erscheint uns dann der aktuelle Preis teuer, und wer will schon teuer kaufen? Intuitiv wollen wir billig kaufen. Aber was bedeutet »billig« oder »teuer« an der Börse? Die Schwierigkeit, in laufende Trends einzusteigen, kommt daher, dass Menschen gern ankern. Das ist ein Begriff aus der Psychologie und kann am besten in Verkaufsgesprächen beobachtet werden. Mit meinen Schülern auf der L4-Stufe verbringe ich die letzte Präsenzseminar-Woche immer in einem Fünf-Sterne-Hotel in Belek in der Türkei.

Viele lieben es, in ihrer Freizeit auf einen Bazar zu gehen, um dort günstige Klamotten zu kaufen. Wenn sie nun das Objekt ihrer Begierde in einem Laden oder an einem Stand sehen, fragen sie den Verkäufer, wie teuer das Kleidungsstück sein soll. Interessanterweise stehen nämlich keine Preisschilder an den Waren. Und das aus gutem Grund. Der Verkäufer muss nach dem Preis gefragt werden, und hier passiert etwas äußerst Wichtiges. Er nennt dem Kunden einen Preis, um ihn zu ankern. Der erste Preis, der in einer Verhandlung genannt wird, dient unbewusst immer als Ankerpreis. Ob etwas ein Schnäppchen ist, wie gut man verhandelt hat, all das ergibt sich aus der Relation zwischen erzieltem Preis und dem ersten genannten Ankerpreis. Meist antworten die Kunden mit einem Gegenangebot, auf das der Verkäufer sich erst mal nicht einlässt. Man kommt sich beim Preis in dem Laufe der Zeit entgegen. Und siehe da: Der Kunde ist super zufrieden, dass er eine 3.000 Euro teure Lederjacke für 800 Euro bekommt. Er glaubt, er hätte ein gutes Geschäft gemacht. Im Eifer des Wettbietens und Handelns nach unten hat er gar nicht mehr daran gedacht, dass es sich bei der Jacke um ein Fake-Produkt handelt. Obwohl er das weiß, spielt plötzlich nur noch der Preis eine Rolle und nicht die Echtheit oder Qualität des Produktes. Wahrscheinlich hat er mit den 800 Euro immer noch 500 Euro zu viel für die Jacke bezahlt, die anstelle von gutem Rinderleder aus Ziegenleder gemacht ist.

Was ist passiert? Der Ankerpreis des Verkäufers hat die Wahrnehmung des Kunden so stark beeinflusst, dass alle anderen Faktoren nebensächlich wurden. Genau wie beim Handeln auf einem Bazar beeinflusst auch im Trading der erste Preis – sei es ein Kursniveau, eine Widerstandszone oder eine Preisnachricht – wie wir Entscheidungen treffen. Der Anker setzt eine mentale Referenzmarke, die schwer zu überwinden ist. Ein Trader, der sich dessen bewusst ist, kann dies zu seinem Vorteil nutzen, indem er objektiv bleibt und sich nicht von anfänglichen Markteindrücken leiten lässt.

Mir hat ein Bild, das mir eines Tages bei einer Wanderung in den Kopf schoss, weitergeholfen, besser mit Trends und meinem Hang zum unbewussten Ankern umzugehen.

Ich machte vor einigen Jahren nach einer anstrengenden Wanderung am Ufer eines Flusses Rast und blickte auf den Fluss. Ich wusste nicht, wo die Quelle des Flusses war und wohin der Fluss führte. Ich konnte nur sehen, dass der Fluss beständig in eine Richtung strömte. Es gab Stellen, an denen das Wasser nahezu stillstand, andere, an denen es verwirbelt wurde, und einige, an denen es unvorhersehbar spritzte. Dennoch blieb der Fluss in seiner Gesamtheit in Bewegung, immer weiter fließend. Es dämmerte mir: So, wie es im Fluss einfacher ist, in Richtung der Strömung zu schwimmen, ist es im Trading oft klüger, mit dem Trend zu handeln, anstatt gegen ihn anzukämpfen. Auch muss ich nicht wissen, wohin der Fluss fließt, geschweige denn, wo die Quelle liegt, ich darf einfach auf die Strömung vertrauen, um den Vorteil dieser Strömung zu nutzen.

Diese Metapher öffnete mir die Augen für eine fundamentale Wahrheit: Der Markt hat, ähnlich wie ein Fluss, eine vorherrschende Strömungsrichtung, und Trends sind der Ausdruck dieser Bewegung. Obwohl es kurzfristige Turbulenzen und Rücksetzer gibt, ist die Wahrscheinlichkeit, dass der Markt seinen bestehenden Trend fortsetzt, höher als die Wahrscheinlichkeit einer plötzlichen Umkehr.

DIE ENTDECKUNG DER TRENDS: VON CHARLES DOW ZU DEN »MAGIERN DER MÄRKTE«

Das Konzept der Trends ist keineswegs neu. Vor über 100 Jahren legte Charles Dow mit seinen Beobachtungen die Grundlage für die technische Analyse, wie wir sie heute kennen. Er stellte fest, dass sich die Märkte in wiederkehrenden Zyklen bewegen und dass es langfristige Trends gibt, die sich aus einer Abfolge von Hoch- und Tiefpunkten zusammensetzen. Seine Ausführungen sind heute als »Dow-Theorie« bekannt und bilden das Fundament für jeden, der die Bedeutung von Trends verstehen möchte.

Doch es waren nicht nur historische Persönlichkeiten wie Charles Dow, die mich inspiriert haben. Als ich das Buch *Magier der Märkte* las, stieß ich auf faszinierende Geschichten von Trendfolgern, die mit Geduld und Disziplin beeindruckende Erfolge erzielten. Namen wie Richard Dennis und Paul Tudor Jones sind Beispiele für Trader, die erkannt haben, dass es nicht darauf ankommt, jede kleine Bewegung zu erwischen, sondern die großen Wellen eines Trends zu reiten. Ihre Erfolge basieren nicht auf Kristallkugeln, sondern auf einem tiefen Verständnis für Wahrscheinlichkeiten.

WAHRSCHEINLICHKEITEN – DER SCHLÜSSEL ZU ALLEM

Im Kern dreht sich beim Trading alles um Wahrscheinlichkeiten. Ein Markt, der sich in einem Aufwärtstrend befindet, hat eine höhere Wahrscheinlichkeit, diesen Trend fortzusetzen, als ihn umzukehren – zumindest, bis deutliche Anzeichen für eine Umkehr vorliegen. Diese Einsicht hat mein Denken grundlegend verändert. Statt gegen den Trend zu kämpfen und jede Bewegung vorhersagen zu wollen, konzentriere ich mich darauf, mit dem Trend zu handeln und die Wahrscheinlichkeiten zu meinem Vorteil zu nutzen.

Besonders deutlich wird dieses Prinzip, wenn man verschiedene Zeitebenen betrachtet. Auf kleineren Zeitebenen, wie Minuten- oder Stundencharts, kann es zu scheinbar chaotischen Bewegungen kommen. Doch je größer die Zeitebene wird, desto klarer und stabiler treten die Trends zutage. Ein langfristiger Aufwärtstrend auf dem Tages- oder Wochenchart hat oft eine erstaunliche Beständigkeit, die kurzfristige Schwankungen überlagert.

MEINE BEGEISTERUNG FÜR TRENDS

Was mich an Trends so fasziniert, ist ihre Einfachheit und gleichzeitig ihre Komplexität. Sie sind wie die Strömungen eines großen Flusses: offensichtlich, wenn man sie mit Abstand betrachtet, und doch voller Details, wenn man genauer hinsieht. Trends sind nicht nur ein Werkzeug des Tradings, sondern auch ein Ausdruck der kollektiven Psychologie der Marktteilnehmer. Sie spiegeln Hoffnung, Angst, Gier und Panik wider – all die Emotionen, die die Märkte bewegen.

Ich möchte dich in diesem Buch auf eine Reise mitnehmen, um die Welt der Trends zu verstehen und zu nutzen. Gemeinsam werden wir uns anschauen, wie man Trends identifiziert, wie man sie effektiv handelt und wie man dabei die Kontrolle über seine Emotionen bewahrt. Wenn du lernst, mit der Strömung zu schwimmen, anstatt gegen sie zu kämpfen, wirst du feststellen, dass Trading nicht nur profitabler, sondern auch deutlich entspannter werden kann.

DIE GRUNDLAGEN VON TRENDS: LIQUIDITÄT UND EMOTIONEN

In meiner Philosophie gibt es zwei zentrale Komponenten, die entscheidend für die Entstehung und Entwicklung von Trends sind: Liquidität und Emotionen. Beide Faktoren beeinflussen das Verhalten der Märkte tiefgreifend und bilden die Grundlage für jede größere Kursbewegung.

Liquidität als Treiber der Nachfrage

Liquidität ist der Treibstoff für die Märkte. Je mehr Liquidität zur Verfügung steht, desto stärker kann die Nachfrage steigen. Wenn das Angebot konstant bleibt, führt eine erhöhte Nachfrage unweigerlich zu steigenden Preisen. Ein Paradebeispiel hierfür ist die 15 Jahre andauernde Hausse nach der Finanzkrise 2009. Denn die Notenbanken haben damals die Märkte mit Liquidität geflutet.

Nach der Finanzkrise 2008/2009 standen die Notenbanken vor der Herausforderung, das Finanzsystem zu stabilisieren und die Wirtschaft wieder anzukurbeln. Die US-amerikanische Federal Reserve (Fed) leitete eine historische Phase der quantitativen Lockerung (QE) ein.

2009 bis 2014 kaufte die Fed in mehreren Phasen Staatsanleihen und hypothekenbesicherte Wertpapiere in Billionenhöhe. Dadurch wurde massiv Liquidität in den Markt gepumpt, um die Zinsen zu senken und die Kreditvergabe anzukurbeln. Diese Liquiditätsflut führte zu einem enormen Anstieg der Vermögenspreise, insbesondere bei Aktien, Immobilien und anderen Anlageklassen. Die Märkte wurden so gestärkt, dass die Hausse über ein Jahrzehnt anhielt.

Ähnlich verhielt es sich nach der Coronapandemie 2020 bis 2021: Als Reaktion auf die Pandemie schuf die Fed mehr Liquidität als je zuvor in so kurzer Zeit. Ein Drittel aller jemals geschaffenen US-Dollar wurde in diesem Zeitraum quasi gedruckt. Die Folge war eine explosionsartige Erholung der Märkte nach dem Einbruch im Frühjahr 2020 und eine Fortsetzung der Hausse.

Weitere Beispiele für Liquiditätsförderung:

- **Steuersenkungen**: Maßnahmen wie die US-Steuerreform 2017 unter Präsident Trump, der die Unternehmenssteuern senkte, erhöhten die Liquidität und führten zu verstärkten Aktienrückkäufen und Investitionen.
- **Lockerung der Kreditvergaberichtlinien**: Wenn Banken mehr Kredite vergeben, steigt die verfügbare Liquidität im System.

Gleichzeitig gibt es Faktoren, die dem Markt Liquidität entziehen, wie zum Beispiel Zinserhöhungen, Steuererhöhungen oder eine restriktive Geldpolitik. Solche Maßnahmen wirken oft wie eine Bremse auf Trends und können sogar eine Trendwende einleiten.

Emotionen: Der Motor hinter der Marktbewegung

Liquidität allein reicht nicht aus, um Trends zu schaffen. Es braucht auch die richtigen Emotionen bei den Marktteilnehmern. Emotionen wie Gier und Angst bestimmen das Verhalten von Investoren und damit die Dynamik der Märkte.

Gier ist der Treiber des Konsums. Wenn die Stimmung gut ist, neigen Menschen dazu, mehr zu investieren und zu konsumieren. Ein Beispiel aus dem Alltag: Wenn du gut gelaunt bist, gehst du einkaufen, gönnst dir etwas Schönes und machst dir keine großen Sorgen über deine Finanzen. Auf den Märkten führt diese positive Stimmung zu verstärkten Käufen und einer sich selbst verstärkenden Aufwärtsbewegung.

Angst ist der Hemmschuh der Märkte. Umgekehrt hält Angst die Menschen davon ab, Geld auszugeben oder zu investieren. Wenn du dir Sorgen um die Zukunft machst, behältst du dein Geld lieber auf dem Konto, anstatt es auszugeben. Auf den Märkten führt Angst zu Panikverkäufen und einem abrupten Einbruch der Kurse. Ein anschauliches Beispiel ist der Markteinbruch im März 2020, als die Unsicherheit durch die Coronapandemie die Anleger in Scharen aus riskanten Anlagen trieb. Erst als die Notenbanken Vertrauen schafften und die Liquidität erhöhten, kehrte die Ruhe zurück.

DIE SICH SELBST ERFÜLLENDE DYNAMIK DER MÄRKTE – DIE DREI PHASEN EINES TRENDS

Es gibt einen Spruch: **Die Hausse ernährt die Hausse.** Dieser Satz beschreibt treffend, wie steigende Kurse immer mehr Menschen anziehen. Je höher die Preise, desto mehr Aufmerksamkeit erregen die Märkte, was wiederum neue Investoren anzieht. Diese positive Rückkopplung wird durch mediale Schlagzeilen verstärkt, die vermehrt über die Möglichkeit berichten, Geld zu verdienen. Die Börse ist daher ständig im Aufwind, da sie immer mehr neue Teilnehmer gewinnt, die von der Dynamik profitieren möchten.

Doch diese Dynamik funktioniert auch in die andere Richtung. In Phasen fallender Kurse verlieren viele Menschen das Interesse an der Börse. Die negative Berichterstattung und die Angst vor weiteren Verlusten führen zu Panikverkäufen, was die Preise weiter nach unten treibt. So entstehen Zyklen von »Boom und Bust«, die die Märkte prägen und deren langfristige Entwicklung bestimmen.

Ich habe eine Methode entwickelt, die es ermöglicht, allein anhand der Preisbewegungen zu erkennen, ob ein Trend aufwärts oder abwärts gerichtet ist oder gar nicht vorhanden ist. Diese Methode nennt sich **Sequenz-Strategie.** Sie ist besonders einfach und erfordert kein tiefgehendes Wissen über fundamentale Daten. Die genaue Funktionsweise dieser Strategie stelle ich gleich ausführlich dar. Zunächst aber gilt es noch klarzustellen: Nicht alle Trends sind gleich. Es gibt unterschiedliche Qualitäten von Trends, die unterschiedlich stark und stabil sind.

Ein wichtiger Aspekt ist dabei die Zeitebene: Je größer die Zeitebene, desto stabiler der Trend. Deshalb empfehle ich Anfängern, größere Zeitebenen zu handeln, da diese einfacher zu interpretieren und weniger anfällig für kurzfristige Schwankungen sind. Es gibt drei Phasen eines Trends, auf die ich im Folgenden ausführlicher eingehe.

Die erste Phase: Der Trend basiert auf markttechnischen Faktoren

Denn zunächst basiert die Bewegung allein auf markttechnischen Faktoren, wie zum Beispiel Gegenbewegungen nach langen Kursanstiegen oder -abstiegen. Diese Trends erkennt man mithilfe der Markttechnik, sie sind jedoch oft nicht verlässlich genug und dauern meist nicht so lange an. Diese Trends sind schwer zu handeln, weil sie eine Gegenbewegung zu einem vorherigen Trend darstellen. Sie unterscheiden sich aber von typischen Korrekturen eines Trends, weil sie dafür zu stark und in ihrer Bewegung zu ausgeprägt sind.

Häufig bildet sich zu Beginn des Trends immer erst ein Trend, der rein markttechnisch bedingt ist. Marktteilnehmer halten die vor dem Trend dominierende Bewegung für zu übertrieben und es kommt zu einer Gegenbewegung. Wirkliche Verbesserungen auf fundamentaler Ebene sind aber nicht erkennbar. Wer Wirtschaftsdaten beobachtet, wird keine Verbesserung dieser Daten feststellen. Vielmehr sind die Daten in der Regel noch schlechter geworden, denn die meisten Wirtschaftsdaten messen die reale Wirtschaftsaktivität mit einer Verzögerung, einem natürlichen »Timelag«. Das liegt in der Natur der Dinge. Auch sogenannte Frühindikatoren weisen meist noch keinen Aufschwung auf, weil auch sie zwar früher als andere Wirtschaftsdaten Veränderungen anzeigen, aber auch einer Verzögerung unterliegen.

Die meisten fundamentalen Indikatoren zeigen eine Verbesserung der Lage erst zeitlich verzögert an. Das liegt daran, dass sie auf Daten basieren, die mit einer gewissen Verzögerung erfasst und ausgewertet werden. Ein Beispiel hierfür sind Arbeitsmarktdaten: Wenn Unternehmen beginnen, mehr Personal einzustellen, geschieht dies oft erst nach einer wirtschaftlichen Erholung, da Unternehmen zunächst die Kapazitäten ihrer bestehenden Belegschaft auslasten. Erst wenn die Nachfrage dauerhaft steigt, beginnen sie, zusätzliche Stellen zu schaffen.

Ein weiteres Beispiel ist das Bruttoinlandsprodukt (BIP). Das BIP wird erst nachträglich für einen vergangenen Zeitraum ermittelt und spiegelt somit nicht die aktuelle Lage wider. Ähnlich verhält es sich mit Unternehmensgewinnen: Sie werden oft erst im Rahmen von Quartalsberichten veröffentlicht, sodass die Ergebnisse die wirtschaftliche Entwicklung der letzten Monate zeigen, nicht jedoch die gegenwärtige Situation.

Diese Verzögerung führt dazu, dass Märkte häufig vorauslaufen. Investoren versuchen, zukünftige Entwicklungen vorwegzunehmen, indem sie Trends in Echtzeit analysieren und antizipieren. Daher sind technische Analysen, die auf Preisbewegungen basieren, oft schneller und besser geeignet, um kurzfristige Marktentwicklungen zu erkennen.

Es gibt aber auch noch weitere Gründe, warum sich Märkte vorzeitig bewegen können: Neben der Verzögerung fundamentaler Daten gibt es weitere Gründe, warum Märkte oft schon in eine andere Richtung tendieren, obwohl die wirtschaftliche Lage noch nicht eindeutig besser geworden ist:

1. **Erwartungen der Marktteilnehmer**: Märkte handeln die Zukunft. Wenn Investoren glauben, dass sich die wirtschaftliche Lage in den kommenden Monaten verbessern wird, beginnen sie oft schon in der Gegenwart, Vermögenswerte zu kaufen, die von dieser mutmaßlichen Erholung profitieren könnten. Werden allerdings die Erwartungen enttäuscht, kommt es zu einer Wiederaufnahme des vorherigen Abwärtstrends. Deswegen ist diese Art von technischer Erholung, auch wenn sie die Form eines Trends hat, nicht immer stabil. Es kommt entscheidend darauf an, dass die Erwartungen auch irgendwann in der Wirtschaft erkennbar werden.

2. **Zentralbanken versuchen, im Voraus zu kommunizieren:** Sie wollen eine kontinuierliche Politik betreiben und die Märkte nicht verschrecken mit ihrem Handeln. Somit werden Zinssenkungen in den meisten Fällen lange vorher kommuniziert. Die Marktteilnehmer wissen, dass die Zinsen sinken und dass sich das positiv auf den Markt auswirkt. Die Maßnahmen selbst brauchen dann allerdings ihre Zeit, um sich in der Realwirtschaft auszuwirken. Somit sind die Wirtschaftsdaten noch schlecht, während der Markt aber schon steigt.

3. **Technische Auslöser**: Wenn bestimmte technische Marken oder Widerstände durchbrochen werden, springen Händler und Algorithmen auf den Zug auf, was zu einer Beschleunigung der Bewegung führt, unabhängig von der aktuellen wirtschaftlichen Lage. Diese Bewegungen sind aber häufig nur sogenannte Bärenmarkt-Rallys und brechen schnell wieder in sich zusammen, weil ihnen der realwirtschaftliche Bezug fehlt.

Dennoch zeigen all diese Faktoren, dass Märkte oft vorauseilend agieren und sich an Erwartungen und künftigen Entwicklungen orientieren, anstatt an der gegenwärtigen Realität.

Die Frage, die sich dem Trader stellt, ist, ob er auf diese nicht stabilen Trends setzen sollte. Da es nicht ausgeschlossen ist, dass ein anfänglich technischer Trend fundamentale Unterstützung bekommt und dann in eine kraftvolle weitere Bewegung übergeht, erscheint es durchaus sinnvoll, sich schon in dieser Phase zu positionieren. Ich würde aber diese technischen Trends nicht so aggressiv traden.

Der sogenannten Aggressivitätssteuerung habe ich ein eigenes Kapitel gewidmet, aber an dieser Stelle sei schon einmal verraten, dass ich in dieser Phase weniger handle und eine kleinere Positionsgröße verwende. Man kann sich das Ganze wie eine Straße vorstellen, die noch sehr eng, sehr kurvig und nicht richtig überschaubar ist. Selbst wenn du ein schnelles Auto hast, wirst du bei einer so gefährlichen Strecke nicht Vollgas geben. Du tastest dich vorsichtig heran und fährst lieber langsam, bis du freie Sicht hast. Und das ist der Moment, in dem sich allmählich die fundamentalen Daten ebenfalls verbessern.

Die zweite Phase: Fundamentale Daten stabilisieren den Trend

Willkommen in der zweiten Phase eines Trends: In dieser zweiten Phase kommen fundamentale Daten hinzu, die den technischen Aufwärtstrend stützen. Wenn sich wirtschaftliche Kennzahlen verbessern, spiegelt sich dies in den Kursen wider. Diese Phase ist besonders stabil und bietet die besten Chancen, um Trends zu handeln. Die Bewegungen werden größer und dynamischer.

Vielleicht denkst du an dieser Stelle, dass du keine volkswirtschaftliche Ausbildung hast und gar nicht weißt, auf welche Daten du schauen musst und wie du diese Daten interpretieren solltest. Es ist hilfreich, ein Grundverständnis von Wirtschaftsdaten zu haben, aber auch ohne würdest du immer noch erfolgreich handeln, weil die technischen Faktoren des Trends die gleichen sind wie in der ersten Phase.

Solange du verstehst, wie du allein anhand der Preisbewegung einen Trend erkennst, wirst du in der Lage sein, ihn zu handeln. Ich erkläre dir die Hintergründe nur, weil du auf diese Weise verstehst, dass Trends nicht so schnell vorbei sind. Sie laufen sehr lange. Selbst wenn du keine Ahnung von Wirtschaftsdaten hast, wirst du merken, dass diese zweite Phase einfach zu traden ist. Da die Bewegungen größer werden, werden deine Gewinne auch größer.

In dieser Phase kannst du am besten Gewinne laufen lassen und wirst auch die besten Einstiege finden. Wenn du dir aber etwas Zeit nimmst, die Bedeutung von fundamentalen Daten zu verstehen, dann wirst du verstehen, dass du in dieser Phase Vollgas geben kannst. Bleiben wir bei dem Beispiel mit der Straße. Die ist nun ganz gerade und übersichtlich. Du könntest auf dieser Straße zwar mit derselben Geschwindigkeit fahren wie in der ersten Phase, aber das Potenzial für eine höhere Geschwindigkeit ist gegeben. Stell dir vor, es würde sich um ein Autorennen handeln. Wer hier auf der Geraden weiß, wie er beschleunigt, erlangt einen gewaltigen Vorteil. Wer das nicht weiß, wird auch ohne Unfall über die gerade Straße fahren, aber niemals das Rennen gewinnen. Deshalb ist es so entscheidend, dass du mit der Zeit lernst, die wichtigsten fundamentalen Daten zu interpretieren für die Märkte, die du handelst.

Doch Achtung, die Kunst liegt darin, den Fuß auch wieder vom Gas zu nehmen. In der letzten Phase wird jedem klar, dass der Trend eigentlich nur in eine Richtung gehen kann.

Die dritte Phase: Wenn der Trend allmählich heißläuft

In der dritten Phase wird die Stimmung der Marktteilnehmer zunehmend positiver. Dies führt zwar oft zu neuen Höchstständen, doch das Sentiment beginnt, heißzulaufen. Wenn alle optimistisch sind und bereits investiert haben, fehlt es an neuen Käufern, um den Trend fortzusetzen. Dies kann zum Ende des Trends führen. Das Sentiment lässt sich messen, beispielsweise mit dem AAII Investor Sentiment Survey (weitere Informationen unter www.aaii.com).

Besonders bei Rohstoffen zeigt die letzte Phase oft die größte Dynamik, da hier die Verknappung einen entscheidenden Einfluss hat. In anderen Märkten ist diese Phase jedoch weniger dynamisch.

Mein Lieblingsabschnitt zum Traden

Nun, da du die einzelnen Phasen kennengelernt hast, werde ich dir gleich zeigen, wie du Trends erkennen kannst. Zwischen den Phasen gibt es manchmal kleine Pausen, das sind sogenannte Konsolidierungsphasen. Sie unterbrechen den Trend, führen aber nicht dazu, dass er dreht. Insgesamt haben wir somit in einem Trend fünf Wellen. Die erste Welle ist die, in der sich die technische Lage verbessert (Phase 1), dann kommt häufig eine Konsolidierung in Form einer zweiten Welle. Hier warten die Marktteilnehmer, ob nun auch die fundamentalen Daten den Trend unterstützen. Sobald das geschieht, geht der Markt in die kraftvolle dynamische dritte Welle (Phase 2), mein Filetstück. Wie ein Läufer nach einem sehr schnellen oder langen Spurt braucht auch der Markt dann eine Pause und konsolidiert in der vierten Welle. In der fünften Welle (Phase 3), die den Trend abschließt, verbessert sich die Stimmung so stark, dass es anschließend einer größeren Korrektur häufig kombiniert mit einem Trendwechsel bedarf, um die aufgeheizte Stimmung wieder zu normalisieren.

MEINE EMPFEHLUNG: PHASE 2 IST DAS FILETSTÜCK DES TRENDS

Ich persönlich bevorzuge es, in der mittleren Phase eines Trends, die dritte Welle zu handeln, wenn die fundamentalen Daten und die technische Analyse übereinstimmen, das Sentiment jedoch noch nicht überhitzt ist. Diese Phase nenne ich das **Filetstück**. Ähnlich wie bei einem Buffet nehme ich das Beste und lasse die weniger attraktiven Teile liegen. Du musst allerdings keine Wellen zählen, um erfolgreich traden zu können. Für den Anfang reicht es, dass du lernst, einen Trend zu erkennen. Wenn du später die einzelnen Trendphasen noch unterscheiden kannst, wird dein Trading sich nochmals verbessern. Das Fundamt setzt du aber, in dem du lernst, mithilfe der SQ-Theorie einen Trend zu erkennen.

SEQUENZ-TRADING: TRENDS ERKENNEN UND HANDELN

Stell dir vor, du betrachtest einen Chart wie ein erfahrener Spurensucher ein unberührtes Schneefeld. Jeder Schritt, jedes Muster im Preis hinterlässt Spuren; und du bist hier, um sie zu lesen. Genau das ist der Kern des Sequenz-Tradings: Du lernst, wie sich der Markt bewegt, wann er zu laufen beginnt – und wann er nur Luft holt.

Im Gegensatz zur klassischen Dow-Theorie, die Trends eher grob beschreibt, funktioniert Sequenz-Trading nach klaren, messbaren Regeln. Du bekommst ein Werkzeug, das dir erlaubt, Bewegungen nicht nur zu beobachten – sondern sie aktiv zu nutzen.

Denn im Kern versuchen wir zu erkennen, ob Geld gerade in einen Markt hineinfließt – oder ob es abgezogen wird. Es geht nicht darum, starre Muster wie Dreiecke oder Wimpel zu finden. Es geht darum, ein größeres Bild zu erkennen. Wie sich Bewegung an Bewegung reiht – wie sich Wellen zu einem Strom verbinden.

Stell dir vor, du stehst am Meer. Barfuß im Sand, den Blick auf den Horizont gerichtet. Eine einzelne Welle schwappt an den Strand – schön, aber bedeutungslos für sich allein. Doch dann kommt die nächste. Und noch eine. Mit jedem Mal spürst du, dass sich etwas verändert. Die Wellen werden kraftvoller, regelmäßiger. Du beginnst zu verstehen: Es ist nicht nur Bewegung – es ist die Flut, **die hereinkommt**.

Genauso lesen wir im Sequenz-Trading den Markt. Wir fragen nicht: Sieht das nach einem Muster aus? Wir fragen: Was erzählen mir diese Bewegungen – und wie stehen sie zueinander? Sind es nur vereinzelte Impulse? Oder kündigt sich eine größere Strömung an? Wir lesen nicht die Form der Welle. Wir lesen, ob gerade Ebbe oder Flut herrscht.

DIE KERZE – DIE BUCHSTABEN DER MARKTGESCHICHTE

Bevor du die Geschichte einer Sequenz lesen kannst, musst du ihre Buchstaben verstehen: die Kerzen (Candlesticks). Sie sind die kleinsten, aber bedeutendsten Einheiten – wie einzelne Buchstaben, aus denen sich Worte, Sätze und schließlich ganze Abschnitte einer Geschichte formen.

Jede einzelne Kerze beschreibt, was der Markt in einem bestimmten Zeitraum erzählt hat. Und nur, wenn du diese Zeichen verstehst, kannst du den größeren Zusammenhang erkennen: eine Marktbewegung, eine Welle, eine Sequenz. Sie sind die kleinste, aber wichtigste Einheit. Jede einzelne Kerze erzählt dir, was im Markt in einem bestimmten Zeitraum passiert ist. Sie ist wie eine Momentaufnahme der Stimmung – eine Szene in einem großen Film.

Eine Kerze besteht aus vier Elementen:

- **Open:** Der erste Preis, zu dem der Markt in die neue Periode startet.
- **Close:** Der Preis, an dem diese Periode endet.
- **High:** Der höchste gehandelte Preis in dieser Zeit.
- **Low:** Der tiefste Punkt, den der Markt währenddessen berührt hat.

Der **Körper** zeigt dir, ob der Kurs gestiegen oder gefallen ist – ob die Käufer oder die Verkäufer dominiert haben. Die **Schatten, genannt Docht oder Lunte,** oberhalb und unterhalb, zeigen dir, wie weit der Markt über das Eröffnungs- und Schlussniveau hinaus ausgeschlagen hat.

Die Kerze wird durch einen Körper (den Bereich zwischen Eröffnungs- und Schlusspreis) und Schatten (die Linien ober- und unterhalb des Körpers) dargestellt. Ein steigender Kurs (bullische Kerze) wird oft durch eine grüne oder weiße Kerze dargestellt, ein fallender Kurs (bärische Kerze) durch eine rote oder schwarze.

Ob grün oder rot, bullisch oder bärisch – jede Kerze trägt eine Bedeutung. Und wenn du viele dieser vermeintlichen Buchstaben zusammensetzt, entsteht ein Satz, ein Absatz – vielleicht sogar ein ganzes Kapitel. So beginnt die Geschichte der Sequenz.

Doch macht eine einzelne Kerze noch keinen Trend. Sie ist nur ein kleiner Bestandteil in einem größeren Zusammenhang.

Ein Chart besteht aus Dutzenden, aus Hunderten solcher Kerzen. Aneinandergereiht entstehen daraus Bewegungen – Anstiege, Rücksetzer, Richtungswechsel. Diese Bewegungen wiederum formen sogenannte **Sequenzen**: größere Strukturen, die wir lesen und handeln wollen.

Eine Sequenz ist wie ein Satz in der Sprache des Marktes. Und genauso, wie du bei einem Text nicht jedes einzelne Wort isoliert betrachtest, sondern den Sinn im Zusammenhang erkennst, lernst du beim Sequenz-Trading, wie einzelne Kerzen gemeinsam ein Gesamtbild ergeben.

Diese Bewegungen haben markante Punkte – **Hochs und Tiefs** – die wie Satzzeichen den Rhythmus und die Betonung bestimmen. Deine Aufgabe ist es, diese Punkte zu erkennen. Denn sie verraten dir, ob sich ein Trend aufbaut, ob der Markt zur Ruhe kommt oder ob eine neue Richtung entsteht.

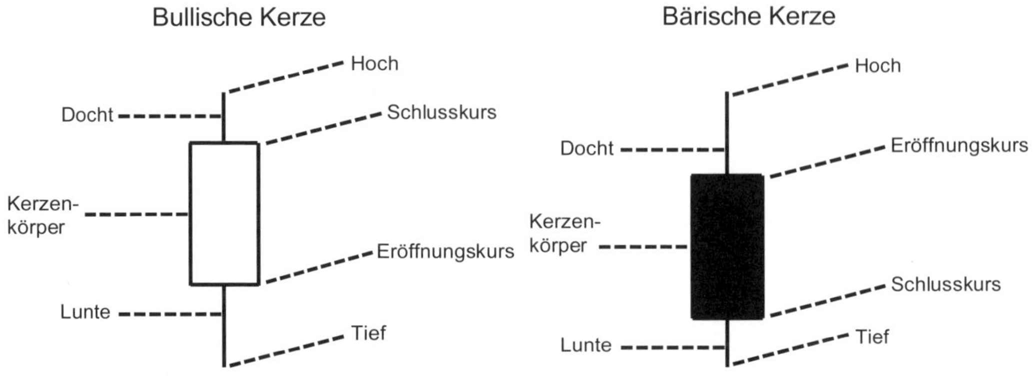

WANN WIRD AUS EINER BEWEGUNG EIN ECHTER TREND?

Du hast jetzt verstanden, dass eine einzelne Bewegung noch kein Trend ist. Doch ab wann erkennen wir, dass aus einer bloßen Auf- und Abfolge von Kerzen eine bedeutende Marktbewegung wird? Die Antwort liegt in den Hoch- und Tiefpunkten – den Wendepunkten einer Marktsequenz.

Was ist ein Hoch oder ein Tief?

Ein Hoch ist nicht einfach die höchste Stelle im Chart. Es ist dann von Bedeutung, wenn der Markt danach innehält. Genauer gesagt:

Ein Hoch gilt als bestätigt, wenn es von mindestens sieben nachfolgenden Kerzen nicht überschritten wird. Diese Zeitspanne von sieben Kerzen nennen wir die Referenzkorrektur.

Analoges gilt für ein Tief: **Ein Tief ist bestätigt, wenn es von mindestens sieben Kerzen nicht unterschritten wird.**

Diese Regel schafft Klarheit. Du lernst, zwischen bedeutenden Wendepunkten und reinem Marktrauschen zu unterscheiden.

Wenn sich Wellen verbinden: Die Definition eines Trends

Jetzt kommt die Magie: Wenn sich mehrere dieser bestätigten Hoch- und Tiefpunkte in eine klare Richtung bewegen, sprechen wir von einer Sequenz. Stell dir das Meer vor – nicht mehr einzelne Wellen, sondern eine Strömung, die immer kräftiger wird. Bei einer steigenden Sequenz spülen die Wellen immer weiter an den Strand. Jede neue Welle läuft ein kleines Stück weiter – und genau das ist es, was du im Chart erkennen willst.

Ein **Aufwärtstrend** liegt vor, wenn ...

- **drei steigende Hochs** sichtbar sind: **H3 > H2 > H1** – wie drei Wellen, die immer weiter vordringen.
- **drei steigende Tiefs** entstehen: **T3 > T2 > Extrempunkt** – das Wasser zieht sich weniger weit zurück.

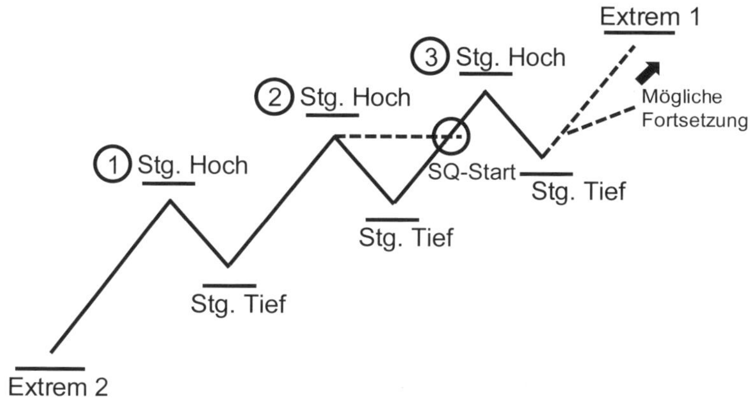

Die Sieben-Kerzen-Regel hilft dir dabei, zu unterscheiden, ob du gerade eine kleine Unregelmäßigkeit siehst – oder ob es sich wirklich um den nächsten kraftvollen Wellenzug handelt. Sie filtert das Gekräusel aus dem echten Wellenlauf heraus.

Und genau hier kommt die ökonomische Logik ins Spiel: In einem Aufwärtstrend siehst du, dass Käufer bereit sind, **immer höhere Preise zu zahlen**. Warum? Weil sie überzeugt sind, dass der Markt weiter steigen wird. Sie wollen unbedingt dabei sein – und treiben die Kurse nach oben.

Geld fließt in den Markt. Die steigenden Hochs sind also kein Zufall, sondern Ausdruck einer Überzeugung; Liquidität und Nachfrage steigen.

Umgekehrt verhält es sich in einem Abwärtstrend: Käufer ziehen sich zurück, Verkäufer übernehmen das Ruder. Niemand ist mehr bereit, hohe Preise zu zahlen. Im Gegenteil: Es wird abgeladen. Und je tiefer der Kurs fällt, desto mehr Geld verlässt den Markt.

Ein Trend ist damit mehr als ein technisches Muster. Er ist ein Spiegel echter Entscheidungen, echter Käufe und Verkäufe. Und genau deshalb lohnt es sich, einen solchen Trend zu erkennen – und mit ihm zu arbeiten.

Ein **Abwärtstrend** liegt vor, wenn ...

- **drei fallende Hochs** zu sehen sind: **H3 < H2 < H1**
- **drei fallende Tiefs** folgen: **T3 < T2 < Extrempunkt**

Hinweis: Diese Abfolge muss in sich schlüssig sein – nur dann spricht man von einer gültigen Sequenz. Fehlt ein Element, handelt es sich noch nicht um einen Trend.

Wenn du also siehst, dass sich ausgehend von einem klaren Extrempunkt eine Bewegung entwickelt, die immer wieder höhere Hochs und höhere Tiefs (oder umgekehrt) bildet – dann kannst du mit gutem Gewissen sagen: **Hier entsteht ein Trend.**

Du siehst, der Aufbau gleicht dem beim Aufwärtstrend, ist, aber umgekehrt: **H3 < H2 < H1** und **T3 < T2 < Extrempunkt. Das kennzeichnet den Abwärtstrend.**

Stell dir vor, du siehst einen Film in Zeitlupe: Der Markt fällt, richtet sich auf – aber schafft es nicht ganz – und fällt erneut. Jeder Schritt ist nachvollziehbar, jeder Wechsel hat seinen Platz.

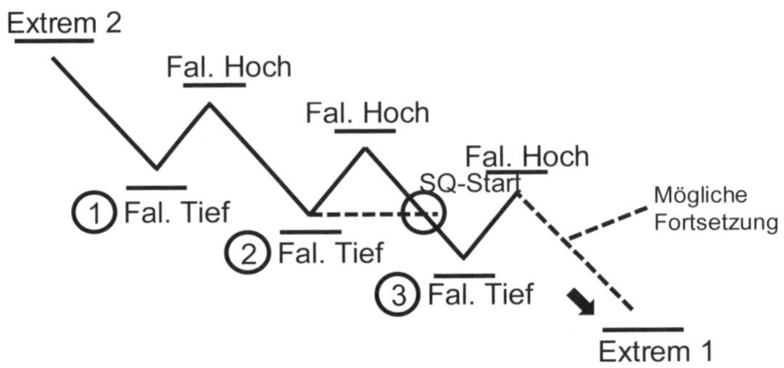

Wann liegt kein Trend vor?

Ein Markt befindet sich **nicht** in einem Trend, wenn weniger als drei Hochs und Tiefs geformt werden. In solchen Fällen handelt es sich um eine Korrekturbewegung, die wir als **ABC-Korrektur** bezeichnen:

- **Hoch 1 (A)**: der erste Anstieg
- **Tief 1 (B)**: die anschließende Korrektur
- **Hoch 2 (C)**: der nächste Anstieg, der jedoch nicht ausreicht, um die Kriterien eines Trends zu erfüllen.

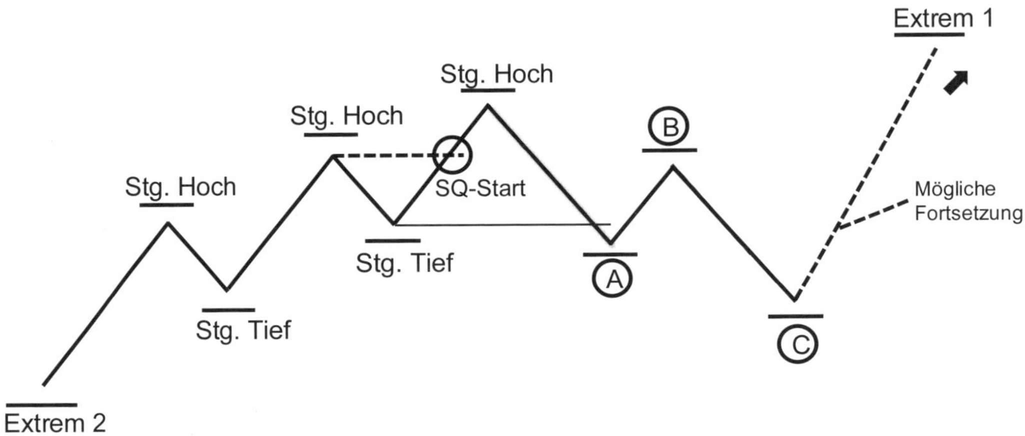

Wann wird aus der ABC-Korrektur ein Trend?

Ein Trend kann sich aus einer ABC-Korrektur entwickeln, wenn der Markt das Hoch der Bewegung C nach einer weiteren Korrektur überschreitet. Denn mit diesem Durchbruch wird ein drittes Hoch (H3) gebildet. Gleichzeitig entsteht ein zweites Tief (T2), das über dem Tief der Bewegung B liegt. Dadurch werden die Kriterien eines Trends erfüllt, sofern die Sieben-Kerzen-Regel oder die Größe der Referenzkorrektur eingehalten wird.

Beispiel:

1. Der Markt steigt zunächst an und erreicht Hoch 1 (A). Danach korrigiert er und bildet ein Tief 1 (B).

2. Nach der Korrektur steigt der Markt erneut und erreicht Hoch 2 (C). Der Markt bewegt sich jedoch weiterhin innerhalb der Grenzen der ABC-Korrektur.

3. Sobald der Markt das Hoch von C signifikant übersteigt (preislich und zeitlich: mindestens zwei Kerzen und deutlich höherer Preis), wird Hoch 3 (H3) gebildet. Anschließend entsteht ein zweites Tief (T2), das über dem Tief 1 (B) liegt. Dadurch ist ein Aufwärtstrend klar etabliert. Wichtig ist, dass nach jedem Hoch mindestens sieben Korrekturkerzen folgen!

WIE HANDELT MAN EINE SEQUENZ (SQ)?

Jetzt wird es praktisch: Du hast eine klare Sequenz erkannt – eine Welle, die sich aufbaut, in der das Geld sichtbar fließt. Jetzt ist der Moment gekommen, in dem du nicht nur zuschaust, sondern mitreitest. Doch wie steigst du richtig ein – mit Strategie, Struktur und einem klaren Plan?

Einstieg: Mit dem Markt, nicht dagegen

Du steigst nicht dann ein, wenn der Markt schon tobt – sondern genau dann, wenn er kurz innehält – nur, um gleich wieder Kraft zu schöpfen.

- Der ideale Einstiegspunkt ist **knapp über dem letzten bestätigten Hoch** (zum Beispiel H2 oder H3).
- Du verwendest eine **Limit-Order**, platzierst sie leicht oberhalb dieses Punktes – so handelst du **mit** der Sequenz, sobald sie sich fortsetzt.

Im Bild gesprochen: Du springst nicht in eine Welle, wenn sie schon bricht, sondern dann, wenn du spürst, wie sie sich aufbaut. Kraftvoll. Berechenbar.

Stopp-Loss - dein Sicherheitsnetz

Jeder Surfer weiß: Manchmal verschätzt man sich. Deshalb brauchst du ein Netz, das dich schützt:

- Der **Stopp-Loss** liegt **unter dem letzten Tief** – zum Beispiel unter T2, wenn du auf steigende Kurse setzt.
- So begrenzt du dein Risiko und schützt dich vor plötzlichen Richtungswechseln.

Kursziel - Mit Weitblick planen

Du willst nicht zocken, du willst planen:

- Das **Kursziel** liegt **oberhalb des letzten Hochs** – dort, wo du mit der nächsten Welle rechnest.
- Wichtig: Das Ziel muss **weiter entfernt** liegen als dein Stopp. Nur dann stimmt das Verhältnis zwischen Chance und Risiko (**CRV**).

Beispiel: Risiko = 30 Punkte, Ziel = 60 Punkte → CRV = 2. Alles im grünen Bereich.

Länge einer Sequenz - keine Angst vor zu spätem Einstieg

Viele Träder machen den Fehler, zu denken: »Der Trend läuft schon zu lange.« Doch das ist ein Mythos. Eine Sequenz kann **viele Hochs und Tiefs** haben. Und je mehr davon auftreten, desto **stabiler** ist sie.

- Der Trend lebt, solange er sich fortsetzt.
- Du kannst auch bei H4, H5 oder H6 einsteigen – solange die Struktur sauber ist.

Merke: Trends enden nicht einfach, nur weil sie alt sind. Sie enden, wenn die Dynamik bricht. Und solange die Wellen regelmäßig schlagen, bleibst du im Wasser – mit System, nicht mit Bauchgefühl. Du erkennst eine Sequenz – und willst aufspringen.

Schritt 1: Einstieg

- Du setzt eine **Limit-Order** knapp über dem letzten bestätigten Hoch (zum Beispiel H2). So steigst du ein, wenn der Markt zeigt: Ich will weiter!

Schritt 2: Stopp-Loss

- Dein Sicherheitsnetz. Du setzt dein Stopp-Loss **unter das letzte Tief**. Sollte der Markt kippen, begrenzt du deinen Verlust. Du denkst nicht in Hoffnungen, sondern in Wahrscheinlichkeiten.

Schritt 3: Kursziel

- Du setzt dein Ziel **oberhalb des letzten Hochs** – mit einem klaren CRV (Chance-Risiko-Verhältnis). Mindestens 1:1. Besser 2:1. Du handelst nach Plan – und betreibst kein Glücksspiel.
  Beispiel: Risiko: 30 Punkte. Ziel: 60 Punkte. CRV = 2. Ein guter Deal!

Wie lange läuft eine Sequenz?

Wie gesagt: Nur weil ein Trend schon lange läuft, ist er **nicht gleich wieder** vorbei. Manche Sequenzen wachsen über Wochen oder Monate. In Wahrheit vollzieht sich oft das Gegenteil, dessen, was man intuitiv annimmt. **Je mehr Hochs und Tiefs eine Sequenz hat, desto stabiler ist sie.** Du kannst später noch einsteigen – solange die Struktur sauber bleibt.

Hinweis: Die hier beschriebene Methode stellt die Grundform des SQ-Tradings dar. Es gibt zahlreiche Varianten und Anpassungen für unterschiedliche Marktbedingungen. Diese Details werden in speziellen Seminaren gelehrt. Du erlernst das Basiskonzept am besten, indem du dir erst einmal die Grundformen einer Sequenz und von ABC-Korrekturen einprägst. Danach suchst du in Charts reale Beispiele in der Vergangenheit, bevor du dann beginnst, Live-Märkte zu untersuchen.

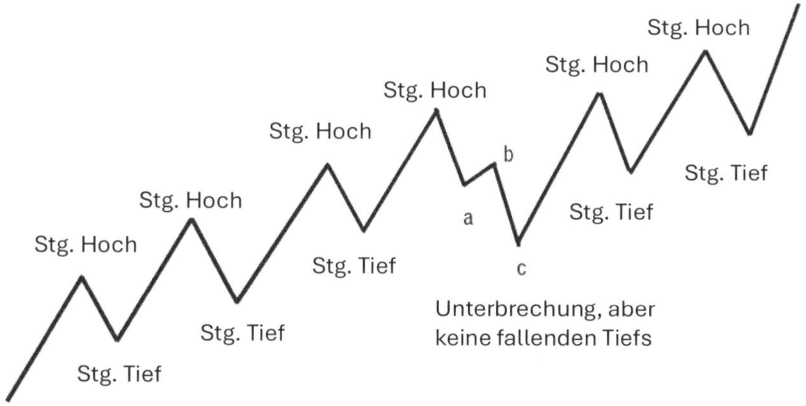

Eine Sequenz oder ein Trend läuft so lange, bis ...

1. **eine Sequenz (SQ) in entgegengesetzter Richtung entsteht** oder

2. **der Markt sehr lange seitwärts in einer Korrektur ohne neues signifikantes Hoch verläuft.**

Ein Trend wird beendet, wenn die Zeitspanne der aktuellen Korrektur das **Dreifache der durchschnittlichen Referenzkorrekturen der letzten beiden Korrekturen** übersteigt.

Beispiel:
- Die letzte Korrektur lief über 15 Kerzen, die davor über 11 Kerzen. Das ergibt eine durchschnittliche Dauer von 13 Kerzen ((15 + 11) / 2 = 13).
- Eine sehr lange Korrektur wäre somit mindestens 39 Kerzen lang (13 x 3 = 39).

- Falls der Markt 39 Kerzen lang seitwärts ohne neues Hoch oder gegenteilige Sequenz (SQ) bleibt, gilt die aktuelle Sequenz als beendet und der Markt befindet sich in einer Seitwärtsbewegung.

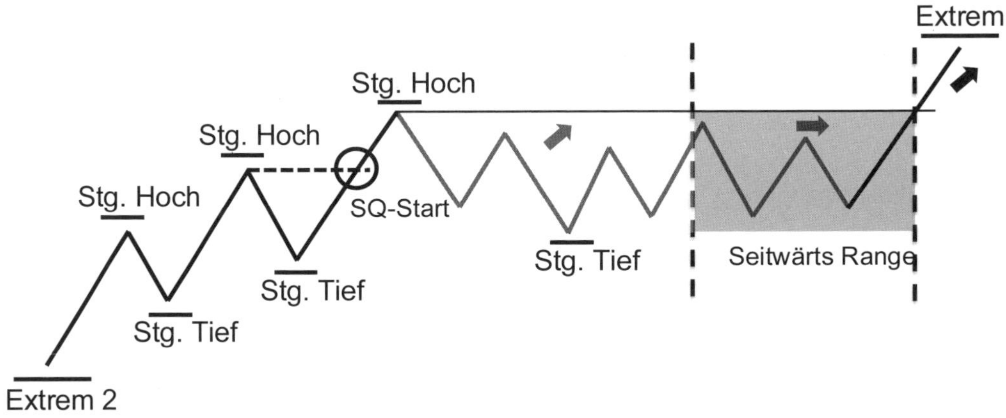

Unterbrechungen innerhalb eines Trends

Falls ein Aufwärtstrend durch eine ABC-Korrektur unterbrochen wird (ABD-Korrektur, bei der das Hoch von B nicht unterbrochen wird), handelt es sich lediglich um eine **Unterbrechung** und nicht um einen Wechsel der Sequenz. Diese Unterbrechungen sind normal und stellen einen wesentlichen Unterschied zur Dow-Theorie dar, laut der ein Trend in einem solchen Fall als beendet gilt. Im Sequenz-Trading bleibt der Trend bestehen.

DER SQ-START NOCH EINMAL TECHNISCH ERKLÄRT

Ein Trend gilt als in Gang gesetzt (SQ-Start), wenn der Markt signifikant über das zweite Hoch (H2) hinausgeht.

- **Signifikanz in Zeit**: Der Markt muss mindestens zwei aufeinanderfolgende Kerzen über H2 verbleiben.
- **Signifikanz im Preis**: Der Preis muss deutlich über H2 hinausgehen, um Fehlsignale zu vermeiden.

Diese Regeln sorgen dafür, dass der Start eines Trends objektiv identifiziert werden kann und nicht durch kurzzeitige Schwankungen getäuscht wird.

Der Extrempunkt: Der Ausgangspunkt eines Trends

Der Extrempunkt ist der tiefste Punkt vor Beginn eines potenziellen Trends. Er dient als Ausgangspunkt für die Analyse. Dieser Punkt muss klar definiert sein, um eine objektive Grundlage zu schaffen. Wie weit dieser Extrempunkt zurückliegt, hängt ein wenig davon ab, welchen Zeitrahmen du betrachtest. Wir versuchen, immer den letzten Extrempunkt auf der untersuchten Zeitebene zu finden.

Beispiel: Der Extrempunkt ist oft der letzte markante Tiefpunkt, bevor eine Aufwärtsbewegung beginnt.

Bleib bei einer Zeitebene

Ein häufiger Fehler unter Tradern: Man beginnt eine Analyse im Stundenchart, springt dann in den Fünf-Minuten-Chart, wirft zwischendurch einen Blick auf den Tageschart – und wundert sich, warum die Struktur plötzlich keinen Sinn mehr ergibt.

Beim Sequenz-Trading ist es entscheidend, dass du **innerhalb einer Zeiteinheit bleibst.** Wenn du deine Analyse auf dem Ein-Stunden-Chart beginnst, dann bleibe auch dort. Denn Hochs, Tiefs und Referenzkorrekturen sind **immer abhängig vom Zeitrahmen**.

Ein Wechsel der Zeiteinheit während der Analyse führt zu Verzerrungen. Was im Fünf-Minuten-Chart vielleicht wie ein starker Impuls aussieht, ist im Ein-Stunden-Chart vielleicht nur ein Zucken.

Merke: Eine saubere Sequenz braucht ein klares Fundament. Und das ist immer: **eine Analyse auf einer Zeiteinheit**.

Deine Regel: Ein Setup = eine Zeitebene

Wenn du im Ein-Stunden-Chart analysierst, bleib dabei. Andernfalls verschwimmen die Sequenzen.

Die Referenzkorrektur

Die Referenzkorrektur ist entscheidend, um die Stärke einer Marktbewegung zu messen und künftige Korrekturen zu bewerten.

1. **Zeitliche Referenz**: Eine Korrektur muss mindestens sieben Kerzen umfassen, um als valide zu gelten.

2. **Preisliche Referenz**: Falls eine Korrektur weniger als sieben Kerzen dauert, muss sie mindestens 50 Prozent der preislichen Bewegung der Referenzkorrektur betragen.

Diese Regel stellt sicher, dass alle Korrekturen im Kontext einer größeren Marktbewegung betrachtet werden, und vermeidet Fehlsignale. Das verhindert, dass du auf winzige Zuckungen reagierst, die gar keine Bedeutung haben.

EIN BEISPIEL AUS DER PRAXIS – SCHRITT FÜR SCHRITT

Lass uns gemeinsam einen vollständigen Aufwärtstrend im Chart nachvollziehen – ganz konkret und greifbar:

1. Du entdeckst einen klaren Tiefpunkt im Chart. Der Markt ist stark gefallen, doch plötzlich dreht er. Ab diesem Punkt beobachtest du das Geschehen genauer: Das ist dein **Extrempunkt** – der Start jeder neuen Bewegung.

2. Der Markt steigt an und bildet eine erste Spitze – das ist dein **H1**. Danach kommt eine Korrektur. Jetzt beobachtest du: Werden **mindestens sieben Kerzen** gebildet, die dieses Hoch nicht überschreiten? Wenn ja, entsteht ein bestätigtes **T1** – das erste Tief nach dem Hoch.

3. Nach dieser Referenzkorrektur nimmt der Markt erneut Fahrt auf. Er durchbricht H1 und erreicht ein neues Hoch – das ist **H2.** Auch diesmal folgt eine Korrektur. Du zählst wieder die Kerzen – mindestens sieben? Super! Das Tief dieser Bewegung wird zu **T2.**

4. Jetzt wird es spannend: Der Markt beginnt erneut zu steigen. Du achtest genau auf das Hoch bei H2. Wenn der Kurs dieses **deutlich** durchbricht – also nicht nur kurz darüberzuckt, sondern mindestens zwei Kerzen darüber bleibt – dann entsteht ein neues Hoch: **H3.**

5. Und wenn die nächste Korrektur **nicht mehr unter T2 fällt**, sondern darüber endet – dann entsteht auch **T3.**

Du hast jetzt:

- drei steigende Hochs: **H1 < H2 < H3**
- drei steigende Tiefs: **Extrempunkt < T1 < T2 < T3**

Herzlichen Glückwunsch! Du hast deinen ersten vollständigen Aufwärtstrend identifiziert – mit System, Struktur und Logik.

Visuelle Darstellung: Um das Konzept besser zu verstehen, wird der Prozess mit einem Chart illustriert. Die Grafik zeigt:

- den Extrempunkt
- die aufeinanderfolgenden Hochs (H1, H2, H3)
- die entsprechenden Tiefs (T1, T2, T3)
- die Referenzkorrekturen und deren zeitliche sowie preisliche Kriterien

FAZIT: STRUKTUR SCHLÄGT EMOTION

Sequenz-Trading ist mehr als eine Methode. Es ist eine Denkweise. Du ersetzt das Raten durch Regeln. Du handelst nicht, weil du etwas spürst – sondern weil du etwas **siehst**. Mit jeder Sequenz, die du erkennst, wächst dein Verständnis. Der Markt beginnt, zu dir zu sprechen. Und du wirst zum Leser einer faszinierenden Geschichte – geschrieben in Kerzen und Kursen. **Der Markt sendet Signale. Mit Sequenz-Trading lernst du, sie zu verstehen.**

KAPITEL 10

ENTSCHEIDENDE BAUSTEINE – STRUKTUR IM TRADING

Für Sequenz-Trading ist es nicht genug, einen Trend nur sauber zu identifizieren. Du brauchst Trade für Trade eine saubere Struktur. Wie du dir diese schaffst, das erfährst du in diesem Kapitel.

DIE MARKTANALYSE : ANLEITUNG ZUR TRADING-ANALYSE – DEN VORTEIL IM MARKT ERKENNEN

Erfolgreiches Trading erfordert mehr als nur das Anwenden einer Strategie. Ein fundierter Trading-Prozess besteht aus fünf entscheidenden Schritten: Analyse, Wahl der Strategie, Trade-Planung, Trade-Management und Check-up. Der erste und zentrale Schritt ist die Analyse. In diesem Abschnitt lernst du, was der »Vorteil« im Trading ist und wie du ihn erkennst und nutzt.

WAS BEDEUTET »VORTEIL« (EDGE) IM TRADING?

Im Trading bezeichnet der »Vorteil« (englisch: Edge) die systematische Grundlage, die einem Trader langfristig einen Gewinn verschaffen kann. Der Vorteil ergibt sich aus einer Kombination von Faktoren, die dazu führen, dass ein Trader mit einer bestimmten Strategie oder Methode im Durchschnitt profitabel ist. Es geht dabei nicht um das Gewinnen jedes einzelnen Trades, sondern darum, dass die Strategie über eine Serie von Trades hinweg eine positive Erwartung hat.

Der Vorteil kann aus verschiedenen Quellen stammen, zum Beispiel aus …

- **statistischen Wahrscheinlichkeiten:** Eine Strategie, die nachweislich in bestimmten Marktphasen öfter funktioniert als nicht.
- **Marktbedingungen:** Bestimmte Muster oder Trends, die immer wieder auftreten und ausgenutzt werden können.

Ohne einen klaren Vorteil handelt ein Trader im Wesentlichen zufällig, was langfristig zu Verlusten führt. Der Vorteil ist daher die Grundlage für jedes erfolgreiche Trading-System.

WARUM IST DER VORTEIL SO WICHTIG? EINE GESCHICHTE ZUR VERANSCHAULICHUNG

Stell dir vor, jemand setzt bei einem Münzwurf immer auf »Kopf«. Wenn die Münze Hunderte Male geworfen wird, gilt das Gesetz der großen Zahl. Die Wahrscheinlichkeit für »Kopf« oder »Zahl« liegt jeweils bei 50 Prozent. Selbst wenn der Gewinn gleich groß ist wie der Verlust, wird die Person mit dieser Wette weder profitabel noch verlustreich sein – es bleibt ein Nullsummenspiel.

Übertragen wir diese Situation auf den Markt. Stell dir vor, der Stopp-Loss und das Ziel liegen jeweils zehn Punkte vom Einstieg entfernt. Wie hoch ist die Wahrscheinlichkeit, dass der Markt zuerst das Ziel erreicht, ohne vorher ausgestoppt zu werden? Mathematisch betrachtet liegt die Wahrscheinlichkeit auch bei 50 Prozent, wenn wir keine weiteren Annahmen treffen. Es liegt also keine profitable Situation vor.

Selbst wenn wir das Ziel näher an den Einstieg setzen, erhöht sich zwar die Wahrscheinlichkeit, dass das Ziel erreicht wird. Doch gleichzeitig steigt der potenzielle Verlust, wenn der Stopp-Loss ausgelöst wird. Zum Beispiel: Ist der Stopp doppelt so weit entfernt wie das Ziel, liegt die Wahrscheinlichkeit, das Ziel zu erreichen, bei 66,67 Prozent. Allerdings gewinnen wir in diesem Fall weniger (zum Beispiel fünf Punkte), während wir bei einem Verlust zehn Punkte verlieren. Der Erwartungswert bleibt bei null. Egal wie wir diese Gleichung verändern: Ohne weitere Annahmen bleibt der Erwartungswert immer bei null.

EIN WEITERER ENTSCHEIDENDER VORTEIL: DER TREND

Ein klarer Trend ist einer der wichtigsten Vorteile im Trading. Warum? Weil es statistisch wahrscheinlicher ist, dass ein bestehender Trend sich fortsetzt, als dass er dreht. Hier sind die überzeugenden Gründe dafür:

1. **Marktdynamik:**
   - Trends entstehen durch ein Übergewicht von Angebot oder Nachfrage. Solange diese Ungleichheit anhält, wird der Trend fortgesetzt.

2. **Teilnehmerverhalten:**
   - Viele Marktteilnehmer folgen Trends, sei es durch automatische Handelsprogramme oder psychologischen Herdentrieb. Das verstärkt die Bewegung.

3. **Technische Bestätigung:**
   - Trends werden oft durch technische Signale wie gleitende Durchschnitte bestätigt, was weitere Trader anzieht.

4. **Wirtschaftliche Zyklen:**
   - Makroökonomische Faktoren wie Zinspolitik oder Konjunkturzyklen führen oft zu längerfristigen Trends.

Im Zuge der Marktanalyse versuchen wir für den Handelsmarkt herauszufinden, ob ein Vorteil besteht. Dabei verwenden wir die SQ-Analyse, um zu überprüfen, ob ein Trend vorliegt und wie stark er ist.

DER VORTEIL LIEGT IM MARKT, NICHT IM SYSTEM

Der Vorteil eines Traders liegt niemals in einem System oder einer Strategie allein, sondern immer im Markt selbst. Um dies zu verdeutlichen, hilft die Geschichte von Ed Thorp, einem Mathematiker, der es schaffte, Casinos zu schlagen. Seine Geschichte wurde auch im Film »21« verfilmt.

Die Geschichte von Ed Thorp und Black Jack: Black Jack ist eines der wenigen Casinospiele, bei denen Geschicklichkeit eine Rolle spielt. Normalerweise liegt der Erwartungswert zugunsten des Casinos bei etwa 0,5 bis 1 Prozent. Dieser Vorteil ergibt sich aus den Spielregeln: Spieler müssen zuerst die Entscheidung treffen, ob sie eine weitere Karte nehmen oder passen, bevor der Dealer handelt. Das Casino gewinnt auch automatisch, wenn der Spieler sich überkauft (über 21 Punkte kommt).

Ed Thorp erkannte jedoch, dass nicht alle Spielsituationen gleich sind. Mithilfe der Mathematik entwickelte er das sogenannte »Card Counting«. Dabei werden Kartenwerte verfolgt, um die Wahrscheinlichkeit zu bestimmen, welche Karten noch im Deck verbleiben. Für den Spieler sind hohe Karten (10, Bube, Dame, König, Ass) besonders vorteilhaft, während kleine Karten (2 bis 6) sich eher zugunsten des Casinos auswirken. Sobald viele hohe Karten im Deck bleiben, verschiebt sich der Erwartungswert zugunsten des Spielers.

Thorp setzte nur dann Geld ein, wenn die Kartenverteilung zu seinen Gunsten ausfiel. In diesen Situationen konnte er den Vorteil des Casinos nicht nur neutralisieren, sondern zu seinen Gunsten drehen. Interessanterweise war dieser Vorteil oft sehr gering – beispielsweise 1 bis 2 Prozent – doch sobald ein Vorteil bestand, konnte er kapitalisiert werden. Durch hohe Einsätze in diesen vorteilhaften Momenten verdiente Thorp langfristig Millionen.

Ed Thorp veröffentlichte seine Erkenntnisse in dem Buch *Beat the Dealer*, das zur Bibel für Black-Jack-Spieler wurde. Zu dieser Zeit spielten Casinos nur mit drei vollständigen Decks, was das Card Counting effektiv und praktikabel machte. Als die Casinos jedoch merkten, warum sie Geld verloren, änderten sie die Regeln: Sie erhöhten die Anzahl der Decks, wodurch das Card Counting nahezu unmöglich wurde. Aufgrund seiner Erfolge wurde Thorp in Casinos weltweit zur unerwünschten Person erklärt.

Thorp wandte sein mathematisches Verständnis später erfolgreich auf die Finanzmärkte an. In den 1990er-Jahren entwickelte er sogenannte quantitative Fonds. Sein bekanntester Fonds, Princeton/Newport Partners, erzielte über fast zwei Jahrzehnte hinweg eine durchschnittliche jährliche Rendite von 19,1 Prozent. Seine Strategien basierten auf statistischer Arbitrage und striktem Risikomanagement. In seinem Buch *Ein Mann für alle Märkte* beschreibt er, wie kleine Vorteile identifiziert und kapitalisiert werden können, sowohl im Casino als auch an der Börse.

Ein Tourist, der zufällig in einer vorteilhaften Situation am Tisch sitzt, könnte kurzfristig profitieren, ohne zu wissen, warum. Doch ohne das Wissen, wann der Vorteil verschwindet, würde er weiterhin in Situationen Einsätze wagen, in denen das Casino den Vorteil hat. Langfristig verliert ein Tourist sein Geld, weil er den Vorteil nicht identifizieren und nutzen kann.

Parallelen zum Trading: Dieselbe Logik gilt für den Markt. Ein Trader, der zufällig in einen Trend gerät, könnte kurzfristig Gewinne erzielen, ohne die zugrunde liegenden Bedingungen zu verstehen. Sobald der Trend endet oder der Vorteil verschwindet, wird ein solcher Trader jedoch Verluste erleiden, da er den Vorteil nicht bewusst identifiziert hat.

MARKTBEDINGUNGEN UND STRATEGIEWAHL

Der Vorteil allein reicht jedoch nicht aus. Wenn ein Vorteil vorliegt, muss er mithilfe einer passenden Strategie abgeschöpft werden. Diese Strategie ist stark von den vorherrschenden Marktbedingungen abhängig. Marktbedingungen können mit Wetterbedingungen verglichen werden: Wie wir unsere Kleidung an das Wetter anpassen, muss ein Trader seine Strategie an die Marktbedingungen anpassen.

Grundsätzlich unterscheiden wir drei Marktbedingungen:

- **Trendy:** Märkte mit klaren, anhaltenden Bewegungen
- **Choppy:** Märkte mit seitwärts gerichteten, überlappenden Bewegungen
- **Momentum:** Märkte mit starken, plötzlichen Bewegungen in kurzer Zeit

Kombiniert mit den drei möglichen Richtungen – long, short und seitwärts – ergeben sich neun mögliche Kombinationen, die in der folgenden Tabelle dargestellt werden:

Marktbedingungen	Long	Short	Seitwärts
Trendy	Trendfolge-Strategie	Trendfolge-Strategie	-
Choppy	Range-Trading	Range-Trading	Range-Trading
Momentum	Breakout-Trading	Breakout-Trading	-

Jede dieser Kombinationen erfordert eine spezifische Strategie, um den Vorteil effizient zu nutzen.

FAZIT: SUCHE STETS ZUERST DEN VORTEIL

Der Vorteil (Edge) ist die Grundlage jedes erfolgreichen Traders. Er entsteht durch eine Kombination aus Strategie, Analyse und Marktverständnis. Eine profitable Strategie ohne Vorteil gibt es nicht. Der Vorteil ist es, der die Wahrscheinlichkeit zugunsten des Traders verschiebt. Ob durch die Nutzung eines Trends oder durch das Erkennen von Marktanomalien – der Vorteil liegt immer im Markt, und es ist die Aufgabe des Traders, ihn zu identifizieren und zu nutzen.

Es reicht jedoch nicht aus, nur eine Strategie zu erlernen. Ebenso entscheidend ist zu wissen, wann diese Strategie eingesetzt werden muss. Ein Handwerker benutzt für jede Aufgabe das passende Werkzeug. Wenn er einen Nagel in die Wand schlagen will, nimmt er einen Hammer. Würde er stattdessen eine Säge verwenden, die zweifellos ein gutes Werkzeug ist, hätte dies fatale Folgen. Genauso ergeht es Tradern, die Strategien, die nichts anderes als Werkzeuge sind, nicht in den richtigen Situationen einsetzen. Das Ziel der ersten Phase des Trading-Prozesses ist daher, den Vorteil und die Marktbedingungen zu bestimmen, um darauf basierend die richtige Strategie zu wählen.

STRATEGIEWAHL IM TRADING: DER PROZESS UND DIE PHILOSOPHIE

Stell dir vor, du lebst in einer malerischen Hafenstadt mit einem wunderschönen Blick auf das Meer. Jeden Morgen öffnest du dein Fenster und beobachtest die Weite des Ozeans. Doch an keinem Tag ist das Wasser gleich: Mal ist es ruhig, fast spiegelglatt, und es scheint, als könntest du ewig hinausschauen, ohne dass dich etwas aus der Ruhe bringt. An einem anderen Tag ist das Wasser unruhig, aufgewühlt und viele kleine Wellen laufen in verschiedene Richtungen. Und dann gibt es wiederum Tage, an denen eine mächtige Welle nach der anderen alles andere zu übertrumpfen scheint, kraftvoll und unaufhaltsam.

Letztendlich ist es unwichtig, wie das Wasser kommt, es wird nichts an Ebbe oder Flut ändern. Die Gezeiten sind wie die Trends am Markt. Aber je nach Wetter wird die Form, in der die Flut das Wasser zurückbringt, sehr unterschiedlich sein. Von einem langsamen Anstieg des Pegels bis hin zur Springflut ist alles möglich.

DIE PARALLELEN ZUM MARKT

Trading ist in vielerlei Hinsicht wie das Leben in dieser Hafenstadt. Die Marktbedingungen können sich genauso schnell verändern wie das Wasser vor deinem Fenster in besagter Hafenstadt. Manchmal ist der Markt ruhig und berechenbar, manchmal unruhig und voller unvorhersehbarer Bewegungen. Und manchmal entsteht eine große Bewegung, die alles andere dominiert. Genau deshalb ist es entscheidend, die jeweilige Marktbedingung richtig zu erkennen und sich mit der passenden Strategie darauf einzustellen. Du musst also nicht nur erkennen, ob gerade Ebbe oder Flug herrscht – das wird durch die Trends am Markt bestimmt –, sondern du must auch sehen, unter welchen Bedingungen die Ebbe oder Flut sich vollzieht.

MEINE PERSÖNLICHE ERFAHRUNG

Es war Januar 1991. Ich war voller Enthusiasmus und Tatendrang, bereit, meine Trading-Karriere auf das nächste Level zu heben. Nach einer längeren Suche hatte ich endlich eine Strategie gefunden, die vielversprechend aussah. Ich hatte diese Strategie gründlich getestet, und die Ergebnisse in der Vergangenheit verwiesen eindeutig auf einen profitablen Ansatz. Ich konnte es kaum erwarten, diese Strategie am echten Markt auszuprobieren.

Es war ein einfaches System, das auf gleitenden Durchschnitten beruhte und klare Signale für den Einstieg in den Markt gab. Ich handelte den S&P 500 und begann im Januar voller Zuversicht damit. In den ersten Monaten funktionierte die Strategie hervorragend. Der Markt bewegte sich in einem klaren Aufwärtstrend, und meine Gewinne häuften sich. Ich machte Gewinne und begann, meine Erfolge hochzurechnen. »Wenn ich jeden Monat 5 Prozent mit dieser Strategie mache, werde ich bald sehr reich sein«, dachte ich mir.

Doch im April 1991 änderte sich alles. Ohne dass ich es merkte, fanden die vorherigen Aufwärtstrends ein Ende. Der S&P 500 schob sich in eine enge Range zwischen 367 und 389 Punkten. Die klaren Trendbewegungen, auf die meine Strategie ausgelegt war, verschwanden. Meine Strategie, die so gut in einem Trendumfeld funktionierte, war plötzlich völlig wirkungslos. Ich sah zu, wie meine Gewinne langsam dahinschmolzen und schließlich in Verluste umschlugen.

Anfangs dachte ich, ich würde etwas falsch machen. Ich wurde unsicher, begann an meinen Fähigkeiten zu zweifeln, und veränderte Kleinigkeiten an der Strategie, in der Hoffnung, dass dies die Wende bringen würde. Doch nichts half. Die Verluste häuften sich, und meine Verzweiflung wuchs.

In meiner Ratlosigkeit suchte ich nach einer neuen Strategie. Ich dachte, wenn ich nur eine andere, bessere Strategie hätte, würde ich meine Verluste ausgleichen können. Doch jedes Mal endete es gleich: Anfangs lief es gut, doch sobald sich die Marktbedingungen änderten, begann die Strategie zu versagen.

Es fühlte sich an wie ein Teufelskreis. Es war, als sei jede Strategie, die ich fand, nach einiger Zeit zum Scheitern verurteilt. Diese Phase war emotional extrem belastend. Ich fragte mich oft, ob ich überhaupt für das Trading geeignet war.

Doch nach vielen Versuchen und unzähligen Stunden der Analyse kam ich zu einer entscheidenden Erkenntnis: Die Strategien, die ich verwendet hatte, waren eigentlich nicht schlecht. Ich hatte sie nur zum falschen Zeitpunkt eingesetzt. Ich hatte den Markt betrachtet, um zu sehen, ob er steigen oder fallen würde, doch ich hatte nie darauf geachtet, welche Marktbedingungen gerade herrschten.

DIE GESCHICHTE DER TURTLE TRADER

Eine der bekanntesten Geschichten über den Einfluss von Marktbedingungen auf Trading-Strategien ist die Geschichte der Turtle Trader, die ich dir in Kapitel 6 schon kurz vorgestellt habe. Hier lohnt sich eine genauere Betrachtung.

In den 1970er- und Anfang der 1980er-Jahre beschloss der erfolgreiche Trader Richard Dennis, zu beweisen, dass jeder das Trading erlernen kann, wenn er sich an bestimmte Regeln hält. Gemeinsam mit seinem Partner William Eckhardt startete er ein Experiment, das als »Turtle Trader« bekannt wurde.

Dennis rekrutierte eine Gruppe von Menschen mit unterschiedlichen Hintergründen und brachte ihnen sein Trading-System bei. Das System basierte auf einem einfachen, aber effektiven Trendfolgemodell. Die Turtles sollten starke Trends erkennen und diese ausnutzen.

Die Turtle Trader Strategie war im Kern ein Trendfolgesystem:

1. **Einstieg**: Die Turtles nutzten den Ausbruch aus einem bestimmten Kursniveau als Einstiegssignal. Wenn der Markt ein neues Hoch oder Tief der letzten 20 Tage erreichte, wurde eine Position eröffnet.

2. **Positionsgröße**: Sie berechneten die Positionsgröße anhand der Volatilität des Marktes, um das Risiko zu kontrollieren.

3. **Ausstieg**: Die Positionen wurden geschlossen, wenn der Markt ein neues Tief oder Hoch der letzten zehn Tage erreichte.

4. **Diversifikation**: Die Turtles handelten in verschiedenen Märkten wie Rohstoffen, Währungen und Anleihen, um das Risiko zu streuen.

Die Strategie funktionierte in den späten 1970er- und Anfang der frühen 1980er-Jahre hervorragend. Die Turtles erzielten massive Gewinne, da die Rohstoffmärkte zu dieser Zeit von starken Trends geprägt waren.

Die Turtle Trader wurden über Nacht zu Legenden. Einige von ihnen verdienten Millionen. Doch in den späten 1980er-Jahren änderten sich die Marktbedingungen. Die Märkte wurden volatiler und bewegten sich zunehmend seitwärts, ohne klare Trends. Das Trendfolgesystem der Turtles, das in starken Trendmärkten so gut funktioniert hatte, war in einem choppy Markt nahezu nutzlos. Viele der Turtles verloren einen Großteil ihrer Gewinne.

Ein prominenter Turtle Trader, Curtis Faith, veröffentlichte später seine Geschichte in dem Buch *Way of the Turtle*. Darin beschrieb er, wie entscheidend die Anpassung an die Marktbedingungen ist und dass selbst die beste Strategie scheitert, wenn sie unter den falschen Bedingungen eingesetzt wird.

Die Geschichte der Turtle Trader zeigt eindrucksvoll, dass es im Trading nicht nur darum geht, eine gute Strategie zu haben. Es geht vor allem darum, zu erkennen, in welchen Marktbedingungen die jeweilige Strategie funktioniert und wann nicht.

MEIN PERSÖNLICHER WENDEPUNKT

Diese Erkenntnis war ein Wendepunkt in meinem Trading. Mir wurde klar, dass mein Trading-Prozess erweitert werden musste. Neben der Analyse, ob der Markt steigen oder fallen würde, musste ich auch herausfinden, wie die **aktuellen Marktbedingungen** waren. Nur so konnte ich die optimale Strategie für den jeweiligen Moment finden. Ich änderte meinen Ansatz. Ich begann zu fragen:

1. »Gibt es einen Vorteil?« Und:

2. »Wie sind die aktuellen Marktbedingungen?«

Erst nachdem ich diese beiden Punkte geklärt hatte, ging ich über zum nächsten Prozessschritt und passte in ihm meine Strategie entsprechend an. Der zweite Schritt in meinem Trading-Prozess besteht also darin, die richtige Strategie zu wählen. Ich wähle ein Werkzeug, das am besten geeignet ist, um den Vorteil im Markt abzuschöpfen. Wie ein Handwerker für jede Aufgabe ein spezielles Werkzeug hat, muss auch ein Trader unterschiedliche Strategien oder Strategievarianten haben, um optimal auf unterschiedliche Marktbedingungen reagieren zu können.

Ich begann, nicht nur auf Trends und Preisbewegungen zu achten, sondern auch darauf, ob der Markt eher choppy, trendy oder von Momentum geprägt war. Ich stellte mir die Frage: »Welche Strategie passt **am besten** zu den vorliegenden Bedingungen?«

Und plötzlich änderte sich alles. Ich setzte meine Strategien gezielt ein, je nachdem, welche Marktbedingungen herrschten. War der Markt choppy, verwendete ich eine Strategie, die auf schnellen Gewinnmitnahmen basierte. War der Markt trendy, ließ ich meine Gewinne laufen. In einem Momentum-Markt setzte ich auf schnelle, mutige Entscheidungen.

Es fühlte sich an, als hätte ich endlich den Schlüssel gefunden, der mir gefehlt hatte. Die Verluste hörten auf, und meine Trading-Performance wurde stetig besser.

DIE WICHTIGSTE ERKENNTNIS

Die wichtigste Erkenntnis aus dieser Erfahrung war, dass die beste Strategie nur dann funktioniert, wenn die Bedingungen dazu passen. Selbst eine perfekte Strategie wird scheitern, wenn sie in einer falschen Marktphase eingesetzt wird. Es geht also nicht nur darum, eine gute Strategie bereit zu haben, sondern auch darum, sie nur dann zu nutzen, wenn die Rahmenbedingungen stimmen.

Das bedeutet: Wenn du versuchst, bei choppy Bedingungen eine Momentum-Strategie anzuwenden, wirst du wahrscheinlich enttäuscht. Umgekehrt wird eine Trendstrategie in einem Markt ohne klare Richtung ins Leere laufen.

Die Fähigkeit, die passende Strategie zur passenden Zeit einzusetzen, ist der wahre Schlüssel zum Erfolg im Trading. Es ist weniger wichtig, eine perfekte Strategie zu haben, als zu wissen, wann welche Strategie die besten Erfolgschancen hat.

FLEXIBILITÄT IM TRADING: DIE KUNST DER ANPASSUNG

Die besten Trader sind diejenigen, die sich am besten an die gerade herrschenden Bedingungen anpassen können. Trading bedeutet, flexibel zu sein und sich immer wieder neu auf die aktuelle Marktlage einzustellen – ohne dabei willkürlich zu agieren.

Denk einmal an das Wetter: Wenn es draußen kalt ist, ziehen wir uns warm an. Ist es heiß, greifen wir zu leichter Kleidung. Bei Regen holen wir die Regenjacke heraus, und bei Sonnenschein tragen wir T-Shirt und kurze Hosen. Genau wie wir unsere Kleidung den Wetterbedingungen anpassen, müssen wir im Trading unsere Strategien den jeweiligen Marktbedingungen anpassen.

Ein erfolgreicher Trader erkennt, wann sich die Bedingungen ändern, und passt sein Vorgehen entsprechend an. Diese Flexibilität ist entscheidend, um dauerhaft erfolgreich zu sein. Es geht darum, aufmerksam zu bleiben und sich immer wieder die Frage zu stellen: »Was sagt mir der Markt, und welche Strategie ist gerade die richtige?«

Auch ähnlich wie beim Wetter sind die Marktbedingungen häufig stabil. Das heißt, es ist wahrscheinlicher, dass sie so bleiben, als dass sie sich von einem auf den anderen Tag ändern. Natürlich kann das passieren, und du musst dann reagieren, aber es ist eine hilfreiche Annahme, bei der Trade-Planung davon auszugehen, dass sehr wahrscheinlich vor und während des Trades die gleichen Marktbedingungen herrschen werden.

DER VERGLEICH MIT EINEM HANDWERKER

Ein Handwerker hat eine Vielzahl an Werkzeugen für unterschiedliche Aufgaben. Ein Hammer eignet sich hervorragend, um einen Nagel in die Wand zu schlagen. Doch wenn du versuchst, mit einem Hammer ein Brett zu zerteilen, wirst du scheitern. Noch schlimmer ist es, wenn du versuchst, mit einer Säge einen Nagel in die Wand zu schlagen – das Ergebnis wäre schmerzhaft und ineffektiv.

Genauso ist es am Markt: Jede Marktphase hat ihre passende Strategie. Wer nur ein Werkzeug hat, kann nur eine Aufgabe gut lösen. Doch ein erfolgreicher Trader muss verschiedene Strategien oder Strategievarianten haben, um sich flexibel an die jeweiligen Marktbedingungen anzupassen.

Merke dir: Jede Trading-Strategie ist nur ein Werkzeug, um das Gold im Markt zu heben – oder wir sagen auch: den Vorteil zu kapitalisieren. Gute Handwerker haben mehrere Werkzeuge, gute Trader mehrere Strategien oder zumindest Strategievarianten. Strategievarianten nutzen die gleichen Prinzipien, passen aber Einstieg oder Trade-Management an die jeweilige Situation an.

DER NÄCHSTE SCHRITT IM TRADING-PROZESS

Nachdem wir nun verstanden haben, wie wichtig die Strategieauswahl ist und wie sie sich nach den Ergebnissen der Marktanalyse richten muss, ist es an der Zeit, den nächsten Schritt im Trading-Prozess zu betrachten.

Der Trading-Prozess umfasst insgesamt fünf wichtige Schritte, von denen wir nun bereits zwei kennengelernt haben: die Marktanalyse und die Strategieauswahl.

Wichtig ist, dass dieser Prozess zu einer Routine wird. Nur wenn du konsequent Schritt für Schritt vorgehst und dir immer wieder bewusst machst, wie wichtig die Anpassung an die Marktbedingungen ist, wirst du als Trader langfristig erfolgreich sein.

KAPITEL 11

TRADE-PLANUNG

Die Trade-Planung ist der wichtigste Bestandteil eines erfolgreichen Tradings. Eine sorgfältige Planung verhindert überstürztes Handeln und stellt sicher, dass jeder Trade auf einer fundierten Grundlage basiert. Die Devise lautet: »**Plane deinen Trade, trade deinen Plan.**«

Die Trade-Planung setzt sich aus drei essenziellen Teilen zusammen:

1. **Einstiegs-Routine**
2. **Positionsgrößen-Bestimmung**
3. **Trade-Management-Plan**

DENKEN IN WAHRSCHEINLICHKEITEN

Um zum erfolgreichen Trader zu werden, musst du lernen, Dinge aus einer völlig neuen Perspektive zu sehen. Das erfordert eine fundamentale Veränderung in deinem Denken. Du musst aus dem konventionellen Denkprogramm ausbrechen und verstehen, dass Trading nichts mit dem Vorhersagen des Marktes oder dem Finden der vermeintlich richtigen Aktie zu tun hat.

Ich werde es in diesem Buch noch viele Male wiederholen: **Erfolgreiches Trading basiert auf der Fähigkeit, durchschnittlich große Gewinne zu machen bei kleinen Verlusten.**

Das bedeutet, dass wir als Trader in Wahrscheinlichkeiten denken müssen – ein völlig neues Konzept für viele. Stell dir vor, du bist Klempner und sagst einem Kunden, dass du in **55 Prozent der Fälle** die Toilette reparieren kannst und in **45 Prozent der Fälle nicht**. In einem normalen Job wäre das inakzeptabel, aber im Trading ist das die Realität. Ein Vorteil am Markt ist nie offensichtlich, weil der Markt immer die Tendenz hat, effizient zu werden. Sobald Marktteilnehmer eine offensichtliche Gewinnmöglichkeit entdecken, werden sie um diesen Vorteil konkurrieren und ihn dadurch schnell abschöpfen.

Ein Beispiel: Würde der Markt jeden Montagmorgen in der ersten Stunde um **50 Punkte steigen**, würden Trader diesen Vorteil erkennen und versuchen, ihn auszunutzen. Sie würden frühzeitig kaufen und später verkaufen. Doch weil nicht alle gleichzeitig kaufen und verkaufen können, würden einige die Bewegung vorwegnehmen – erst nach **49 Punkten verkaufen**, dann nach **48 Punkten** und so weiter, bis der Vorteil verschwunden wäre. Das zeigt, warum ein Vorteil nie dauerhaft extrem hoch sein kann.

In meiner Einstiegs-Routine mache ich es daher nicht zu kompliziert. Die Marktanalyse hat bereits gezeigt, ob sich der Markt in einem Trend befindet, welcher Vorteil existiert und in welcher Marktphase wir uns befinden. Im zweiten Prozessschritt habe ich dann die ideale Strategie für die Marktbedingungen ausgewählt. Kommen wir nun zum dritten Teil des Trading-Prozesses, der Trade-Planung. Die Trade-Planung umfasst drei wichtige Unterteile. Die Einstiegs-Routine, das Positions- und Risikomanagement und den Trademanagement-Plan. Wir starten mit der Einstiegsroutine.

DIE EINSTIEGSROUTINE IN FÜNF SCHRITTEN

Trading kann auf Dauer nur erfolgreich sein, wenn ein klares Schema für einen Einstieg vorliegt. Du solltest es dir gleich zu Beginn angewöhnen, stets die folgenden fünf Schritte zu durchlaufen:

- Schritt 1: Definiere, wo der Vorteil liegt.
- Schritt 2: Überlege dir, was ein vernünftiger Stopp wäre.
- Schritt 3: Setze ein vernünftiges Kursziel.
- Schritt 4: Bestimme nach Stopp und Ziel den Einstiegspunkt.
- Schritt 5: Überprüfe das Chancen-Risiko-Verhältnis.

Im Folgenden erhältst du zu jedem dieser Schritte alle Hintergrundinfos und Tipps, die du zur Umsetzung brauchst.

SCHRITT 1: DEFINIERE, WO DER VORTEIL LIEGT

Wir traden ausschließlich in Richtung eines klaren Vorteils. Die Vorteile können sich aus verschiedenen Faktoren ergeben, wir nutzen hier aber ausschließlich den Trend mit der SQ-Analyse. Wenn du später mehr Erfahrung hast, kannst du spezifischer vorgehen und auch Fundamentaldaten und die Marktstimmung nutzen. Doch für den Anfang reicht es völlig aus, die Sequenz auf deiner Handelsebene sowie den übergeordneten Trend zu bestimmen.

- Ist der **übergeordnete Trend aufwärts gerichtet**, dann handelst du **long**.
- Ist der **übergeordnete Trend abwärts gerichtet**, dann handelst du **short**.
- Ist **kein klarer Trend erkennbar**, dann handelst du **GAR NICHT!**

Tipp: Mache es nicht komplizierter als nötig. Solange der Trend klar ist, kannst du mit der SQ-Analyse arbeiten und erst mit mehr Erfahrung zusätzliche Faktoren einbeziehen.

SCHRITT 2: ÜBERLEGE DIR, WAS EIN VERNÜNFTIGER STOPP WÄRE

Der Stopp-Loss muss dort liegen, wo der Trend **zumindest unterbrochen wäre**, nicht dort, wo er angenehm ist. Viele Trader machen den Fehler, sich den Stopp passend zu legen, was die Verlustbegrenzung ineffizient macht.

Meine persönliche Erfahrung mit Stopps: Relativ schnell hatte ich zu Beginn meiner Karriere gelernt, dass ich ohne Stopps nicht lange im Trading überleben würde – zumindest nicht mit einem Konto, das ich nicht dauernd mit neuem Geld auffüllen will. Allerdings kann man sehr viel falsch machen, wenn man Stopps setzt. Ein Stopp kann **zu eng** oder **zu weit entfernt** sein.

- Ist er **zu eng**, wird er bereits vom **Marktrauschen** geholt. Das bedeutet, dass die natürlichen Schwankungen des Marktes den Stopp auslösen, selbst wenn der Trade eigentlich noch gut gewesen wäre.
- Ist er **zu weit entfernt**, schützt er mich nicht mehr wirklich, da das Risiko im Verhältnis zum potenziellen Gewinn zu groß wird.

Es ist normal, ausgestoppt zu werden. Doch was, wenn du **zu oft** ausgestoppt wirst? Genau das musste ich auf die harte Tour lernen, als ich mit einem kleinen Konto begann.

Aus Angst, mein Kapital zu verlieren, setzte ich meine Stopps immer enger. Ich redete mir ein, lediglich mit der gebotenen Vorsicht zu handeln – doch in Wahrheit waren meine Stopps nicht durch den Markt bestimmt, sondern durch meine eigene Angst. Und genau das wurde mein Verhängnis. **Das, wovor du Angst hast, wird zur Realität.** Es ist eine selbsterfüllende Prophezeiung: Wer Angst hat, ausgestoppt zu werden, setzt enge Stopps – und wird genau deshalb ausgestoppt.

Die Lösung? Raus aus dem Marktrauschen! Stopps dürfen nicht aus Emotionen heraus gesetzt werden, sondern müssen sich an der Realität des Marktes orientieren. Die ATR (Average True Range) ist ein mächtiges Werkzeug, um genau das zu verhindern. Die **Average True Range (ATR)** ist ein wertvolles Hilfsmittel zur Bestimmung sinnvoller Stopps, da sie die Volatilität des Marktes misst und verhindert, dass der Stopp entweder zu eng oder zu weit entfernt gesetzt wird. Im nächsten Abschnitt erfährst du, wie ich die ATR bestimme. Hier zunächst die Info, wie ich sie nutze:

1. **Zuerst** bestimme ich einen sinnvollen Stopp basierend auf der Marktstruktur.

2. **Dann** prüfe ich, ob dieser Stopp **außerhalb der ATR** liegt.

Liegt der Stopp innerhalb der ATR? Dann ist er zu eng – und ich riskiere, von zufälligem Marktrauschen aus dem Trade geworfen zu werden.

Mit dieser Methode stelle ich sicher, dass meine Stopps **vom Markt und nicht von meinen Emotionen** bestimmt werden. Denn nur so kann ich meine Angst überwinden – und wirklich profitabel traden.

Das Gute bei der **SQ-Strategie** ist, dass der Trend klar definiert ist – durch steigende Hochs und Tiefs im Aufwärtstrend und fallende Hochs und Tiefs im Abwärtstrend. Somit ergibt sich ein logischer Stopp per definitionem:

- **Im Aufwärtstrend**: Das **letzte Tief** ist ein sinnvoller Stopp-Punkt.
- **Im Abwärtstrend**: Das **letzte Hoch** ist ein sinnvoller Stopp-Punkt.

Bleibt nur noch zu überprüfen, ob die **Volatilität** stimmt. Dazu nutzen wir besagte **Average True Range (ATR)**.

Die Average True Range (ATR) zur Bestimmung eines Stopps verwenden

Die ATR gibt an, wie stark sich der Markt in einem bestimmten Zeitraum durchschnittlich bewegt. Ein zu enger Stopp führt dazu, dass du durch normale Schwankungen (Marktrauschen) ausgestoppt wirst. Ein zu weiter Stopp macht den Trade ineffizient, da das Chance-Risiko-Verhältnis (CRV) leidet.

Schritt-für-Schritt-Anleitung zur ATR-Stopp-Setzung

1. **ATR-Indikator einstellen**
   - Öffne deine Trading-Plattform (zum Beispiel TradingView, MetaTrader, NinjaTrader).
   - Füge den Indikator »ATR (Average True Range)« zu deinem Chart hinzu.
   - Wähle eine sinnvolle Periodeneinstellung, zum Beispiel 14 Kerzen auf der jeweiligen Zeiteinheit für mittelfristiges Trading oder 5 für kurzfristige Trades.

2. **Den ATR-Wert ablesen**
   - Der aktuelle ATR-Wert zeigt dir die durchschnittliche Schwankungsbreite einer Kerze über die letzten x Perioden.
   - Beispiel: Wenn die ATR auf dem Stundenchart 15 Pips beträgt, bedeutet das, dass der Markt durchschnittlich 15 Pips pro Stunde schwankt.

3. **Die richtige Stopp-Spanne festlegen**
   - Stopps sollten in einem **Bereich zwischen dem Zwei- und dem Fünffachen der ATR** liegen.
   - Ein sinnvoller Richtwert:
     Minimale Distanz: 2 x ATR → ein enger, aber realistischer Stopp
     Maximale Distanz: 5 x ATR → ein weiter Stopp für volatile Märkte
   - Beispiel:
     ATR auf dem Ein-Stunden-Chart = **10 Pips**
     Ein vernünftiger Stopp liegt zwischen **20 Pips (2 x ATR) und 50 Pips (5 x ATR).**

4. **Stopps nicht willkürlich setzen – sondern volatilitätsbasiert**
   - Stopps unter oder über offensichtlichen Unterstützungs- beziehungsweise Widerstandsbereichen setzen, aber in Kombination mit der ATR prüfen, ob sie nicht zu eng sind.
   - Falls ein Stopp in Höhe der zweifachen ATR zu nah an einer wichtigen Struktur liegt, eher das Drei- oder Vierfache der ATR wählen.

5. **Die ATR immer anpassen**
   - Verwende die ATR auf der **richtigen Zeitebene** deines Handels (zum Beispiel Ein-Stunden-ATR für einen Intraday-Trade).
   - Orientiere dich an der **höchsten ATR der letzten fünf Tage**, um nicht in das Marktrauschen zu geraten.

Tipp: Setze deinen Stopp nicht willkürlich, sondern dort, wo er logisch ist und außerdem in Bezug auf die aktuelle Volatilität Sinn ergibt. Ein zu enger Stopp führt dazu, dass du schnell ausgestoppt wirst, ein zu weiter Stopp macht deinen Trade ineffizient.

Der Mythos des Stopp-Fishing

Viele Trader glauben, dass große Marktteilnehmer absichtlich Stopps von Privat-Tradern »abfischen«. Das ist jedoch ein Mythos. Um Stopps gezielt auszulösen, müsste ein großer Marktteilnehmer massive Mengen Kapital einsetzen, um den Markt in eine bestimmte Richtung zu bewegen – mit dem Risiko, dass der Markt unberechenbar reagiert oder dass andere große Akteure die Bewegung kontern. Große Trader arbeiten nicht so. Sie sind daran interessiert, **Liquidität zu nutzen, nicht sie zu manipulieren.** Sie platzieren ihre Orders in Bereichen hoher Liquidität und profitieren davon, an diesen Punkten große Positionen einzugehen oder abzubauen.

Es gab einen Moment in meiner Karriere, in dem ich ernsthaft in Erwägung zog, das Traden aufzugeben. Nicht, weil ich die Märkte nicht verstand, sondern weil ich mir selbst beweisen wollte, dass ich nicht zum Trading geboren war. Ich zweifelte an mir, weil ich es nicht aushielt, ausgestoppt zu werden. Der Schmerz eines Verlustes war so groß, dass ich instinktiv meinen Stopp immer weiter wegschob – in der verzweifelten Hoffnung, dem Unvermeidlichen zu entkommen. Doch genau das wurde zu diesem Zeitpunkt mein größter Fehler. Die Verluste wuchsen, fraßen sich in mein Konto, in mein Selbstvertrauen – und machten mein Trading unprofitabel.

Es war ein innerer Kampf, aber irgendwann musste ich mir eine radikale Frage stellen: **Vertraue ich mir selbst genug, dass mein nächster Gewinn größer sein wird als mein letzter Verlust?** Falls die Antwort »Nein« war, dann hatte ich am Markt nichts verloren.

Diese Einsicht veränderte alles. Ich lernte, kühn zu bleiben, mich nicht länger von Angst steuern zu lassen – und meine Stopps nicht mehr aus purer Hoffnung zu verschieben. Statt den Märkten zu beweisen, dass sie falsch liegen, bewies ich mir selbst, dass ich ein besonnener Trader bin.

Psychologie nach einem ausgestoppten Trade – Vermeidung von Over-Trading

Es kann einen Trader verrückt machen, ausgestoppt zu werden, wenn er anschließend sieht, dass der Markt doch wieder in die richtige Richtung dreht. Auch das ist vollkommen normal und gehört zum Trading dazu. Die größte Versuchung besteht darin, **sofort wieder in den Markt zu springen**.

Warum ist das problematisch? Weil dein Handeln dann nicht mehr **rational**, sondern **emotional** gesteuert wird. Dein Gehirn empfindet das Stoppen als »Fehler« und will diesen sofort korrigieren – das ist eine psychologische Reaktion auf Verlustaversion. Doch wenn du **emotional und unüberlegt erneut einsteigst**, begehst du den Fehler des **Over-Tradings**.

Ein guter Frame, um damit umzugehen, ist die Erinnerung daran, dass jeder einzelne Trade nur ein kleiner Teil des großen Bildes ist. Dein Erfolg wird nicht von einem einzigen Trade bestimmt, sondern von der Summe aller deiner Entscheidungen.

Das ist die bessere **Lösung:**

- Mache eine Pause. Steh auf, geh kurz spazieren oder schließe für mindestens fünf Minuten dein Trading-Programm.
- Halte dich an deine **Einstiegs-Routine** und überprüfe, ob die Marktbedingungen weiterhin passen.
- Akzeptiere, dass ausgestoppte Trades Teil des Spiels sind – genau wie Gewinne.

Langfristige Denkweise: Ein einzelner Trade ist nicht entscheidend. Dein gesamtes Trading-Ergebnis wird von der Disziplin und der Einhaltung deines Plans bestimmt. Halte dich an deinen Plan, denn es kommen noch viele andere, wahrscheinlich bessere Trades!

Tipp: Erstelle eine Checkliste, um sicherzustellen, dass der Trade in Richtung eines echten Vorteils erfolgt. Jedes Mal, wenn du ausgestoppt wirst, erinnere dich an mein erstes Trading-Gesetz: Der Gewinn oder Verlust eines einzelnen Trades ist nichts als Zufall.

Nicht du entscheidest, ob dein Trade aufgeht – der Markt tut es. Es ist, als würdest du einen Würfel werfen: Du kannst den Ausgang nicht bestimmen. Im Trading kannst du aber die Wahrscheinlichkeiten zu deinen Gunsten beeinflussen. Genau das ist dein Vorteil als Trader.

Vergiss nie: Der Unterschied zwischen Trading und Glücksspiel liegt darin, dass ein guter Trader die Wahrscheinlichkeiten auf seine Seite zieht, bevor er den Trade eingeht. Denk an einen

Casino-Besitzer. Er verzweifelt nicht, wenn ein Spieler am Roulettetisch gewinnt. Warum? Weil er weiß, dass die Wahrscheinlichkeiten langfristig zu seinen Gunsten wirken. Früher oder später holt er sich das Geld zurück – und macht sogar die größeren Gewinne.

Genauso funktioniert es für dich als Trader. Ein ausgestoppter Trade bedeutet nichts. Langfristig bist du das Casino. Bleib konsequent, halte dich an deine Regeln – und lass die Wahrscheinlichkeiten für dich arbeiten.

SCHRITT 3: SETZE EIN REALISTISCHES KURSZIEL

Die Kunst, realistische Kursziele zu setzen – schwieriger als gute Stopps.

Einen guten Stopp zu setzen, ist schon schwer genug – aber noch schwieriger ist es, **realistische Kursziele** zu finden. Denn genau wie bei Stopps tappen viele Trader in die Falle der Extreme:

- **Zu enge Ziele** führen zu minimalen Gewinnen – der Markt hätte noch viel mehr hergegeben, aber das frühe Schließen des Trades verhindert das.
- **Zu hohe Ziele** sind unrealistisch – und enden oft damit, dass ein profitabler Trade ins Minus dreht, weil der Markt das vorgegebene Ziel nie erreicht.

In meinen Coachings achte ich deshalb zuerst darauf, dass meine Schüler **korrekte Stopps setzen können**. Erst danach kümmern wir uns um die Kunst der Zielsetzung. Denn was bringt der beste Stopp, wenn das Kursziel nicht passt?

Warum ein Kursziel unerlässlich für dein Trade-Management ist

Ein Kursziel ist die Basis für dein gesamtes Trade-Management. Ohne Kursziel bist du im Trade blind. Du weißt nicht, ob du deinen Stopp nachziehen sollst oder nicht.

- Gibst du dem Markt genug Raum, dein Ziel zu erreichen?
- Oder hältst du an einem unrealistischen Ziel fest und gibst zu viel Gewinn zurück?

Bei der Antwort auf diese beiden Fragen die Balance zu finden, entscheidet, ob du langfristig profitabel bleibst oder nicht. **Achtung:** Das bedeutet nicht, dass du immer am Kursziel verkaufen musst! Wir wollen unsere Gewinne maximieren und die Position weiterlaufen lassen – aber ein Kursziel gibt uns einen **Rahmen**, um kluge Entscheidungen im Trade-Management zu treffen.

Wie findest du realistische Kursziele?

Die Antwort ist **nicht** Bauchgefühl, sondern eine klare, methodische Herangehensweise. Hier sind die **fünf wichtigsten Handlungen**:

1. **Marktphase analysieren**
   Jeder Markt bewegt sich in **unterschiedlichen Phasen**, und die Zielsetzung muss sich daran anpassen:
   - **Trendy Phase:** Der Markt bewegt sich in klaren Richtungen mit starken Impulsen. Hier dürfen Kursziele höher gewählt werden, da der Markt genug Dynamik hat, um größere Strecken zurückzulegen.
   - **Choppy Phase (Seitwärtsmarkt):** Der Markt pendelt hin und her, ohne eine klare Richtung. Hier sind hohe Kursziele unrealistisch, weil der Markt keine weiten Strecken läuft.
   - **Breakout-Phasen:** Nach einer langen Konsolidierung bricht der Markt aus. Hier kann das Kursziel anhand historischer Breakout-Bewegungen abgeschätzt werden.

   Erst wenn du weißt, **in welcher Phase der Markt steckt**, kannst du vernünftige Ziele setzen.

2. **Volatilität des Marktes einschätzen**
   Ein realistisches Kursziel hängt stark von der aktuellen Marktvolatilität ab. **Wie messen wir das?**
   - **Vergangene Bewegungen analysieren:** Wie weit sind frühere Swings in ähnlichen Marktphasen gelaufen?
   - **ATR (Average True Range):** Gibt einen objektiven Wert dafür, wie viel der Markt in einer bestimmten Periode durchschnittlich schwankt. **Ein unrealistisches Ziel liegt oft weit außerhalb der ATR.**
   - **Dynamische versus stagnierende Bewegung:** Läuft der Markt gerade stark in eine Richtung oder fängt er an, müde zu wirken?

   Je höher die Volatilität, desto größer kann das Ziel sein. Bei geringer Volatilität müssen wir unsere Erwartungen herunterschrauben.

3. **Widerstände und Supports beachten**
   Der Markt bewegt sich **niemals im luftleeren Raum** – er folgt natürlichen Strukturen. Und das sind **Unterstützungs- und Widerstandslevel**.
   - **Unterstützung:** Ein Bereich, an dem der Markt in der Vergangenheit oft nach oben gedreht hat. Ein sinnvolles Kursziel könnte kurz davor liegen.
   - **Widerstand:** Ein Bereich, an dem der Markt öfter nach unten gedreht hat. Ein Short-Trade sollte nicht zu weit über diesen Widerstand hinaus ein Ziel setzen.
   - **Psychologische Marken:** Ganze Zahlen (wie 12.000 in EUR/USD oder 200 US-Dollar bei Aktien) sind oft starke psychologische Barrieren.

   Diese Levels wirken wie Magneten – und ein gutes Kursziel nutzt diese Dynamik aus.

4. Wichtige Levels für Day-Trader: Vortageshoch, -tief, Schluss- und Eröffnungskurs
Besonders im Day-Trading spielen **bestimmte Schlüsselmarken** eine große Rolle:

- **Vortageshoch:** Wenn der Markt dieses Level durchbricht, kann es als potenzielles Kursziel für Long-Trades dienen. Aber Achtung: Oft gibt es hier auch starke Gegenbewegungen, wenn Trader Gewinne mitnehmen!
- **Vortagestief:** Fällt der Markt unter dieses Level, kann es als realistisches Ziel für Short-Trades genutzt werden. Aber wie beim Hoch gilt: Gegenbewegungen sind möglich.
- **Vortages-Close:** Der Schlusskurs des Vortages erweist sich häufig als starker Support oder Widerstand, besonders wenn der Markt am nächsten Tag stark davon abweicht.
- **Eröffnungskurs des aktuellen Tages:** Gerade in den ersten Handelsstunden achten viele Trader auf dieses Level. Es kann als Orientierung für die Marktrichtung dienen und auch als Kursziel genutzt werden.

Diese vier Levels helfen dabei, realistische Kursziele im Intraday-Handel zu setzen.

5. Wichtige zusätzliche Levels einbeziehen
Neben Supports, Widerständen und den Vortageslevels gibt es weitere wichtige Indikatoren:

- **Fibonacci-Extensions:** Besonders in Trendbewegungen zeigen Fibonacci-Levels potenzielle Zielbereiche an, an denen der Markt oft eine Pause macht oder dreht.
- **VWAP und gleitende Durchschnitte:** Viele institutionelle Trader orientieren sich am VWAP (dem »volume weighted average price«, sprich volumengewichteten Durchschnittspreis) sowie an den gleitenden Durchschnitten. Wenn dein Kursziel genau bei diesen Levels liegt, steigt die Wahrscheinlichkeit, dass der Markt darauf reagiert.
- **Tages-/Wochenhochs und -tiefs:** Diese Marken sind natürliche Stopps für viele Trader und deshalb wichtige Ziele.

FAZIT

Gute Zielsetzung ist eine Kernkompetenz erfolgreicher Trader. Einen Trade einfach irgendwo zu schließen ist keine Strategie. Wer langfristig erfolgreich traden will, muss realistische Kursziele setzen können.

Das bedeutet:

- **Marktphase bestimmen** – Trend oder Seitwärtsphase?
- **Volatilität berücksichtigen** – Wie weit läuft der Markt typischerweise?

- **Widerstände und Supports nutzen** – Wo liegen die natürlichen Zielzonen?
- **Vortageshoch/-tief, Close und Eröffnungskurs beachten** – Besonders wichtig im Day-Trading!
- **Zusätzliche Levels einbeziehen** – Fibonacci, VWAP, psychologische Marken?

Mit dieser Strategie kannst du nicht nur bessere Entscheidungen im Trade-Management treffen, sondern auch deine Gewinne maximieren, ohne zu viel zurückzugeben. Denn ein guter Trader weiß nicht nur, wo er rausgeht – sondern auch, warum.

SCHRITT 4: BESTIMME NACH STOPP UND ZIEL DEN EINSTIEGSPUNKT

Der Einstieg sollte idealerweise auf einem letzten Hoch oder Tief liegen. Meist handelt es sich aber um Zonen, in denen der Kurs häufig pendelte, bevor er sich weiterbewegte.

SCHRITT 5: ÜBERPRÜFE DAS CHANCE-RISIKO-VERHÄLTNIS (CRV)

Hier ist eine kompakte und klare Erklärung mit einem Beispiel, das zeigt, wie das **Chance-Risiko-Verhältnis (CRV)** berechnet wird und warum es ein wichtiger Filter für Trades ist. Jetzt, da feststeht, wo dein Entry, dein Stopp und dein Kursziel liegen, kannst du für jeden Trade das geplante Chance-Risiko-Verhältnis (CRV) berechnen.

Was ist das CRV und wie berechnet man es?

Das CRV gibt an, wie viel Gewinn du im Verhältnis zu deinem Risiko erwartest. Die Formel lautet:

CRV = (Kursziel-Einstieg) / (Einstieg-Stopp)

Beispiel für eine CRV-Berechnung: Angenommen, du setzt einen Long-Trade mit folgenden Parametern:

- **Entry:** 100
- **Stopp:** 95
- **Kursziel:** 110

Dann berechnest du das CRV so:

CRV=110–100 / 100–95=105=2,0 CRV

Das bedeutet: Für jedes 1-Euro-Risiko hast du die Chance auf 2 Euro Gewinn.

Warum ist das CRV ein wichtiger Trade-Filter?

Das CRV hilft uns, schlechte Trades von vornherein auszuschließen:

Zu kleines CRV (kleiner als 1,0):
Ein CRV unter 1 bedeutet, dass dein möglicher Gewinn kleiner ist als dein Risiko. Solche Trades ergeben langfristig keinen Sinn, weil du bei einer normalen Trefferquote **trotzdem Geld verlierst.**

Zu hohes CRV:
Viele Trader denken, ein extrem hohes CRV sei erstrebenswert – aber das ist ein Trugschluss.

- **Ein CRV von 5 oder 6 bedeutet oft, dass dein Stopp sehr eng sitzt.**
- Der Markt muss sich also **perfekt** in deine Richtung bewegen, ohne dich vorher auszustoppen – und das ist extrem unwahrscheinlich.
- **Hohe CRVs sind in der Realität oft nur Wunschdenken, weil sie von einem beliebig ausgedachten Kursziel abhängen.**

Der Schlüssel ist ein realistisches CRV, das zu den Marktbedingungen passt!

CRV-Orientierung an die Marktbedingungen anpassen

Ich passe mein CRV immer an die aktuelle Marktphase an:

In Trendphasen:
- Ein **CRV von mindestens 2,0** ist realistisch, da der Markt genug Schwung hat, um größere Bewegungen zu ermöglichen.
  Beispiel: Nach einem Pullback in einem starken Trend kann ich erwarten, dass der Markt eine **weitere Impulsbewegung** macht.

In Seitwärtsmärkten:
- Ich brauche **mindestens ein CRV von 1,4**, weil die Bewegungen enger begrenzt sind.
  Beispiel: In einer Range möchte ich nicht unrealistisch hohe Ziele setzen, weil der Markt oft innerhalb der Range bleibt.

Merke: Je **größer** das CRV, desto **aggressiver** ist dein Trading-Stil. Ein hohes CRV bedeutet oft ein enges Stopp-Level, was dazu führt, dass du häufiger ausgestoppt wirst.

Trade Tracer – dein Tool zur CRV-Orientierung

Um dieses Problem zu lösen, habe ich den **Trade Tracer** entwickelt. Er hilft dabei, **die optimale CRV-Richtlinie für jede Trend-Konstellation** vorzugeben:

- **Er analysiert die aktuelle Marktlage** (trendy, choppy).
- **Er gibt dem Trader eine CRV-Empfehlung**, damit der Trade zur Realität des Marktes passt.
- **Er verhindert unrealistische CRVs**, die entweder zu klein oder viel zu ambitioniert sind.

Das Ziel besteht nicht darin, **künstlich nach hohen CRVs zu suchen**, sondern **Trades mit zu kleinen oder unrealistischen CRVs zu vermeiden.**

Fazit: CRV als Balance zwischen Risiko und Realismus

Das CRV ist ein Filter für gute und schlechte Trades. Ein zu kleines CRV (kleiner als 1,0) bedeutet, dass die Verluste größer als die Gewinne sind – das gilt es zu vermeiden! Ein zu hohes CRV klingt gut, ist aber oft unrealistisch und führt zu unnötigen Stopps. Zudem gilt: Je größer das CRV, desto aggressiver dein Trading. Passe daher dein CRV an die Marktbedingungen an:

- Trendmarkt: **mindestens 2,0**
- Seitwärtsmarkt: **mindestens 1,4**

Mit einem gut gewählten CRV tradest du nicht nur profitabler – sondern auch strategischer.

ZUSAMMENFASSUNG ZUR EINSTIEGS-ROUTINE

Bevor du einen Trade ausführst, überprüfe diese fünf entscheidenden Punkte:

1. **Vorteil klar identifiziert?**
   → Gibt es eine klare Kante am Markt, die dir einen echten Vorteil verschafft? (zum Beispiel Trend-Fortsetzung, Breakout, Reversal an einer starken Struktur)

2. **Stopp logisch und nicht willkürlich gesetzt?**
   → Der Stopp muss sich aus der Marktstruktur ergeben, nicht aus deiner Angst. (zum Beispiel unter einem wichtigen Support, über einem markanten Hoch, ATR-basiert)

3. **Realistisches Ziel anhand von Strukturen gewählt?**
   → Dein Kursziel sollte zu den aktuellen Marktbedingungen passen und an sinnvollen Levels liegen.

4. **Einstiegspunkt nach Stopp und Ziel bestimmt?**
   → Erst wenn Stopp und Ziel stehen, legst du fest, wo dein optimaler Einstieg ist – nicht umgekehrt!

5. **CRV sinnvoll?**
   → Mindestens **2,0 in Trendmärkten**, mindestens **1,4 in Seitwärtsmärkten.** Ein zu kleines oder unrealistisches CRV disqualifiziert den Trade.

Falls du eine dieser Fragen mit »Nein« beantwortest, ist ein Trade nicht sinnvoll!

Viele Trader denken, dass es zu lange dauert, all diese Punkte durchzugehen. Doch **genau das ist der Fehler**, der zu unnötigen Verlusten führt. Mach dir noch einmal klar, warum diese Routine entscheidend ist:

Routinen machen uns effizient: Der Markt wiederholt sich ständig. Gute Trader handeln **nicht ständig anders**, sondern **wiederholbar**. Ein geübter Trader kann diese fünf Punkte in **weniger als einer Minute** durchgehen. **Anfänger brauchen länger – und das ist völlig normal!**

- Genau deshalb solltest du am Anfang auf **höheren Zeitebenen** handeln, denn dort hast du mehr Zeit für deine Entscheidungen.
- Erst mit einer soliden Routine kannst du auch auf schnellen Zeitebenen effektiv traden.

POSITIONSGRÖSSEN-BESTIMMUNG

Jetzt, da du weißt, wie du einen **sauberen Einstieg** planst, gehen wir in den nächsten Abschnitten auf ein entscheidendes Thema ein: die **Positionsgrößen-Bestimmung. Es geht darum,** wie du dein Risiko exakt berechnest, um Verluste zu begrenzen und dein Konto langfristig zu schützen. Dieser Punkt ist essenziell, **um auch langfristig profitabel zu bleiben**.

DAS SPIEL, DAS ALLES VERÄNDERT – WARUM DIE POSITIONSGRÖSSE MÄCHTIGER IST ALS DEIN TRADING-SYSTEM

Jeder spricht über den **besten Einstieg**, die **perfekte Strategie**, den **heiligen Gral des Tradings**. Ganze Bücher werden darüber geschrieben, wie man die Märkte liest oder das perfekte Setup findet. Doch kaum jemand redet über das **entscheidende Element**, das wirklich über Erfolg oder Misserfolg entscheidet: die Positionsgröße.

Es ist ein normales Seminar, unser Level-2-Seminar, in dem ich Anfänger schule, worauf es im Trading wirklich ankommt. Der Raum ist voll mit neugierigen Teilnehmern. **15 Schüler sitzen vor ihren Bildschirmen**, bereit zu traden. Einige sind aufgeregt, andere entspannt, manche skeptisch.

»Heute spielen wir ein Spiel«, sage ich und schaue in die Runde. Neugierige Blicke. Ich erkläre die Regeln: »Jeder bekommt das **gleiche Trading-System**. Alle traden **die gleichen Signale** – keine individuellen Anpassungen, kein Spielraum für Interpretationen. Es gibt **nur eine Entscheidung, die jeder selbst treffen darf: Wie viel Geld setzt ihr jeweils auf den Trade?** Das bedeutet, dass alle zur **gleichen Zeit einsteigen, zur gleichen Zeit aussteigen**. Jeder bekommt exakt die **gleichen Chancen**, die **gleichen Gewinne, die gleichen Verluste** – auf dem Papier zumindest. Da ihr aber bestimmt, wie viel Geld ihr riskiert, und da eure Gewinne und Verluste immer ein Vielfaches des Einsatzes sind, gewinnt oder verliert jeder zwar den gleichen Faktor seines Einsatzes, aber der Einsatz selbst ist variabel.«

»Lasst mich das kurz erklären. Wir steigen zum Beispiel bei 100 ein und der Stopp ist bei 80. Das sind 20 US-Dollar, die jeder von euch verlieren kann. Wer 100 Aktien kauft, verliert also 2.000 US-Dollar, wer zehn Aktien kauft, nur 200 US-Dollar. Wenn der Trade sein Gewinnziel bei 140 erreicht, hätte jemand mit dem Risiko von 2.000 US-Dollar das Doppelte seines Risikos, also 4.000 US-Dollar, verdient, allerdings wäre bei einem kleineren Einsatz von 200 US-Dollar auch der Gewinn kleiner gewesen, nämlich nur 400 US-Dollar.« **Dann beginnt das Experiment.**

Der Start – Alles läuft nach Plan

Der erste Trade wird eröffnet.

Einige setzen **groß** – sie spüren das Adrenalin, sie wollen das Maximale rausholen. Andere sind **vorsichtiger**, riskieren nur einen Bruchteil ihres Kapitals. Der Markt bewegt sich, das Spiel nimmt Fahrt auf. »Eure Einsätze, bitte!« Runde für Runde handeln wir die Signale.

Nach ein paar Minuten: **der erste Zwischenstand.** Manche haben **Gewinne**, manche **Verluste**. Aber keiner hatte einen Vorteil – **denn alle haben ja exakt das gleiche System gehandelt**.

Wir machen weiter und ich lobe für den Sieger einen Preis von 50 Euro aus. Das motiviert die Trader, noch mehr ins Risiko zu gehen.

Die große Überraschung

Ich stoppe das Spiel nach ein paar weiteren Trades. »**Okay, jetzt Hand hoch: Wer ist im Gewinn?**« Etwa ein Drittel der Gruppe hebt die Hand. Einige grinsen, andere atmen erleichtert auf. »**Wer liegt im Minus?**« Auch hier gehen einige Hände hoch. Ein paar nervöse Blicke. »Wer ist ungefähr bei Null?« Ein paar wenige melden sich.

Und jetzt kommt der Moment, der **alles verändert**: Ich frage jeden Trader nach seinem Ergebnis und schreibe es vorn an die Tafel. 15 verschiedene Trader und 15 verschiedene Ergebnisse.

»**Denkt mal kurz nach: Wenn wir alle exakt das gleiche System gehandelt haben, warum sind dann nicht alle im Gewinn oder alle im Verlust?**« Stille. Verwirrte Gesichter. Ich lasse die Frage sacken. Dann liefere ich die Antwort:

»**Es liegt nicht an eurem Einstieg. Es liegt nicht an eurem Exit. Es liegt einzig und allein an eurer Positionsgröße.**«

Die Erkenntnis trifft ein

Langsam macht es Klick.

- **Der Schüler, der große Positionen gesetzt hat, verzeichnet starke Schwankungen in seinem Konto.** Ein paar Gewinne erschienen ihm unglaublich – aber als der Trade gegen ihn lief, war sein Drawdown tief.

- **Der vorsichtige Trader hat kleine Positionsgrößen gewählt – er hatte kaum Schwankungen, aber er machte auch kaum Profit.**
- **Und dann gibt es diejenigen, die ihr Risiko nicht durchdacht haben – und nach nur ein paar schlechten Trades ihr Konto in den roten Bereich fuhren.**

»Jetzt seht ihr es mit eigenen Augen: Eure Strategie ist nicht das, was euch profitabel macht. Es ist das, WIE ihr eure Trades gewichtet.«

Ich schaue in die Runde. Einige nicken, andere blicken nachdenklich auf ihre Bildschirme. Es ist dieser eine Moment, in dem sie wirklich begreifen, dass **Trading nicht nur aus Setups besteht, sondern aus Risikomanagement.**

Natürlich behaupten jetzt einige, die Schüler wussten ja nicht, ob der nächste Trade ein Gewinn oder Verlust wurde. Aber genau darum geht es: Wir wissen es im Trading nicht. Das einzige, was wir kennen, ist unser Risiko, und damit unsere Positionsgröße.

Warum das alles so entscheidend ist

Viele glauben, dass Trading ein Spiel aus **perfekten Einstiegen und Exits** ist. Doch dieses Spiel hat bewiesen: **Selbst wenn jeder mit dem gleichen System tradet, können die Ergebnisse völlig unterschiedlich sein.**

Manche haben verloren. Andere haben gewonnen. Obwohl alle exakt dasselbe getan haben!

Der Grund? **Die Positionsgröße ist die geheime Kraft hinter jedem Trade.** Ich lasse den Moment wirken. Dann sage ich:

»Die Positionsgröße ist wie das Gas- und Bremspedal in einem Auto. Wenn du das falsche Pedal im falschen Moment drückst, endet dein Trade in einem Crash – egal wie gut du lenken kannst.«

Einige Schüler nicken, andere lächeln – sie verstehen es jetzt. Und dann sage ich den Satz, den sie nie wieder vergessen werden:

»Nicht dein System entscheidet über deinen Erfolg. Deine Positionsgröße tut es.«

Nun, da jeder verstanden hat, warum **die Positionsgröße mächtiger ist als das beste Setup**, tauchen wir tiefer ein:

Wie berechne ich die optimale Positionsgröße für meinen Trade? Wie passe ich meine Positionsgröße an, wenn der Trade sich entwickelt? Denn wer Trading wirklich meistern will, muss verstehen, wann er Vollgas geben sollte – und wann es besser ist zu bremsen.

DIE BERECHNUNG DER OPTIMALEN POSITIONSGRÖSSE – DEIN SCHLÜSSEL ZUR KONTROLLE

Jetzt, da du verstehst, dass **die Positionsgröße dein mächtigstes Werkzeug ist**, gehen wir direkt zur **Berechnung** über. Viele Trader denken, die Positionsgröße wäre eine willkürliche Entscheidung – doch in Wirklichkeit folgt ihre Festlegung **einer klaren Formel**, die dich davor schützt, **zu viel zu riskieren oder zu wenig herauszuholen.**

Die optimale Positionsgröße hängt von **drei Faktoren** ab:

1. **deinem Konto-Risk** (wie viel Prozent deines Kapitals du maximal pro Trade riskierst)

2. dem **Abstand deines Stopps** (je weiter der Stopp, desto kleiner die Position)

3. dem **Wert pro Einheit** (zum Beispiel Tickwert, Pip-Wert, Lotgröße)

Die **Grundformel** lautet:
Positionsgröße = Risiko pro Trade / Stoppgröße×Wert pro Einheit

Hier empfiehlt sich ein Vorgehen in insgesamt drei Schritten:

- Schritt 1: Lege fest, wie viel du maximal riskieren darfst
- Schritt 2: Definiere, wo dein Stopp sitzt
- Schritt 3: Nutze die Formel zur Berechnung der Positionsgröße

Die Einzelheiten dazu findest du in den folgenden Abschnitten.

Schritt 1: Lege fest, wie viel du maximal riskieren darfst

Die Höhe deines Risikos pro Trade hängt nicht nur von deinem Kapital ab, sondern **sehr stark von deiner Handelsfrequenz**. Warum? Weil mit steigender Anzahl an Trades auch die Wahrscheinlichkeit steigt, dass du eine **lange Verlustserie** durchmachst.

Viele Trader denken: »**Wenn meine Strategie eine Trefferquote von 60 Prozent hat, dann verliere ich nur 40 von 100 Trades.**« Das stimmt im Durchschnitt, aber in der Realität läuft es oft anders. Denn: **Eine Wahrscheinlichkeit von 40 Prozent für einen Verlust bedeutet NICHT, dass sich Gewinne und Verluste perfekt abwechseln. Es bedeutet auch nicht, dass du nie zehn oder mehr Trades hintereinander verlierst. Je mehr Trades du machst, desto wahrscheinlicher wird es, dass du irgendwann eine lange Verlustserie hast.** Eine **Verlustserie, die in 1000 Trades nie vorkam, kann in 10.000 Trades plötzlich mehrfach auftreten.**

Das liegt daran, dass Wahrscheinlichkeiten nur für große Zahlen gelten, aber keine Garantie für kleine Serien bieten. Selbst eine geringe Wahrscheinlichkeit tritt auf, sobald die Anzahl der Fälle groß genug ist.

Warum ist das für dein Risiko pro Trade entscheidend? Wenn du nur wenige Trades machst, kannst du pro Trade mehr riskieren, weil du seltener von extrem langen Verlustserien getroffen wirst. Wenn du sehr viele Trades machst, musst du dein Risiko reduzieren, weil die Wahrscheinlichkeit einer langen Verlustserie steigt. **Deshalb gilt:**

- **Day-Trader, die sehr häufig traden, sollten maximal 0,5 Prozent ihres Kapitals pro Trade riskieren.**
- **Swing-Trader, die nur wenige Trades pro Woche machen, können bis zu 3 Prozent riskieren.**

BEISPIEL: WARUM 1 PROZENT RISIKO FÜR EINEN DAY-TRADER ZU VIEL SEIN KANN

Angenommen, du machst zehn Trades pro Tag mit jeweils 1 Prozent Risiko. Nach einer Woche hast du **50 Trades gemacht**. Angenommen, du hast **eine Pechsträhne** und verlierst zehn Trades hintereinander. Dann hast du in nur wenigen Tagen 10 Prozent deines Kapitals verloren!

Wenn du dein Risiko stattdessen auf 0,5 Prozent pro Trade reduziert hättest, wären es nur 5 Prozent Verlust, was viel leichter zu verkraften ist.

Swing-Trader hingegen haben mehr Zeit, sich von Verlusten zu erholen. Wenn sie nur ein paar Trades pro Monat machen, können sie sich größere Drawdowns leisten, weil sie nicht so oft in eine extreme Verlustserie geraten.

Fazit: Passe dein Risiko an deine Handelsfrequenz an!

- **Je häufiger du tradest, desto niedriger sollte dein Risiko pro Trade sein.**
- **Day-Trader sollten maximal 0,5 Prozent pro Trade riskieren.**
- **Swing-Trader dürfen bis zu 3 Prozent riskieren, weil ihre Trades seltener sind.**
- **Eine Strategie mit 60 Prozent Trefferquote kann trotzdem zehn Verluste in Folge haben – das ist normal!**

Die richtige Positionsgröße schützt dein Konto nicht nur vor einzelnen Verlusten, sondern vor ganzen Verlustserien.

Jetzt, wo du weißt, wie du dein Risiko an deine Handelsfrequenz anpasst, schauen wir uns als Nächstes an, wie du deine Positionsgröße genau berechnest, um dein Risiko konstant zu halten und wie du sie anpasst, wenn sich dein Trade entwickelt. Denn gute Trader steuern ihre Positionsgröße aktiv – diese bleibt nicht immer gleich!

Schritt 2: Definiere, wo dein Stopp sitzt

Angenommen, du hast deinen Trade analysiert und festgestellt:

- Dein **Entry** liegt bei 100 Euro.
- Dein **logischer Stopp** liegt bei **95 Euro.**
- **Stoppgröße = 100 – 95 = 5 Euro pro Einheit**

Schritt 3: Nutze die Formel zur Berechnung der Positionsgröße

Jetzt setzen wir alles in die Formel ein:

Positionsgröße=100€/5€ = 20 Einheiten

Das bedeutet: Du darfst 20 Aktien, Kontrakte oder Lots handeln, um dein Risiko von 100 Euro nicht zu überschreiten. Aber Achtung: Bei Futures, Forex und CFDs muss noch der Wert pro Punkt (Pip/Tick) beachtet werden. Beispiel Forex:

- Dein Stopp liegt **bei 50 Pips.**
- Dein Kontorisko ist **100 Euro.**
- Der Pip-Wert beträgt **10 Euro pro Lot**

Dann lautet die Berechnung:

Positionsgröße = 100 / 50 x 10

Du darfst also **nur 0,2 Lots traden**, um dein Risiko unter Kontrolle zu halten.

Noch einmal zur Klarstellung:

Ohne klare Positionsgröße verlierst du die Kontrolle! Viele Trader gehen mit einer fixen Anzahl von Einheiten in den Trade, ohne auf den Stoppabstand zu achten. Das führt dazu, dass manche Trades zu viel Risiko haben und andere zu wenig Gewinnpotenzial bieten. Mit dieser Methode stellst du sicher, dass dein Risiko immer gleich bleibt, egal wie weit dein Stopp ist!

DER WENDEPUNKT – WIE ICH SELBST DIE MACHT DER POSITIONSGRÖSSE ERKANNTE

Für die Erkenntnis, wie wichtig die Positionsgröße ist, habe ich übrigens lange gebraucht. Das ist auch der Grund, warum ich in meinen Seminaren viel Wert darauf lege. Diese Lektion erspart meinen Schülern eine schmerzhafte Phase, dich mich selbst fast zum Aufgeben gezwungen hätte.

Denn wenn ich heute auf meine Trading-Karriere zurückblicke, gibt es **einen Moment**, der alles veränderte. Einen Moment, der mich vom **ewigen Strampeln im Kreis** zum echten Fortschritt führte.

Damals wusste ich noch nicht, dass ich kurz vor meinem Durchbruch stand. Ich wusste nur eines: **Ich war frustriert. Und ich war wütend.** Denn ich hatte einfach keine Erklärung dafür, warum ich nicht vorankam.

Heute kann ich darüber sprechen als eine Episode, die weit hinter mir liegt. Doch damals … – damals fühlte es sich an, als würde ich nie aus diesem Teufelskreis herauskommen.

Der Kreislauf, der mich beinahe gebrochen hätte

Ich saß in meiner kleinen Studentenwohnung an meinem Schreibtisch und starrte auf meine Trading-Notizen und meine Kontoauszüge. Mein Konto war nicht leer, aber es war wieder genau da, wo es vor Monaten schon gewesen war. Ich hatte Gewinne gemacht – und dann alles wieder verloren. Immer und immer wieder. Warum?

Ich war doch kein Anfänger mehr. Ich wusste, wo ich einsteigen musste. Ich wusste, wo ich aussteigen musste. Ich hielt mein Risiko im Griff.

Und trotzdem: Es **funktionierte nicht.** Ich spürte die Wut in mir aufsteigen. **Wie konnte das sein?** Ich war diszipliniert. Ich befolgte die Regeln. Und trotzdem trat ich auf der Stelle.

Mein Trading fühlte sich an, als würde ich gegen eine unsichtbare Wand rennen. Immer wieder schaffte ich es, ein wenig Geld zu verdienen, nur um es wenige Wochen später an den Markt zurückzugeben. Gut – immerhin war ich jetzt ein Break-even-Trader, aber von Break-even kannst du deine Miete nicht bezahlen, geschweige denn die Kosten für dein Trading. Meine finanziellen Reserven schrumpften dahin, weil ich meine ganze Zeit mit Trading verbrachte und keinem Job nachging.

Die quälende Realität

Ich blätterte durch meine Trades, durchwühlte die Historie und starrte auf die Zahlen. Mein Konto war ein einziges Auf und Ab. Ein paar Wochen lief es gut – ich machte Gewinne. Dann kam eine Phase, in der es einfach nicht funktionierte – und ich verlor alles wieder.

Und das Schlimmste? Es passierte immer wieder. Lange dachte ich, ich müsste meine Strategie verbessern. Vielleicht meine Einstiege anpassen? Oder meine Stopps weiter weg setzen? Neue Setups, weitere Strategie ausprobieren. Ich testete alles. Ich optimierte und ich suchte nach dem entscheidenden Fehler.

Aber dadurch änderte sich nichts. Immer wieder verdiente ich Geld – nur um es wenig später wieder zu verlieren. Und ich hatte keine Ahnung wieso. Es war eine höllische Endlosschleife. War es eine große Illusion, der ich hinterherlief? Hatte ich mir Luftschlösser gebaut? Sollte ich mit dem Trading aufhören und mich nach meinem Wirtschaftsstudium einfach für einen normalen Job wie meine Kommilitonen bewerben? Ich sah mich schon mit Aktenkoffer und Anzug jeden Tag ins Büro fahren und von 8 bis 17 Uhr arbeiten, um dann mit einem durchschnittlichen Gehalt gerade so über die Runden zu kommen.

Ich begann zu zweifeln. Eventuell lag es nicht am Trading, schlimmer noch, vielleicht war ich einfach nicht gut genug? Wie konnte ich auf die Idee kommen, dass genau ich einer dieser erfolgreichen Händler sein würde, wo es doch bekannt war, dass die meisten Menschen erfolglos an der Börse ihr Glück suchten?

Die Nacht, in der alles anders wurde

Ich erinnere mich noch genau an diese Zeit. Kurz davor, meinen Lebenstraum aufzugeben, schlief ich in dieser Zeit ausgesprochen schlecht und träumte immer wieder denselben wilden

Traum. Mein Unterbewusstsein war dabei, meine ganzen Probleme und den ganzen Misserfolg zu verarbeiten. Ich hatte einen fürchterlichen Albtraum, ich lief über einen zugefrorenen Teich inmitten einer schönen Winterlandschaft, aber das Eis unter mir war zu dünn. Ich sah die ersten Risse, voller Sorge, dass die dünne Eisdecke unter mir zusammenbrechen würde, versuchte ich langsam und vorsichtig vom Eis zu kommen. Aber die Risse wurden größer, ich brach ein und hatte das Gefühl zu ertrinken. Genau in diesem Moment wachte ich schweißgebadet auf. Der Traum begleitete mich über Wochen und endete immer damit, dass ich voller Panik aufwachte.

Bis zu dieser einen Nacht. Auch diesmal stand ich auf dem Eis, sah die Risse – aber anstatt zu erstarren oder davonzulaufen, wie es in den Träumen zuvor geschehen war, blieb ich ruhig.

»Das Eis ist zu dünn, du bist zu schwer«, hörte ich mich selbst sagen. Und zum ersten Mal reagierte ich anders: Ich begann, alles, was ich trug, vorsichtig abzulegen. Wie das in Träumen so ist, war die Jacke schwer wie Blei, der Rucksack, den ich trug, fürchterlich vollgepackt. Ich setzte ihn ab und schob ihn langsam von mir weg. Stück für Stück entledigte ich mich der Lasten, die mich bisher immer mit in die Tiefe gerissen hatten.

Die Risse im Eis waren noch da – aber sie wurden nicht größer. Ich ging langsam weiter. Schritt für Schritt. Und dann erreichte ich das rettende Ufer. Am nächsten Morgen wachte ich auf und konnte mich zunächst kaum erinnern. Doch Stück für Stück kam der Traum zurück. Da war dieser eine Satz, so laut und so klar: »Das Eis ist zu dünn, du bist zu schwer.«

Ich dachte den ganzen Tag darüber nach. Und irgendwann – ich saß gerade im Auto und hing meinen Gedanken nach – kam der Moment der Erkenntnis. Nicht im Traum. Wach. Glasklar. **Und dann traf es mich.**

Mein Trading funktionierte – aber nicht immer. Es gab Marktphasen, in denen mein System perfekt harmonierte. Und Phasen, in denen es mich zerstörte. In denen ich – wie im Traum – auf dünnem Eis unterwegs war, ohne es zu merken. Und plötzlich war alles klar.

In den Phasen, in denen mein System gut funktionierte, machte ich Gewinne. Doch in den Phasen, in denen es nicht funktionierte, verlor ich alles wieder. Und der Grund?

Ich tradete in beiden Phasen mit der gleichen Positionsgröße. Ich gewichtete beides gleich.

Ich war so aufgewühlt von dieser Erkenntnis, dass ich sofort umkehren musste und meine Idee überprüfen wollte. Sofort fuhr ich nach Hause und betrachte nochmal ausführlich mein Trading-Journal, saß da, starrte auf den Bildschirm und fühlte, wie sich meine Brust zusammenzog. **So viele Monate verschwendet. So viele Trades, in denen ich mir selbst im Weg gestanden war.** Es war, als hätte ich das unsichtbare Hindernis gefunden, das mich die ganze Zeit zurückgehalten hatte. Und jetzt, da ich es erkannte, konnte ich es nicht mehr ignorieren.

Der Durchbruch – Die Macht der Positionsgröße

Ich fasste einen Entschluss: Ich musste meine Positionsgröße anpassen. Wenn mein System gut funktionierte, musste ich aggressiver traden. Wenn mein System schwächelte und ich mich auf das dünne Eis begab, musste ich vorsichtiger werden.

Aber ich konnte das nicht dem Bauchgefühl überlassen. Ich brauchte ein klares System. Und dann kam mir die Lösung: Meine Equity-Kurve würde mir sagen, wann ich meine Positionsgröße erhöhen – und wann ich sie reduzieren musste:

- Wenn meine Equity-Kurve stieg, bedeutete das: Mein System lief gut. Dann tradete ich mit zwei Kontrakten.
- Wenn meine Equity-Kurve fiel, bedeutete das: Mein System kämpfte. Dann reduzierte ich auf einen Kontrakt.

Das war die Antwort. Ich hatte keinen Einfluss darauf, wann der Markt ideal für mich war. Aber ich konnte erkennen, wann ich mich in einer guten oder schlechten Phase befand. Entsprechend konnte ich eine Positionsgröße daran anpassen.

Als ich zum ersten Mal Kontrolle hatte

Ich erinnere mich noch genau an die erste Woche, in der ich diesen neuen Ansatz umsetzte. Die ersten Tage liefen perfekt. Mein System harmonierte mit dem Markt, ich tradete mit zwei Kontrakten, und meine Gewinne schossen in die Höhe.

Dann wurde es schwieriger. Ich merkte, dass meine Trefferquote sank – und ich reduzierte auf einen Kontrakt. Ja, ich hatte Verluste. Aber diesmal waren sie nur halb so groß wie früher.

Und als die nächste starke Phase kam? Ich hatte wieder auf zwei Kontrakte erhöht – und plötzlich war mein Konto nicht mehr in der Endlosschleife gefangen. Meine Equity-Kurve begann nachhaltig zu steigen. Zum ersten Mal fühlte ich mich, als hätte ich wirklich die Kontrolle über mein Trading.

Die Lektion, die mich profitabel machte

Ich dachte immer, es ginge darum, die perfekte Strategie zu haben. Doch die Wahrheit ist:

- Die perfekte Strategie gibt es nicht.
- Der Markt ändert sich – und unsere Strategie funktioniert nicht immer gleich gut.
- Doch wenn du deine Positionsgröße anpasst, kannst du deine Gewinne in den guten Phasen maximieren – und in den schlechten Phasen dein Risiko minimieren.

Das war mein größter Durchbruch. Und wenn du diese eine Regel für dich übernimmst, könnte es auch dein Durchbruch sein. Denn es geht nicht darum, mehr Trades zu machen – sondern intelligenter zu traden.

FAZIT: DIE POSITIONSGRÖSSE IST DEIN SCHUTZSCHILD

Dein Risiko pro Trade ist konstant.

- Je weiter der Stopp, desto kleiner die Positionsgröße – und umgekehrt.
- Die Positionsgröße ist kein Bauchgefühl, sondern eine präzise Berechnung.

DER TRADE-MANAGEMENT-PLAN:

»It is easy to get in, but hard to get out.« Diese berühmte Zeile aus dem Film »*Wall Street 2*« beschreibt das grundlegende Problem im Trading. Jeder kann in den Markt einsteigen. Ein Klick – und die Position ist eröffnet. Ein weiterer Klick – und sie ist wieder geschlossen.

Doch nur wenige wissen, wie sie den richtigen Moment für den Ausstieg wählen. Und genau das entscheidet über Erfolg oder Misserfolg. Mit dem Einstieg allein ist noch nichts gewonnen. Der Einstieg ist nur der Moment, in dem ein Trader das Spielfeld betritt. Doch ob man am Ende als Gewinner oder Verlierer herausgeht, entscheidet sich erst beim Ausstieg.

MEIN VORSCHLAG FÜR EIN TRADING-EXPERIMENT AUF DER WORLD OF TRADING

Und genau das würde ich gern auf der größten deutschen Tradingmesse, der *World of Trading*, beweisen. Jedes Jahr gibt es auf dieser Messe ein großes Live-Trading-Event. Vier bis sechs bekannte Trader stehen vor einem Publikum, ihre Laptops geöffnet, die Märkte im Blick. Jeder erklärt ausführlich, wo er in den Markt einsteigt, warum er es genau jetzt tut und welches System er nutzt.

Jeder hat eine andere Theorie.

Jeder hat eine andere Strategie.

Jeder glaubt, sein System sei am besten.

Und das Publikum? Es lauscht, vergleicht, analysiert und versucht herauszufinden, welcher Trader tatsächlich die Kontrolle über seine Trades hat. Ich bin seit Jahren Teil dieses Events. Ich habe die Diskussionen, die Argumente und die unterschiedlichen Herangehensweisen verfolgt. Doch diesmal würde ich gern etwas anderes ausprobieren.

Mein Vorschlag: Das Publikum entscheidet – doch ich kontrolliere den Trade

Ich habe dem Veranstalter ein Experiment vorgeschlagen, das die Art, wie wir über Trading nachdenken, infrage stellen würde. Was wäre, wenn das Publikum über meine Einstiege entscheidet? Was wäre, wenn die Zuschauer bestimmen dürften, wann und zu welchem Kurs ich in den Markt gehe? Die Idee ist einfach:

- Das Publikum gibt mir das Signal für den Einstieg.
- Ich darf nicht selbst entscheiden, wann ich zum Auftakt des Trades kaufe oder verkaufe.

Und dennoch behaupte ich, dass ich den Trading-Tag mit hoher Wahrscheinlichkeit gewinnen würde. Denn der wahre Schlüssel zum Erfolg liegt nicht im Einstieg.

Der Schlüssel liegt im Ausstieg. Falls das Event zustande kommt, wäre es eine großartige Möglichkeit, live zu demonstrieren, dass Trade-Management wichtiger ist als der perfekte Einstieg.

Warum der Ausstieg alles ist: Viele glauben, der perfekte Einstieg sei das Geheimnis eines erfolgreichen Traders. Doch das ist ein Trugschluss. Denn selbst mit einem schlechten Einstieg kann man profitabel sein, solange man die richtige Exit-Strategie hat.

Ein schlechter Einstieg kann durch ein schnelles Schließen der Position korrigiert werden. Ein guter Einstieg wird erst dann wirklich profitabel, wenn man ihn richtig managt und den Gewinn nicht zu früh mitnimmt. Die meisten Trader kämpfen nicht mit dem Einstieg. Sie kämpfen mit der Frage, wann sie den Trade beenden sollen. Und genau das möchte ich auf der *World of Trading* zeigen.

Mein Plan: Zwei Trading-Gesetze, die mir die Kontrolle geben

Ich bin überzeugt, dass ich selbst dann die Kontrolle über meine Trades habe, wenn das Publikum meine Einstiege bestimmt. Denn ich halte mich immer an meine beiden wichtigsten Trading-Gesetze:

1. Das Ergebnis eines einzelnen Trades ist Zufall.

2. Aber wie hoch der zufällige Gewinn oder Verlust ist, können wir kontrollieren.

Ich weiß nicht, ob der nächste Trade ein Gewinner oder Verlierer wird. Also verschwende ich keine Energie darauf, den perfekten Einstieg zu suchen. Wie hoch der zufällige Gewinn oder Verlust ist, kann ich kontrollieren. Ich entscheide, wann ich Gewinne mitnehme oder Verluste begrenze.

Das bedeutet: Egal, wo das Publikum mich in den Markt schickt – ich habe das letzte Wort. Ich kann sofort aussteigen, wenn mir die Position nicht gefällt. Und wenn der Markt für mich läuft, lasse ich ihn laufen.

Auf den ersten Blick sieht es zwar danach aus, als hätte das Publikum die Kontrolle. In Wahrheit aber bin es ich, der den Markt beherrscht.

Warum ich dieses Experiment gern durchführen würde

Ich glaube, dass viele Trader viel zu sehr auf den perfekten Einstieg fixiert sind.

Jeder sucht nach der idealen Strategie, nach dem besten Setup, nach einem System, das immer funktioniert. Doch die Wahrheit ist, dass nicht der Einstieg über Erfolg oder Misserfolg entscheidet. Es ist das Trade-Management, also die Art, wie eine Position geführt wird.

Falls der Veranstalter dieses Experiment umsetzt, könnte es eine einzigartige Gelegenheit sein, live zu demonstrieren, dass jeder Einstieg profitabel sein kann – wenn man die richtigen Mechanismen für den Ausstieg hat.

Das zweite Trading-Gesetz ist das wichtigere

Du hast bereits das erste Trading-Gesetz kennengelernt: Das Ergebnis eines einzelnen Trades ist Zufall. Jetzt aber kommt das zweite – und vielleicht noch wichtigere Gesetz: Wie hoch der zufällige Gewinn oder Verlust ist, können wir kontrollieren.

Auf den ersten Blick klingt das paradox. Denn, klar, wir können entscheiden, wann wir mit Verlust aussteigen. Aber den Gewinn? Den können wir uns doch nicht einfach aussuchen, oder? Doch, bis zu einem gewissen Grad können wir das.

Denn wir entscheiden, wann wir den Gewinn mitnehmen. Natürlich muss der Markt uns den Gewinn überhaupt erst geben. Aber wir haben Kontrolle darüber, wie viel wir uns wieder wegnehmen lassen. Und genau hier beginnt die eigentliche Herausforderung des Tradings.

Warum Trade-Management das größte Problem des Traders ist

Die meisten Trader glauben, ihr größtes Problem sei die Analyse. Sie denken, wenn sie nur die richtige Strategie finden, dann würden ihre Trades automatisch profitabel sein. Aber das ist ein Irrtum. Solange ein Trader noch nicht im Markt ist, hat er keine echten Emotionen. Doch sobald eine Position eröffnet wurde, beginnt das eigentliche Spiel – und die Emotionen übernehmen.

Ein Gewinntrade fühlt sich gut an. Man will ihn nicht verlieren. Ein Verlusttrade tut weh. Man will ihn nicht realisieren. Und genau hier versagen die meisten Trader. Sie schließen Gewinne zu früh, weil sie Angst haben, dass der Markt sich wieder gegen sie wendet. Sie halten Verlustpositionen zu lange, weil sie hoffen, dass der Markt doch noch dreht.

Und genau deshalb verlieren so viele Trader – und suchen dann nach einer neuen Analysemethode, mit der sie dann aber aufs Neue scheitern.

WARUM DU EINEN TRADE-MANAGEMENT-PLAN BRAUCHST – ALS SCHUTZSCHILD GEGEN DEINE EMOTIONEN

Gute Trader handeln nicht nach Gefühl. Sie haben einen klaren Plan, wie sie ihren Trade managen. Plane deinen Trade – und trade dann deinen Plan. Denn wenn du keinen Plan hast, wirst du von deinen Emotionen gesteuert. Deshalb gehört der Trade-Management-Plan zum festen Bestandteil des Trading-Prozesses:

- Trade-Planung: Hier wird bereits vor dem Einstieg festgelegt, wie der Trade gemanagt wird.
- Aktives Trade-Management: Sobald die Position eröffnet ist, wird der Plan umgesetzt – ohne emotionale Entscheidungen.

Wer keinen Plan hat, wird von seinen Gefühlen kontrolliert. Wer einen Plan hat, hat Kontrolle über seinen Trade. Und genau darum geht es im nächsten Schritt:

Wie erstellt man einen Trade-Management-Plan und setzt ihn erfolgreich um? Denn am Ende zählt nicht, wo man in den Markt geht. Am Ende zählt, wo man wieder herauskommt.

Der wahre Preis der Angst – warum Risikoaversion uns teuer zu stehen kommt

Während meines Wirtschaftsstudiums hatte ich oft das Gefühl, dass die Modelle, die uns gelehrt wurden, nur in einer theoretischen Welt existierten. Eines der frustrierendsten Konzepte war der Homo oeconomicus – die Vorstellung, dass Menschen rationale Entscheidungen treffen, um ihren Nutzen zu maximieren. Doch wenn das stimmen sollte, warum verhalten sich echte Menschen dann ganz anders?

Warum halten Anleger an fallenden Aktien fest, anstatt Verluste zu begrenzen? Warum nehmen wir lieber **sichere kleine Gewinne** mit, anstatt auf größere Chancen zu setzen? Und warum scheuen wir Verluste so sehr, dass wir bereit sind, noch höhere Risiken einzugehen, nur um sie zu vermeiden? Einer, der genau das hinterfragte, war Daniel Kahneman. Und seine Forschungen stellten das gesamte Fundament der klassischen Wirtschaftstheorie auf den Kopf.

Der Versuch, der alte Glaubenssätze über den Haufen warf

Gemeinsam mit seinem Kollegen Amos Tversky führte Kahneman in den 1970er-Jahren eine Reihe von Experimenten durch, um zu zeigen, dass Menschen systematische Fehler bei Entscheidungen machen – besonders wenn sie diese unter Unsicherheit treffen. Eines der berühmtesten Experimente der beiden Forscher sah folgendermaßen aus:

Szenario 1 – Gewinnsituation

Stell dir vor, du hast zwei Optionen:

- Option A: Du bekommst sicher 500 US-Dollar.
- Option B: Du hast eine 50-prozentige Chance, 1.000 US-Dollar zu gewinnen, und eine 50-prozentige Chance, nichts zu bekommen.

Wie entscheidest du dich? Die meisten Menschen wählten Option A – sie bevorzugten den sicheren Gewinn, obwohl der Erwartungswert bei beiden Optionen identisch ist.

Szenario 2 – Verlustsituation
Jetzt die gleiche Situation – aber mit Verlusten:

- Option C: Du verlierst sicher 500 US-Dollar.
- Option D: Du hast eine 50-prozentige Chance, 1.000 Euro zu verlieren, aber auch eine 50-prozentige Chance, nichts zu verlieren.

Wie entscheidest du dich jetzt?
Hier entschieden sich die meisten Menschen für **Option D** – obwohl die Optionen wieder den **gleichen Erwartungswert** hatten. Das war ein erster Hinweis darauf, dass Menschen **Gewinne und Verluste psychologisch unterschiedlich wahrnehmen**. Doch Kahneman und Tversky wussten: **Ein einzelnes Experiment reicht nicht als Beweis.**

Das Glücksrad-Experiment – die wahre Natur unserer Entscheidungen

Um ihre Theorie weiter zu testen, entwickelten Kahnemann und Tversky ein noch aussagekräftigeres Experiment. Dieses Mal sollten die Teilnehmer zwischen folgenden Optionen wählen:

Gewinn-Szenario:

- **Option A:** Ein sicherer Gewinn von 240 US-Dollar.
- **Option B:** Eine 25-prozentige Chance, 1.000 US-Dollar zu gewinnen, aber eine 75-prozentige Chance, nichts zu bekommen.

Bevor du weiterliest – was würdest du spontan wählen?

73 Prozent der Befragten wählten Option A – den sicheren Gewinn von 240 US-Dollar. Nur 27 Prozent wagten den Sprung und hofften auf den großen Gewinn. Das klingt rational, oder? Sicher ist sicher – niemand will mit leeren Händen dastehen. Doch jetzt wird es interessant: **Der Erwartungswert von Option B ist 10 US-Dollar höher als der von Option A:**

- **Erwartungswert Option A:** 240 US-Dollar
- **Erwartungswert Option B:** (0,25 × 1000) + (0,75 × 0) = **250 US-Dollar**

Mathematisch gesehen ist Option B die bessere Wahl – aber trotzdem nehmen die meisten Menschen den sicheren Gewinn. Jetzt kommt der entscheidende Teil des Experiments.

Verlust-Szenario:
Ich stelle mir oft vor, wie ich dieses Experiment in meinen Seminaren ankündige: Ich sage meinen Teilnehmern: »Teil des Seminars ist ein Spiel. Ihr habt euch bei der Buchung verpflichtet, daran teilzunehmen. Die Teilnahme kostet 750 US-Dollar – aber ich lasse mich auf einen Deal mit euch

ein.« Dann präsentiere ich ein Glücksrad mit vier gleich großen Feldern: Drei Felder sind rot. Eines ist gelb.

Und ich sage: »*Wenn das Glücksrad auf Gelb landet, müsst ihr nichts zahlen. Aber wenn es auf Rot landet, müsst ihr 1.015 US-Dollar zahlen, statt nur 750 US-Dollar.*«

Faktisch stelle ich sie vor folgende Entscheidung:

- **Option C:** Ein sicherer Verlust von 750 US-Dollar.
- **Option D:** Eine 75-prozentige Chance, 1.015 US-Dollar zu verlieren, und eine 25-prozentige Chance, nichts zu verlieren.

Die große Mehrheit der Teilnehmer wählt hier Option D. Sie gehen das Risiko ein, um der sicheren Niederlage zu entkommen. Doch schauen wir uns auch hier den Erwartungswert an:

- Erwartungswert Option C: -750 US-Dollar
- Erwartungswert Option D: (0,75 × -1.015) + (0,25 × 0) = -761,25 US-Dollar

Beide Optionen haben fast den gleichen Erwartungswert, aber die Menschen bevorzugen den riskanten Weg, wenn es um Verluste geht. Und jetzt kommt der wirklich spannende Teil.

Die überraschende Logik der Entscheidungen

Schauen wir uns die Kombinationen an, die sich daraus ergeben:

- **Option A + Option D:**
- 25-prozentige Chance, 240 US-Dollar zu gewinnen.
- 75-prozentige Chance, 760 US-Dollar zu verlieren.
- **Option B + Option C:**
- 25-prozentige Chance, 250 US-Dollar zu gewinnen.
- 75-prozentige Chance, 750 US-Dollar zu verlieren.

Mathematisch betrachtet dominiert Option B + C eindeutig die erste Kombination. Und doch wählten nur **3 Prozent der Befragten** in der Originalstudie genau diese Kombination.

Warum?

Weil wir Gewinne und Verluste nicht neutral betrachten. Wir verhalten uns irrational, sobald Emotionen im Spiel sind.

Der hohe Preis unserer Risikoscheu bei Gewinnen und Risikofreude bei Verlusten

Dieses Experiment zeigt brutal deutlich, dass unsere natürliche Entscheidungstendenz uns teuer zu stehen kommt. Wir sichern uns zu früh kleine Gewinne, anstatt große Chancen zu nutzen. Und wir riskieren große Verluste, anstatt frühzeitig die Reißleine zu ziehen.

Kahneman und Tversky bewiesen damit endgültig, dass das Modell des Homo oeconomicus nicht der Realität entspricht. Doch was bedeutet das für uns als Trader?

Die Parallele zum Trading – warum wir oft die falsche Entscheidung treffen

In meinen Seminaren treffe ich immer wieder auf Schüler, die sagen: »Ich würde natürlich rational entscheiden und BC wählen.« Doch ich habe meine Zweifel. Ich erinnere mich an eine berühmte Geschichte über Paul Samuelson, einen der größten Ökonomen aller Zeiten.

Er fragte einen Freund: »Würdest du eine Wette eingehen, bei der du 1.000 US-Dollar verlieren oder 2.000 US-Dollar gewinnen kannst?«

Mathematisch gibt es keine Diskussion – die Wette ist absolut vorteilhaft. Doch der Freund schüttelte den Kopf und antwortete: »Ich werde nicht wetten, weil ich den Schmerz eines 1.000-US-Dollar-Verlusts stärker spüren würde als die Freude über einen 2.000-US-Dollar-Gewinn.«

Dann fügte er hinzu: »Ich würde nur wetten, wenn du mir 100 solcher Wetten anbietest.« Was lernen wir daraus? Bietet man uns nur eine einzige Wette an, dann wissen wir, dass wir verlieren können – und dieser Schmerz wiegt schwer. Im Trading legen wir häufig den Fokus auf einen einzigen Trade und nehmen Trades nicht als eine andauernde »Lotterie« mit positivem Erwartungswert wahr. Somit verhalten wir uns FALSCH, wenn es darum geht, risikofreudig bei Gewinnen zu sein.

Die Lektion für uns Trader: Warum wir Menschen nicht rational sind

Wer jeden Trade als Einzelfall sieht, handelt emotional. Wer es als ein langfristiges Spiel betrachtet, kann es rational spielen. Denn der wahre Preis der Entscheidungen, die aus einer natürlichen Intuition heraus gefällt werden, ist hoch. Doch wenn wir das verstehen, können wir uns davor schützen. Die Erkenntnis lautet: In der Gewinnsituation sind wir risikoavers. In der Verlustsituation sind wir risikofreudig. Das bedeutet:

- Wenn wir Gewinne vor uns sehen, nehmen wir lieber den Spatz in der Hand, statt auf den großen Wurf zu spekulieren.
- Wenn wir Verluste vor uns sehen, sind wir bereit, große Risiken einzugehen, nur um sie zu vermeiden.

Und genau hier liegt der Grund, warum so viele Trader scheitern! Sie schneiden Gewinne früh ab, um sie zu sichern. Sie halten an Verlusten fest, weil sie das Risiko eingehen, dass sich der Markt doch noch dreht.

Das ist keine rationale Entscheidung, sondern eine tief verwurzelte emotionale Reaktion, die uns als Menschen evolutionär geprägt hat.

Prospect Theory – warum unser Gehirn uns austrickst

Kahneman und Tversky fassten diese Erkenntnisse in ihrer Prospect Theory (1979) zusammen. Kahneman wollte genau herausfinden, wie stark Menschen Verluste empfinden. Er führte eine Reihe von Experimenten durch, in denen er Individuen vor eine einfache Frage stellte:

»Wie hoch müsste dein Gewinn sein, damit du bereit bist, eine 50-prozentige Chance auf einen Verlust von 100 Dollar einzugehen?«

Die häufigste Antwort lautete: 200 Dollar.

Das bedeutet: Menschen verlangen mindestens das Doppelte eines möglichen Verlustes, um sich überhaupt auf das Risiko einzulassen. Denn bei einer 50-Prozent-Wahrscheinlichkeit reicht ein Gewinn von 100 Dollar. Statistisch gesehen ergibt das keinen Sinn, denn der faire Wert einer solchen Wette wäre nur 100 Dollar Gewinn für 100 Dollar Verlust. Doch die emotionale Gewichtung eines Verlustes ist so groß, dass Menschen eine zweifach höhere statistische Absicherung benötigen, um sich wohlzufühlen.

Das nennt sich Verlustaversion – und sie beeinflusst unser Verhalten in fast jeder Lebenslage, ob wir es merken oder nicht. Kahnemann und Tversky haben gezeigt, dass wir Verluste viel stärker empfinden als Gewinne – ungefähr doppelt so stark. Verlieren tut einfach weh. Unsere internen Programme sind evolutionär darauf ausgelegt, NICHT zu verlieren. Zu Zeiten, in denen wir Menschen im Wald mit Keule und Bärenfell herumliefen, war es lebensgefährlich, etwas zu verlieren.

Ein Verlust von 100 Euro tut psychologisch mehr weh, als ein Gewinn von 100 Euro uns Freude bereitet. Deshalb sind wir bereit, große Risiken einzugehen, um Verluste zu vermeiden – und genau das ist unser größter Feind im Trading.

Was bedeutet das für dich als Trader?

1. **Gewinne laufen lassen, statt sie früh mitzunehmen.**
   → Dein Gehirn wird dir sagen: »*Schnell, nimm den Gewinn mit!*«
   → Aber ein gutes CRV (Chance-Risiko-Verhältnis) impliziert, dass du Trades **nicht zu früh schließen solltest**.

2. **Verluste begrenzen, statt sie laufen zu lassen.**
   → Dein Gehirn wird dir sagen: »*Warte noch, vielleicht dreht der Markt!*«
   → Doch das ist genau die psychologische Falle, die dazu führt, dass Verluste immer größer werden.

3. **Einem klaren Trade-Management-Plan folgen.**
   → Wenn du keine festen Regeln hast, wirst du **instinktiv Fehler machen**.
   → Emotionen steuern dich, wenn du im Trade bist – deshalb musst du **vorher wissen, was du tun wirst**.

FAZIT: DU KANNST GEGEN DEINE PSYCHOLOGISCHE VERANLAGUNG GEWINNEN

Der Homo oeconomicus ist eine Illusion. Die Menschen handeln nicht rational – und das gilt besonders für Trader. Kahnemans Forschung zeigt, warum so viele Trader systematisch verlieren – weil ihre Psychologie gegen sie arbeitet. Doch wer diese Mechanismen versteht, kann sich davor schützen und zum disziplinierteren Trader werden. Denn am Ende zählt nicht nur, wie gut du den Markt analysieren kannst – sondern, ob du in der Lage bist, dich selbst zu kontrollieren.

Dazu musst du dein evolutionäres Programm im Kopf überschreiben. Ich bin auch nicht als Trader auf die Welt gekommen. Ich habe das Verlust-Experiment auf einem Seminar bei Van Tharp in den 1990er-Jahren gemacht und natürlich auch die falsche Wahl getroffen. Auch ich war risikofreudig bei Verlusten und risikoavers bei Gewinnen.

Wenn wir ein mentales Programm ändern wollen, dann reicht es nicht, zu verstehen, was wir ändern wollen. Ansonsten würde sich jeder richtig gesund ernähren und ausreichend bewegen. Ein neues Verhalten zu lernen, bedeutet, wir müssen es trainieren. Wie kann man ein neues Verhalten trainieren?

Solange wir noch nicht im Markt sind, sind wir rational. Wir können einen Markt analysieren, Setups bewerten und vermeintlich kluge Entscheidungen treffen. Denn solange wir keinen Trade eröffnet haben, haben wir auch nichts zu verlieren.

Doch in dem Moment, in dem wir eine Position eröffnen, ändert sich alles. Unser Kapital ist nun gebunden, und plötzlich sind wir emotional betroffen. Jetzt wird jeder Tick im Chart nicht mehr neutral betrachtet – sondern als potenzieller Gewinn oder Verlust. Wenn der Trade ins Plus läuft, steigt die Angst, den Gewinn wieder zu verlieren. Wenn der Trade ins Minus läuft, steigt die Hoffnung, dass er sich doch noch erholt. Und genau hier versagen die meisten Trader.

- Sie schließen Gewinne zu früh, weil sie Angst haben, dass der Markt sich gegen sie wendet.
- Sie halten Verluste zu lange, weil sie hoffen, dass der Markt noch dreht.

Was rational begonnen hat, wird plötzlich zu einem rein emotionalen Kampf. Genau deshalb ist ein Trade-Management-Plan unerlässlich. Denn ein guter Trader handelt nicht nach Bauchgefühl, sondern nach einem klaren Plan. Der Trade-Management-Plan legt vor dem Einstieg fest:

- **Wann der Trade beendet wird – im Gewinn und im Verlust.**
- **Wie groß die Positionsgröße sein darf.**
- **Wann ein Stopp angepasst wird oder nicht.**
- **Wie Gewinne mitgenommen werden – ob durch Teilverkäufe oder nach dem Erreichen eines festen Zieles.**

Das bedeutet: Sobald die Position eröffnet ist, gibt es **keine emotionale Entscheidung mehr**. Keine impulsiven Gewinnmitnahmen. Kein »Nur noch ein bisschen weiter halten«. Keine nachträglichen Änderungen der Strategie. Denn der größte Feind des Traders ist nicht der Markt – sondern die eigene Psyche.

DER FEHLER DER NEW YORKER TAXIFAHRER: WIE VERLUSTAVERSION UNSER EINKOMMEN BEEINFLUSST

Kahnemans Theorie wurde Jahre später von Colin Camerer, einem Ökonomen am California Institute of Technology, weiter bestätigt.

Er untersuchte das Verhalten von New Yorker Taxifahrern, die ein flexibles Einkommen hatten, weil ihre Einnahmen direkt von der Nachfrage abhingen.

Ein rationaler Mensch würde erwarten: An Tagen mit hoher Nachfrage sollten Taxifahrer möglichst lange arbeiten, um möglichst viel zu verdienen. An Tagen mit niedriger Nachfrage sollten sie früher aufhören, weil sich die Arbeit kaum lohnt. Doch was passierte tatsächlich? Die Taxifahrer handelten genau andersherum:

- Sie setzten sich ein tägliches Einkommensziel – eine feste Summe, die sie verdienen wollten.
- An Tagen mit wenig Nachfrage arbeiteten sie viel länger, um dieses Ziel zu erreichen.
- An Tagen mit hoher Nachfrage hörten sie früher auf, sobald sie ihr Tagesziel erreicht hatten – obwohl sie viel mehr hätten verdienen können.

Das klingt verrückt, oder? Doch genau dieses Verhalten sieht man auch bei vielen Tradern.

DER VERGLEICH: TRADER, DIE SICH TÄGLICHE GEWINNZIELE SETZEN

Viele Trader begehen den gleichen Fehler wie die New Yorker Taxifahrer: Sie setzen sich ein tägliches Gewinnziel – zum Beispiel 500 Euro pro Tag. Wenn sie dieses Ziel früh erreichen, hören sie auf zu traden, obwohl der Markt gerade perfekt zugunsten ihres Systems läuft. Wenn sie im Minus sind, versuchen sie mit aller Kraft, das Tagesziel doch noch zu erreichen – und fangen an, übermäßig zu traden oder unnötige Risiken einzugehen. Das ist genau die verkehrte Strategie.

Wenn der Markt sich zugunsten deines System entwickelt, solltest du länger traden, nicht früher aufhören! Wenn der Markt schlecht für dein System läuft, solltest du kürzertreten – nicht versuchen, verlorenes Geld um jeden Preis zurückzuholen.

Doch genau das fällt uns schwer. Denn unser Gehirn sagt uns: »Du kannst den Tag nicht mit einem Minus beenden!« Und genau dieser Gedanke ist der Grund, warum so viele Trader scheitern.

DER ENTSCHEIDENDE FEHLER: VERLUSTE EMOTIONAL, GEWINNE MATHEMATISCH BETRACHTEN

Wenn wir gewinnen, denken wir mathematisch: »Ich habe mein Ziel erreicht, Zeit aufzuhören.« Wenn wir verlieren, denken wir emotional: »Ich muss das Geld zurückholen!« Doch man muss es genau andersherum machen!

- Trading ist ein statistisches Spiel.
- Es gibt keine Garantie, dass man jeden Tag Geld verdient.
- Doch wer seinen Vorteil konsequent ausspielt, verdient langfristig Geld.

Ein professioneller Trader sagt nicht: »Ich muss heute 500 Euro machen.« Er sagt: »Ich trade, solange mein Setup passt. Wenn der Markt ideal läuft, dann trade ich weiter. Wenn nicht, dann höre ich auf.«

DIE VIER PHASEN EINES TRADES

Jeder Trade durchläuft vier Phasen. Die Vorstellung, maximalen Gewinn mit minimalem Risiko erzielen zu können, widerspricht grundlegenden ökonomischen Gesetzen. Kein Risiko einzugehen, bedeutet, keinen Gewinn zu erzielen. Ein hohes Risiko einzugehen, bietet wiederum die Möglichkeit auf hohe Gewinne, aber auch auf große Verluste. Deshalb ist ein systematisches Trade-Management essenziell. Betrachten wir nun die einzelnen Phasen genauer.

1. DIE RISIKO-PHASE – ZIEL: DAS RISIKO REDUZIEREN

Jeder Trade startet mit Risiko. Unabhängig von der Analyse besteht immer die Möglichkeit, dass der Markt gegen die gerade eröffnete Position läuft. In dieser Phase geht es darum, das Risiko aktiv zu kontrollieren:

- **Trailing Stopps**: Diese helfen, den Trade aus dem Risiko zu bringen, wenn sich der Markt in die gewünschte Richtung bewegt. Der Stopp kann schrittweise Richtung Einstand verlagert werden, bis die Break-even-Phase erreicht ist.
- **Scale-out**: Eine noch effektivere Methode zur Risikokontrolle ist die aktive Reduktion der Positionsgröße im Verlustfall. Warum bis zum Stopp warten? Falls sich der Markt gegen die Position bewegt, kann es sinnvoll sein, einen Teil der Position zu reduzieren. Ein einfacher Ansatz: Wird die Hälfte des Weges zwischen Einstieg und Stopp erreicht, wird die Hälfte der Position

verkauft. Das senkt das Gesamtverlustrisiko, denn je näher der Preis dem Stopp kommt, desto wahrscheinlicher wird das Erreichen des Stopps. Eine solche Strategie kann das maximale Verlustrisiko auf -0,75 Risikoeinheiten reduzieren, anstatt 100 Prozent des geplanten Risikos zu verlieren.

2. DIE BREAK-EVEN-PHASE – ZIEL: DAS RISIKO AUF NULL SETZEN

Sobald sich der Trade in die erwartete Richtung bewegt, wird das Risiko weiter minimiert. Eine einfache Regel: Sobald der Markt eine bestimmte Gewinnschwelle erreicht, wird der Stopp auf Break-even gesetzt. Beispiel: Bei einem Kauf auf 100 mit einem Stopp bei 80 sollte spätestens bei 120 der Stopp auf Einstand nachgezogen werden.

Der Gedanke dahinter: Wenn ein 20-Punkte-Stopp am Anfang des Trades sinnvoll war, sollte er auch später die richtige Absicherung bieten.

3. DIE GEWINNSICHERUNGS-PHASE – ZIEL: GEWINNE ABSICHERN, ABER DEM TRADE WEITERHIN RAUM GEBEN

Hier wird oft mit **Trailing Stopps** gearbeitet. Sie sollten sich den Marktbedingungen anpassen. Zwei bewährte Methoden sind:

- **Marktstruktur-Trailing Stopp**: Ein Trend zeigt sich durch steigende Hochs und Tiefs. Mit jedem neuen höheren Tief kann der Stopp auf das betreffende Niveau nachgezogen werden. Ein Bruch dieser Struktur signalisiert eine Trendwende.
- **Supertrend-Indikator**: Dieser Indikator basiert auf Volatilität und Marktpreis. Er errechnet sich aus einem Multiplikator (zum Beispiel 2,618) der ATR (Average True Range) und gibt einen dynamischen Stopp vor. Er eignet sich besonders gut für dynamische Trends und hilft dabei, Gewinne konsequent zu sichern, ohne zu früh auszusteigen.

Der Vorteil beider Methoden: Der Markt entscheidet, wann der Trade beendet wird, und es wird vermieden, Gewinne zu früh zu begrenzen.

4. DIE GEWINNMAXIMIERUNGS-PHASE – ZIEL: DEN GESAMTGEWINN ALLER TRADES OPTIMIEREN

Bereits bei der Entry-Planung wird ein realistisches Kursziel definiert. In Trendmärkten kann der Preis jedoch deutlich über dieses Ziel hinauslaufen. Deshalb wird in der Nähe des Kursziels ein aggressiverer Trailing Stopp genutzt, um den maximalen Gewinn zu realisieren, ohne zu viel von den bereits erzielten Gewinnen abzugeben. Eine mögliche Methode ist die Anpassung des **Supertrends auf eine kleinere Zeiteinheit**, um schneller auf Marktveränderungen zu reagieren.

Achtung: Diese Strategie ist nicht in jeder Marktphase sinnvoll. In volatilen, unruhigen Märkten kann es besser sein, Gewinne konsequent mitzunehmen. In starken Trendphasen hingegen sollte das Gewinnpotenzial maximal ausgereizt werden.

Ein oft gehörter Börsenspruch lautet: »An Gewinnmitnahmen ist noch niemand gestorben.« Doch zu frühe Gewinnmitnahmen führen dazu, dass das volle Potenzial nicht genutzt wird. Erfolgreiches Trading bedeutet, durchschnittlich große Gewinne und kleine Verluste zu realisieren.

Fazit: Die meisten Fehler im Trading entstehen durch ein unsystematisches Trade-Management. Viele Trader haben keine klare Strategie, um Gewinne wiederholbar laufen zu lassen. Der Unterschied zwischen einem Amateur und einem Profi liegt nicht nur im Einstieg, sondern vor allem im konsequenten und disziplinierten Management des gesamten Trades. Die folgende Grafik verdeutlicht diesen Unterschied: Beide können den gleichen Einstieg haben, doch der Profi nimmt mehr vom potenziellen Gewinn mit als der Amateur.

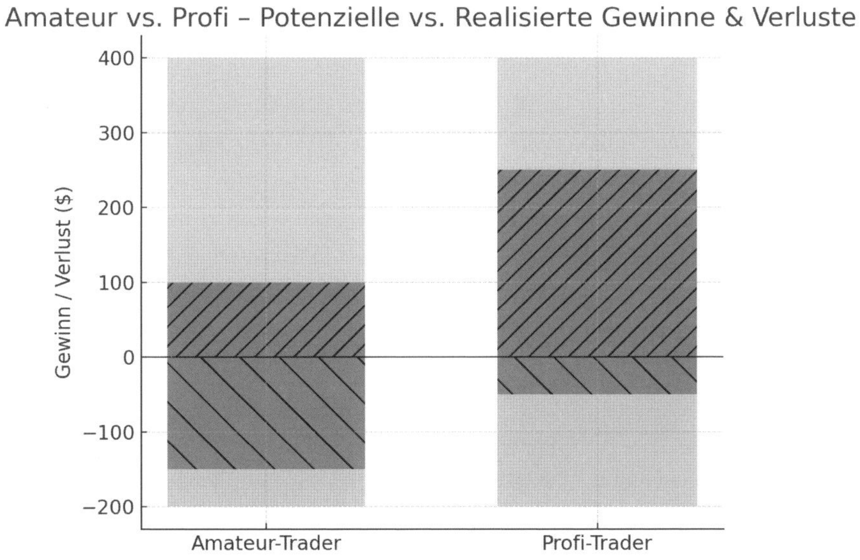

In dunkelgrau abgebildet wird der potenzielle Gewinn, in hellgrau der potenzielle Verlust. Die gestreiften Flächen verdeutlichen, wie der Amateur im Gegensatz zum Profi agiert.

TRADING-JOURNAL ALS CHECK-UP – KEINE KÜR, SONDERN PFLICHT!

Als eine ungeliebte Pflicht betrachten es viele Trader, ein Trading-Journal zu führen. Ich halte es aber für unabdingbar – und erläutere gern, welchen Nutzen es bringt.

DER CHECK-UP – MEIN KAMPF MIT DEM TRADING-JOURNAL

Schon als Kind war ich jemand, der Regeln gern dehnte und Pflichten umging. In der Schule mochte ich Hausaufgaben nicht. Sie schienen mir eine überflüssige Qual zu sein, eine Kette, die mich an den Schreibtisch fesselte, während draußen das Leben tobte. Warum sollte ich Zeit mit dem stupiden Lösen von Matheaufgaben verschwenden, wenn ich doch viel lieber auf Bäume kletterte oder mit meinen Freunden herumtobte? Lernen konnte ich doch auch im Unterricht – dachte ich zumindest. Der Drang nach Freiheit, nach Spontaneität, war stärker als die Einsicht, dass Disziplin auf lange Sicht Vorteile bringen könnte.

Ich sträubte mich sogar physisch gegen Hausaufgaben. Da ich schlecht in Rechtschreibung war, wollte meine Mutter jeden Tag fünf Minuten lang ein Diktat mit mir schreiben – fünf Minuten meiner wertvollen Freizeit. Schon nach dem ersten Satz schmerzte mein Arm vom Schreiben. Natürlich gab es dafür keine anatomische Ursache, sondern der Grund war einfach nur mein innerer Widerstand. Ich kritzelte mit unleserlicher Schrift, um schnell fertig zu werden – nur um noch mehr Fehler im Diktat zu haben. Außerdem konnte meine Mutter meine Krakelschrift kaum lesen. Aus den fünf Minuten wurden mit Korrekturen oft 15 Minuten.

Jahre später, als ich ins Trading einstieg, hatte ich mich in vielen Dingen weiterentwickelt – aber mein innerer Widerstand gegen Dokumentation und Selbstdisziplin war bestehen geblieben. Trading war für mich von Anfang an pure Faszination: Die Märkte zu beobachten, Muster zu erkennen, Entscheidungen zu treffen – all das fühlte sich an wie ein großes Strategiespiel. Es war Adrenalin, Spannung, Aktion. Aber genau wie in der Schule hatte ich wenig Lust, mich mit den langweiligen Aspekten auseinanderzusetzen. Ein Trading-Journal führen? Das fühlte sich an wie die ungeliebten Hausaufgaben. Wer braucht schon Buchhaltung, wenn er das Gespür für den Markt hat?

Ich war ein sehr aktiver Trader, ein Day-Trader. Ich versuchte mich immer wieder herauszureden, dass ich gar keine Zeit hatte, meine Trades zu dokumentieren. Doch das war nicht die Wahrheit. Stattdessen verbrachte ich Stunden damit, auf die Charts zu starren – wie in einen spannenden Film vertieft, während ich die eigentliche Arbeit, meine »Hausaufgaben«, beiseiteschob.

Ich handelte drauflos. Anfangs machte ich Gewinne, dann Verluste, dann wieder Gewinne. Immerhin lief es nicht katastrophal – also, wozu ein Journal? Doch tief in mir spürte ich, dass ich immer wieder die gleichen Fehler machte. Ich blieb zu lange in schlechten Trades, verkaufte zu früh, wenn es gut lief, und ließ mich von Emotionen leiten. Aber das einzugestehen, hätte bedeutet, mich selbst im Spiegel zu betrachten. Und wer will das schon tun, wenn er ahnt, dass das Bild, das ihn anblickt, nicht das ist, was er sehen will?

In den 1990er-Jahren probierte ich alles aus, um mein Trading zu verbessern. Bücher, Seminare, Strategien – doch nichts brachte mir die gewünschte Durchbruchserkenntnis. In meiner Verzweiflung wandte ich mich schließlich an einen Psychologen, der für seine Arbeit mit Tradern bekannt war: Dr. Van Tharp. Ich buchte ein teures Einzelcoaching bei ihm, voller Hoffnung, dass er mir endlich würde helfen können. Ich schilderte ihm meine Probleme, erzählte ihm von meinen Schwierigkeiten mit der Disziplin, von meiner Impulsivität und meiner Frustration über immer wiederkehrende Fehler.

Van Tharp hörte mir ruhig zu, ließ mich ausreden und stellte mir dann zwei einfache Fragen: »Kannst du mir deinen Trading-Plan zeigen? Und wo ist dein Trading-Tagebuch?«

Mir stockte der Atem. Natürlich hatte ich weder das eine noch das andere. Ich wollte doch handeln, nicht schreiben! Was sollte ein Tagebuch schon ändern? Van Tharp nickte verständnisvoll, doch seine Antwort war unmissverständlich: »Ich kann dir nicht helfen, wenn du diese beiden Dinge nicht hast.«

Er erklärte mir, warum: Ein Trading-Plan sei die Landkarte eines Traders, das Regelwerk, das ihm Orientierung biete. Ohne Plan sei Trading nicht viel mehr als Glücksspiel. Und ein Trading-Tagebuch? Das sei der Spiegel der eigenen Psyche. Wer nicht dokumentiere, wie und warum er eine Entscheidung getroffen habe, könne nie wirklich verstehen, was funktioniere und was nicht. »Wenn du nicht aufzeichnest, was du tust, wirst du immer wieder dieselben Fehler machen – ohne es zu merken.«

Ich startete mehrere Versuche, ein Trading-Tagebuch zu führen. Mal hörte ich auf, weil mich die Verluste nervten. Mal machten mich Gewinne übermütig. Mal war es mir einfach zu mühselig. Ich fand immer wieder eine neue Ausrede. Manche Trader denken, sie hätten ja ihre Kontoauszüge – doch die verraten dir nur, ob du gewonnen oder verloren hast, nicht wie und warum. Sie zeigen nichts über deine Muster, deine Fehler oder deine Emotionen. Sie sind völlig ungeeignet, um über dein Trading etwas auszusagen.

Ich hatte einen absoluten inneren Widerstand, ein Tagebuch zu führen. Außerdem hielt ich mich wahrscheinlich für besonders. Genau wie damals in der Schule dachte ich, dass ich nicht viel lernen musste, um erfolgreich zu sein. Ich verließ mich auf mein Talent, mein Bauchgefühl – und das war natürlich der größte Irrtum meines Lebens.

Und genau hier lag das eigentliche Problem: Mein Unterbewusstsein sträubte sich gegen das Trading-Journal, selbst wenn ich rational wusste, dass es mir helfen würde. Es war der Schutzmechanismus meines Egos. Solange ich keine klaren Daten hatte, konnte ich mir selbst einreden, dass meine Fehler nicht so schlimm waren, dass die Verluste nur Pech waren oder dass ich einfach nur den richtigen »Flow« finden musste. Ein Trading-Journal hätte mich zur Verantwortung gezogen, mich mit meinen wahren Schwächen konfrontiert – und genau davor hatte ich Angst.

Ich hatte also unterbewusst Angst vor meinen Schwächen, weil ich ein sehr geringes Selbstwertgefühl hatte. Mir war das gar nicht so bewusst, aber ein Test im Coaching mit Van Tharp brachte es zutage. Erst wollte ich das nicht wahrhaben, doch je mehr ich darüber nachdachte, desto mehr erkannte ich, dass ich mich selbst belogen hatte. Ich identifizierte Überzeugungen über mich selbst auf der Ebene meiner Identität.

Es gibt verschiedene Ebenen von Glaubenssätzen: Überzeugungen über die Umgebung, über das eigene Verhalten, die eigene Kapazität, die eigenen Werte, die eigene Identität und Spiritualität. Das Interessante ist, dass diese Ebenen aufgebaut sind wie eine Pyramide aus Dosen. Oben ist es leicht, Überzeugungen auszuwechseln. Glaubenssätze über die Umgebung beantworten etwa Fragen wie: »Welche Zahnpasta ist die beste?« oder im Trading: »Welche Chart-Darstellung soll ich verwenden?« Ein überzeugender Vortrag oder eine gute Werbung reicht aus, um diese Glaubenssätze zu verändern. Schwieriger wird es, wenn du tiefer gehst.

Überzeugungen über dich selbst erfordern eine intensive Arbeit an deiner Persönlichkeit. Doch genau wie ein Dosenstapel zusammenbricht, wenn man unten eine Dose herauszieht, so ändern sich auch alle Überzeugungen, wenn es dir gelingt, deine Identitäts-Glaubenssätze zu verändern. Genau das machte Van Tharp mit mir. Dadurch, dass ich an meinem Selbstwert arbeitete, änderten sich viele andere Dinge, die augenscheinlich gar nicht damit zusammenhingen.

So erging es mir auch mit dem Führen eines Trading-Journals. Erst als ich meine tief verwurzelten Zweifel und Unsicherheiten erkannte und sie aktiv anging, konnte ich meine Blockade durchbrechen. Ich begann, mich nicht mehr als jemanden zu sehen, der sich durchwurschtelt, sondern als einen professionellen Trader, der seine Entscheidungen reflektiert und bewusst steuert.

Van Tharp wandte folgende Techniken bei mir an, um mein Selbstwertgefühl zu stärken und meine Blockaden aufzulösen:

1. **Aufdecken und Verändern limitierender Glaubenssätze:** Ich musste erkennen, dass ich mein eigenes Scheitern unbewusst als Bestätigung meiner Schwächen ansah, anstatt es als Chance zur Verbesserung zu begreifen.

2. **Arbeit an der Identitätsebene:** Indem ich mich selbst als professionellen Trader betrachtete, wurde das Führen eines Journals zur logischen Konsequenz.

3. **Konfrontation mit der Wahrheit auf sanfte Weise:** Ich lernte, meine Fehler als Datenpunkte zu betrachten, nicht als persönliche Niederlagen.

4. **Positive Verankerung:** Statt das Journal als lästige Pflicht zu sehen, wurde es zu einem Werkzeug, das mir half, meine Fortschritte zu erkennen und meine Erfolge zu feiern.

5. **Übertragung der Veränderung auf andere Lebensbereiche:** Ein gestärktes Selbstwertgefühl beeinflusste nicht nur mein Trading, sondern wirkte sich auch positiv auf meine Disziplin, meine Geduld und meine langfristige Strategie aus.

Die Lösung bestand nicht darin, mich weiter zu belügen, sondern die Hürde so niedrig wie möglich zu legen. Anstatt ein kompliziertes, detailliertes Journal zu führen, begann ich mit einfachen Notizen. Ich schrieb nur die wichtigsten Dinge auf: Warum habe ich den jeweiligen Trade gemacht? Was fühlte ich dabei? Wie habe ich mich nach dem Trade gefühlt? Schon nach wenigen Wochen bemerkte ich eine Veränderung. Ich erkannte Muster, sah, wo meine Emotionen mich ausbremsten, wo ich planlos agierte.

Warum sich mein Selbstwert direkt auf mein Journal auswirkte

Mein ursprüngliches Problem war nicht das Schreiben an sich – sondern die Angst vor der Wahrheit. Mit einem geringen Selbstwert ist es leichter, Fehler zu verdrängen, als sie zu analysieren. Doch durch die Arbeit mit Van Tharp veränderte sich mein Selbstbild:

- ► **Glaubenssätze wurden umprogrammiert:** Das Journal wurde von einem Feind zu einem Werkzeug der Verbesserung.
- ► **Meine Identität als Trader veränderte sich:** Ein professioneller Trader dokumentiert. Punkt.
- ► **Fehler wurden von Emotionen befreit:** Sie waren keine Niederlagen mehr, sondern Lernchancen.
- ► **Das Journal wurde mit positiven Emotionen verknüpft:** Es zu führen, war nicht mehr eine Pflicht, sondern ein Schlüssel zum Wachstum.
- ► **Die Veränderung übertrug sich auf andere Bereiche:** Ich wurde disziplinierter, reflektierter und strategischer – nicht nur im Trading, sondern auch im Leben.

Mein Durchbruch kam, als ich das Journal nicht mehr als Strafe, sondern als Werkzeug sah. Ich lernte, dass Disziplin nicht bedeutet, sich selbst zu quälen, sondern sich selbst zu helfen. Seitdem ist das Trading-Journal fester Bestandteil meines Check-up-Prozesses – die Landkarte, die mir den Weg zu konstantem Erfolg zeigt.

Ich gebe zu: Noch immer ist das Trading-Tagebuch der Teil im Trading, der mir nicht so wirklich Spaß macht. Aber darum geht es auch nicht. Ich bin ein professioneller Trader, kein Zocker. Im Fußball wird ein Bundesliga-Spieler auch den einen oder anderen Teil seines Trainingsplanes nicht so sehr mögen. Vielleicht hat er keine Lust auf Athletik-Training. Aber er verdient sein Geld mit dem Sport, es ist kein Hobby für ihn, und somit braucht er eine professionelle Einstellung. Eine solche muss auch jeder erlangen, der ernsthaft mit Trading Geld gewinnen will. Eigentlich kannst du schon an der simplen Tatsache, ob jemand bereit ist, ein Trading-Tagebuch zu führen oder nicht, erkennen, ob er nur zum Spaß als Zeitvertreib sein Trading betreibt oder professionell Geld verdienen will. Hobbys kosten Geld.

Ich wurde zumindest neugieriger auf mich selbst. Ich wollte mehr wissen, tiefer ergründen, warum ich tat, was ich tat. Mein Tagebuch begann, ausführlicher zu werden. Neben den rein technischen Informationen – wo ich einstieg, mit welchem Risiko, welcher Strategie und welchem Plan – ergänzte ich es schon bald um mentale Aspekte. Was hatte ich gesehen, gefühlt, gedacht, gespürt? Wie hatte ich reagiert? Das einst verhasste Tagebuch wurde zu einem Schatz für mich, einer Quelle der Erkenntnis und einem wertvollen Begleiter auf meinem Weg zum professionellen Trading.

DEIN TRADING-TAGEBUCH: DEIN WEG ZUR KONTINUIERLICHEN VERBESSERUNG

Ein Trading-Tagebuch ist eines der wichtigsten Werkzeuge, um als Trader langfristig erfolgreich zu sein. Es hilft dir, deine Trades zu analysieren, Muster zu erkennen und dein Verhalten am Markt zu optimieren. Die TradAc stellt dir dafür mit dem **Trade Tracer** ein automatisches Planungstool zur Verfügung, das deine Einträge effizient organisiert und dir wichtige Kennzahlen aufbereitet.

Warum ein Trading-Tagebuch führen?

- **Strukturierte Nachbereitung**: Du erkennst, welche Strategien funktionieren und welche nicht.
- **Selbstreflexion**: Du verstehst deine eigenen Stärken und Schwächen im Trading.
- **Verbesserung der Disziplin**: Ein geordnetes Tagebuch zwingt dich dazu, deine Regeln zu befolgen.
- **Identifikation von Fehlern**: Du kannst analysieren, ob deine Verluste durch falsche Entscheidungen oder Marktschwankungen entstanden sind.

WIE ARBEITEST DU MIT EINEM TRADING-TAGEBUCH?

Vor dem Trade: Planung

Trage ein, welche Strategie du umsetzen willst, warum du den jeweiligen Trade eingehen möchtest und welche Parameter du festlegst:

- **Einstiegssignal**: Warum gehst du den Trade ein?
- **CRV (Chance-Risiko-Verhältnis)**: Was ist dein geplantes CRV?
- **Risikomanagement**: Welches Risiko gehst du ein (zum Beispiel Prozent des Kontos)?
- **Fundamentale Bestätigung**: Wird der Trade von fundamentalen Daten gestützt?

Während des Trades: Beobachtung

Notiere, ob du an deinem Plan festgehalten hast oder ob du Anpassungen vorgenommen hast.

- Hat sich die Marktlage verändert?
- Gab es unerwartete News?
- Wie hast du emotional auf den Trade reagiert?

Nach dem Trade: Analyse
Nach jedem Trade analysierst du deine Performance:

- **Trefferquote**: Wie viele Trades waren erfolgreich?
- **Geplantes versus realisiertes CRV**: Wurden deine Erwartungen erfüllt?
- **Realisiertes CRV der Gewinn- und Verlusttrades**: Diese beiden Werte zeigen dir sofort, wo du dich verbessern kannst – ähnlich wie ein Arzt beim Blutbild erkennst du sofort Muster und Schwachstellen.
- **Risikomanagement**: War dein Risiko gut kalkuliert oder hast du es unterschätzt?
- **Emotionale Kontrolle**: Gab es emotionale Entscheidungen, die den Trade beeinflusst haben?

WICHTIGE ERKENNTNISSE AUS DEM TAGEBUCH

Indem du dein Trading-Tagebuch konsequent führst, kannst du:

- Muster in deinem Trading-Verhalten erkennen
- Stärken und Schwächen deiner Strategie identifizieren
- dein Risiko besser managen
- deine Disziplin verbessern und emotionale Entscheidungen minimieren

Keep it simple – aber effektiv! Dein Trading-Tagebuch muss nicht kompliziert sein, aber einige essenzielle Werte sollte es dir in jedem Fall liefern. Gerade das **realisierte CRV deiner Gewinn- und Verlusttrades** gibt dir einen schnellen Überblick über deine Performance und Ansatzpunkte zur Optimierung.

FAZIT

Das Führen eines Trading-Tagebuchs ist ein essenzieller Bestandteil eines erfolgreichen Trading-Prozesses. Nutze den **Trade Tracer**, um deine Trades effizient zu dokumentieren und wertvolle Erkenntnisse zu gewinnen. Durch konsequente Analyse wirst du deine Performance steigern und langfristig profitabler handeln.

KAPITEL 12

DER TRADE TRACER – DEIN WERKZEUG FÜR WIEDERHOLBARE PROFITABILITÄT

Der **Trade Tracer** ist eine von der TradAc (European Trading Academy AG) entwickelte Software, die Trader dabei unterstützt, wiederholbar profitabel zu handeln. Sie bildet den gesamten Trading-Prozess ab und führt den Trader Schritt für Schritt durch seine Entscheidungen.

DIE TÄGLICHE MARKTANALYSE

Jeden Tag analysiert der Trader mithilfe des Trade Tracers den Trend auf der Handelsebene und der übergeordneten Ebene. Die übergeordnete Ebene ist eine Zeiteinheit höher und kann mit einer Saison verglichen werden. Wenn beide Trends in die gleiche Richtung zeigen, verlaufen die Trends dynamischer und stabiler. Diese Analyse dient dazu, den Vorteil im Markt zu erkennen.

Je nachdem, wie stark das Trendverhalten des Marktes ist, ergibt sich für den Trader eine **Gangschaltung**. Das Trendverhalten wird durch Marktphasen bestimmt:

- **Trendy:** Hochs und Tiefs überschneiden sich nicht.
- **Choppy:** Hochs und Tiefs überschneiden sich.

Diese Informationen reichen aus, um die Trendstärke zu bestimmen und eine Gangschaltung vom Trade Tracer vorgeschlagen zu bekommen. Der Trade Tracer gibt dann an, in welchem Gang gehandelt werden sollte, welche CRVs günstig sind, ob du Gewinne laufen lassen solltest und wo der beste Einstiegspunkt liegt. Dies gewährleistet ein hohes Maß an Wiederholbarkeit – wenn du in denselben Situationen immer gleich handelst, solltest du langfristig konsistente Ergebnisse erzielen.

TRADE-PLANUNG MIT DEM TRADE TRACER

Nach der Marktanalyse kann der Trader mithilfe des Trade Tracers die **Trade-Planung** vornehmen. Dabei werden folgende Punkte festgelegt:

- **Einstiegspunkt**
- **potenzielles Kursziel**
- **Stopp-Loss-Level**

Da der Trade Tracer gleichzeitig als Trading-Tagebuch dient und den Kontostand des Traders kennt, schlägt er automatisch die optimale Positionsgröße vor. Der Trader kennt nun alle wichtigen Parameter und kann mit der Planung des Trade-Managements beginnen.

TRADE-MANAGEMENT-PLAN

Im Trade-Management-Plan legt der Trader fest:

- **Scale-out-Strategien** in der Risikophase
- **Trailing Stopps** für Gewinnsicherung
- **Break-even-Management**
- **Gewinnsicherungs- und Gewinnmaximierungsstrategie**

Der Trader definiert **Marktmarken**, an denen bestimmte Phasen beginnen, sodass er Aktionspunkte hat, um sein Trade-Management entsprechend anzupassen. Alle diese Informationen werden für jeden Trade gespeichert.

DER TRADE TRACER ALS FAHRASSISTENZSYSTEM FÜR TRADER

Der Trade Tracer kann mit einem modernen **Fahrassistenzsystem** in einem Auto verglichen werden. Er hilft dem Trader, auf Kurs zu bleiben, kontrolliert Geschwindigkeit und Risiko und greift unterstützend ein, wenn nötig:

- **Spurhalte-Assistent:** Der Trade Tracer sorgt dafür, dass der Trader stets seinen definierten Handelsplan einhält und nicht impulsiv oder unstrukturiert handelt.
- **Geschwindigkeitsregelung:** Die Positionsgrößen-Bestimmung erfolgt dynamisch, basierend auf der aktuellen Performance des Traders. Läuft es gut, gibt der Trade Tracer automatisch mehr Gas und erhöht die Positionsgröße. Läuft es schlecht, tritt er auf die Bremse und reduziert das Risiko.

Notbrems-Assistent: Sollte eine Marktphase besonders riskant sein oder das Handelsverhalten des Traders zu stark vom Plan abweichen, gibt der Trade Tracer klare Warnsignale, um Verluste zu minimieren.

Durch diese Mechanismen stellt der Trade Tracer sicher, dass der Trader immer in einer **kontrollierten und systematischen Umgebung handelt**, anstatt von Emotionen oder kurzfristigen Marktschwankungen beeinflusst zu werden.

VORTEILE DES TRADE TRACERS

Der Trade Tracer bietet zahlreiche Vorteile für den Trader:

- **Struktur im Handel:** Der Trade Tracer gibt einen klaren Fahrplan für jeden Trade vor. Dies verhindert impulsives und planloses Handeln, da jeder Schritt durchdacht dokumentiert wird.
- **Disziplinierung des Traders:** Kein Trade darf ausgeführt werden, bevor er nicht vollständig geplant wurde. Dadurch wird unüberlegtes Handeln verhindert und ein systematischer Ansatz gefördert.
- **Erkennung von Verbesserungs-Potenzial:** Da der Trade Tracer als Trading-Tagebuch dient, kann der Trader leicht erkennen, wo noch Fehler in der Umsetzung liegen oder welche Aspekte seines Plans nicht optimal funktionieren.
- **Konsistenz und Wiederholbarkeit:** Durch eine einheitliche Vorgehensweise entsteht eine hohe Wiederholbarkeit der Handelsstrategie, wodurch langfristig stabile Ergebnisse erzielt werden können.
- **Optimale Positionsgrößen-Bestimmung:** Durch die dynamische Anpassung der Positionsgrößen basierend auf der Performance stellt der Trade Tracer sicher, dass das Risiko immer angemessen gesteuert wird.
- **Mentale Entlastung:** Da alle wichtigen Handelsparameter im Vorfeld festgelegt werden, muss der Trader weniger Entscheidungen während des Trades treffen, was emotionale Einflüsse minimiert.

WARUM DER TRADE TRACER UNVERZICHTBAR IST

Die gesammelten Daten sind extrem wertvoll, da nur so Verbesserungspotenzial erkannt werden kann. Das Gap zwischen Plan und Umsetzung wird erst sichtbar, wenn der Plan **vor dem Trade sauber dokumentiert** wurde. Häufig wollen Trader ihre mentale Stärke verbessern, doch ist dies ohne einen klaren Plan nicht möglich.

PLANE DEINEN TRADE – TRADE DEINEN PLAN!

Wir müssen zwischen einem schlechten Plan (zum Beispiel kein gutes CRV von Anfang an) und der falschen Umsetzung unterscheiden. Der Trade Tracer hilft dir, strukturiert zu bleiben und deine Performance nachhaltig zu optimieren.

WAS TUN, WENN DER TRADE TRACER NICHT ZUR VERFÜGUNG STEHT?

Falls dir der Trade Tracer nicht zur Verfügung steht, kannst du dennoch eine strukturierte Vorgehensweise gewährleisten:

1. **Manuelles Trading-Tagebuch führen:** Notiere deine Marktanalyse, Einstiegs- und Ausstiegspunkte sowie deine Gedankengänge vor und nach jedem Trade.

2. **Feste Regeln definieren:** Erstelle eine Checkliste für deine Trades, um sicherzustellen, dass du alle relevanten Punkte wie Trendrichtung, Stopp-Loss, CRV und Positionsgröße beachtest.

3. **Excel oder Notizbuch nutzen:** Erstelle eine einfache Tabelle, in der du alle Trades dokumentierst. So kannst du nachträglich analysieren, welche Setups funktionieren und welche nicht.

4. **Mentale Disziplin bewahren:** Zwinge dich, keine Trades auszuführen, bevor nicht alle Punkte deines Plans erfüllt sind.

5. **Regelmäßige Selbstanalyse durchführen:** Überprüfe deine Trades wöchentlich oder monatlich, um Verbesserungspotenzial zu identifizieren und deine Strategie anzupassen.

KAPITEL 13

DIE BEDEUTUNG DER PSYCHOLOGIE IM TRADING

Es war ein sonniger Nachmittag, als mein Leben eine entscheidende Wendung nahm. Ich war ein Teenager, unsicher und geplagt von schwerer Akne, mit einem Selbstwertgefühl, das kaum existierte. Meine Träume drehten sich um Reichtum und Anerkennung, und die Börse schien mir der perfekte Ort, um all das zu erreichen. Schnell reich werden, Statussymbole erwerben und endlich bewundert werden – das war mein Plan.

Mein erster richtiger Trade wurde zur Lektion meines Lebens. Es begann mit einer Empfehlung aus dem *Effectenspiegel*, einer Börsenzeitung, die ich damals mit fast schon religiöser Hingabe studierte. Die Aktie der »Kaufhalle« wurde als heißer Tipp für spekulative Anleger angepriesen. Ich war überzeugt: Das war meine Chance. Ohne groß nachzudenken, beschloss ich, mein gesamtes Erspartes zu investieren – das Geld von meiner Konfirmation und meine Einnahmen aus Ferienjobs. Doch damit nicht genug. Ich überredete meinen Bruder, mir ebenfalls sein Erspartes anzuvertrauen. Ich war mir sicher: Dies war der Beginn unserer finanziellen Freiheit.

Damals, vor der Zeit von Online-Brokern und Echtzeitkursen, musste ich den Kaufauftrag persönlich bei der Bank abgeben. Mit klopfendem Herzen eilte ich nach Hause und wartete sehnsüchtig auf die Post. Der nächste Tag war der längste meines Lebens. Nach der Schule riss ich dem Briefträger praktisch die Post aus der Hand. Endlich! Der Umschlag mit der Bestätigung meines Kaufauftrags war da. Ich sah den Ausführungskurs meiner Optionsscheine und spürte einen Adrenalinschub. Sofort eilte ich zum Fernseher, um über den BTX-Text die aktuellen Kurse zu prüfen.

Die Kurse wurden damals nicht in Echtzeit angezeigt, sondern mit leichter Verzögerung. Ich blockierte den ganzen Nachmittag den Fernseher und wartete darauf, dass die Unterseite mit meinem Optionsschein endlich aktualisiert wurde. Zum Ende des Handelstages zeigte der Kurs einen kleinen Gewinn. Euphorisch wartete ich auf den nächsten Tag, und tatsächlich: Die Option stieg weiter, Tag für Tag, bis sie über 20 Prozent im Plus war. Ich war überglücklich. Gordon Gekko aus dem Film *Wall Street* kam mir in den Sinn. Ich fühlte mich wie der Meister der Märkte.

Ich beschloss, dass 20 Prozent für meinen ersten Trade ein guter Gewinn seien, und wollte verkaufen. Also rief ich meinen Banker an und gab einen Verkaufsauftrag. Erneut wartete ich gespannt auf die Post am nächsten Tag, um meine Ausführungen und meinen Gewinn schwarz auf weiß zu sehen. Tatsächlich lag in meiner Post ein Brief von der Bank, aber als ich ihn öffnete, sah ich nur einen Auftrag für den Verkauf und keine Bestätigung über den erfolgten Verkauf. Ich war verwundert und dachte, eventuell kommt der Brief am nächsten Tag. Aber als ich zum Briefkasten ging, war der leer. Keine Post der Bank.

Ich überlegte und entschied mich, die Bank anzurufen. Empört fragte ich, warum mein Auftrag noch nicht ausgeführt sei. Die Kurse seien doch viel höher, und mein Auftrag müsste definitiv ausgeführt worden sein. Der Banker sagte, er würde sich erkundigen und mir Bescheid geben. Ein wenig später meldete er sich bei mir und erklärte, dass die dargestellten Kurse derzeit nur Kaufkurse seien. Das Wertpapier sei emittiert, würde aber erst nächste Woche in den Handel kommen. So lange seien alle Kurse nur Kurse, zu denen man das Wertpapier von der Bank kaufen könne.

Ich war geschockt. Ich war zwar im Gewinn, konnte diesen aber nicht realisieren. Mir blieb nichts anderes übrig, als bis zum ersten echten Handelstag zu warten. Täglich verfolgte ich die Kurse im Videotext, aber zu meinem Entsetzen musste ich sehen, wie mein Investment jeden Tag an Wert verlor. Am Tag des ersten Handels waren meine Gewinne ganz verschwunden. Ich hätte plus minus null verkaufen können. In meinem Kopf waren aber schon die Buchgewinne notiert, und ich war nicht bereit, tiefer zu verkaufen, als bei besagten 20 Prozent Gewinn. Also wartete ich weiter.

Eine Option hat eine bestimmte Laufzeit, und je kürzer die Laufzeit, desto weniger wert wird die Option. Mit jedem Tag Warten verlor ich Geld, aber ich war nicht bereit, mit Verlust zu verkaufen. Mein emotionaler Zustand war von himmelhochjauchzend bis zu Tode betrübt. Jedes Mal, wenn der Kurs leicht anstieg, stieg auch meine Laune, und jedes Mal, wenn er fiel, wurde sie schlechter. Ich war auf einer emotionalen Achterbahnfahrt. Das ist der Zustand des »Having«. Wenn du hast, fühlst du dich gut; wenn nicht, fühlst du dich schlecht. Wenn du dich schlecht fühlst, willst du dieses Gefühl vermeiden, und deshalb weigerte ich mich, mit Verlust zu verkaufen.

Eine dumme Entscheidung, denn meine Verluste wurden von Tag zu Tag größer. Meine Weigerung, im Verlust zu verkaufen, führte dazu, dass ich am Ende alles verlor, weil der Optionsschein am Ende der Laufzeit wertlos verfiel. Ich hatte meine erste schmerzhafte Lektion erlernt.

DER ZUSTAND DES »HAVING«

Der Zustand des »Having« ist für viele Menschen, die neu an der Börse sind, ein ganz normaler Ausgangspunkt. Anfangs wird das Trading oft durch die Emotionen der Gewinne und Verluste bestimmt. Gewinne motivieren uns und geben uns ein gutes Gefühl, während Verluste das Gegenteil bewirken. In diesem Zustand ist man jedoch wie ein Spielball der Emotionen. Gewinne und Verluste sind zwei Seiten derselben Medaille. Man kann die Medaille nicht besitzen, ohne beide Seiten zu akzeptieren. Verluste sind unvermeidlich, aber was vermeidbar ist, ist eine emotionale Abwärtsspirale.

Diese Abwärtsspirale beginnt, wenn ein Trader durch Verluste emotional aus der Bahn geworfen wird. Anstatt rational zu bleiben, versucht er, die Verluste schnell zu kompensieren, was oft zu noch größeren Verlusten führt. Die Emotionen eines Traders, der im Zustand des »Having« bleibt, werden von externen Ereignissen gesteuert. Solange ein Trader seine Emotionen nicht kontrollieren kann, wird es ihm schwerfallen, langfristig gute Entscheidungen zu treffen, da jede Verlustserie ihn aus der Bahn wirft.

DER ÜBERGANG ZUM »DOING«

Nachdem ich alles verloren hatte, erkannte ich damals nicht, dass ich im Zustand des »Having« war. Aber ich wusste, dass ich noch viel lernen musste, um erfolgreich zu werden. So begann ich, in die zweite Phase einzutreten: das »Doing«.

Das Doing ist die Phase, in der der Trader sich bemüht, sein Wissen und seine Fähigkeiten zu verbessern. Mein Selbstwertgefühl war immer noch gering, aber ich versuchte, dies durch Fleiß und Lernen zu kompensieren. Ich las Hunderte von Büchern, analysierte Tausende von Charts und arbeitete unermüdlich daran, zum besseren Trader zu werden. Dieses Arbeiten an sich selbst ist ein wichtiger Schritt, aber es birgt auch Risiken.

Im Trading gibt es viele Momente, in denen es besser ist, nichts zu tun. Eine meiner erfolgreichsten Strategien ist das »Sit on your fingers«. Bevor du Geld durch schlechte Trades verbrennst, ist es sinnvoller, auf gute Gelegenheiten zu warten. Mein Lieblingszitat stammt von André Kostolany und lautet: »Mit Chancen an der Börse ist es wie mit der Straßenbahn. Wenn du eine verpasst, laufe ihr nicht hinterher, die nächste kommt garantiert.«

In unserer westlichen Welt wird Leistung hoch geschätzt. Menschen werden oft daran gemessen, wie viel sie tun. Doch im Trading wird man nicht für Fleiß bezahlt, sondern für das Übernehmen von vernünftigen Risiken und das Finden von guten Gelegenheiten. In meiner Doing-Phase machte ich oft den Fehler, in einem ruhigen Markt unnütze Trades einzugehen, nur um das Gefühl des Gewinnens zu erleben.

DIE ERKENNTNIS DES »BEING«

Nach Jahren des Tuns und Probierens erkannte ich, dass ich alles über die Märkte wusste und dennoch nicht erfolgreich war. Wie konnte das sein? Ich begann, mich mit mir selbst zu beschäftigen. Der Home-Study-Kurs eines amerikanischen Börsenpsychologen brachte mich auf die Idee, dass ich nicht den Markt trade, sondern mich selbst.

»Du tradest kein System, du tradest keinen Markt, du tradest dich selbst.«

Es war wie mit einem Handwerker, der jedes Werkzeug kannte, wusste, wie er es einsetzen sollte, aber dennoch nicht erfolgreich war. Es gibt Hunderte solcher Trader draußen in der Welt, die dir genau erklären können, wie alles funktioniert, aber selbst nicht wissen, wie man erfolgreich tradet. Denn gleichgültig, wie gut das Werkzeug oder die Strategie ist, es kommt doch letztendlich auf den Handwerker an.

Zu verstehen, dass man selbst der wichtigste Teil in dem Spiel ist, wirkt für einen Außenstehenden selbstverständlich. Aber sich selbst einzugestehen, dass man selbst trotz des enormen Wissens, welches man in der Phase des Doing angehäuft hat, nicht richtig denkt, um erfolgreich im Trading zu sein, ist keine leichte Erkenntnis. Letztendlich gesteht man sich ein, dass noch eine wichtige Zutat fehlt. Wie bei einem Rezept bei dem alles vorhanden ist bis auf eine wesentliche Zutat, kann das Ergebnis ohne diese Zutat nicht gelingen. Wer sagt aber von sich selbst gern: »Ich habe große Schwächen.« Doch auch wenn es wehtut, sich damit zu beschäftigen. lohnt sich dieser Weg.

In besagtem Home-Study-Kurs gab es viele Übungen, wie man an sich selbst arbeitet. Auch enthielt er einen Test über den eigenen Selbstwert. Ich dachte, ich würde gut abschneiden, da ich selbstbewusst war. Doch Selbstwert und Selbstbewusstsein sind zwei verschiedene Dinge. Selbstbewusstsein ist das Wissen um die eigenen Fähigkeiten, während Selbstwert das Gefühl ist, ohne Leistung oder Bestätigung von außen wertvoll zu sein. Du kannst dir selber 1000-mal sagen, dass du wertvoll bist, aber seien wir ehrlich: Auch wenn Affirmationen langfristig unterstützend wirken, ist es wie das Pfeifen im dunklen Wald. Du fühlst dich vielleicht besser, aber es wird nicht heller dadurch. Die Angst bleibt somit.

Eine Frage in besagtem Test machte mir besonders klar, wie wenig ich mich selbst wertschätzte: »Wie fühlen Sie sich, wenn Sie von jemandem ein Geschenk bekommen?« Ich hatte immer das Bedürfnis, etwas zurückzugeben, und hielt mich nicht für wertvoll genug, ein Geschenk ohne Gegenleistung anzunehmen. Diese Einsicht veränderte mein Leben. Ich erkannte, dass viele meiner Entscheidungen darauf basierten, Anerkennung und Bestätigung zu suchen.

Erkenntnis ist ein erster Schritt auf jeder langen Reise, aber sie ist nur der Anfang. Verwirklichung erfordert Arbeit und Geduld. Ich stellte fest, dass mein Streben nach Bestätigung sowohl im Zustand des »Having« als auch im »Doing« tief verankert war. Im »Having« suchte ich Anerkennung für das, was ich besaß, im »Doing« für das, was ich tat.

Die große Ironie: Sobald du erkannt hast, dass du wahrscheinlich im Zustand des Seins langfristig am erfolgreichsten sein wirst, willst du unbedingt in diesen Zustand gelangen. Aber damit befindest du dich bereits wieder im Haben. Und wenn du alles dafür tust, um in das Sein zu kommen, bist du im »Doing«. Wie erreichst du also den Zustand des Seins ohne Habenwollen und Tun? Das ist, glaube ich, der schwerste Punkt, gerade für Menschen aus unserer Kultur, die tief im Tun verankert ist.

Eigentlich musst du nämlich gar nichts tun, um in den Zustand des »Being« zu kommen. Und natürlich war ich auch, ohne dass es mir bewusst war, schon früher häufig in dem Zustand gewesen. Wir alle haben in unserem Leben schon solche Phasen zufällig erlebt. Bei mir waren das die Zeiten, in denen ich bereits erfolgreich gehandelt hatte. Alles fiel mir leicht, selbst geduldig auf Chancen warten, nur geschah es früher oder später immer wieder, dass selbst Kleinigkeiten mich aus diesem Zustand brachten.

Der erste Schritt, diese Phasen bewusster zu durchlaufen, war das Führen eines mentalen Trading-Tagebuchs. Noch wichtiger, als die eigenen Trades zu dokumentieren, ist es für einen Trader, die eigenen Stimmungen zu beobachten. Es geht um Fragen wie: Was habe ich gedacht? Welche Bilder kamen mir in den Kopf? Was habe ich gefühlt? Wie war meine Atmung? Wie war meine Körperhaltung in dem Moment? Das gilt es festzuhalten, wenn du ein mentales Trading-Tagebuch führst.

Als ich mit meinem ersten mentalen Trading-Tagebuch begann, war ich erstaunt darüber, was ich alles noch nicht über mich wusste. Ich dachte, niemand kennt mich so gut wie ich mich selbst, aber ich selbst kannte mich in Wirklichkeit noch gar nicht.

Ziel des mentalen Trading-Tagebuchs ist nicht nur die Selbstreflexion, sondern auch das Aufspüren und rechtzeitige Erkennen von Verhaltensmustern. Ein Beispiel dazu: Ich war schon immer ein sehr ungeduldiger Mensch. Im Markt führte das allerdings dazu, dass ich all meine Vorsätze vergaß, sobald ich eine außergewöhnlich große Abwärtsbewegung (in Form einer roten Kerze) sah. Ich sprang in den Markt, um nur ja bei dieser Bewegung dabei zu sein. Ich hatte Angst, etwas zu verpassen. Diese Angst war tief in mir und sie war wahrscheinlich das Ergebnis eines unbewussten Impulses, der meinem kleinen, »minderwertigen« Selbst suggerierte: Du hast (bist) nicht genug. Dieser Gedanke, diese Angst vor Mangel, auch Gier genannt, brachte mich immer wieder in schwierige Situationen, weil ich ohne System in den Markt hüpfte. Das mentale Trading-Tagebuch ist ein sehr guter Weg, ein besserer Trader zu werden.

Der zweite wichtige Punkt, den eigenen Selbstwert zu steigern, liegt darin, sich selbst Referenzerlebnisse zu geben, die die eigene Person in ihrem Tun bestätigen.

Ich habe dir hier eine kleine Anleitung vorbereitet, die dir hilft, deinen Selbstwert zu steigern:

1. **Selbstreflexion und Akzeptanz**
   - **Tagebuch schreiben**: Notiere täglich positive Erlebnisse, Stärken oder Fortschritte, um den Fokus auf das Positive zu lenken.
   - **Übung zur Selbstakzeptanz durchführen**: Schreibe drei Dinge auf, die du an dir selbst akzeptierst, auch wenn sie nicht perfekt sind.

2. **Positive Affirmationen**
   - Entwickle kurze, kraftvolle Sätze wie »Ich bin genug« oder »Ich verdiene Liebe und Respekt« und wiederhole sie regelmäßig.
   - Stell dir vor, wie du in schwierigen Situationen selbstbewusst handelst, und kombiniere das mit den Affirmationen.

3. **Grenzen setzen**
   - Übe, nein zu sagen, ohne Schuldgefühle zu empfinden. Klare Grenzen stärken das Selbstgefühl und fördern Respekt von anderen.
   - Analysiere, wo in deinem Leben Menschen deine Grenzen überschreiten, und entwickle Strategien, dies zu ändern.

4. **Komfortzone verlassen**
   - Suche gezielt nach neuen Herausforderungen, die dir Angst machen, aber erreichbar sind. Kleine Erfolge in neuen Bereichen stärken das Selbstvertrauen.
   - Reflektiere nach solchen Erfahrungen, was du gelernt hast und wie du gewachsen bist.

5. **Selbstfürsorge und Gesundheit**
   - Achte auf deine körperliche Gesundheit durch Ernährung, Bewegung und Schlaf. Ein gesunder Körper hilft auch dem Geist.
   - Plane regelmäßig »Ich-Zeit« ein, in der du Dinge tust, die dir Freude bereiten.

6. **Dankbarkeit praktizieren**
   - Schreibe jeden Tag drei Dinge auf, für die du dankbar bist. Dankbarkeit hilft, den Blick auf die positiven Aspekte des Lebens zu richten.
   - Bedanke dich bewusst bei anderen, um positive soziale Interaktionen zu fördern.

7. **Selbstmitgefühl entwickeln**
   - Behandle dich selbst so, wie du einen guten Freund behandeln würdest. Sei freundlich zu dir, besonders in schwierigen Momenten. Insbesondere dann, wenn du einen Verlust machst. Ich kenne Menschen, die sich ständig selbst beschimpfen. Auf dem Golfplatz sind das die typischen Kandidaten, deren Spiel von Loch zu Loch schlechter wird. Genauso ist es im Trading. Achte darauf, wie du mit dir selbst umgehst. Würdest du so auch mit deinem Kind oder einem guten Freund sprechen, wenn er einen Fehler macht, oder würdest du ihn stattdessen ermutigen und den Fehler relativieren?
   - Übe Achtsamkeit, um dich von negativen Gedanken zu distanzieren und nicht in Selbstkritik zu verfallen. Auch hier hilft dir wieder dein Trading-Tagebuch. Wenn du merkst, dass du dich in negativen Gedanken verfängst, notiere das. Finde die zugrunde liegenden Muster heraus und unterbreche dann diese Muster, indem du dir selbst sagst: »Es gibt auch andere Möglichkeiten, auf das Ereignis zu reagieren.« Merke dir: Es gibt nur zwei Dinge, die du kontrollieren kannst im Trading: dich selbst und dein Risiko.
   - Wenn ich davon spreche, dass gute Trader Verantwortung übernehmen, bedeutet das auch, Verantwortung nicht nur für ihr Handeln und Verhalten, sondern auch für ihr Denken zu übernehmen. Wir haben einen sehr großen Einfluss auf das, was wir denken. Das hat mit unseren Glaubenssätzen zu tun. (Am Ende des Buches empfehle ich

einige Bücher, die sich speziell damit beschäftigen. An dieser Stelle würde das zu weit führen.)

8. **Stärken erkennen und nutzen**
   - Jeder Mensch hat Stärken. Auch du wirst erkennen, worin du im Trading richtig gut bist. Fokussiere dich darauf. Meines Erachtens ist es der größte Fehler, sich auf seine Schwächen zu konzentrieren und zu versuchen, diese zu überwinden. Das ist ein sehr schwieriges Unterfangen. Wenn du allerdings deine Stärken noch mehr herausarbeitest, wirst du häufig deine Schwächen einfach überwinden können.
   - Plane Aktivitäten, die auf deinen Stärken basieren, um ein Gefühl der Kompetenz zu entwickeln.

9. **Visionen und Ziele setzen**
   - Definiere klare, erreichbare Ziele und brich sie in kleinere Schritte herunter. Jeder erreichte Schritt stärkt das Selbstwertgefühl. Du musst nicht von Beginn an der perfekte Trader sein. Wichtig ist, dass du einen Lernprozess in Gang setzt. Setze dir Zwischenziele.
   - Visualisiere regelmäßig dein ideales Selbst und arbeite aktiv daran, diesem Bild näherzukommen. Ich stelle mir jeden Morgen vor, wie mein perfekter Tag aussieht. Natürlich gibt es meist nicht den perfekten Tag, aber es hilft mir, mit Selbstvertrauen in den Tag zu starten.

10. **Unterstützung suchen**
    - Sprich mit Freunden, Familienmitgliedern oder einem Coach, um dir neue Perspektiven und Ermutigung zu holen. Im Trading ist es häufig schwierig, mit Freunden und/oder Familienmitgliedern zu sprechen, weil sie das Thema Trading und die Probleme nicht verstehen. Deshalb schaff dir Gemeinschaften, die positiv für dich sind. Achte darauf, dass diese Communities nicht einfach aus Prahlhänsen und Neidern bestehen, sondern aus Menschen, die die gleichen Probleme wie du haben. Natürlich ist es hilfreich, sich einen erfahrenen Mentor oder Coach zu suchen.

Du dokumentierst deinen ganzen Tag, indem du dich ständig selber reflektierst. Mein Weg in den Zustand des »Being« war lang und erforderte, meinen Selbstwert von Grund auf zu stärken. Ich habe vor allem auf das Trading-Tagebuch und Visionen gesetzt. Das hat mir persönlich am besten weitergeholfen. Außerdem habe ich sehr darauf geachtet, wie ich mit mir selbst umgegangen bin.

Im Trading ist ein starker Selbstwert entscheidend. Trading bedeutet, dass du lernen musst, Verluste zu akzeptieren, um Gewinne zu erzielen. Du kannst nicht einatmen, ohne auszuatmen – wie es in *Magier der Märkte* so treffend heißt. Verluste sind unvermeidlich, da Trading ein Spiel der Wahrscheinlichkeiten ist. So wie du beim Würfeln keine Eins verhindern kannst, kannst du auch beim Trading Verluste nicht vermeiden.

Für Menschen mit geringem Selbstwert sind Verluste jedoch fatal. Sie interpretieren diese als persönliches Versagen, was eine negative Spirale auslösen kann. Ein Trader mit geringem Selbstwert gerät bei Verlusten schnell aus der Balance und trifft impulsive Entscheidungen, um den vermeintlichen Schaden zu beheben. Diese Entscheidungen führen oft zu weiteren Verlusten und verstärken die emotionale Abwärtsspirale.

Ein starker Selbstwert erlaubt es, Verluste zu akzeptieren, ohne sich davon emotional destabilisieren zu lassen. Er schafft die Grundlage für rationale Entscheidungen und langfristigen Erfolg. Der Zustand des »Being«, in dem man unabhängig von äußeren Erfolgen oder Bestätigungen ruhig und klar bleibt, ist das Ziel. Es ist ein Zustand, in dem man erkennt, dass Trading nicht persönlich ist, sondern ein Spiel der Wahrscheinlichkeiten. Die innere Ruhe, die aus einem starken Selbstwert entsteht, ist der Schlüssel, um im Markt dauerhaft erfolgreich zu sein.

DER KREISLAUF DER ZUSTÄNDE

Glaube jedoch nicht, dass ich mich immer im Zustand des »Being« befand, als ich ihn einmal erreicht hatte. Wir sind Menschen und keine Maschinen, und unser Handeln ist menschlich. Das bedeutet, dass rationales Verständnis nicht automatisch rationales Handeln bedeutet. In meiner Laufbahn kam es Hunderte Male vor, dass ich wieder aus dem Zustand des »Being« herausfiel. Im Zustand des »Being« handle ich jedoch am besten. Ich bin nicht gierig, Verluste tun nicht weh, ich kann geduldig warten, und so gelingt es mir oft, in diesem Zustand fast eins mit dem Markt zu sein.

Wenn mir das gelingt, verdiene ich Geld – häufig sehr viel Geld. Doch irgendwann kommt ein Punkt, an dem ein Teufelchen auf meiner Schulter mir einflüstert: »Birger, wenn du noch einen großen Gewinn in Höhe von xy machst, dann hast du oder kannst du …« Und siehe da, ich bin wieder im Zustand des »Having«, weil ich etwas haben will. Wenn dann die ersten Verluste kommen, will ich schnell wieder heraus und kämpfe gegen die Verluste an. So finde ich mich im Zustand des »Doing« wieder.

Erst wenn ich mich beruhige, gelingt es mir, vielleicht wieder in den Zustand des »Being« zu kommen. Unbeeindruckt von Hoffnung, Gier und Angst, ohne zu zaudern oder zu zögern, handle ich dann meine Signale. Heute gelingt es mir, diese Spirale immer schneller zu durchlaufen, aber ich bin ehrlich: Von Zeit zu Zeit verfalle ich in Muster, die mich zurückwerfen ins »Having«. Das ist nicht schlimm und hat auch mit Akzeptanz zu tun. Schlimm wäre es nur, im »Having« zu verharren.

Mein wichtigstes Ziel ist es deshalb, morgens einen mentalen Reset zu schaffen. Ich nenne ihn den Nullpunkt. Bei diesem mentalen Reset fokussiere ich mich nur auf meine Ressourcen. Ich denke nicht daran, was gestern war oder was morgen sein könnte. Potenzielle Gewinne oder vergangene Verluste belasten meine Gedanken nicht. So kann ich mich ganz auf den Markt einlassen und aus einem Zustand der Ruhe und Klarheit handeln.

ZUSAMMENFASSUNG: DIE DREI ZUSTÄNDE

1. **Having**: Der Wunsch, durch Besitztümer oder Gewinne Glück zu erlangen. In diesem Zustand sind Trader von externen Ereignissen abhängig und anfällig für emotionale Entscheidungen.

2. **Doing**: Die Phase, in der man aktiv an seinen Fähigkeiten arbeitet. Obwohl dieser Zustand wichtig ist, kann übermäßiges Tun zu unproduktiven Entscheidungen führen.

3. **Being**: Der Zustand der inneren Ruhe und Klarheit. Hier erkennt man, dass langfristiger Erfolg von der Kontrolle über die eigenen Emotionen und einer unabhängigen Selbstwahrnehmung abhängt.

DIE BEDEUTUNG VON DISZIPLIN UND EMOTIONEN

Wir Menschen sind emotionale Wesen. Wir sind keine rationalen Roboter und werden, selbst wenn wir es uns vornehmen, niemals ohne Emotionen handeln. Die Vorstellung, völlig emotionslos agieren zu können, ist eine Illusion, die zwar oft propagiert wird, jedoch in der Umsetzung unrealistisch ist. Daher müssen wir lernen, unsere Emotionen für uns zu nutzen, anstatt Opfer unserer Emotionen zu werden.

DISZIPLIN IST MEHR ALS DAS BEFOLGEN VON REGELN

Oft wird Disziplin mit dem strikten Befolgen von Regeln gleichgesetzt. Doch Disziplin bedeutet nicht nur, sich an eine feste Struktur zu halten – sie bedeutet, die richtige emotionale und mentale Haltung für die jeweilige Situation zu entwickeln.

Ein gutes Beispiel sind die Verkehrsregeln. Sie sollen uns und andere schützen, und trotzdem verstößt jeder von uns regelmäßig dagegen – nicht, weil wir das absichtlich tun, sondern weil unsere momentane emotionale Verfassung uns im jeweiligen Moment daran hindert, rational zu handeln. Vielleicht sind wir in Eile, frustriert oder abgelenkt. Diese Emotionen beeinflussen unser Verhalten, auch wenn wir wissen, dass Regelverstöße gefährlich sind.

Das bedeutet: Die eigentliche Herausforderung ist nicht nur das Wissen um die Regeln, sondern die Fähigkeit, die richtige Emotion für die gerade zu bewältigende Aufgabe zu erzeugen.

Gelingt uns das nicht, dann untergraben unsere Emotionen unsere Disziplin – selbst wenn unser Plan klar war. Im Trading ist es genauso: Es reicht nicht aus, den Markt zu analysieren. Viel entscheidender ist die Selbstanalyse.

DAS KONZEPT DER EGO-DEPLETION: DISZIPLIN IST BEGRENZT

Ich erinnere mich noch genau an diese eine Phase in meiner Trading-Karriere vor vielen Jahren, als es mir erstmals gelang, ein kleines Konto erfolgreich mit Disziplin hochzutraden. Wochen, nein, Monate harter Arbeit lagen hinter mir. Ich hatte diszipliniert gehandelt, mich an meine Regeln gehalten und mein Konto systematisch aufgebaut. Jeder einzelne Trade war wohlüberlegt, mit einem klaren Plan und einem sauberen Fokus umgesetzt. Der Lohn für diese Mühen? Mein Konto wuchs stetig, und mit jedem erfolgreichen Trade stieg mein Selbstvertrauen. Dann kam dieser eine Moment. Ich schaute auf meine Zahlen und sagte zu mir selbst diesen verhängnisvollen Satz:

»Ich kann es. Jetzt kann ich es wirklich.«

Rückblickend hätte allein dieser Gedanke eine Warnlampe in meinem Kopf zum Blinken bringen müssen. Doch in diesem Moment fühlte es sich wie der verdiente Triumph an. Ich war profitabel – und das nicht nur für ein paar Tage, sondern über Wochen hinweg. Die Disziplin hatte sich ausgezahlt, und endlich hatte ich das Gefühl, das Trading gemeistert zu haben.

Natürlich nahm diese Geschichte eine Wendung. Denn irgendwie veränderte sich mein Verhalten. Ich wurde sorgloser mit meinen Trades, handelte immer mehr einen Freestyle als meine Regeln, und innerhalb weniger Tage verlor ich mit nur wenigen schlechten Trades einen Großteil dessen, was ich mir in den letzten Wochen so mühsam erarbeitet hatte. Die Arbeit von Monaten löste sich vor meinen Augen auf. Ich erinnere mich noch gut an die Fragen, die mir durch den Kopf schossen:

Hatte sich der Markt geändert? Nein. War mein System plötzlich unbrauchbar geworden? Auch nicht. Hatte mich das Glück verlassen? Das wäre eine billige Ausrede, denn Trading hat nichts mit Glück zu tun.

Die Wahrheit war viel simpler – und gleichzeitig viel bitterer: Ich hatte meine Kraft aufgebraucht.

Wochenlang hatte ich meine Selbstkontrolle auf höchstem Niveau gehalten, hatte mich bei jedem Trade diszipliniert und meine Impulse im Griff gehabt. Doch dabei hatte ich übersehen, dass diese Art der Kontrolle Energie kostet – und zwar jede Menge Energie. Ich hatte mein Konto diszipliniert aufgebaut, aber dabei meine eigene mentale Kraft erschöpft.

Und als die Disziplin plötzlich nachließ, hatte ich weder die Kraft noch die mentale Klarheit, um gegenzusteuern. Ich geriet in eine Abwärtsspirale aus impulsiven Entscheidungen, zweifelte an mir selbst und wurde schließlich von meinen eigenen Emotionen überrannt. Erst als mein Konto fast auf null war, konnte ich die Reißleine ziehen.

Es war deprimierend. Der Schock saß tief. Wie konnte ich so dumm sein? Ich hatte doch alles gewusst, hatte doch bewiesen, dass ich erfolgreich sein konnte. Warum war mir das passiert?

Erst Jahre später, als ich mich intensiver mit Psychologie beschäftigte, stieß ich auf das Konzept der **Ego-Depletion** – der Selbsterschöpfung.

Ego-Depletion: Wenn Disziplin zur Erschöpfung führt

Die Ego-Depletion-Theorie beschreibt, dass Selbstkontrolle wie ein Muskel funktioniert: **Jede bewusste Handlung, die Disziplin erfordert, verbraucht einen Teil unserer mentalen Energie.**

Im Klartext: **Jedes Mal, wenn du dich beherrschen musst, wenn du eine Emotion unterdrückst oder einer Versuchung widerstehst, kostet es dich Kraft.** Und wie bei einem Muskel kann auch diese Kraft irgendwann erschöpft sein. Das erklärt genau, was mit mir damals passiert war. Die vielen Wochen der Disziplin hatten meinen mentalen Akku fast leer gesaugt – doch hatte ich das nicht bemerkt. Und als die Disziplin dann nachließ, hatte ich keine Reserven mehr, um mich zu stoppen.

Das Fatale daran: **Wenn Disziplin einmal bricht, dann oft komplett.** Man gönnt sich nicht nur eine kleine Pause von der Selbstkontrolle – man wirft sie über Bord. **Das passiert nicht nur im Trading.** Wir alle kennen es auch aus anderen Lebensbereichen:

- Die ersten Wochen einer Diät laufen perfekt, doch dann kommt ein schwacher Moment – und plötzlich wird aus einem kleinen Cheat-Meal ein ganzer Cheat-Tag, der in einer Fressorgie endet.
- Wir nehmen uns vor, regelmäßig Sport zu machen, doch nach ein paar Wochen lassen wir es einmal ausfallen – und plötzlich sind wir wieder im alten Muster und finden Ausreden, warum wir uns gerade nicht mehr aufraffen können und weiter aussetzen.
- Wir sparen diszipliniert Geld, bis eine unerwartete Ausgabe kommt – und danach werfen wir das ganze Budget über Bord.

Genauso funktionierte es auch beim Trading. Der Fehler lag nicht im Markt, nicht in meinem System – sondern in mir selbst. Ich hatte meine **mentale Erschöpfung** nicht erkannt.

Erst als ich das Konzept der Ego-Depletion verstand, wurde mir klar: **Disziplin allein reicht nicht aus. Man muss seine mentale Energie managen.**

Denn in Wirklichkeit tradest du nicht den Markt, du tradest auch kein System: Du handelst dich selber, deine Emotionen, deine Gefühle. Mit diesem Wissen begann ich, meine Selbstkontrolle anders zu betrachten. Ich stellte mir neue Fragen:

- **Wie kann ich meine mentale Kraft über längere Zeit aufrechterhalten?**
- **Wie erkenne ich frühzeitig, wenn meine Disziplin nachlässt?**
- **Welche Strategien helfen mir, mich zu regenerieren, bevor es zu spät ist?**

Und vor allem: Wie kann ich es schaffen, dass ich nicht gegen etwas ankämpfe, was mich Kraft kostet, sondern dass ich meine Emotionen für mich einsetze?

Denn wenn wir unser eigenes Verhalten verstehen, können wir verhindern, dass wir in dieselben Fallen tappen. **Der Schlüssel liegt nicht in der perfekten Marktanalyse – sondern in der perfekten Selbstanalyse.**

Das bedeutet: Wenn wir uns immer wieder gegen Versuchungen wehren müssen oder unsere Emotionen kontrollieren wollen, dann verbrauchen wir mentale Kraft – bis irgendwann nichts mehr übrig ist.

Das Experiment: Radieschen versus Schokolade

Ein klassisches Experiment, das dieses Phänomen illustriert, stammt von Roy Baumeister und seinen Kollegen.

Versuchsaufbau:

- Die Teilnehmer wurden in einen Raum mit frisch gebackenen Schokoladenkeksen und einer Schüssel Radieschen gesetzt.
- Eine Gruppe durfte nur die Radieschen essen, während die andere Gruppe sich an den Keksen bedienen konnte.
- Anschließend mussten beide Gruppen eine schwierige kognitive Aufgabe lösen.

Ergebnisse:

- Die Gruppe, die sich beherrschen musste (Radieschen-Gruppe), gab bei der nachfolgenden Aufgabe deutlich schneller auf.
- Die andere Gruppe, die ihre Willenskraft nicht beanspruchen musste, hielt viel länger durch.

Das zeigt, dass Disziplin und Selbstkontrolle eine begrenzte Ressource sind – und dass jede Entscheidung, die Willenskraft erfordert, uns mentale Energie kostet.

Übertragen auf das Trading heißt das: Jedes Mal, wenn wir gegen unsere Emotionen ankämpfen – sei es gegen die Angst, etwas zu verpassen, oder gegen den Drang, impulsiv zu handeln – verbrauchen wir mentale Energie. Wenn wir diese Ressource nicht bewusst managen, stehen wir irgendwann leer da und treffen unkontrollierte Entscheidungen.

Der Einfluss von Überzeugungen auf Emotionen

Um unsere Emotionen effektiv zu nutzen, ist es wichtig zu verstehen, dass sie nicht beliebig sind, sondern stark von unseren inneren Überzeugungen abhängen. Die Rational-Emotive Verhaltenstherapie (REVT), entwickelt von Albert Ellis, betont, dass nicht externe Ereignisse direkt unsere Emotionen verursachen, sondern dass unsere Bewertungen und Überzeugungen über diese Ereignisse die Emotionen beeinflussen. Dieses Konzept wird durch das ABC-Modell veranschaulicht:

- **A (activating event)**: ein auslösendes Ereignis
- **B (beliefs)**: was wir über dieses Ereignis glauben und wie wir es bewerten

- **C (consequences)**: die daraus resultierenden emotionalen und verhaltensbezogenen Konsequenzen

Zum Beispiel kann das gleiche Ereignis bei verschiedenen Personen unterschiedliche Emotionen hervorrufen, abhängig von ihren individuellen Überzeugungen. Wenn jemand glaubt, dass ein Fehler ein Zeichen persönlicher Unzulänglichkeit ist, kann dies zu einem Gefühl der Wertlosigkeit führen. Eine andere Person, die Fehler als Lernmöglichkeiten sieht, verspürt möglicherweise nur eine leichte Enttäuschung.

Interne Repräsentation von Ereignissen

Unsere Emotionen werden also nicht direkt durch externe Ereignisse bestimmt, sondern durch unsere interne Repräsentation dieser Ereignisse. Es liegt an uns, wie wir auf ein Ereignis reagieren. Indem wir unsere Überzeugungen und Bewertungen hinterfragen und gegebenenfalls anpassen, können wir unsere emotionalen Reaktionen steuern und somit unsere Emotionen für uns nutzen, anstatt von ihnen beherrscht zu werden.

Zusammenfassend ist es essenziell, sowohl die Begrenztheit unserer Disziplin als auch den Einfluss unserer Überzeugungen auf unsere Emotionen zu erkennen. Durch dieses Verständnis können wir Strategien entwickeln, um unsere Emotionen bewusst zu steuern und unsere Selbstkontrolle effektiver einzusetzen.

WARUM SELBSTANALYSE WICHTIGER ALS MARKTANALYSE IST

Die besten Trades entstehen nicht durch perfekte Marktanalysen, sondern durch die Fähigkeit, sich selbst zu lesen. Nur wenn ich erkenne, ob ich die richtigen mentalen und emotionalen Voraussetzungen für den heutigen Handelstag mitbringe, kann ich diszipliniert agieren.

Ich muss mich also nicht nur im Markt orientieren, sondern mir vor allem auch eine Orientierung darüber verschaffen, was mit mir selbst los ist.

- **Was geht gerade in mir vor?**
- **Bin ich in der richtigen Verfassung, um rational zu handeln?**

Wie finde ich heraus, ob meine Emotionen mich gerade sabotieren? Hier kommt eine wichtige Technik ins Spiel: **die richtigen Fragen stellen.**

Fragen lenken unsere Gedanken, und unsere Gedanken bestimmen unsere Emotionen. Wenn wir bewusst die richtigen Fragen stellen, können wir unseren emotionalen Zustand beeinflussen. Ich stelle mir diese Fragen regelmäßig im Trading, um herauszufinden, ob ich gerade bereit bin, oder ob meine Emotionen mich auf eine falsche Spur bringen.

Hier sind fünf der wichtigsten Fragen, die du dir stellen kannst:

1. **Warum will ich diesen Trade wirklich eingehen?**
   → Ist es, weil mein System ein klares Signal gibt, oder weil ich Angst habe, etwas zu verpassen?

2. **Was wäre, wenn ich diesen Trade verpassen würde?**
   → Macht es wirklich einen Unterschied in meiner langfristigen Performance? Oder ist es nur mein Ego, das unbedingt gewinnen will?

3. **Wie würde ich diesen Trade beurteilen, wenn ich ihn nicht selbst gemacht hätte?**
   → Wenn ich ihn als Außenstehender analysiere, erscheint er dann logisch oder emotional getrieben?

4. **Was passiert, wenn ich nichts tue?**
   → Disziplin bedeutet oft auch, NICHT zu handeln. Bin ich gerade ungeduldig oder habe ich wirklich einen Vorteil?

5. **Wie fühle ich mich gerade?**
   → Bin ich ruhig und fokussiert oder angespannt und getrieben? Emotionale Klarheit ist der Schlüssel zur richtigen Entscheidung.

Diese Fragen helfen mir, mich selbst in Echtzeit zu reflektieren und nicht von meinen Emotionen überwältigt zu werden. Jeden Morgen starte ich mit einem mentalen Selbstcheck.

Ich stelle mir gezielte Fragen, um Klarheit über meine Gefühle, Gedanken und Ziele für den Tag zu gewinnen. Zum Beispiel: *Wie fühle ich mich heute? Was brauche ich, um mich gut zu fühlen? Worauf möchte ich mich konzentrieren?*

PSYCHISCHE UND MENTALE HÜRDEN – UND WIE DU SIE MEISTERST

Trading ist kein Sprint. Es ist ein Marathon. Oder besser gesagt: ein Ultramarathon – ohne Ziellinie, ohne Plan, wann die nächste Verschnaufpause kommt. Du weißt nur, dass du die Strecke nicht gegen den Markt läufst, sondern gegen dich selbst.

Ich trade seit über 36 Jahren. In dieser Zeit habe ich nicht nur eine Krise erlebt, sondern viele. Und die Wahrheit ist: Die ersten sind die härtesten. Nicht, weil du mehr Geld verlierst – das kommt später. Sondern weil du noch keine Werkzeuge hast, um mit der psychischen Belastung umzugehen. Du fühlst dich ausgeliefert, schutzlos, überfordert. Und das merkt der Markt.

Ich habe meine ersten Konten sehr schnell zerstört. Nicht, weil ich faul war oder gezockt habe – sondern weil ich keine Ahnung hatte. Kein Risikomanagement, keine Struktur, keine psychologische Vorbereitung. Damals arbeitete ich nebenbei als DJ, veranstaltete Partys. Wenn 1000 Leute kamen und ich mit jedem 10 D-Mark verdiente, hatte ich schnell wieder genug Kapital für ein neues Konto. Aber was nützte mir das neue Konto, wenn ich innerlich zitterte?

Ich hatte Angst. Ich wurde nervös, sobald ein Trade ein bisschen gegen mich lief. Ich fühlte mich schwach. Und ich merkte: Mein Problem war nicht das Geld – es war mein Kopf. Ich hatte mich innerlich verletzt. Und ich wusste nicht, wie ich wieder auf die Beine kommen sollte.

WENN DIE ANGST AM MENTALEN KAPITAL ZEHRT

Wenn wir über Kapital im Trading sprechen, meinen die meisten das Geld auf dem Konto. Doch es gibt eine viel wertvollere Ressource: dein mentales Kapital.

Mentales Kapital ist deine Fähigkeit, ruhig und fokussiert zu bleiben – auch wenn der Markt gegen dich läuft. Es ist deine emotionale Stabilität, deine Klarheit, deine Disziplin. Ohne mentales Kapital hilft dir auch die beste Strategie nichts. Denn du wirst sie in der Hitze des Gefechts nicht umsetzen können.

Was viele Trader unterschätzen: Dieses Kapital ist verletzlich. Es kann beschädigt – oder sogar traumatisiert – werden. Und genau das passierte einem Schüler von mir.

Wenn Angst im Nacken sitzt: Wie psychische Traumata dein Trading lähmen

Man denkt bei Angst oft an Zittern, an Schweißausbrüche, an das Gefühl, wie gelähmt zu sein. Aber im Trading zeigt sich Angst nicht immer so offensichtlich. Sie kommt oft leise, verkleidet – und wirkt in der Tiefe.

Ich erinnere mich an einen meiner Schüler, der mit genau so einem Trauma zu mir kam. Ein beeindruckender Typ. Diszipliniert, strukturiert, hochintelligent. Er hatte über 20 Jahre lang ein Unternehmen aufgebaut – und es dann verkauft. Mit Anfang 40 war er finanziell unabhängig, voller Energie und neugierig auf neue Wege, sein Kapital sinnvoll anzulegen. Sein Ziel: an der Börse aktiv werden.

Was er damals noch nicht wusste: Sein Einstieg fiel mitten in die Finanzkrise. Der perfekte Sturm. Er hatte keine professionelle Vorbereitung, keine Risikokontrolle, keine Erfahrungsbasis – aber ein großes Vermögen, das er einsetzen wollte. Und so ging es, wie es in solchen Fällen oft geht: Schon nach kurzer Zeit saß er auf massiven Verlusten. Geld, für das er 20 Jahre lang gearbeitet hatte, löste sich in wenigen Wochen auf.

Er geriet in Panik. Nicht im klassischen Sinn – er rannte nicht schreiend durch die Gegend. Aber innerlich war der Ausnahmezustand ausgebrochen. Die Angst war da. Greifbar. Und sie blieb.

Er realisierte die Verluste. Und er traf eine mutige Entscheidung: Er wollte es nicht dabei belassen, sondern den Umgang mit der Börse von Grund auf lernen. So kam er damals zu mir – und stieg in einen meiner Ausbildungskurse ein.

Er war ein vorbildlicher Schüler: klug, aufmerksam, analytisch. Doch das, was ihn immer wieder sabotierte, war nicht fehlendes Wissen – sondern die tiefsitzende Erinnerung an den ersten Schock. Der Verlust war real – aber das Trauma saß tiefer. Es steckte in seinem Nervensystem, in seinem Unterbewusstsein, in jeder Entscheidung. Und das zeigte sich auf unterschiedliche Weise:

- Er zögerte bei glasklaren Setups, weil irgendwo die Angst lauerte: *Was, wenn es wieder schiefgeht?*
- Er ging manchmal zu früh raus – kaum im Plus, sofort die Position geschlossen. Hauptsache, kein Verlust.
- Oder er überkompensierte – tradete zu häufig, zu impulsiv, suchte verzweifelt nach Kontrolle in einem System, das sich nie ganz kontrollieren lässt.
- Es kam zu Over-Trading, Selbstsabotage, übervorsichtiger Risikoreduktion – und all das, obwohl er eigentlich genau wusste, was zu tun wäre.

Er sagte mal zu mir: »*Ich dachte, ich bin kein ängstlicher Mensch. Ich habe ein Unternehmen aufgebaut, Mitarbeiter geführt, Millionen bewegt. Aber an der Börse reicht ein tiefer Verlust – und plötzlich ist alles, was ich über mich dachte, nicht mehr sicher.*«

Diese Aussage hat mich tief getroffen – weil sie so wahr ist: Angst ist nicht nur das Nicht-Handeln. Angst ist auch zu viel handeln. Zu früh absichern. Zu spät einsteigen. Zu lange festhalten. Angst versteckt sich in unseren Automatismen – und frisst unser mentales Kapital von innen auf.

Es hat Jahre gedauert, bis dieser Schüler wirklich frei wurde von diesem inneren Druck. Nicht, weil er »keine Angst« mehr hatte – sondern weil er gelernt hatte, mit ihr zu leben, ohne sich von ihr steuern zu lassen.

Das ist die wahre Meisterschaft im Trading: Nicht furchtlos zu werden – sondern handlungsfähig zu bleiben, obwohl die Furcht da ist.

Psychische Traumata im Trading

Ein Trauma entsteht, wenn du ein Ereignis nicht emotional verarbeiten kannst – und es sich tief in dein Unterbewusstsein eingräbt. Im Trading passiert das oft nach einem besonders schmerzhaften Verlust oder einer Phase des totalen Kontrollverlusts.

Danach ist nichts mehr wie vorher. Du schaust anders auf den Markt. Du zögerst bei Trades, die du vorher klar genommen hättest. Du verlierst das Vertrauen in deine Fähigkeiten. Du entwickelst Angst – nicht vor Verlusten, sondern vor dir selbst.

Ein Trader mit psychischem Trauma handelt nicht mehr objektiv. Er sieht überall Gefahr. Er erkennt Setups, traut sich aber nicht zuzugreifen. Oder er überkompensiert und tradet zu viel – in der Hoffnung, sich selbst zu beweisen, dass er es noch kann. Das Konto ist vielleicht wieder aufgefüllt – aber der Trader ist innerlich leer.

Wie du dein mentales Kapital schützt

Du kannst finanzielles Kapital jederzeit wieder aufbauen. Aber mentales Kapital ist kostbarer. Wenn es einmal beschädigt ist, dauert es oft Monate oder sogar Jahre, bis du es wiederhergestellt hast. Deshalb gilt: Schütze es wie deinen Augapfel. Es ist dein wertvollstes Gut. Das sind fünf konkrete Maßnahmen, die du dazu ergreifen kannst:

1. **Handle niemals in emotional instabilen Phasen.**
   Wenn du privat unter Stress stehst, wenn du wütend, traurig oder erschöpft bist: kein Echtgeld! Punkt.

2. **Begrenze deine Verluste pro Tag und pro Woche.**
   Nicht nur finanziell – sondern emotional. Ein Verlust ist verkraftbar. Eine Kette von Verlusten ohne Pause ist gefährlich.

3. **Entwickle Routinen zur mentalen Regeneration.**
   Sport, Meditation, Journaling oder Gespräche mit Gleichgesinnten – finde heraus, was dich erdet.

4. **Vermeide Revenge-Trading.**
   Wenn du das Bedürfnis spürst, »es dem Markt zu zeigen«, musst du sofort raus. Nicht aus dem Trade – sondern aus dem Trading für den gesamten Tag.

5. **Führe ein Trading-Tagebuch mit Selbstbeobachtung.**
   Bewerte nicht nur Setups und Ergebnisse, sondern auch deinen mentalen Zustand. Erkenne Muster – und lerne, dich rechtzeitig auszubremsen.

FALSCHE KONDITIONIERUNG – EINE WEITERE MENTALE HÜRDE

Es gibt noch eine zweite, sehr tückische mentale Falle – und die ist noch schwerer zu erkennen: **falsche Konditionierung.**

Im normalen Leben funktioniert Lernen nach einem einfachen Prinzip: Du machst einen Fehler, bekommst die Quittung – und lernst daraus. Doch an der Börse gelten andere Regeln. Dort wirst du nicht für jeden Fehler sofort bestraft.

Im Gegenteil: Du kannst dich falsch verhalten – und trotzdem Geld verdienen. Du kannst völlig planlos in den Markt gehen – und mit einem Plus rauskommen. Und genau das ist das Gefährliche. Denn in deinem Gehirn verankert sich: *»Es hat ja funktioniert.«* Und so entsteht eine Verhaltensweise, die auf Glück basiert – aber sich wie Können anfühlt.

Ich erinnere mich an eine junge Frau, die nach einem Jahr Eigenstudium zu mir kam. Sie hatte sich alles selbst beigebracht: anhand von YouTube-Videos, Foren, ein paar E-Books. Am Anfang hatte sie sogar Erfolg – aber sie konnte nicht erklären, warum. Sie sagte wörtlich: »*Ich hatte das Gefühl, ich hab ein Händchen dafür.*«

Doch als die Märkte sich änderten, brach alles weg. Sie verlor fast ihr gesamtes Kapital – und noch schlimmer: Sie hatte sich eine ganze Reihe an Mustern antrainiert, die ihr unbewusst immer wieder in die Quere kamen.

Sie platzierte Stopps viel zu eng, weil das in einem Trendmarkt mal gut ging. Sie nahm Gewinne viel zu früh mit, weil sie es ein paar Mal »gerade noch rechtzeitig« getan hatte. Sie traute sich nicht, ein Setup durchzuhalten – weil ihr Gehirn gelernt hatte: *Bewegung nach vorn bedeutet Gefahr.*

Das Problem: Diese Dinge beruhten nicht mehr auf rationalen Entscheidungen. Sie beruhten auf Reflexen. Und Reflexe lassen sich nicht mit einem einzigen Video korrigieren. Es dauerte Monate, bis sie ihre Muster erkannt – und wieder verlernt hatte. Denn die schwersten Fehler im Trading sind nicht die großen Katastrophen. Es sind die kleinen, stillen Wiederholungen, die sich tief ins System brennen und kontraproduktiv wirken.

Deshalb brauchst du ein Korrektiv

Gerade am Anfang ist es entscheidend, ein korrektives Umfeld zu haben. Jemanden, der dir den Spiegel vorhält. Der dir zeigt, dass dein letzter Gewinn nicht unbedingt ein Beweis für Können war – sondern nur Glück. Oder dass dein letzter Verlust kein Zeichen von Inkompetenz ist – sondern Teil des Spiels.

Die meisten Menschen versuchen es auf eigene Faust. »*Was soll schon schiefgehen?*« Das kann aber eine ganze Menge sein.

Denn wenn du dich einmal falsch konditionierst, sitzt dieser Fehler tief. Du wirst ihn nicht los, indem du mehr lernst. Du musst ihn erkennen, dich bewusst damit konfrontieren – und diesen Fehler durch wiederholtes, richtiges Verhalten überschreiben.

Deshalb ist es kein Zeichen von Schwäche, sich begleiten zu lassen. Es ist ein Zeichen von Ernsthaftigkeit.

DER WAHRE GEGNER BIST DU SELBST

Viele Trader glauben, der Markt sei ihr Gegner. Doch das stimmt nicht. Der Markt ist neutral. Er tut, was er tut – egal, was du dir wünschst. Der wahre Gegner bist du selbst. Deine Ungeduld. Dein Ego. Dein Wunsch, recht zu haben. Dein Impuls, Verluste sofort auszugleichen. Der Markt stellt dich nicht auf die Probe – du stellst dich selbst auf die Probe. Und je besser du dich kennst, desto besser wirst du handeln.

DEIN GRÖSSTES ASSET IST NICHT DEIN GELD – SONDERN DEINE PSYCHISCHE UND MENTALE STABILITÄT

Die Wahrheit ist: Jeder kann an der Börse Geld verlieren und es wieder zurückholen. Doch die meisten Trader scheitern nicht am Verlust des Geldes – sondern am Verlust ihrer psychischen und mentalen Stabilität. Das bedeutet: Dein wichtigstes Kapital ist nicht dein Geld. Es ist deine eigene Verfassung. Schütze dein mentales Kapital genauso sorgfältig wie dein finanzielles Kapital. Denn wenn du einmal psychisch zerstört bist, ist es ungleich schwerer zurückzukommen.

Die besten Strategien bringen nichts, wenn du psychisch und mental nicht stabil bist. Im Gegenteil: Sie können dich noch mehr unter Druck setzen, wenn du das Gefühl hast, sie »funktionieren nicht mehr« – obwohl du es selbst bist, der sie nicht mehr sauber umsetzt.

Du brauchst ein starkes Mindset. Nicht einmal – sondern jeden Tag aufs Neue. Akzeptiere, dass Verluste zum Spiel gehören. Trainiere deine emotionale Resilienz. Schütze dein mentales Kapital genauso sorgfältig wie dein Geld. Und lerne, mit Wahrscheinlichkeiten zu denken und Unsicherheit als Teil des Spiels zu akzeptieren – statt nach Sicherheit zu suchen.

Denn am Ende zählt nicht, wie oft du fällst – sondern wie oft du wieder aufstehst.

Trading ist kein Kampf gegen den Markt. Es ist ein Kampf gegen dich selbst. Und dieser Kampf wird leichter, wenn du anfängst, dich selbst zu führen.

FAZIT: STÄRKE DEINE PSYCHISCHE UND MENTALE VERFASSUNG – NICHT NUR DEINE STRATEGIE

Kümmere dich um deine Verluste – dann kümmern sich deine Gewinne um dich. Denn der Markt belohnt nicht den Mutigen, nicht den Lauten und schon gar nicht denjenigen, der alles auf eine Karte setzt. Er belohnt denjenigen, der lernt, mit sich selbst klarzukommen. Der seine Schwächen kennt. Der seine Grenzen akzeptiert. Und der bereit ist, an der eigenen mentalen Stärke genauso zu arbeiten wie an seiner Strategie. Trading ist kein Kampf gegen den Markt – sondern ein Kampf gegen dich selbst. Und genau darin liegt deine größte Chance: Wenn du lernst, dich selbst zu führen, wird der Markt zu deinem Partner – und nicht zu deinem Gegner.

WENN DIE PSYCHE DICH AUSTRICKST: DIE HÄUFIGSTEN FEHLER – UND WIE DU SIE VERMEIDEST

Psychologie ist der unsichtbare Gegner eines jeden Traders. Die meisten Fehler entstehen nicht durch eine schlechte Strategie oder mangelndes Wissen, sondern durch Emotionen – vor allem durch Angst. Angst kann dich zu impulsiven Entscheidungen verleiten, dich aus guten Setups drängen oder dich zögern lassen, wenn du doch eigentlich handeln solltest.

Ich habe über die Jahre viele Trader begleitet. Jeder hatte seine eigenen Stärken – aber auch seine eigenen Schwächen. Manche kämpften mit der Angst, etwas zu verpassen, andere hielten an Verlusten fest, weil sie nicht loslassen konnten. Wieder andere hatten Angst vor Veränderungen und sabotierten sich dadurch selbst. Lass mich dir einige dieser Geschichten erzählen. Vielleicht erkennst du dich in einer davon wieder.

DIE ANGST, ETWAS ZU VERPASSEN (FOMO – FEAR OF MISSING OUT)

Dieser häufige Fehler im Trading lässt sich am besten schildern am Beispiel von Daniel, dem Adrenalin-Trader – und seiner vermeintlichen Gier.

Daniels Sucht nach Action – und was eigentlich dahintersteckte

Daniel war ein Draufgänger. Anfang 30, athletisch, energiegeladen. Er hatte das Charisma eines Menschen, der immer in Bewegung ist – nicht nur körperlich, sondern auch gedanklich. Sein Leben war Geschwindigkeit. Kein Wunder, dass er sich für einen Job entschieden hatte, der perfekt zu seinem Naturell passte: Daniel war Rettungssanitäter.

Sein Alltag bestand aus Adrenalinschüben, Sekundenentscheidungen und dem Gefühl, gebraucht zu werden. Während andere in Schockstarre verfielen, wenn ein Mensch um sein Leben kämpfte, fühlte Daniel sich lebendig. Er war süchtig nach Action.

Und genau das war sein Problem im Trading. Jedes Mal, wenn der Markt sich bewegte, fühlte es sich für ihn genauso an wie ein Notruf, auf den er reagieren musste. Sein Körper kannte nur eine Antwort: Sofort handeln!

Doch der Markt ist keine Notaufnahme. Es gibt hier keine Leben zu retten – nur Geld zu verlieren.

»Ich verstehe es nicht!«, sagte er eines Tages frustriert in meinem Coaching. »Immer wenn ich einsteige, dreht der Markt in die entgegengesetzte Richtung. Das kann doch gar nicht sein?!« Er lehnte sich nach vorn, seine Finger trommelten nervös auf den Tisch. »Ich sehe eine Bewegung, springe drauf – und schwupps! – ist sie vorbei. Ich müsste eigentlich nur das Gegenteil von dem tun, was ich mache, dann wäre ich erfolgreich!«

Ich lächelte und ließ ihn reden. Während des gesamten Gesprächs rutschte Daniel auf seinem Stuhl herum. Er war es gewohnt zu reagieren, nicht abzuwarten. »Daniel, was passiert mit dir, wenn der Funk in deinem Job reinkommt?« Er überlegte keine Sekunde. »Ich werde sofort fokussiert. Ich weiß, dass jetzt jede Sekunde zählt.« »Und was passiert mit dir, wenn du eine große Marktbewegung siehst?« Er blinzelte. Dann merkte er, worauf ich hinauswollte. »Ich spüre genau dasselbe.«

Ich nickte. »Aber ist der Markt ein Notfall? Stirbt hier jemand, wenn du nicht sofort springst?« Er schnaubte. »Natürlich nicht, aber ...« Ich unterbrach ihn. »Und was, wenn du nichts tust? Was passiert dann?« Er war kurz still. Dann murmelte er: »Dann verpasse ich vielleicht eine riesige Chance.«

Ich sah ihn an. »Und was macht dir mehr Angst – Geld zu verlieren oder etwas zu verpassen?« Er antwortete schneller, als er selbst erwartet hatte: »Etwas zu verpassen.« Daniel dachte immer, er sei gierig. Doch Gier ist nur ein Symptom. Dahinter steckt immer eine tiefere Angst – die Angst vor Mangel. Ich wollte herausfinden, welcher Mangel ihn antrieb.

»Daniel, was würde passieren, wenn du nie wieder einen großen Trade erwischst? Stell dir vor, du würdest nur noch kleine, kontrollierte Gewinne machen, aber nie diese riesigen Glückstreffer.« Seine Miene veränderte sich. Ich sah, wie sich etwas in ihm regte. »Das würde sich ... langweilig anfühlen.« »Und was macht Langeweile mit dir?« Er überlegte kurz, dann seufzte er: »Ich hasse sie.« »Warum?« Er rieb sich das Gesicht. »Weil ... wenn nichts passiert ... dann fühle ich mich, als wäre ich nicht wirklich am Leben.« Da war es.

Daniel hatte nicht einfach Angst, Geld zu verpassen. Er hatte Angst, das Gefühl zu verpassen, lebendig zu sein. Ich lehnte mich zurück. »Daniel, jetzt verstehst du, warum du so tradest, wie du tradest.« Er schwieg. Ich ließ ihm Raum. Nach einer Weile sagte er leise: »Ich wusste immer, dass ich Action brauche. Aber mir war nie klar, dass es darum geht, etwas in mir zu füllen, was fehlt.«

Ich nickte. »Und wenn du verstehst, dass du den Markt benutzt, um dieses Gefühl zu bekommen, dann kannst du dich fragen: Willst du das wirklich? Oder willst du traden, um erfolgreich zu sein? Weißt du, dass einer der besten Trader der Welt, Ed Seykota, mal gesagt hat, jeder bekommt am Markt das, was er will? Und damit meinte er garantiert nicht eine bestimmte Summe!« Er grinste schief. »Ich will Geld verdienen. Und ich will nicht mehr dieser Typ sein, der nur wegen des Kicks tradet.«

Ich erzählte ihm eine Geschichte, die wir in unserem Büro alle kannten. »Es gibt einen Satz, den niemand bei uns sagen darf, wenn er eine Position im Gewinn hat.« Daniel sah mich neugierig an. »Welchen?« Ich grinste. »Das sieht gut aus!«

Er lachte. Doch mir war nicht nach Lachen zumute. »Immer wenn jemand das sagt, dreht der Markt. Plötzlich verschwinden die Gewinne, als hätte jemand auf einen Knopf gedrückt. Anfangs hielt ich das für einen dummen Zufall. Doch es passierte einfach zu oft.« Ich sah, dass ich seine Aufmerksamkeit hatte.

»Also fing ich an, die Situationen zu analysieren. Und ich stellte fest: Es war immer dann, wenn der Markt eine große Bewegung gemacht hatte und alle dachten, dass er nur noch weiterlaufen konnte. Genau dann drehen die Profis den Spieß um und nehmen ihre Gewinne mit.«

Daniel dachte nach. »Weil, wenn etwas offensichtlich ist, dann sind die meisten schon drin.« Ich nickte. »Und wenn du erst dann einsteigst, bist du nicht der Jäger – sondern die Beute.« »Und zum Schluss zeige ich dir noch meine beste Trading Strategie!« flüsterte ich fast geheimnisvoll zu ihm rüber. Ich sah wie seine Augen sich gespannt weiteten und sein Kopf automatisch näher zu mir kam.

Ich setzte mich vor ihn aufrecht hin, nahm meine Hände und schob sie unter meinen Po, sodass ich auf meinen Händen saß. Er schaute mich ungläubig und weiter fragend an. »Ja – und?« In vielen Marktphasen, so erklärte ich ihm, ist die beste Strategie »Sit on your fingers«. Einfach nichts zu tun.

Seine neue Hausaufgabe:

1. **Fünf-Minuten-Regel:**
   Immer, wenn er das Gefühl hatte, **sofort** einsteigen zu müssen, musste er einen Timer auf fünf Minuten setzen und danach erneut entscheiden.

2. **Die Frage:**
   Vor jedem Trade sollte er sich fragen: »Würde ich diesen Trade auch eingehen, wenn ich den vorherigen Move nicht gesehen hätte?«

3. **Eine Alternative zur Börse für seinen Adrenalinkick finden.**
   Er sollte in seiner Lebensgestaltung etwas finden, wo er sich den Adrenalinkick abholen konnte, der an der Börse so schädlich sein kann.

Nach einem Monat kam er zurück. Sein Look war derselbe – Lederjacke, energiegeladene Bewegungen –, aber sein Blick war ruhiger.

»Krass«, sagte er. »Ich dachte, ich würde Chancen verpassen. Aber eigentlich habe ich nur schlechte Trades verpasst.«

FOMO: Symptome und Gegenmaßnahmen

Daniel hatte verstanden: Die Angst, etwas zu verpassen, äußert sich oft in Form von Gier. Und die beste Waffe dagegen ist, sich dies bewusst zu machen.

SYMPTOME VON FOMO

- hastige Trades ohne klaren Plan
- Einstieg am Hochpunkt, weil man dabei sein will
- übermäßige Aktivität (Over-Trading)
- emotional getriebene Entscheidungen

GEGENMASSNAHMEN: WAS HILFT GEGEN FOMO?

- Erstelle eine Watchlist: Wenn du denkst, dass du undbedingt dabei sein musst, setze den Trade stattdessen erst mal auf eine Beobachtungsliste.
- Schreibe dir die verpassten Trades auf: Oft zeigt sich, dass viele vermeintlich »verpasste« Trades gar nicht gut gewesen wären.
- Übe bewusst das »Nicht-Traden«: Manchmal ist die beste Entscheidung, nichts zu tun.

LÄHMENDER PERFEKTIONISMUS

Allzu hohe Ansprüche an sich selbst können einen Trader auch dazu bringen, übervorsichtig zu agieren oder sich gar nicht erst an Trades heranzuwagen. Dafür ist Lisas Geschichte ein gutes Beispiel.

Lisa, die Architektin – und ihre übergroße Scheu vor Trades

Lisa war das Gegenteil von Daniel. Während er impulsiv und getrieben von der Suche nach dem nächsten Adrenalinkick war, war sie strukturiert, überlegt – fast schon **zu** vorsichtig.

Sie war Mitte 40, eine erfahrene Architektin, die in ihrem Beruf komplexe Systeme durchdachte und geplante Strukturen in die Realität umsetzte. Chaos war ihr Feind. Jeder ihrer Entwürfe war bis ins kleinste Detail ausgearbeitet. Fehler waren für sie keine Option – ein einziges Missverständnis in einem Bauplan konnte fatale Folgen haben. Und genauso ging sie auch das Trading an.

Lisa war Schülerin in meiner Ausbildung und hatte sich durch das mehrstufige Programm von **Level 1 bis Level 4** gearbeitet. Sie war immer vorbereitet, stellte kluge Fragen, machte sich akribisch Notizen und hatte für jede Lektion ein perfekt strukturiertes Dokument.

Doch als wir auf **Level 4** ankamen – dem höchsten Level –, bemerkte ich etwas. Lisa hatte noch keinen einzigen Trade gemacht. Während ihre Mitschüler längst live handelten, saß sie vor einem Block voller Notizen. Sie hatte Pläne, Flussdiagramme, Regeln, Szenarien – aber keine Trades.

Ich schaute sie an und fragte direkt: »Lisa, warum hast du noch nicht gestartet?« Sie sah mich mit einem ernsten Blick an, ihre Hände umklammerten fest ihren Stift. »Ich will erst alle Informationen beisammenhaben. Erst den gesamten Stoff von allen Levels lernen, alles vor mir ausbreiten – und dann, wenn ich wirklich alles erfasst habe, starte ich.«

Ich lehnte mich zurück und ließ einen Moment Stille im Raum stehen. Dann sagte ich ruhig, aber bestimmt: »Lisa, so wirst du niemals starten.« Sie zuckte leicht zusammen. »Du wirst dich ewig verstecken, ewig planen, ewig Theorien im Kopf herumwälzen. Aber du musst ins Handeln kommen. Der Markt ist Chaos – du kannst ein chaotisches System nicht kontrollieren.«

Lisa schluckte. Ihre Welt war Kontrolle. Ihr Beruf war Planung. Doch Trading war nicht planbar. Es war das pure Gegenteil dessen, was sie gewohnt war. »Aber … wenn ich nicht alle Informationen habe, könnte ich einen Fehler machen.« »Lisa, du suchst nach Sicherheit. Doch an der Börse gibt es keine Sicherheit. Nur Wahrscheinlichkeiten.« Sie schwieg. Ich lehnte mich vor. »Die Wahrheit ist: Du hast nicht Angst, Geld zu verlieren. Du hast Angst, falschzuliegen.«

Lisa musste lernen, dass sie nicht alle Variablen kennen kann – dass Perfektion nicht nur unmöglich war, sondern im Trading sogar ein Hindernis. Also gab ich ihr eine Hausaufgabe, die genau das herausforderte. »Jeden Tag machst du mindestens einen Trade. Egal wie klein. Das Ziel ist nicht, Geld zu verdienen – sondern sich daran zu gewöhnen, dass Verluste normal sind.«

Lisa wirkte nicht begeistert. »Aber … was, wenn ich Fehler mache?« »Du WIRST Fehler machen. Das ist der Punkt. Du musst lernen, damit zu leben.« Drei Wochen später saß sie wieder vor mir. Die Arme verschränkt – aber mit einem zufriedenen Lächeln. »Verluste tun nicht mehr so weh. Es fühlt sich normal an – und ich kann endlich frei traden.«

Ich nickte. »Weißt du jetzt, was dein wahres Problem war?« Lisa atmete tief durch. »Ja. Ich wollte die Kontrolle haben. Aber der Markt lässt sich nicht kontrollieren. Ich musste einfach anfangen – und dem Prozess vertrauen.«

Lähmender Perfektionismus – Symptome und Gegenmaßnahmen

Lisa hatte gelernt: **Perfektion ist eine Illusion, und Fehleinschätzungen lassen sich im Trading nicht vermeiden. Doch wer lernt, sich mit dieser Unsicherheit wohlzufühlen, wird frei.**

SYMPTOME SOLCHER BLOCKADEN

- Scheu davor, Trades zu machen
- zu weit entfernt gewählte Stopp-Loss-Marken mit dem Ziel, nicht ausgestoppt zu werden
- Zweifel an jeder Entscheidung und zu zögerliches Handeln

GEGENMASSNAHMEN GEGEN BLOCKADEN

- Trade mit kleinen Positionsgrößen, bis du dich sicherer fühlst.
- Nutze fixe Risiko-Prozentsätze, um Verluste planbar zu machen.
- Sieh Verluste als Kosten des Geschäfts an. Kein Trader hat eine 100-prozentige Trefferquote.

DIE ANGST, GEWINNE WIEDER HERZUGEBEN

Manche haben schlichtweg Angst vor der eigenen Courage. Das bringt sie dazu, nie die vollen Möglichkeiten auszuschöpfen, die ein Trade bietet, selbst wenn der Markt in die richtige Richtung läuft. Das Beispiel von Tom zeigt dies sehr deutlich.

Tom, der vorsichtige Sammler – und die Illusion der Kontrolle

Tom war der Typ Trader, den viele bewunderten – zumindest auf den ersten Blick. Anfang 50, immer gepflegt, ruhige Stimme, ein Mann, der gern die Kontrolle behielt. Er machte keine voreiligen Trades, riskierte nie zu viel und hatte ein durchdachtes System. Sein Beruf? Physiker.

Sein Denken war analytisch, logisch, strukturiert. Er verstand Zahlen und Prozesse auf einer tiefen Ebene. Während andere sich von Emotionen leiten ließen, vertraute Tom auf harte Fakten. Doch genau hier lag sein Problem. Er war ein Sammler. Nicht im klassischen Sinne von Briefmarken oder Münzen – nein, er sammelte Sicherheit. Und genau das machte ihm das Trading so schwer.

»Ich habe das Gefühl, immer zu früh auszusteigen,« sagte er in unserer ersten Sitzung. »Ich nehme die Gewinne mit, aber dann sehe ich, wie der Markt noch weiterläuft. Ich verpasse die großen Bewegungen. Ich komme so nicht vom Fleck. Ich verliere zwar kein Geld, aber meine Gewinntrades reichen nur aus, um meine Verlusttrades zu decken.«

Ich ließ ihn seine letzten zehn Trades analysieren. Es war offensichtlich: Er nahm fast immer nach 1 bis 2 Prozent Gewinn seine Positionen vom Tisch. Ich nickte. »Tom, dein Problem ist nicht die Angst vor Verlusten. Dein Problem ist die Angst, bereits erzielte Gewinne wieder abzugeben.« Er zuckte mit den Schultern. »Aber ist es nicht klug, Gewinne mitzunehmen, wenn man sie hat?« »Ja, aber nur, wenn dein System es dir sagt – nicht deine Angst.«

Toms Kompromiss-Vorschlag – und warum er ins Leere lief

Tom runzelte die Stirn. »Okay, was ist mit einem Kompromiss? Ich könnte ja Teilgewinne realisieren. Dann habe ich wenigstens einen Teil gesichert und lasse den Rest laufen.« Ich schüttelte energisch den Kopf. »Nein, Tom. Dann liegst du immer falsch.« Er sah mich überrascht an. »Wieso? Damit habe ich doch Sicherheit und trotzdem eine Chance auf mehr.« »Nein, denn egal, was passiert, du wirst es bereuen. Entweder du hast den ersten Teil zu früh verkauft oder den zweiten Teil zu spät.«

Er lehnte sich zurück, als würde er die Worte in seinem Kopf hin- und herwälzen. »Wenn dein Tradeplan sagt, dass du bis zu einem bestimmten Punkt drinbleiben sollst, dann bleib drin.« Er biss sich auf die Lippe. »Und wenn ich einen Trailing-Stopp nutze?« »Dann für die gesamte Position. Alles andere ist nur eine Illusion von Kontrolle.«

Er wirkte unzufrieden – als würde ich ihm eine letzte Sicherheit nehmen, an die er sich klammern wollte. Doch genau das war nötig.

Der Perspektivwechsel

Ich lehnte mich vor. »Tom, stell dir eine Frage: Ist der aktuelle Trade dein letzter?« Er schaute mich verwirrt an. »Wie meinst du das?« »Ich meine: Ist das dein allerletzter Trade deines Lebens?« Er schüttelte den Kopf. »Nein, natürlich nicht.« »Okay, was kommt nach diesem Trade?« »Der nächste.« Ich nickte.

»Und im nächsten Trade hast du genau das gleiche Risiko wie im aktuellen. Nur dass du dazu noch die Arbeit für die Planung des Einstiegs, das Risiko-Management und zusätzliche Gebühren hast. Warum nicht einfach in dem Trade bleiben, der dir schon zeigt, dass du richtig liegst?«

Tom kam ins Grübeln. Sein Gesichtsausdruck veränderte sich. »Du meinst … der Markt bestätigt mich bereits … und ich steige trotzdem aus, um wieder bei null anzufangen?« Ich grinste. »Genau das meine ich.«

Wie Tom aus seinem Dilemma herausfand

Toms Lösung war einfach – aber für ihn ungewohnt.

1. **Er durfte nicht mehr auf sein Konto schauen, während ein Trade lief.**
   - Sein Problem war der Wunsch nach Kontrolle – also musste er sich von dieser Kontrolle lösen.

2. **Wir richteten eine Trailing-Stopp-Strategie ein, die für die gesamte Position galt.**
   - Dadurch konnte er nicht mehr manuell zu früh aussteigen oder sich mit Teilverkäufen selbst sabotieren.

3. **Er musste sich eine neue Regel setzen: Kein Verkauf aus Angst – nur aus Logik.**
   - Jeder Verkauf musste durch einen **klaren, objektiven Grund** gerechtfertigt sein.

Drei Monate später schrieb er mir: »**Ich hätte nie gedacht, dass einfach nur NICHT hingucken so viel helfen kann!**« Er hatte gelernt, dass seine Angst, Gewinne wieder abzugeben, eigentlich eine **Angst vor Unsicherheit** war. Und Unsicherheit ist ein Teil des Spiels.

Die Angst, Gewinne wieder herzugeben – Symptome und Gegenmaßnahmen

Tom hatte verstanden: **Kontrolle ist eine Illusion. Und wer diese Illusion loslässt, gewinnt.**

SYMPTOME DER ANGST, GEWINNE HERZUGEBEN

- frühes Schließen von Positionen, obwohl die Strategie mehr Potenzial vorsieht
- nicht zulassen, dass ein Trade sich entfaltet
- nachträgliche Frustration, wenn der Markt weiterläuft

MASSNAHMEN GEGEN DIE ANGST, GEWINNE HERZUGEBEN

- Nutze Trailing-Stopps für die gesamte Position, um Emotionen auszuschalten.
- Höre auf, dich mit Teilverkäufen selbst zu sabotieren.
- Analysiere deine Entscheidungen: Waren deine Gewinne wirklich sicher – oder hat nur dein Bauchgefühl entschieden?

DIE ANGST VOR GESICHTSVERLUST – WENN VERLIEREN SCHAM AUSLÖST

Bei manchen Menschen ist der Hang ausgeprägt, bloß ja keine Fehler zu machen, um das Gesicht nicht zu verlieren. Im Trading ist das kontraproduktiv, wie das Beispiel von Marc zeigt.

Marc, der Kämpfer – und seine Suche nach Anerkennung

Marc war ein Mann, der niemals Schwäche zeigte. Ende 30, sportlich, immer gepflegt, mit einem festen Händedruck und einem ernsten Blick. Seine Stimme war ruhig, kontrolliert. Er sprach nicht viel, aber wenn er es tat, dann mit Bestimmtheit. Er war der Typ Mann, der immer den Eindruck erweckte, er habe alles im Griff.

Doch genau das war der Punkt: **Er musste diesen Eindruck erwecken.** Er konnte nicht anders. Seine Art zu sprechen, seine Körperhaltung, sein Verhalten – alles war auf Kontrolle ausgelegt. Auf den ersten Blick wirkte er **selbstbewusst**, aber wer genau hinsah, bemerkte an kleinen Details, dass es mit seinem Selbstbewusstsein haperte:

- Wenn er sprach, wählte er seine Worte sorgfältig, als wollte er vermeiden, sich angreifbar zu machen.
- Er lächelte selten, und wenn, dann war es eher ein kalkuliertes Lächeln.
- In Diskussionen versuchte er, sein **Wissen als Schutzschild** zu benutzen – anstatt eine offene Haltung einzunehmen.
- **Er bat nie um Hilfe.**
- **Seine Augen zuckten leicht, wenn er über Verluste sprach.**

Denn Verluste waren für ihn **mehr als nur verlorenes Geld. Sie waren eine persönliche Niederlage.** Und was Marc um jeden Preis vermeiden wollte, war **das Gefühl der Scham.**

Der Test: Ich kritisierte ihn – und erkannte dabei sein wahres Motiv

Ich wollte testen, wie tief seine Angst saß. Also kritisierte ich ihn.

»**Marc, dein Trade hier ist inkonsequent. Dein Stopp-Loss ist willkürlich gesetzt. Das ist kein strategischer Stopp, sondern einer, der auf Angst basiert.**« Ich hatte kaum ausgesprochen, da kam die Reaktion: »**Nein, das stimmt nicht, ich habe mir genau überlegt, wo ich ihn setze. Ich wollte nur vermeiden, dass ich an einem zu engen Stopp unnötig Geld verliere. Und außerdem hat sich die Marktstruktur leicht verändert ...**«

Er argumentierte **sofort**. Ohne nachzudenken. Ohne sich selbst zu hinterfragen. Er suchte nach Begründungen – nicht nach Erkenntnissen. Ich beobachtete ihn genau. **Warum verteidigte er sich so schnell?** Warum konnte er nicht einfach sagen: »Ja, stimmt, ich hätte das besser machen können«?

Weil es nicht um den Stopp-Loss ging. **Es ging um die Frage nach Anerkennung seiner Person.** Er wollte nicht einfach ein guter Trader sein. **Er wollte, dass ich ihn als guten Trader sehe.**

Woran erkannte ich, dass Marc nach Anerkennung suchte?

1. **Seine sofortige Rechtfertigung**
   - Menschen mit gesundem Selbstwert können Kritik annehmen. Sie denken darüber nach und reflektieren die Kritikpunkte.
   - Marc dagegen sprang sofort in den Verteidigungsmodus.

2. **Seine Körpersprache**
   - Er lehnte sich leicht nach vorn, sein Kiefer verspannte sich, seine Augen fixierten mich – als müsse er mich überzeugen.

3. **Seine defensive** Wortwahl
   - Er sagte nicht: »Ich verstehe, was du meinst.«
   - Stattdessen sagte er: »Nein, das stimmt nicht, weil ...«

4. **Sein Bedürfnis, perfekt zu wirken**
   - Für ihn war es nicht genug, einfach gut zu sein.
   - Er brauchte die Bestätigung von außen, dass er gut war.

5. **Seine Abhängigkeit vom Trading-Ergebnis**
   - Er wollte nicht nur gewinnen, weil er Geld verdienen wollte.
   - Er wollte gewinnen, weil er sich darüber definierte.

Der verborgene Mechanismus: Anerkennung als Schutzschild

Marc hatte ein Schutzsystem entwickelt, das ihn vor seiner tiefsten Angst bewahrte: **nicht gut genug zu sein. Den Ansprüchen anderer nicht zu genügen.** Wenn er Anerkennung bekam, fühlte er sich sicher. Wenn er Kritik bekam, fühlte er sich bedroht. Seine ganze Trading-Strategie drehte sich unbewusst darum:

- Gewinne bedeuteten: **Ich bin gut.**
- Verluste bedeuteten: **Ich bin nicht gut genug.**

Er wollte nicht nur für sich selbst gewinnen. Er wollte auch **meine** Anerkennung. »Marc, du willst nicht einfach ein erfolgreicher Trader sein. Du willst, dass ich dich für einen erfolgreichen Trader halte.« Er schwieg. Ich konnte sehen, dass diese Worte trafen.

Der Weg heraus aus der Abhängigkeit von Anerkennung

Ich wusste, dass ich ihm nicht einfach sagen konnte, er solle sich nicht um Anerkennung von außen scheren. So funktionierte das nicht. Er musste sich **selbst** anerkennen.

Ich gab ihm die folgenden Hausaufgaben:

1. **Er musste sich selbst für Fehler loben.**
   - Jedes Mal, wenn er einen Fehler zugab, sollte er sich bewusst sagen:
     »Ich bin gut genug – auch wenn ich Fehler mache.«

2. **Er durfte nicht mehr versuchen, mich zu beeindrucken.**
   - Wenn er mir Trades zeigte, durfte er nicht erklären, warum sie »eigentlich gut« waren.
   - Er durfte nur sagen: »Das war mein Plan. Das war das Ergebnis.«

3. **Er musste eine Kritik einfach annehmen – ohne sich zu verteidigen.**
   - Nur zuhören. Nachdenken. Und nicht antworten.

Der Weg zur echten Selbstsicherheit

Drei Monate später saß er wieder vor mir. Ich kritisierte ihn erneut. »Marc, dein Trade hier war nicht optimal. Dein Einstieg war nicht durchdacht genug.« Doch diesmal verteidigte er sich nicht. Er nickte langsam. »Ja, du hast recht. Ich sehe, dass ich das impulsiv gemacht habe.« Er war ruhig. Keine Anspannung, kein Verteidigungsmodus. Ich lächelte. »Und, wie fühlt sich das an?« Er grinste. »Irgendwie… befreiend.«

Marc hatte verstanden, dass er sich nicht über Gewinne definieren konnte. Dass er keine Anerkennung von außen brauchte, um sich wertvoll zu fühlen.

Angst vor Gesichtsverlust – Symptome und Gegenmaßnahmen

Verluste sagen nichts über den eigenen Wert oder das eigene Können als Trader aus; diese Lektion hat Mark gelernt. Und er musste erkennen, dass er gut genug war – auch ohne perfekte Ergebnisse und ohne die ständige Anerkennung von außen.

SYMPTOME DER ANGST VOR GESICHTSVERLUST

- Negative Self-Talk
- Paralyse durch Analyse
- zu frühes Schließen von Gewinnen
- Overtrading nach Gewinnen aus dem Gefühl der Scham

MASSNAHMEN GEGEN DIE ANGST VOR GESICHTSVERLUST

Trading-Fehler sind unvermeidbar. Entscheidend ist, daraus zu lernen und eine strukturierte, emotionsregulierte Herangehensweise zu entwickeln. Mentale Arbeit (zum Beispiel Journaling, mentale Stop-Losses, Fehlerfreundlichkeit) ist hier ebenso wichtig wie technische Analyse.

DIE ANGST VOR VERÄNDERUNG

Der Wunsch nach Stabilität und Unveränderlichkeit prägt viele Menschen. Dahinter steckt im Grunde das Bedürfnis nach Sicherheit. Führt dieser Wunsch aber dazu, sich gegen jede Veränderung zu sperren, wird es riskant. Das zeigt sich (auch) im Trading.

Stefan, der Sture – und die Weigerung, seine Komfortzone zu verlassen

Stefan war ein Mann, der mit beiden Beinen fest auf dem Boden stand – **eigentlich zu fest.** Anfang 60, mit einem kräftigen Händedruck, tiefer Stimme und einem Blick, der Entschlossenheit ausstrahlte. Er hatte eine ruhige, fast stoische Art an sich. **Er wirkte wie jemand, den nichts aus der Bahn werfen konnte.** Doch genau das war sein Problem.

Stefan bewegte sich nicht. Nicht im Trading. Nicht in seinem Leben. Stefan kam zu mir, weil er nicht weiterkam. »Ich weiß nicht, warum ich immer wieder an denselben Punkten scheitere. Ich mache keine großen Fehler, aber ich komme nicht voran. Seit Jahren bleibe ich auf demselben Niveau.«

Ich fragte ihn nach seinem Trading. »Hast du etwas an deiner Herangehensweise geändert?« »Nein, warum sollte ich? Ich mache doch keine großen Verluste.« »Und hast du etwas an dir geändert? An deinem Mindset?« Er schnaubte. »Ich bin, wer ich bin. Ich sehe keinen Grund, das zu ändern.«

Das war der Moment, in dem ich wusste: Stefan hatte keine Angst vor Veränderung an sich – er hatte Angst vor dem Risiko, das Veränderung mit sich bringt.

Das versteckte Risiko, in der eigenen Komfortzone zu bleiben

Ich lehnte mich vor und fragte: »Stefan, was wäre, wenn du in deinem Trading eine neue Methode ausprobierst?« Er zögerte. »Dann könnte es sein, dass sie besser funktioniert.« »Und was könnte noch passieren?« Er runzelte die Stirn. »Es könnte auch schlechter werden.«

Ich nickte. »Genau. Es gibt keine Garantie, dass Veränderung dich voranbringt. Sie könnte dich auch zurückwerfen.« Er kreuzte seine Arme vor der Brust. »Dann ist es doch logisch, dass ich lieber so weitermache wie bisher. Selbst wenn es nicht ideal ist – ich weiß zumindest, was ich habe.«

Ich beobachtete ihn. Er wählte zwar nicht bewusst die Stagnation – aber er wollte auch nicht das Risiko eingehen, sich durch eine Veränderung zu verschlechtern. Er wollte Sicherheit. Und Sicherheit gab es aus seiner Sicht nur, wenn er in seiner Komfortzone blieb.

Die Illusion der Sicherheit

Ich nahm einen Stift und ein Blatt Papier. »Stefan, ich male dir mal etwas auf.« Ich zeichnete einen Kreis in die Mitte des Blattes. »Das ist deine Komfortzone. Hier ist alles vertraut, du kennst die Regeln, du weißt, was du bekommst.«

Dann malte ich einen Punkt außerhalb des Kreises. »Hier ist die Möglichkeit zur Veränderung. Vielleicht ist es hier besser, vielleicht ist es hier aber auch schlechter – du weißt es nicht. Das ist das Risiko.«

Ich sah ihn an. »Aber weißt du, was viele vergessen?« Er hob die Augenbrauen. Ich zeichnete langsam eine zweite Linie um den ersten Kreis. »Die Welt verändert sich, ob du willst oder nicht.«

Ich tippte mit dem Stift auf den ersten Kreis. »Wenn du hier bleibst, bewegst du dich nicht – aber der Markt, das Leben, die Welt um dich herum tun es. Deine Komfortzone bleibt nicht für immer sicher. Denn was sicher ist, ändert sich mit der Zeit.«

Stefan schaute auf die Zeichnung. »Wenn ich mich nicht bewege, bleibe ich zwar nicht stehen – aber ich werde langsam abgehängt.« Ich nickte. »Genau das meine ich.«

Das große Dilemma: Risiko oder Stagnation?

Ich lehnte mich zurück. »Stefan, du hast zwei Optionen: Du bleibst, wo du bist – sicher, aber unzufrieden. Oder du gehst ein Risiko ein, mit der Möglichkeit, dass es besser wird. Aber auch mit der Möglichkeit, dass es erst einmal nicht klappt.«

Er seufzte. »Und genau das ist es ja. Was, wenn ich mich anstrenge, mich verändere – und dann war es umsonst?« Ich lächelte. »Dann hast du etwas gelernt. Und das bringt dich auf lange Sicht weiter.« Er schüttelte den Kopf. »Aber das bedeutet nicht, dass ich sofort einen Fortschritt habe. Es könnte sein, dass ich erst einmal schlechter werde.«

Ich nickte langsam. »Ja. Aber Veränderung ist kein Sprint. Es ist ein Prozess.« Ich sah ihn an. »Stefan, was hast du in deinem Leben gelernt, ohne dabei Fehler zu machen?« Er schmunzelte. »Eigentlich nichts.«

Ich grinste. »Eben. Veränderung hat keine Erfolgsgarantie – aber im Stillstand ist dir die Stagnation garantiert.«

Der Schritt aus der Komfortzone heraus

Ich gab ihm einen Spruch mit: »Versuch macht klug.« Er zog die Stirn kraus. »Das klingt mir zu simpel.« Ich lachte. »Aber genau das ist es. Du kannst theoretisch über alles nachdenken – aber am Ende zählt nur, was du ausprobierst. Nur das bringt dich wirklich weiter.«

Ich gab ihm seine Hausaufgaben:

1. **Er musste eine einzige Sache verändern – ohne Garantie auf Erfolg.**
   - Vielleicht könnte er eine neue Trading-Technik testen.
   - Vielleicht könnte er eine gewohnte Routine ändern.

2. **Er musste ein Risiko eingehen – ganz bewusst.**
   - Das mussten keine irrationalen Risiken sein. Aber er sollte eine Entscheidung treffen, bei der er sich über den Ausgang nicht sicher war.

3. **Er musste erkennen, dass Fehler im Rahmen von Veränderungen notwendige Erkenntnisse bringen.**
   - Veränderung ist ein Prozess ist – kein einmaliger Sprung.
   - Jeder Versuch, auch wenn er scheitert, erweitert die Komfortzone und macht auf Dauer handlungsfähiger.

Erkenntnis: Die Befürchtungen waren schlimmer als die Realität

Drei Monate später kam Stefan zurück. Ich fragte: »Wie läuft es?« Er grinste. »Ich habe gemerkt, dass das Risiko nie so schlimm war, wie ich gedacht hatte.« »Und?« »Ich habe mich verändert – nicht komplett, aber ein bisschen. Und das fühlt sich gut an.«

Ich nickte. »Und was ist mit der Sicherheit, die du vorher so mochtest?« Er schüttelte den Kopf. »Ich dachte, ich hätte Sicherheit. Aber die echte Sicherheit ist, dass ich mich bewegen kann, wenn ich muss.« Ich grinste. »Versuch macht klug.« Er lachte. »Verdammt, du hattest recht.«

Angst vor Veränderung – Symptome und Gegenmaßnahmen

Stefan hatte verstanden: **Echte Sicherheit ist nicht Stillstand – sondern die Fähigkeit, sich zu bewegen, wenn es nötig ist. Denn in der Fähigkeit, sich an veränderte Gegebenheiten anzupassen, liegt auf Dauer die größere Sicherheit.**

SYMPTOME DER ANGST VOR VERÄNDERUNG

- Festhalten an alten Mustern – nicht aus Überzeugung, sondern aus Angst vor dem Risiko.
- Ablehnung neuer Methoden, weil es keine Garantie für Erfolg gibt.
- Der Wunsch nach Sicherheit ist größer als der Wunsch nach Wachstum.
- Die Angst, dass Veränderung vergeblich sein könnte.
- Der Gedanke: »Lieber eine mittelmäßige, aber sichere Situation als eine riskante Veränderung.«

MASSNAHMEN GEGEN DIE ANGST VOR VERÄNDERUNG

- Verstehe, dass Stillstand nicht wirklich sicher ist – weil die Welt sich weiterdreht.
- Akzeptiere, dass Veränderung keine Erfolgsgarantie bringt – dass aber Stagnation dauerhaft erst recht keine Sicherheit bietet.
- Wage kleine Veränderungen, um dich an das Risiko zu gewöhnen.
- Erkenne, dass Lernen aus Fehlern kein Rückschritt ist – sondern Wachstum.
- Erinnere dich: Versuch macht klug.

FAZIT: DEIN GRÖSSTER GEGNER BIST DU SELBST

Jeder Trader kämpft mit psychologischen Barrieren – manche mit FOMO, andere mit der Angst vor Gesichtsverlust, mit lähmendem Perfektionismus, Angst, Gewinne wieder hergeben zu müssen oder mit der Angst vor Veränderung. Doch das Gute ist: Diese psychischen und mentalen Barrieren lassen sich durch gezieltes Training abbauen.

Mache den Selbsttest:

- **Springst du oft in Bewegungen hinein, weil du Angst hast, eine Gelegenheit zu verpassen?**
  → Dann kämpfst du nicht gegen den Markt – sondern gegen deine Angst, etwas zu verpassen.
- **Hältst du dich zurück, weil du zu hohe Ansprüche an die Perfektion deiner Trades hast?**
  → Dann geht es nicht um den Trade – sondern um deine Beziehung zu Risiko und Kontrolle.

- **Schließt du Gewinne zu früh, weil du Angst hast, dass sie wieder verschwinden?**
  → Dann liegt dein Problem nicht im Markt – sondern in deiner Unsicherheit, die Erfolgsspur zu halten.
- **Hältst du an alten Strategien fest, die nicht mehr funktionieren?**
  → Dann fürchtest du nicht den Verlust des Geldes – sondern den Verlust deines bisherigen Erfolgsrezeptes als Trader.

NIEMAND TRADET EIN SYSTEM – DU TRADEST IMMER DICH SELBST

Es gibt eine bittere Wahrheit, die viele Trader lange nicht erkennen wollen: Trading-Probleme sind keine Trading-Probleme. Es sind Persönlichkeitsprobleme, die sich im Trading zeigen.

- Ein impulsiver Mensch **wird auch impulsiv traden.**
- Ein Mensch mit übergroßem Perfektionismus **wird Angst haben, den Knopf zu drücken.**
- Jemand, der sich Bestätigung durch Erfolge holt, **wird an jedem Trade sein Selbstwertgefühl messen.**

Trading ist keine externe Herausforderung. Es ist lediglich ein Spiegel. Ein Spiegel, der dir zeigt, **wo deine Schwächen liegen.**

TRADING-PROBLEME LÖST DU NICHT AM MARKT – SONDERN IN DIR SELBST

Viele Trader glauben, sie müssen nur ein besseres System finden. Einen besseren Indikator. Eine neue Strategie. Ein noch tieferes Marktverständnis. Doch das ist ein Trugschluss. Kein System der Welt bringt Erfolg, wenn **der Trader dahinter** nicht die Kontrolle über sich selbst hat.

- Wenn du FOMO hast, **wirst du in jedem System zu früh einsteigen.**
- Wenn du Verlustangst hast, **wirst du dich selbst sabotieren.**
- Wenn du nach Bestätigung suchst, **wirst du dein Selbstwertgefühl von Gewinnen abhängig machen.**
- Wenn du Angst vor Veränderung hast, **wirst du dich nicht an neue Märkte anpassen können.**

Das System ist **nur die Bühne. Im Trader selbst liegt das Problem – aber auch die Lösung.**

DEINE PSYCHISCHE UND MENTALE BEFINDLICHKEIT IST DAS EINZIGE, WAS DU WIRKLICH KONTROLLIEREN KANNST

Märkte ändern sich. Strategien ändern sich. Volatilität kommt und geht. Aber das Einzige, was du wirklich kontrollieren kannst, bist du selbst. Deshalb löst du deine Probleme nicht im Chart – sondern in der Auseinandersetzung mit dir selbst.

- **Wenn du Disziplin trainierst, wird dein Trading disziplinierter.**
- **Wenn du deine Verlustangst in den Griff bekommst, werden deine Trades kontrollierter.**
- **Wenn du aufhörst, dein Selbstwertgefühl an deine Gewinne zu knüpfen, wirst du bessere Entscheidungen treffen.**

Niemand tradet ein System – du tradest immer deine eigene psychische und mentale Befindlichkeit. Trading-Probleme sind in Wirklichkeit Persönlichkeitsprobleme. Du löst sie nicht im Markt – sondern in dir selbst. Wer seine Emotionen kontrolliert, kontrolliert letztlich auch sein Konto. Denn am Ende des Tages kämpfst du nicht gegen den Markt. Du kämpfst gegen dich selbst.

KAPITEL 14

TRADING IN DER PRAXIS

Du weißt jetzt schon viel übers Trading. Jetzt ist es an der Zeit, den Blick auf einige praktische Fragen zu richten, die dir den Einstieg ermöglichen beziehungsweise bestimmen, in welchem Rahmen und Umfang du das Trading in dein Leben integrieren kannst.

WIE DU DEINEN TRADING-STIL FINDEST

Dein Trading-Stil wird maßgeblich durch drei zentrale Faktoren bestimmt:

- **deinen Zeitrahmen**
- **deine Erfahrung**
- **deine Persönlichkeit**

Diese drei Punkte beeinflussen, welche Strategien für dich geeignet sind und wie du dich im Markt positionierst. Schauen wir uns jeden dieser Faktoren einmal genauer an.

DER ZEITRAHMEN – WIE VIEL ZEIT KANNST DU WIRKLICH INVESTIEREN?

Du kannst Trading zwar neben deinem Beruf betreiben, aber **du kannst Trading nicht nebenbei machen**. Das bedeutet, du brauchst einen klaren Fokus und musst realistisch einschätzen, wie viel Zeit du für Trading aufbringen kannst. Dein Zeitbudget bestimmt die vernünftigste Handelsstrategie:

- **Berufstätige mit wenig Zeit** (maximal 10-30 Minuten am Tag): Swing-Trading oder Positions-Trading auf dem Vier-Stunden- oder Tageschart. Hier kannst du morgens oder abends deine Trades planen, Limits setzen und Positionen anpassen.
- **Teilzeit-Trader mit mehr Flexibilität** (ein bis drei Stunden täglich): Swing-Trading und eventuell kurzfristige Setups auf dem Ein-Stunden- oder 30-Minuten-Chart.

- **Vollzeit-Trader** (mehrere Stunden täglich): Hier könnte Day-Trading auf kleineren Zeitebenen wie dem Fünf-Minuten- oder 15-Minuten-Chart funktionieren, aber nur, wenn du bereit bist, den Markt konstant zu beobachten.

Viele Trader begehen den Fehler, nach einer Acht-Stunden-Schicht noch auf den Fünf-Minuten-Chart traden zu wollen. Das ist eine Illusion. Nach einem langen Arbeitstag fehlt dir die Konzentration, um schnelle Entscheidungen unter Druck zu treffen. In den vergangenen 25 Jahren habe ich keinen einzigen Fall gesehen, in dem das langfristig funktioniert hätte.

Ein häufiger Irrtum ist, dass man auf dem Vier-Stunden-Chart weniger erfolgreich sein kann als auf dem 15-Minuten-Chart, weil man da weniger Trades macht. Doch genau das Gegenteil ist der Fall. Weil du weniger Trades machst, kannst du pro Trade ein höheres Risiko eingehen, wodurch deine potenziellen Gewinne auf langfristige Sicht nicht kleiner sind.

Beispiel: Ein Trader auf dem 15-Minuten-Chart macht zehn Trades pro Tag mit jeweils 1 Prozent Risiko pro Trade. Ein Vier-Stunden-Trader macht vielleicht nur drei bis vier Trades pro Woche, kann dafür aber 3 Prozent pro Trade riskieren, weil er mehr Zeit für die Planung hat und größere Bewegungen handelt.

Ein weiteres wichtiges Konzept: Wir wollen im Trading **nicht Zeit gegen Geld tauschen**. Selbst wenn du irgendwann Vollzeit-Trader bist, willst du doch nicht den ganzen Tag vor dem Bildschirm sitzen. Dein Ziel sollte sein, mit weniger Aufwand mehr zu verdienen. Effizientes Trading bedeutet, dass du nur dann aktiv bist, wenn es nötig ist.

Persönliche Verfügbarkeit	Zeit für das Trading	Minimale Zeitebene	Zeit für Monitoring	Risiko
Arbeit: 8 Stunden Sonstige Verpflichtungen: 2 Stunden	2 Stunden in der Woche	Day	keine	3 %
Arbeit 7-8 Stunden	1 Stunde am Tag	240	keine	2 %
Selbstständig, aber während des Tages lässt sich Zeit erübrigen	2 Stunden am Tag	60	ja	1,5 %
Day-Trader	8 Stunden am Tag	15	ja	1 %
Professioneller Trader	10 Stunden am Tag	5	ja	0,5 %

DEINE ERFAHRUNG – VOM EINFACHEN ZUM SCHWIERIGEN

Trading ist ein Lernprozess, der mit einfachen Grundlagen beginnt und sich schrittweise steigert. Du gibst deinem Kind ja auch nicht zum dritten Geburtstag ein Fahrrad mit 20 Gängen, sondern beginnst mit Stützrädern. Genauso solltest du im Trading vorgehen:

1. **Anfänger:** Starte mit **großen Zeiteinheiten wie dem Vier-Stunden- oder Tageschart**. Hier hast du genügend Zeit, um deine Entscheidungen sorgfältig zu treffen.

2. **Fortgeschrittene:** Erst wenn du auf größeren Zeitebenen konstant profitabel bist, kannst du langsam in kleinere Zeiteinheiten wechseln.

3. **Erfahrene Trader:** Day-Trading oder Scalping sind die schwierigsten Trading-Stile und erfordern nicht nur Wissen, sondern auch starke emotionale Kontrolle und schnelle Reaktionsfähigkeit.

Das bedeutet, dass sich dein Trading-Stil mit zunehmender Erfahrung verändern kann. Ein Trader, der heute auf dem Vier-Stunden-Chart handelt, kann in ein paar Jahren, wenn er mehr Erfahrung und Erfolg hat, auf kleinere Zeiteinheiten wechseln. Gleichzeitig kann er auch weniger in seinem bisherigen Beruf arbeiten und so mehr Zeit fürs Trading erübrigen.

Wichtig ist, dass wir **oft überschätzen, was wir in einem Jahr erreichen können, aber unterschätzen, was wir in fünf Jahren schaffen können**. Statt sofort auf den kleinsten Zeitebenen handeln zu wollen, ist es klüger, Schritt für Schritt zunächst auf den höheren Zeitebenen zu handeln, bis das profitabel ist, und sich dann weiter auf die kleineren Zeiteinheiten vorzutasten.

DIE ROLLE DEINER PERSÖNLICHKEIT IM TRADING

Viele Trader glauben, dass ihre Persönlichkeit sie für bestimmte Trading-Stile qualifiziert, aber oft schätzen sich Menschen falsch ein. Viele halten sich für entscheidungsfreudig, sind aber in Wirklichkeit nur Spieler. Andere wählen bewusst oder unbewusst kleine Zeiteinheiten, weil sie durch Trading Ablenkung oder Unterhaltung suchen.

Trading ist keine Universallösung, die für jeden gleich gut funktioniert. Deine Persönlichkeit spielt dennoch durchaus eine Rolle bei der Entscheidung, welcher Trading-Stil zu dir passt.

- **Impulsive und entscheidungsfreudige Trader** neigen dazu, sich im kurzfristigen Trading, zum Beispiel Scalping oder Day-Trading, wohler zu fühlen. Allerdings birgt dieser Stil hohe Risiken und erfordert extrem viel Disziplin.

- **Analytische und geduldige Trader** bevorzugen längerfristige Strategien wie Swing- oder Positions-Trading, wo fundierte Analysen eine größere Rolle spielen.
- **Emotionale Trader**, die Schwierigkeiten haben, Verluste zu akzeptieren, sollten sich eher auf mittelfristige Zeiteinheiten konzentrieren, da zu viel Volatilität emotional belastend sein kann.

Letztendlich musst du dich fragen: **Warum willst du in deiner bevorzugten Zeiteinheit traden? Ist es wirklich eine rationale Entscheidung oder spielen unbewusste Motive bei deiner Präferenz eine Rolle?**

FAZIT: FINDE DEINEN INDIVIDUELLEN WEG

Dein optimaler Trading-Stil ist eine Kombination aus:

- **Deinem Zeitrahmen** (Wie viel Zeit kannst du fürs Trading aufbringen?)
- **Deiner Erfahrung** (Wo stehst du aktuell in deinem Trading-Wissen?)
- **Deiner Persönlichkeit** (Wie entscheidungsfreudig bist du wirklich?)

Starte mit größeren Zeiteinheiten, entwickle dich schrittweise weiter und passe deinen Trading-Stil so an, dass er **zu dir, deinem Alltag und deiner Persönlichkeit** passt. Erkenne, dass sich dein Stil mit der Zeit verändern kann – von einem 4h-Trader kannst du mit Erfahrung und Erfolg zum Day-Trader werden. Doch der Schlüssel liegt in einer langfristigen Denkweise: **Nicht über Nacht reich werden wollen, sondern kontinuierlich besser werden.**

STRATEGIEN FÜR UNTERSCHIEDLICHE LEBENSSITUATIONEN: DIE SQ-STRATEGIE ALS FLEXIBLER BEGLEITER DURCHS LEBEN

Vielleicht stehst du gerade noch mitten im Berufsleben, jonglierst Familie, Job und erste Schritte im Trading. Oder du hast dir bereits ein Stück Freiheit erarbeitet und kannst dir deine Zeit freier einteilen. Wie auch immer gerade deine Lebenswirklichkeit aussieht – sie wird sich ändern.

Und genau deshalb brauchst du keine fünf verschiedenen Strategien – sondern **eine einzige**, die du immer wieder **neu an dein Leben anpassen kannst**.

In der TradAc setzen wir auf die **SQ-Strategie**: eine strukturierte und klare Methode, die auf allen Zeitebenen funktioniert – **vom Wochenchart bis zum Intraday-Setup**. Der große Vorteil: Diese Strategie bleibt gleich, aber **die Art und Weise, wie du sie anwendest, wächst mit dir mit.**

DIE SQ-STRATEGIE PASST SICH DEINEM LEBEN AN – NICHT UMGEKEHRT

Gerade in der Anfangsphase, wenn du noch viel Zeit in deinen bisherigen Job steckst, ist es wichtig, mit einer Strategie zu arbeiten, die **ohne ständiges Chart-Monitoring auskommt**. Die SQ-Strategie lässt sich wunderbar auf Tagesbasis handeln – mit klaren Regeln, fixen Zeitfenstern und wenig Aufwand.

Je mehr Freiheit du dir durch das Trading aufbaust, desto mehr kannst du auch in die Tiefe gehen. Du kannst Varianten der SQ nutzen, die häufige Signale liefern oder die Märkte aktiver begleiten. **Aber du musst es nicht.** Es ist nicht notwendig, den ganzen Tag vor dem Bildschirm zu verbringen oder dir ein Leben als Day-Trader einzurichten – es sei denn, du willst es wirklich.

VARIANTEN STATT STRATEGIEWECHSEL

- **SQ für Berufstätige:**
  Klare Regeln, wenige Märkte, Vier-Stunden- oder Ein-Tages-Chart-Basis. Vorbereitung am Morgen, Orderplatzierung, fertig.
- **SQ für Eltern oder Vielbeschäftigte** :
  Konzentration auf eine kleine Auswahl an Setups, feste Slots im Kalender, Fokus auf Qualität statt Quantität.
- **SQ für Teilzeit-Trader mit mehr Flexibilität:**
  Mehr Spielraum für tiefere Analysen und kürzere Zeiteinheiten – aber immer auf Basis der klaren Struktur.
- **SQ für Fortgeschrittene oder Vollzeit-Trader:**
  Die volle Bandbreite an Möglichkeiten: aktives Monitoring, Szenarien-Planung, Handel auf mehreren Märkten. Doch auch hier gilt: Struktur schlägt Aktionismus.

FAZIT: ES GIBT EINE STRATEGIE FÜR JEDES KAPITEL DEINES LEBENS

Dein Leben verändert sich – und das ist gut so. Mit der SQ-Strategie hast du einen Werkzeugkasten, der **mit dir wächst**, statt dich in ein starres Korsett zu pressen. Du musst nichts neu erfinden. Du musst nicht zwischen Strategien hin- und herspringen. Stattdessen kannst du dich auf eine Methode verlassen, die **vom ersten Trade bis zur finanziellen Unabhängigkeit** an deiner Seite bleibt. Finde deine Variante – und mach sie zu deinem Begleiter auf dem Weg zur Freiheit.

WARUM ES NIE ZU SPÄT IST, MIT TRADING ZU BEGINNEN

Stell dir vor, du bist 78 Jahre alt. Viele Menschen in diesem Alter verbringen ihren Tag mit Fernsehen, Spaziergängen oder Kreuzworträtseln. Nicht so Heinrich. Heinrich ist einer meiner ältesten Schüler – und wahrscheinlich auch einer derjenigen, die mich am meisten beeindruckt haben. Mit 78 Jahren hat er sich entschlossen, noch einmal ganz neu anzufangen. Nicht, weil er musste. Sondern weil er wollte.

Er hatte von der Börse gehört, immer wieder mal ein bisschen darüber gelesen. Doch erst im Ruhestand, als er Zeit hatte und geistig fit bleiben wollte, hat er sich entschlossen, das Thema Trading ernsthaft anzugehen. Heute tradet Heinrich regelmäßig. Nicht, um Millionär zu werden – sondern um sich selbst zu beweisen, dass Lernen und Wachstum kein Ablaufdatum haben.

DER PERFEKTE ZEITPUNKT? JETZT!

Es gibt diesen berühmten Spruch: »Die beste Zeit, einen Baum zu pflanzen, war vor 20 Jahren. Die zweitbeste Zeit ist heute.«

Genau das gilt auch fürs Trading. Viele schieben es auf: »Ich hätte früher anfangen sollen.« – »Ich bin zu alt für so etwas.« – »Das ist nur was für junge Leute.« – Aber das stimmt nicht. Trading ist keine Frage des Alters. Es ist eine Frage der Bereitschaft. Die Wahrheit ist: Wer heute beginnt, ist nicht zu spät – sondern früh dran im Vergleich zu dem, der gar nicht beginnt.

Erfahrung als Vorteil

Junge Trader handeln oft schnell, unüberlegt, mit einem gewissen »Zockergeist«. Viele brennen innerhalb kurzer Zeit aus, weil ihnen das Gespür für Risiko fehlt. Ältere Menschen dagegen bringen etwas mit, das man nicht lernen kann: Lebenserfahrung. Wer im Leben schon Höhen und Tiefen erlebt hat, weiß, dass Rückschläge dazugehören. Wer gelernt hat, Geduld zu haben, kann das auch im Markt besser umsetzen. Wer mit Geld umgehen kann, ist beim Trading klar im Vorteil. Deshalb: Es ist kein Nachteil, später zu starten – es kann sogar ein entscheidender Vorteil sein.

Der Zugang war nie leichter als heute

Früher war Trading etwas für Profis, Banker und Leute mit besonderen Kontakten. Heute brauchst du nur einen Laptop, eine Internetverbindung und den Mut, loszulegen. Die Einstiegshürden sind extrem niedrig. Und das Wissen? Gibt es in Hülle und Fülle – strukturiert, praxisnah und verständlich aufbereitet. Viele meiner Teilnehmer hatten vorher noch nie einen Chart gesehen. Trotzdem haben sie sich Schritt für Schritt eingearbeitet – und handeln heute mit System.

Trading als zweite Karriere?

Warum nicht? Viele Menschen starten im Alter ein neues Hobby – warum nicht eine neue Fähigkeit, die zugleich finanziell attraktiv ist? Gerade für Menschen im Ruhestand kann Trading eine spannende Alltagsbeschäftigung werden. Nicht nur als Einkommensquelle, sondern auch als mentale Herausforderung. Trading hält den Geist wach, trainiert Disziplin und Entscheidungsfähigkeit – und gibt das gute Gefühl, aktiv am Weltgeschehen teilzunehmen.

Die einzige Voraussetzung: der Wille, zu lernen

Du brauchst kein Mathe-Genie zu sein. Auch ist keine jahrelange Börsenerfahrung nötig. Alles, was du brauchst, ist der Wille, dranzubleiben. Ja, du wirst Fehler machen. Aber du wirst dabei auch wachsen. Und je länger du dabeibleibst, desto besser wirst du.

Wie Heinrich, der mit 78 gestartet ist – und heute mehr Struktur im Markt sieht als so mancher Mittzwanziger. Er sagt selbst: »Ich habe früher gedacht, ich wäre zu alt dafür. Heute weiß ich: Das war der beste Schritt meines Lebens.«

FAZIT

Es ist nie zu spät, mit Trading zu beginnen – es ist nur eine Frage der Entscheidung. Ob du 28 bist oder 78: Wenn du heute den ersten Schritt gehst, kann in einem Jahr alles anders aussehen.

Möchtest du das Kapitel noch um einen kurzen Selbsttest (»Wie denkst du übers Trading?«) oder eine Mini-Checkliste (»Bin ich bereit, mit dem Trading zu starten?«) erweitern? Dann leg los!

SELBSTTEST: WIE DENKST DU ÜBERS TRADING?

Beantworte die folgenden Aussagen ehrlich mit »Ja«, »Nein« oder »Weiß nicht«:

1. Ich glaube, Trading ist nur etwas für junge Leute mit schnellen Reaktionen.

2. Ich denke, ich bin zu alt, um noch etwas Neues zu lernen.

3. Ich wünsche mir, mein Geld selbst zu verwalten, statt es anderen zu überlassen.

4. Ich habe keine Lust mehr, finanziell nur von meiner Rente oder einem Arbeitgeber abhängig zu sein.

5. Ich glaube, mit der richtigen Ausbildung kann fast jeder Trading lernen.

6. Ich will meinen Geist fordern und fit halten – auch jenseits von Sudoku und Kreuzworträtseln.

7. Ich bin bereit, Zeit und Energie in meinen Fortschritt zu investieren.

Auswertung:

- Hast du mehr als vier Mal mit »ja« geantwortet? – Du bringst die richtige Einstellung mit.
- Bei mehr als vier Antworten mit »Weiß nicht«: Du bist neugierig – informiere dich weiter und sprich mit echten Tradern.
- Bei mehr als vier Antworten mit »Nein«: Vielleicht ist Trading (noch) nicht der richtige Weg für dich. Aber das könnte sich auch noch ändern.

MINI-CHECKLISTE: BIN ICH BEREIT, MIT TRADING ZU STARTEN?

- Ich habe Interesse an Wirtschaft, Finanzen oder Märkten – oder bin neugierig darauf.
- Ich bin bereit, Zeit in Lernen und Übung zu investieren (mindestens drei bis fünf Stunden pro Woche).
- Ich sehe Trading als Fähigkeit, nicht als Glücksspiel.
- Ich kann mit Rückschlägen und kleinen Verlusten umgehen, ohne sofort aufzugeben.
- Ich suche eine neue Herausforderung oder ein zweites finanzielles Standbein.
- Ich habe keine Angst davor, etwas völlig Neues zu lernen – auch wenn's erstmal unbequem ist.
- Ich will unabhängig denken und handeln – ohne auf andere angewiesen zu sein.

Wenn du vier oder mehr dieser Aussagen mit »Ja« bestätigen kannst, bist du bereit.

KAPITEL 15

DIE VIER WICHTIGSTEN ZIELE IM TRADING: WORAUF ES WIRKLICH ANKOMMT – UND WAS ALLE ANDEREN ÜBERSEHEN

Trading wird oft als eine Art Glücksspiel angesehen – der schnelle Weg zum Reichtum. Vor einer solchen Einstellung kann ich dich allerdings nur warnen. Hier erfährst du, worauf es im Trading wirklich ankommt.

WARUM GELD NICHT DAS ZIEL SEIN DARF – UND WELCHE ZIELE STATTDESSEN ZÄHLEN

Die meisten Menschen, die mit dem Trading anfangen, haben ein klares Ziel: Geld verdienen. Und zwar am besten schnell, einfach und sicher. Diese Vorstellung wird durch Social Media, YouTube-Gurus und vermeintliche Erfolgsstorys befeuert. Plötzlich scheint es ganz normal zu sein, dass jemand aus 500 Euro in wenigen Wochen ein Vermögen macht.

Doch hier beginnt bereits das erste Missverständnis: **Geld ist nie das Ziel im Trading – sondern immer nur das Ergebnis guter Entscheidungen.** Trading ist kein Spielautomat, kein Lotterieschein, keine Glückssache. Trading ist ein Handwerk. Und wie in jedem Handwerk brauchst du Werkzeuge, Techniken und vor allem: ein Zielsystem.

In diesem Kapitel zeige ich dir die **vier wichtigsten Ziele**, die wirklich entscheidend sind. Diese vier Ziele sind das **Fundament deines Trading-Systems** – ohne sie ist dein Erfolg reiner Zufall. Anhand dieser Ziele kannst du deinen Fortschritt messen, dich kontinuierlich verbessern – und langfristig profitabel werden.

ZIEL 1: GEWINNE MÜSSEN GRÖSSER SEIN ALS VERLUSTE

Viele Trader geben sich der Illusion, hin, es käme auf die perfekte Trefferquote an. Aber eine solche Überzeugung kann dich ruinieren. Warum das so ist.

Die Jagd nach der perfekten Trefferquote

Kaum ein anderes Thema wird unter Tradern so leidenschaftlich diskutiert wie die Trefferquote. Überall liest du Aussagen wie:

- »Meine Strategie hat eine 85-Prozent-Trefferquote!«
- »Ich habe ein System gefunden, das in 95 Prozent der Fälle gewinnt!«
- »90 Prozent meiner Trades sind im Plus – schau dir mein Depot an!«

Solche Aussagen klingen beeindruckend. Und sie geben dem, der es liest und sich auf das betreffende System einlässt, ein gutes Gefühl. Denn wir Menschen mögen es, richtig zu liegen. Wir suchen nach Sicherheit – nach Vorhersehbarkeit. Und eine hohe Trefferquote vermittelt genau das.

Doch es gibt ein großes Problem: **Die Trefferquote allein sagt nichts über deinen Erfolg aus.**

Das 50.000-Euro-Experiment: Eine öffentliche Herausforderung

Im Jahr 2024 startete ich auf meinem YouTube-Kanal ein öffentliches Experiment. Ich wollte diesen Mythos ein für alle Mal auf die Probe stellen – und aufdecken, wie wenig die Trefferquote in Wahrheit aussagt.

Meine Herausforderung lautete: Zeige mir 1000 dokumentierte Trades mit einer Trefferquote von über 90 Prozent, die nach Gebühren und Slippage noch profitabel sind – und ich zahle dir 50.000 Euro in bar.

Die Regeln waren einfach. Kein Zeitlimit. Keine Einschränkung beim Markt oder Setup. Die Hauptsache:

- mindestens 90 Prozent Gewinn-Trades
- mindestens 1000 dokumentierte Trades
- und: netto profitabel nach Kosten

Ich dachte, es würde nur Tage dauern, bis sich Trader melden. Schließlich gibt es hunderte Videos und Screenshots mit irren Erfolgsquoten.

Aber was passierte? **Nichts.**

Genauer gesagt:

- Einige schrieben mir, sie würden es schaffen.
- Andere wollten verhandeln: »Geht auch das bei Broker xy?«
- Manche waren sogar wütend: »Du weißt doch selbst, dass das unmöglich ist!«

Aber als ich Beweise sehen wollte – **war absolute Funkstille.** Keiner hatte die entsprechenden Daten. Keiner konnte die gewünschten Trades vorweisen. Keiner war bereit, den Nachweis zu erbringen. **Bis heute hat niemand die zur Belohnung ausgesetzten 50.000 Euro beansprucht.**

Und das sagt alles. Warum? Weil **die Trefferquote ein Mythos ist.** Das zeigt: **Jeder redet über hohe Trefferquoten – aber niemand kann sie über eine große Anzahl von Trades profitabel nachweisen.**

Das liegt daran, dass die meisten Trading-Strategien mit extrem hoher Trefferquote **auf Kosten des Chance-Risiko-Verhältnisses** arbeiten. Übrigens steht die Prämie immer noch aus, ich rate dir aber, es nicht zu versuchen, sie zu erlangen. Nicht, weil ich um meine 50.000 Euro fürchte, sondern weil du dein ganzes Geld verlieren würdest mit dem vergeblichen Versuch, die besagte Trefferquote zu erreichen.

Warum hohe Trefferquoten oft gefährlich sind

Viele Systeme mit extrem hoher Erfolgsquote funktionieren nur unter einer Bedingung: **Sie opfern das Chance-Risiko-Verhältnis.** Viele dieser Systeme setzen auf **kleine, schnelle Gewinne** – aber sobald ein Trade gegen sie läuft, wird **der Stopp-Loss immer weiter verschoben oder gar nicht erst gesetzt. Du gewinnst neun von zehn Trades – aber der zehnte Trade zerstört dein gesamtes Konto.** Das bedeutet:

- Gewinne werden klein gehalten, oft nur 0,1 - 0,2 R (Risiko-Vielfache).
- Verluste werden verdrängt, der Stopp wird verschoben.
- Manche setzen gar keinen Stopp – in der Hoffnung, dass sich der Trade noch dreht.

So entsteht das typische 90-Prozent-System:

- Du gewinnst neunmal kleine Beträge.
- Der zehnte Trade läuft gegen dich – und du schaust nur zu.
- Irgendwann explodiert der Verlust.
- Ein einziger Trade löscht deine gesamten Gewinne aus.

Das Ergebnis: Du hattest eine tolle Trefferquote – und trotzdem ist dein Konto leer.

Die Mathematik entscheidet – nicht dein Ego

Profitables Trading basiert auf mathematischen Erwartungswerten – nicht auf deinem Wunsch, recht zu haben. Die Formel dafür ist einfach:

Erwartungswert (EV) = (Trefferquote × durchschnittlicher Gewinn) – (Verlustquote × durchschnittlicher Verlust)

1. **Trefferquote (Win Rate)**
   Definition: Der Anteil der Trades, die mit Gewinn enden.
   Berechnung:
   Trefferquote = Gesamtanzahl der Trades / Anzahl der Gewinn-Trades × 100
   Beispiel: Du machst 100 Trades, davon sind 45 im Gewinn.
   Trefferquote = 100/45×100 = 45 Prozent

2. **Durchschnittlicher Gewinn (Average Win)**
   Definition: Der durchschnittliche Profit pro erfolgreichem Trade.
   Berechnung:
   Ø Gewinn=Summe aller Gewinne / Anzahl der Gewinn-Trades
   Beispiel: 10 Gewinn-Trades mit zusammen 500 Euro Profit →
   Ø Gewinn = 500/10 = 50 Euro

3. **Durchschnittlicher Verlust (Average Loss)**
   Definition: Der durchschnittliche Verlust pro verlustreichem Trade.
   Berechnung:
   Ø Verlust = Summe aller Verluste / Anzahl der Verlust–Trades
   Beispiel: 10 Verlust-Trades mit insgesamt –300 Euro →
   Ø Verlust = -300 Euro/10 = 30 Euro

4. **Verlustquote (Loss Rate)**
   Definition: Der Anteil der Trades, die mit Verlust enden.
   Berechnung:
   Verlustquote = 100 Prozent – Trefferquote
   Oder direkt:
   Verlustquote = Anzahl Verlust-Trades / Gesamtanzahl der Trades × 100

Ein Beispiel:

- Trefferquote: 50 Prozent
- Ø Gewinn = 1,1 R
- Ø Verlust = –0,75 R

Dann ergibt sich:

- EV = (0,5 × 1,1) – (0,5 × 0,75) = 0,55 – 0,375 = **0,175 R pro Trade**

Das bedeutet: Im Durchschnitt gewinne ich 17,5 Euro pro Trade, wenn ich zum Beispiel 100 Euro riskiere. Skaliere ich das auf 500 Euro Risiko, sind es 87,50 Euro pro Trade. Bei 1.000 Euro Risiko: 175 Euro pro Trade. Und das mit »nur« 50 Prozent Trefferquote.

Deshalb lautet meine Strategie: Ich will im Gewinnfall mindestens 1,1 R verdienen. Ich will im Verlustfall durchschnittlich -0,75 R verlieren. Das bedeutet:

- **Wenn ich 50 Prozent meiner Trades gewinne**, ist mein Erwartungswert positiv.
- **Wenn ich 40 Prozent meiner Trades gewinne, ist mein Erwartungswert oft immer noch positiv.**
- **Selbst mit 30 Prozent Trefferquote kann ich profitabel sein – solange meine Gewinne groß genug sind.**

Die einzige Zahl, die wirklich zählt, ist nicht die Trefferquote – sondern die Größe deiner durchschnittlichen Gewinne im Vergleich zu deinen Verlusten.

Diesen Zusammenhang versteht fast niemand in der Trading-Welt – weil dieses Verständnis unserem natürliches Denken zuwiderläuft.

Sobald du gelernt hast, dass deine durchschnittlichen Gewinne größer sind als deine durchschnittlichen Verluste, gibt es nur noch ein Ziel: Konsistenz.

ZIEL 2: KONSISTENZ – DER WAHRE MASSSTAB FÜR EXZELLENZ

Konstantes Verhalten ist weitaus mehr wert als der eine große Gewinn. Es wird Zeit, auch dieses Ziel fest in deinem Mindset zu verankern.

Trading ist kein Sprint – sondern ein Prozess

Viele Trader haben eine Art Heldenfantasie: Ein großer Trade, ein perfekter Einstieg, der Markt explodiert – und du bist über Nacht reich. Aber das ist Fiktion. In der Realität bringt dich nicht der eine Trade zum Erfolg – sondern die **Summe deiner täglichen, konstanten Entscheidungen. Konsistenz bedeutet:**

- Du handelst deine Strategie diszipliniert.
- Du wiederholst das gleiche Verhalten – unabhängig vom Ergebnis.
- Du bleibst ruhig – auch nach einer Verlustserie.

Der Markt ist nicht immer gleich – also musst du flexibel bleiben

Der Markt ändert sich ständig:

- Heute ist er im klaren Aufwärtstrend.
- Morgen bewegt er sich seitwärts.
- Nächste Woche explodiert die Volatilität.

Wenn du immer gleich handelst – bekommst du unterschiedliche Ergebnisse. Wenn du dich anpasst – bekommst du konsistente Ergebnisse.

Marktbedingungen sind wie das Wetter – veränderlich!

Stell dir vor, es ist tiefster Winter. Du öffnest die Tür, trittst nach draußen – und der eisige Wind trifft dich ins Gesicht. Überall liegt Schnee, und du bist in Shorts und T-Shirt unterwegs. Was passiert? Du frierst, du zitterst, und nach wenigen Minuten drehst du um und flüchtest zurück ins Warme. Aber warum? Weil du nicht vorbereitet warst. Weil du die falsche Kleidung für die bestehende Wetterlage getragen hast.

Der Markt funktioniert genauso.

- **Ein Trendmarkt ist wie ein warmer Sommertag.** Du kannst locker Shorts und T-Shirt tragen – also in den Trend hinein traden.
- **Ein Seitwärtsmarkt ist wie eine Regenzeit.** Wenn du mit Flip-Flops unterwegs bist, wirst du nass – genau wie im Markt, wenn du versuchst, Trends in einer Range zu spielen.
- **Ein volatiler Markt ist wie ein Sturm.** Wer sich nicht festhält, wird weggeblasen.

Die Lösung? Du passt deine Kleidung dem Wetter an – und auf die gleiche Weise muss ein Trader seine Strategie an die Marktbedingungen anpassen. Trading ist nicht anders. Du brauchst eine Kernstrategie – aber mit Anpassungen je nach Marktlage.

Balance – Das zweite große Geheimnis der Konsistenz

Konsistenz entsteht nicht nur durch eine gute Marktanalyse und eine angepasste Strategie – sondern auch durch Balance. Was bedeutet Balance im Trading?

- **Balance zwischen Fokus und Entspannung:** Wer den ganzen Tag nervös auf die Charts starrt, wird irgendwann Fehler machen.
- **Balance zwischen Risiko und Sicherheit:** Ein Trader, der nie ein Risiko eingeht, verharrt auf der Stelle; ein Trader, der zu viel Risiko eingeht, fliegt aus dem Markt.
- **Balance zwischen Selbstbewusstsein und Demut:** Sei selbstsicher in deinen Setups – aber akzeptiere, dass der Markt unberechenbar ist.

Um konstant zu bleiben, achte ich auf mich selbst. Ein emotional instabiler Trader wird nie langfristig erfolgreich sein. Wenn du gestresst, übermüdet oder emotional aufgeladen bist, wirst du Fehler machen. Deshalb sind Balance und Selbstfürsorge genauso wichtig wie eine gute Strategie. **Erfolgreiches Trading ist kein Sprint – sondern eine Serie von gut umgesetzten Trades.**

FAZIT: KONSISTENZ IST MEHR ALS EIN REGELWERK

- Konsistenz bedeutet nicht, stur dasselbe zu tun – sondern sich intelligent anzupassen.
- Marktbedingungen sind wie Wetterbedingungen – passe deine Strategie an!
- Nur ein balancierter Trader kann langfristig den Fokus behalten und konstant profitabel bleiben.

Konsistenz erfordert emotionale Stärke

Konsistenz ist nicht nur Technik – sie ist auch eine **mentale Disziplin**. Du brauchst:

- Fokus, ohne in Stress zu geraten
- Mut, ohne leichtsinnig zu werden
- Selbstvertrauen, ohne arrogant zu handeln

Nur wer **innerlich stabil** ist, kann **äußerlich konstant** sein.

ZIEL 3: WIEDERHOLBARKEIT – DEIN REZEPT FÜR PLANBAREN ERFOLG

Viele Menschen sind stolz auf ihre Intuition und denken, auch beim Trading würde sie weiterhelfen. Lass dir aber gesagt sein: Intuition is keine Strategie. Du brauchst gute Rezepte – wie sie auch in der Küche funktionieren.

Vom Kochen zum Trading – und wieder zurück

Ich koche gern. Es ist für mich der perfekte Ausgleich zum Trading. Während ich am Markt ständig Entscheidungen treffen muss, Risiken managen und mich anpassen muss, ist Kochen etwas, das mich entspannt. Ich kann abschalten, mich auf den Moment konzentrieren und am Ende gibt es ein klares Ergebnis: Entweder schmeckt es oder eben nicht.

Eines der Lieblingsgerichte meiner Kinder, als sie noch klein waren, war **Nudeln mit scharfer Soße**. Meiner ganz speziellen Tomatensoße. Häufig kam es vor, dass sie mich am Abend mit leuchtenden Augen ansahen und bettelten: »Papa, bitte, ich möchte heute Nudeln mit scharfer Soße!« Und auch wenn ich vielleicht etwas anderes geplant hatte, ließ ich mich oft erweichen. Die Zubereitung war immer ähnlich: Zwiebeln und Knoblauch anbraten, Tomaten dazugeben, salzen und natürlich meine spezielle Mischung aus scharfen Gewürzen hinzufügen

Ich habe das Rezept so oft gekocht, dass ich es auswendig konnte. Doch wer selbst viel kocht, weiß: **Die Zutaten sind nie genau gleich.** Manchmal hatte ich frische Tomaten, manchmal nur Dosentomaten. Manchmal war das Chili milder, manchmal schärfer. Manchmal hatte ich Basilikum – manchmal musste ich mit anderen Kräutern improvisieren.

Trotzdem schmeckte die Soße immer ähnlich, weil ich das Grundprinzip verstanden hatte. Ich wusste, wie die Soße schmecken soll. Ich wusste, welche Zutaten ich brauche, um dorthin zu kommen.

Natürlich gab es auch mal Ausnahmen. Einmal war die Soße zu scharf, und meine Kinder verzogen beim ersten Bissen das Gesicht. »Papa, hast du heute aus Versehen zu viel Chili genommen?« Ich grinste verlegen – ja, das war wohl passiert. Aber ich nahm mir für das nächste Mal vor, besser aufzupassen.

Das ist Wiederholbarkeit. Und genau dieses Prinzip ist im Trading entscheidend.

Wiederholbarkeit im Trading – dein Kochrezept für die Börse

Wiederholbarkeit beruht auf folgenden Voraussetzungen:

- Du hast klare Regeln.
- Du hältst dich an diese Regeln.
- Du entscheidest nach System – nicht nach Gefühl.

Wenn du ein Setup hast, das du unter **verschiedenen Marktbedingungen wiederholt anwenden kannst**, bist du ein echter Trader.

Ohne Wiederholbarkeit ist deine Performance Zufall. Du weißt nicht, ob du gut bist – oder ob du einfach nur Glück hattest.

Was Wiederholbarkeit bedeutet

Wiederholbarkeit bedeutet, dass du eine Methode hast, die du jederzeit in genau der gleichen Weise erneut umsetzen kannst – egal, wie sich die Marktbedingungen leicht verändern. Ein Trading-Setup ist dann wiederholbar, wenn …

- es klar definierte Regeln für Ein- und Ausstiege gibt.
- es unabhängig von Emotionen immer wieder gleich angewendet wird.
- es in verschiedenen Marktphasen getestet und nachweislich umsetzbar ist.

Wenn ich dasselbe Setup sehe, handle ich es jedes Mal gleich – egal, was mein Bauchgefühl mir sagt.

Warum Wiederholbarkeit im Trading so wichtig ist

Ohne Wiederholbarkeit ist deine Performance zufällig. Ein Trader, der nach Bauchgefühl handelt, hat keine Wiederholbarkeit. Ein Trader, der sich bei jedem Trade neu überlegt, wie er es diesmal macht, hat keine Wiederholbarkeit. Wenn dein Trading-System sich jedes Mal verändert, kannst du nicht messen, ob es langfristig funktioniert.

Vergleiche das mit meinem Rezept: Wenn ich jedes Mal zufällige Zutaten nehme, kann das Gericht schmecken – oder komplett anders werden. Ohne ein klares Rezept kann ich nicht kontrollieren, ob das Essen gelingt.

Genauso ist es im Trading: Ohne ein wiederholbares System wirst du immer wieder andere Ergebnisse bekommen.

Der Unterschied zwischen Wiederholbarkeit und Konsistenz

Viele Trader verwechseln Wiederholbarkeit mit Konsistenz – doch das sind zwei unterschiedliche Dinge. Wiederholbarkeit ist die technische Basis des Tradings. Konsistenz ist das Ergebnis von Disziplin und einer wiederholbaren Strategie.

Wiederholbarkeit	Konsistenz
... bedeutet, dass eine Strategie oder ein Prozess exakt reproduzierbar ist.	... bedeutet, dass du über Zeit hinweg eine stabile Performance erreichst.
Fokus auf der Technik und dem Setup	Fokus auf Langfristigkeit und Disziplin
Ohne Wiederholbarkeit ist Trading willkürlich.	Ohne Konsistenz sind Trading-Ergebnisse chaotisch.
Die Basis für profitables Trading	Das Ziel, das jeder Trader anstrebt

Wiederholbarkeit ist wie das Rezept für ein Gericht. Konsistenz ist die Fähigkeit, es jedes Mal mit dem gleichen Geschmack zu kochen, auch wenn die Zutaten leicht variieren.

Ein Trader mit einer wiederholbaren Strategie kann sich verbessern. Ein Trader mit einer konsistenten Performance hat es bereits geschafft.

Wie du Wiederholbarkeit in dein Trading integrierst

- Schaffe dir ein klares Regelwerk. Jede Strategie braucht feste Regeln für Ein- und Ausstieg, Risiko- und Trade-Management.
- Mache keine Ausnahmen – halte dich an deine Regeln. Sobald du beginnst, Regeln zu brechen, ist deine Strategie nicht mehr wiederholbar.

- Analysiere deine Trades und optimiere das System – nicht den einzelnen Trade. Ein guter Trader verbessert sein Rezept, nicht aber jeden einzelnen Bissen.
- Teste deine Strategie auf verschiedenen Märkten und in verschiedenen Phasen. Eine wiederholbare Strategie funktioniert in mehreren Situationen – mit kleinen Anpassungen.

Fazit: Wiederholbarkeit ist der Schlüssel zu langfristigem Erfolg

Ohne Wiederholbarkeit ist dein Trading zufällig. Mit Wiederholbarkeit kannst du messen, ob deine Strategie wirklich funktioniert. Ein guter Trader optimiert sein Rezept, nicht jede einzelne Zutat. Konsistenz ist das langfristige Ziel – aber Wiederholbarkeit ist der erste Schritt dorthin.

Trading ist kein Bauchgefühl – es ist ein wiederholbarer Prozess. Wenn du dein Setup jedes Mal gleich handelst, egal was passiert, dann hast du den ersten großen Schritt zu professionellem Trading gemacht.

ZIEL 4: EINFACHHEIT – DEINE STÄRKSTE WAFFE GEGEN DAS CHAOS

Viele Trader glauben, dass eine komplizierte Strategie automatisch besser sei. Dass man erst dann wirklich gut wird, wenn man den Chart mit Indikatoren vollgepackt hat, dass man nur mit komplexen Berechnungen und mathematischen Modellen erfolgreich sein kann. Ich dachte das früher auch. Aber inzwischen bin ich anderer Meinung, und ich erläutere dir auch gern warum.

Meine Erfahrungen mit Indikatoren

Ich erinnere mich noch an meine Anfangszeit, als ich mir immer wieder neue Tools und Indikatoren heruntergeladen habe. Jeder versprach den heiligen Gral – der eine Indikator, der mir endlich eine 100-prozentige Trefferquote liefern würde.

Mein Chart sah irgendwann aus wie eine explodierte Weihnachtsbaumbeleuchtung. Moving Averages, RSI, MACD, Fibonacci-Retracements, Bollinger-Bänder – ich hatte alles drin.

Und was passierte? Jedes Signal widersprach dem anderen. Der eine Indikator zeigte mir einen Long-Trade an, der andere meinte, ich solle short gehen. Ich starrte auf den Bildschirm und kam zu keiner klaren Entscheidung. Ich hatte so viele Informationen, dass ich sie nicht mehr verarbeiten konnte.

Das Ergebnis? Ich saß ewig vor dem Chart, konnte mich nicht entscheiden – und wenn ich endlich handelte, war es oft schon zu spät. Ich hatte mich selbst blockiert. Das war der Moment, in dem ich verstand: **Komplexität ist nicht die Lösung. Sie ist das Problem.**

Der Messi-Chart – wenn dein Trading zugemüllt ist

Irgendwann haben wir im Coaching einen Begriff für das Problem gefunden: den **Messi-Chart**. Ein Messi-Chart ist ein völlig überladener Chart, zugemüllt mit Linien, Indikatoren und unnötigen Tools, die sich gegenseitig widersprechen. Er sieht aus, als hätte jemand einfach alles auf einmal ausprobiert, in der Hoffnung, dass eine dieser Linien die Zukunft vorhersagen würde.

Aber genau wie eine unaufgeräumte Wohnung sorgt ein Messi-Chart für Stress, Chaos und Unklarheit. Und wenn dein Chart Chaos ist, werden auch deine Entscheidungen chaotisch sein.

Ein klarer Kopf braucht einen klaren Chart. Wenn schon am Markt das Chaos dominiert, sollte in deinem Kopf Klarheit herrschen.

Warum Einfachheit ein Erfolgsfaktor ist

Jeder Markt ist chaotisch, volatil und unberechenbar. Wenn du jetzt auch noch eine Strategie hast, die von zehn verschiedenen Faktoren abhängt, erschaffst du dir selbst ein weiteres Problem:

- **Komplizierte Strategien haben zu viele Variablen. Das führt zu m**ehr Unsicherheit.
- **Ein überladener Chart führt zu Entscheidungsparalyse**. Du traust dich nicht mehr zu handeln.
- **Komplexe Systeme sind schwerer an neue Marktbedingungen anzupassen.** Du wirst unflexibel.

Je mehr Regeln und Indikatoren du in dein Trading einbaust, desto größer wird die Wahrscheinlichkeit, dass du scheiterst. Denn was bringt dir die beste Analyse, wenn du am Ende nicht entscheidungsfähig bist?

Die Lösung: Radikale Einfachheit

Ich habe irgendwann alle unnötigen Indikatoren aus meinem Chart entfernt. Ich habe mir gesagt:

- **Ich brauche keine fünf verschiedenen Indikatoren, um herauszufinden, was der Markt tut.**
- **Ich brauche keine 30 Kriterien, um zu wissen, wann ich einsteige.**
- **Ich brauche ein simples Regelwerk, das mir in jeder Marktphase eine klare Antwort gibt.**

Also reduzierte ich mein Trading auf das Wesentliche. Ich stellte mir eine einfache Frage:

»Kann ich meine Strategie in einem Satz erklären?«

Wenn die Antwort »Nein« lautete, dann war sie zu kompliziert. Denn eine wirklich gute Strategie ist wie ein einfaches Kochrezept. Eine gute Pasta braucht keine 20 Zutaten – sie braucht hochwertige Tomaten, frische Kräuter und die richtige Zubereitung. Eine gute Strategie braucht keine zehn Indikatoren – sie braucht klare Regeln, gutes Risikomanagement und Disziplin. Einfach ist nicht schlecht. In der Einfachheit liegt die Kraft.

Warum Einfachheit Disziplin bringt

Eine einfache Strategie ist nicht nur effektiver, sondern sie macht dich auch disziplinierter.

- **Du musst nicht mehr lange überlegen, ob du einen Trade machst oder nicht.**
- **Du hast klare Kriterien, die du einfach abhaken kannst.**
- **Du kannst viel schneller entscheiden – und das ist im Trading Gold wert.**

Ein komplexes System gibt dir das Gefühl von Kontrolle, aber in Wahrheit macht es dich unsicher. Ein einfaches System fühlt sich vielleicht erst unspektakulär an, aber es macht dich handlungsfähig. **Und ein Trader, der klar und ohne Zweifel handeln kann, ist immer im Vorteil.**

Damit steht fest: Einfachheit ist eine Superkraft im Trading. Im Klartext heißt das: Halte deine Strategie so einfach wie möglich. Fokussiere dich auf das Wesentliche. Vermeide zu viele Indikatoren oder Signale. Weniger ist mehr. Ein einfaches Regelwerk sorgt für schnellere Entscheidungen und mehr Disziplin. Und merke dir diesen Satz: **Wenn du deine Strategie nicht in einem Satz erklären kannst, ist sie zu kompliziert.**

DAS GROSSE FAZIT: VIER ZIELE, EIN WEG

Wenn du langfristig erfolgreich traden willst, dann vergiss die Versprechen von 95-Prozent-Systemen, geheimen Indikatoren oder perfekten Setups. Konzentriere dich auf das, was **wirklich zählt**:

- **Gewinn > Verlust:** Nicht jeder Trade zählt, sondern der Durchschnitt.
- **Konsistenz:** Sei stabil, wenn der Markt es nicht ist.
- **Wiederholbarkeit:** Handle dein Setup, nicht deine Stimmung.
- **Einfachheit:** Schaffe Klarheit, wo der Markt Chaos stiftet

Diese vier Ziele sind kein netter Ratschlag – sie sind das Fundament deines Erfolges.

SCHRITT-FÜR-SCHRITT – DEIN ERSTES TRADING-SETUP

Trading beginnt nicht mit dem ersten Trade, sondern mit dem richtigen Setup. In diesem Kapitel bekommst du eine praktische Anleitung, wie du dein erstes Trading-Setup aufbaust – inklusive Kontoeröffnung, Software-Einrichtung und deinem allerersten (Papier-)Trade. Ziel ist es, dir einen schnellen Einstieg zu ermöglichen, ohne echtes Geld zu riskieren.

Schritt 1: TradingView einrichten

TradingView ist eine der beliebtesten Plattformen für Chartanalyse und Paper Trading (also Handel mit Spielgeld). Du brauchst kein Profi zu sein, um loszulegen. **So geht's:**

1. Gehe auf www.tradingview.com

2. Erstelle ein kostenloses Konto.

3. Logge dich ein und klicke oben rechts auf »Chart«.

4. Wähle links im Menü das »Papierhandelskonto« aus und aktiviere es.

5. Du kannst nun mit virtuellem Kapital traden, üben und die Plattform kennenlernen.

Tipp: Du brauchst für den Anfang keine kostenpflichtige Version. Die Free-Version reicht völlig aus.

SCHRITT 2: BROKERKONTO ERÖFFNEN – WORAUF DU ACHTEN SOLLTEST

Ein Broker ist dein Tor zur Börse. Ohne Broker kannst du keine echten Trades ausführen. **Wichtige Kriterien bei der Auswahl eines Brokers:**

- **Regulierung und Sicherheit:** Handle nur bei lizenzierten Brokern (EU, USA, UK).
- **Gebührenstruktur:** Achte auf Kommissionen, Spreads und mögliche Kontoführungsgebühren.
- **Produktauswahl:** Möchtest du Futures, Aktien oder CFDs handeln? Dann suche dir einen Broker aus, der den Handel mit den betreffenden Finanzprodukten auch anbietet.
- **Plattformanbindung:** Lässt sich der Broker mit TradingView verbinden? Das ist zwingend erforderlich.
- **Support und Benutzerfreundlichkeit:** Dieses Kriterium ist gerade für Anfänger wichtig.

SCHRITT 3: ENTSCHEIDUNG – WILLST DU AKTIEN ODER FUTURES HANDELN?

Merkmal	Aktienhandel	Futurehandel
Kapitalbedarf	Eher gering	Eher hoch (außer Micro-Futures)
Hebelwirkung	Keine oder gering (mit Margin)	Sehr hoch
Handelszeiten	Börsenzeiten	Fast rund um die Uhr
Komplexität	Eher für Einsteiger geeignet	Für Fortgeschrittene
Beste Wahl für Anfänger	Ja	Nur mit Vorbereitung (!)

Tipp: Starte mit **Aktien oder Micro-Futures im Demo-Modus**, um ein Gefühl fürs Trading zu bekommen.

SCHRITT 4: BROKERKONTO ERÖFFNEN (PAPIERKONTO/DEMO-MODUS)

Empfohlene Broker für Aktien und Futures:

Broker	Geeignet für	Anbindung an TradingView	Demo-Modus möglich?	Hinweis
Tradovate	Futures	ja	ja	Beliebt für Micro-Futures
Interactive Brokers	Aktien & Futures	ja	ja	Sehr professionell, komplexer Einstieg
AMP Futures	Futures	(über CQG)	ja	US-Regulierung, viele Plattformoptionen
TradeStation	Aktien & Futures	ja	ja	Einfach zu bedienen
OANDA	Forex & CFDs	ja	ja	Kein echter Aktienhandel
WH SelfInvest	Futures & CFDs	ja (über CQG oder Nano-Trader)	ja	Deutscher Support, reguliert in DE, sehr zuverlässig

TRADAC SPONSORENPAKET: DEIN EINSTIEG MIT BONUS!

Wenn du über folgenden Link ein Live-Konto bei WH SelfInvest eröffnest, erhältst du von uns das komplette Level 1 Take Off Seminar (Wert: 698 Euro) kostenlos:
Jetzt Konto eröffnen und Bonus sichern
www.lerne-traden.de

So funktioniert das TradAc Sponsorenpaket: Du eröffnest dein Konto bei WH SelfInvest über den oben genannten Link. Sobald dein Konto bestätigt und aktiv ist, erhältst du kostenlosen Zugang zu unserem 90-Tage-Einsteigerprogramm (Level 1). Das Programm enthält:

- Grundlagen des Tradings
- Strategien & Risikomanagement
- Tägliche Praxisaufgaben
- Support und Zugang zur Community

Das Sponsorenpaket ist 100 Prozent kostenlos für dich, solange du über unseren Partnerlink bei WH SelfInvest einsteigst. So kannst du dir einen echten Vorteil verschaffen – ohne Risiko, ohne Zusatzkosten.

SCHRITT : DEIN ERSTER TRADE IM PAPIERKONTO

1. Öffne **TradingView** und gehe in den Chart-Modus.
2. Wähle zum Beispiel den Future auf den Nasdaq (Symbol: **MNQ1!**) oder eine Aktie wie Apple (AAPL).
3. Klicke rechts auf »Trading Panel« und verbinde dein Broker-Demo-Konto mit TradingView.
4. Klicke auf »Kaufen« oder »Verkaufen« und platziere einen Trade.
5. Verfolge den Trade in Echtzeit – wie im echten Markt, aber ohne Risiko.

Fazit: Du hast jetzt die Basis gelegt, sprich TradingView installiert, ein Brokerkonto eröffnet, ein Demo-Konto aktiviert und deinen ersten (Papier-)Trade gemacht.

Und wenn du über das TradAc Sponsorenpaket startest, bekommst du zusätzlich **mein Level 1 Take-off Seminar im Wert von 698 Euro kostenlos** dazu. So geht cleverer Einstieg ins Trading!

SCHRITT 6: BEWEISE DICH – BEVOR DU EIGENES GELD RISKIERST!

Bevor du echtes Kapital in den Markt schickst, solltest du dich einer **Proprietary Trading Challenge (kurz: Prop-Challenge)** stellen. Proprietary Trading bedeutet: Du handelst nicht mit deinem eigenen Geld, sondern mit dem Kapital eines Unternehmens – einer sogenannten Prop-Trading-Firma. **Das Prinzip:**

- Du machst eine **Challenge (Testphase)** und handelst nach vorgegebenen Regeln.
- Bestehst du diese Phase, bekommst du Zugang zu einem **echten Live-Konto mit Fremdkapital** (zum Beispiel 10.000 US-Dollar, 25.000 US-Dollar, 50.000 US-Dollar oder mehr).
- Deine Gewinne teilst du dir mit der Firma, typischerweise behältst du **70 Prozent bis 90 Prozent**.

Warum eine Prop-Challenge der wichtigste Test ist

Ein Paper- oder Demo-Konto ist gut – aber es hat keine Konsequenzen. Eine Prop-Challenge ist der erste echte Stresstest für dein Trading.

Vorteil	Warum das wichtig ist
Echte Bedingungen	Du handelst unter echten Marktbedingungen mit klaren Regeln (Maximum Drawdown, Ziele etcetera)
Zeitdruck & Druck-situationen	Du musst innerhalb eines klar definierten Zeitraums (zum Beispiel 30 Tage) deine Performance zeigen.
Psychologischer Effekt	Du spürst Druck von außen – wie im Echtgeld-Handel.
Kapital ohne Risiko	Bestehst du die Challenge, bekommst du Kapital ohne eigenes Risiko.
Lernprozess	Du erkennst, ob du stabil, diszipliniert und systematisch handeln kannst.

So sieht eine typische Prop-Challenge aus

Schauen wir uns doch einfach mal an, welche Merkmale eine typische Prop-Challenge aufweist:

- Startkapital: zum Beispiel 25.000 US-Dollar
- Maximaler Verlust: zum Beispiel 1.500 US-Dollar
- Profitziel: zum Beispiel 2.000 US-Dollar
- Zeitrahmen: zum Beispiel 30 Handelstage
- Regeln: kein Overnight-Trading, Maximum Drawdown, kein News-Trading etcetera
- Kosten der Challenge: 50 bis 300 Euro je nach Anbieter & Konto

Bekannte Prop-Firmen, die du mit TradingView verbinden kannst

Firma	TradingView-Anbindung	Challenge-Modelle	Hinweis
FTMO	ja (via MetaTrader)	2-stufige Challenge	Sehr etabliert, faire Regeln
The Funded Trader	ja (via MT4/MT5)	1- und 2-stufig	Flexibel, aggressiver Stil möglich
MyFundedFutures	ja (über Rithmic)	nur Futures	Für Futures-Trader geeignet
TopStep	ja (über CQG)	nur Futures	Sehr bekannt im Futures-Bereich

Mein Tipp: Starte mit Paper Trading – und beweise dich in der Prop-Challenge

- Nutze das kostenlose Paperkonto in TradingView, um dein Setup, deine Strategie und deine Psyche zu trainieren.
- Sobald du **drei bis vier Wochen stabil performst, melde dich bei einer Prop-Challenge an.**
- **Nur wenn du dort bestehst**, solltest du echtes eigenes Geld einsetzen.

FAZIT ZUM TRADING-SETUP

- Dein Setup steht: TradingView + Brokerkonto.
- Du hast deinen ersten Papiertrade gemacht.
- Du hast den Bonus erhalten über das TradAc-Sponsorenpaket.
- Jetzt bist du bereit für die erste echte Challenge.

Jetzt liegt es an dir: Hol dir Routine im Demo-Modus – und dann stell dich dem ersten echten Test unter Druck.

DEMOKÖNIGE UND HASARDEURE – WARUM SIMULATIONEN IM TRADING UNERLÄSSLICH SIND

Als ich mit dem Trading begann, war die Welt eine andere. Broker boten keinen Demo-Modus an; es gab keine Möglichkeit zur realistischen Simulation, nichts. Wer traden wollte, musste es sofort mit echtem Geld tun.

Natürlich habe ich mir Charts angeschaut, mir im Nachhinein überlegt: *Hier wäre ich eingestiegen, dort wäre ich rausgegangen.* In der Theorie klang das super – aber in der Realität? Ich wusste nicht, wie es sich anfühlt, wenn ein Trade gegen mich läuft. Ich wusste nicht, was es bedeutet, stundenlang auf eine Gelegenheit zu warten, nur um dann in Sekundenbruchteilen entscheiden zu müssen. Ich wusste nicht, wie Slippage mich beeinflussen würde, also die Abweichung zwischen dem erwarteten Kurs und dem tatsächlichen Ausführungskurs. Auch wusste ich nicht, ob meine Orders auch wirklich zu den Kursen ausgeführt würden, die ich mir vorstellte. Und vor allem: Ich wusste nicht, wie meine Emotionen mein Trading beeinflussen würden.

Erst als ich mein erstes Echtgeld-Konto eröffnete, traf mich die volle Wucht dieser Erfahrung. Die Minuten im Trade fühlten sich wie Stunden an. Mein Puls schoss hoch, ich schwitzte, meine Gedanken raste. Alles, was mir in der Theorie logisch erschienen war, fühlte sich plötzlich anders an. Ich traf plötzlich ganz andere Entscheidungen, war getrieben von meinen Emotionen. Langeweile brachte mich dazu, nicht geduldig auf den nächsten Trade zu warten und viel zu oft zu handeln. Angst ließ mich meine Stopps plötzlich viel zu eng setzen oder brachte mich dazu, meine Trades schneller zu schießen, als ich es im Demo-Modus getan hatte.

Plötzlich hatten die Profit- und Loss-Zahlen einen echten Kontext. Ich rechnete mir ständig aus, was ich für die entsprechenden Beträge kaufen könnte, oder wie lange ich üblicherweise für einen Verlust von 600 Mark arbeiten musste. Fürchterlich, ich war definitiv nicht mehr derselbe in meinem Trading. Meine Pläne waren Luftschlösser.

Heute haben Trader einen enormen Vorteil: Die meisten Broker bieten realistische Demo-Konten an, in denen du mit Realtime-Daten in Echtzeit handeln kannst. Das ist ein gigantischer Fortschritt. Natürlich hast du beim Trading auf diesen Konten immer noch nicht die gleichen Emotionen wie im Echtgeld-Trading, aber zumindest näherst du dich der Realität an.

Doch viele unerfahrene Trader nutzen diese Möglichkeit nicht richtig – oder noch schlimmer: Sie glauben, ein Demo-Konto sei überflüssig.

WARUM EIN DEMO-KONTO AM ANFANG STEHEN MUSS

Es gibt Trader, die sagen: »*Ich brauche den Druck von echtem Geld, um mich zu disziplinieren.*« Meine Antwort darauf ist immer gleich: Stell dir vor, ein Flugschüler hat 100-mal in der Simulation eine Bruchlandung hingelegt und würde dann zum Fluglehrer sagen: »Setz gib mir eine Boeing mit 200 Passagieren. Mit dem Druck treffe ich ich bestimmt die besseren Entscheidungen.« Würde der Fluglehrer sich darauf einlassen? Wohl kaum.

Niemand würde einem angehenden Chirurgen erlauben, sofort an echten Patienten zu operieren, wenn er bei der Simulation ständig Fehler macht. Niemand würde einen Piloten ohne Simulationserfahrung ins Cockpit einer Boeing setzen. Piloten verbringen nahezu ihre gesamte Ausbildung in einem Flugsimulator. Aber im Trading, wo echtes Geld und damit oft auch ganze Existenzen auf dem Spiel stehen, glauben manche, sie könnten ohne jede Vorbereitung direkt ins Risiko gehen.

Wer auf die Möglichkeit einer Simulation verzichtet, zahlt teures Lehrgeld. Und schlimmer noch: Er riskiert, dass sein Selbstvertrauen zerstört wird. Denn nichts traumatisiert einen neuen Trader mehr als der brutale Verlust von echtem Kapital, bevor er überhaupt verstanden hat, was er tut.

DEMO-TRADING IST MEHR ALS NUR RUMKLICKEN – SO TRAINIERST DU RICHTIG

Ein Demo-Konto ist nicht nur ein Spielplatz, sondern ein Trainingslager. Und wie in jedem Training gibt es eine Regel:

Du musst Dinge wiederholen, die richtig sind – sonst lernst du die falschen.

Wer im Demo-Trading ziellos herumzockt, schlechte Angewohnheiten entwickelt und wild herumprobiert, wird sich nicht verbessern. Im Gegenteil: Er trainiert sich Muster an, die ihn später ruinieren werden. **Worauf solltest du beim Demo-Trading achten?**

1. **Arbeite mit festen Regeln:** Handel so, als wäre es echtes Geld. Setze dir Limits, halte dich an deinen Plan.

2. **Nutze realistische Beträge:** Wenn du später mit 10.000 Euro startest, bringt es nichts, das Demo-Konto mit 1.000.000 Euro auszustatten.

3. **Behandle den Demo-Modus wie echtes Trading:** Hältst du dich dabei nicht an deine Strategie, wirst du es im Echtgeld-Handel auch nicht tun.

4. **Führe ein Trading-Journal:** Dokumentiere deine Trades, analysiere Fehler, optimiere deine Strategie.

5. **Teste verschiedene Marktsituationen:** Erprobe, wie dein Setup in Trends, Seitwärtsphasen und hoher Volatilität funktioniert.

VOM DEMO-KÖNIG ZUM ECHTGELD-HASARDEUR

Ich erinnere mich an einen Schüler, nennen wir ihn Tom. Tom war ein Naturtalent – im Demo-Modus. Innerhalb weniger Monate hatte er aus seinem virtuellen Startkapital von 50.000 Euro über 1 Million gemacht. Er war überzeugt: »*Ich bin bereit für den Echtgeld-Handel! Warum sollte ich noch länger mit Spielgeld traden, wenn ich echtes Geld verdienen kann?*«

Doch wie hatte er das Geld verdient? Er hatte teilweise unrealistisch große Positionen gehandelt und Trades länger im Verlust laufen lassen, als ein vernünftiger Trading-Plan es erlaubt hätte. Dafür wurde er belohnt. Klar, Demo-Trades tun nicht weh, wenn du große Verluste machst. Im Echtgeld wird das anders aussehen.

Ich riet ihm dringend davon ab. Ich erklärte ihm, dass das mentale Spiel sich komplett verändert, sobald echtes Kapital im Spiel ist. Aber er konnte es nicht abwarten.

Er eröffnete ein Echtgeld-Konto mit 100.000 Euro und startete voller Selbstbewusstsein. Den ersten Fehler beging er direkt mit dem ersten Trade. Die Positionsgröße war zehn Mal größer als eigentlich vorgesehen. Er behauptete zwar, das sei ein Versehen gewesen, aber dieses Versehen reichte aus, um die ersten 10.000 Euro schneller zu verbrennen, als er den Trade dokumentieren konnte.

Doch nicht nur der angeblich versehentliche Verlust schmerzte. Einfach alles lief anders. Plötzlich fiel ihm jede Entscheidung schwerer. Trades, die er vorher locker laufen ließ, schloss er zu früh. In anderen Fällen hielt er an Verlusttrades fest, weil er sich nicht eingestehen wollte, dass er falschlag. In wenigen Wochen hatte er 40 Prozent seines Kapitals verloren – nicht, weil seine Strategie schlecht war, sondern weil sein Kopf nicht mitmachte.

TRADING IST PSYCHOLOGIE – DER MENTALE FAKTOR ENTSCHEIDET

Stell dir vor, du balancierst auf einem 20 Zentimeter breiten Brett. Kein Problem, oder? Aber würdest du das auch in 20 Meter Höhe tun, selbst wenn ich dir 100 Euro dafür gäbe? Natürlich nicht. Obwohl die Bewegung genau dieselbe ist, kommt Angst ins Spiel. Dein Körper verkrampft, dein Gleichgewichtssinn versagt – und du stürzt ab.

Genauso ist es im Trading. Im Demo-Modus ist es leicht, ruhig zu bleiben. Aber sobald echtes Geld im Spiel ist, übernehmen Emotionen die Kontrolle. Genau deshalb musst du den Übergang vom Demo- zum Echtgeld-Trading klug gestalten.

DER RICHTIGE WEG INS ECHTGELD-TRADING

Nach einer erfolgreichen Demo-Phase empfehle ich dir:

1. **Eine Prop-Trading-Challenge unter Wettbewerbsbedingungen:**
   - Hier musst du eine vorgegebene Performance erreichen, um echtes Kapital zu erhalten.
   - Du lernst, unter realistischen Marktbedingungen zu traden, ohne dein eigenes Geld zu riskieren.
   - Du bekommst wertvolles Feedback zu deinem Trading-Stil.

2. **Ein kleines Echtgeld-Konto zum Einstieg:**
   - Starte mit einem Betrag, den du schmerzfrei verlieren kannst.
   - Dein Ziel besteht nicht darin, sofort reich zu werden, sondern eine stabile Performance zu entwickeln.
   - Lerne, mit echten Emotionen umzugehen und deine Strategie sauber umzusetzen.

3. **Baue dein Trading-Konto langsam auf – auch wenn du viel Kapital hast:**
   - Selbst wenn du eine hohe Summe investieren könntest, fang klein an.
   - Lerne, unter Druck ruhig zu bleiben, bevor du größere Beträge riskierst.

FAZIT: ERFOLGREICHES TRADING BEGINNT MIT KLUGER VORBEREITUNG

Niemand würde sich in ein Flugzeug setzen, das von einem Piloten gesteuert wird, der noch nie in einem Simulator erfolgreich geflogen ist. Warum also sollte jemand sein hart verdientes Geld riskieren, ohne vorher bewiesen zu haben, dass er profitabel traden kann?

Nutze den Demo-Modus. Trainiere richtig. Entwickle Disziplin. Und steigere dann dein Risiko Schritt für Schritt. Wer sich diese Zeit nimmt, hat eine echte Chance, langfristig erfolgreich zu sein.

DER UNSICHTBARE GEGNER – PSYCHISCHER DRUCK IM TRADING

Du hast dein Setup aufgebaut. Du hast Stunden vor dem Bildschirm verbracht, Charts studiert, Trades im Demo-Modus gemacht, Regeln aufgestellt. Jetzt ist es so weit: Die Prop-Challenge beginnt.

Alles ist wie vorher – und doch fühlt sich plötzlich alles anders an: Du klickst auf »Buy« – aber deine Hand zögert. Du hast eine klare Regel – aber du brichst sie trotzdem. Du hattest einen Plan – aber dein Kopf sagt dir: *»Komm, ein letzter Trade, um den Tagesverlust auszugleichen!«*

Willkommen im echten Trading! Es spielt sich nicht auf dem Chart ab. Sondern in dir.

DER MOMENT, IN DEM AUS SPIEL ERNST WIRD

Eine Prop-Challenge ist mehr als ein Test deiner Strategie. Sie ist der erste Moment, in dem du unter **realistischem Druck** agierst. Kein Spielgeld mehr, keine Willkür – sondern Regeln, Konsequenzen, Ziele und ein festes Zeitfenster. Und genau das verändert alles.

Auf einmal werden deine Gedanken laut. Du spürst das Kribbeln, das Ziehen im Magen, das hektische Durchscrollen durch die Zeiteinheiten. Du siehst nicht mehr klar, obwohl du es vorher konntest. Was ist passiert?

Die Antwort ist einfach: **Dein Verstand hat den Steuerknüppel abgegeben – und dein Nervensystem hat übernommen.**

Wenn Geld auf dem Spiel steht – selbst virtuelles – beginnt der Körper in alten Mustern zu arbeiten. Du kennst sie: Kampf, Flucht oder Erstarrung. In der Prop-Challenge fühlt sich jeder Verlust wie eine Niederlage an, jede Chance wie eine Prüfung, und jede Entscheidung wie ein Wagnis.

Und plötzlich bist du nicht mehr der Trader, der mit kühlem Kopf Entscheidungen trifft. Du bist der Mensch, der reagieren will. Schnell. Emotional. Und genau da wird Trading gefährlich.

Vielleicht erinnerst du dich an deinen ersten Verlusttag in der Prop-Challenge. Du hattest zwei schlechte Trades – und wolltest das sofort wieder gutmachen. Du verdoppelst die Positionsgröße, springst in den Markt, obwohl kein klares Setup da ist. Du hoffst, statt zu analysieren. Und dann kommt er: Der große Fehler. Der gebrochene Maximum-Drawdown.

Challenge nicht bestanden!

WIE DU DEN GEGNER BESIEGST – OHNE KAMPF

Der Punkt ist nicht, dass du Fehler machst. Der Punkt ist, ob du daraus ein Muster machst. Was du jetzt brauchst, ist kein neues Setup. Kein weiterer Indikator. Du brauchst ein System – **für dich selbst.**

Ein Beispiel: Bevor du überhaupt einen einzigen Trade in der Challenge machst, beginnst du mit einer einfachen Routine. Du öffnest dein Journal. Du schreibst auf: *Wie fühle ich mich heute? Was will ich erreichen? Was sind meine drei Regeln für heute?* Du liest sie dir laut vor. Du gehst sie im Kopf durch. Du atmest drei Mal tief durch. Erst dann öffnest du den Markt.

Klingt simpel? Ist es auch. Aber es verändert alles. Denn auf einmal weißt du, was du tust – und warum. Und wenn dein Verstand versucht, dich rauszureißen, hast du etwas, woran du dich festhalten kannst: dich selbst.

ES GIBT KEINE PERFEKTEN TRADER – NUR BEWUSSTE

Wenn du eine Prop-Challenge bestehst, hast du nicht nur gezeigt, dass du profitabel traden kannst. Du hast zudem bewiesen, dass du den **Emotionen standhalten kannst**. Und das ist der eigentliche Wert. Es geht nicht um das Kapital der Prop-Firma, sondern um deine Kontrolle über dich selbst. Bevor du die nächste Challenge beginnst – oder zum Echtgeld-Konto wechselst – frage dich:

- Was bringt mich aus dem Konzept?
- Wo verliere ich Kontrolle?
- Und wie kann ich mich selbst wieder zurückholen?

Wenn du das beantworten kannst, bist du bereit. Nicht weil du alles im Griff hast – sondern weil du einen **bewussten Umgang mit psychischem Druck** entwickelt hast.

FAZIT

Trading ist kein Kampf gegen den Markt. Trading ist ein Training im Umgang mit dir selbst. Und je besser du dich kennst, desto ruhiger wird dein Trading. Selbst in einer Challenge. Selbst unter Druck. Selbst im Ernstfall.

FOKUSSIERE DICH AUF DEN PROZESS – NICHT AUF DAS ERGEBNIS

Es ist Versuchung und Gefahr zugleich: im Trading andauernd auf die Ergebnisse zu schielen und das weitere Handeln davon abhängig zu machen. Ich rate dir zu einem anderen Vorgehen.

DER TRUGSCHLUSS VOM »GUTEN ERGEBNIS«

Stell dir vor, du hast gerade einen Trade abgeschlossen. Plus 180 Euro. Dein erster Gedanke: *»Läuft bei mir!«* Du freust dich, fühlst dich bestätigt – schließlich ist das Ergebnis positiv. Also war der Trade gut, oder?

Doch halt – war das wirklich ein *guter* Trade? Oder war es vielleicht ein zufälliger Treffer, basierend auf einem Bauchgefühl, das heute den Markt korrekt eingeschätzt hat – und morgen danebenliegt?

Das Ergebnis eines einzelnen Trades ist trügerisch. Denn im Markt – diesem wilden, chaotischen System aus Emotionen, Algorithmen, Nachrichten, Zufällen und einer ganz eigenen Dynamik – ist **ein einziges Ergebnis nichts weiter als ein Punkt in einem größeren Spiel.**

Viele Trader fallen genau darauf herein. Sie messen sich an einzelnen Gewinnen oder Verlusten – und nicht daran, wie gut sie *ihr Spiel* gespielt haben.

WAS DU KONTROLLIEREN KANNST – UND WAS NICHT

Der Markt ist wie das Wetter: Du kannst dich gut vorbereiten – aber nicht bestimmen, ob es regnet. Was du aber tun kannst, ist: **einen Schirm mitzunehmen.** Im Trading heißt das: Du kannst den Markt nicht kontrollieren. Aber du kannst kontrollieren, **wie du dich im Markt verhältst.**

Ein professioneller Trader weiß: **Ergebnisse sind Zufall im Kleinen, aber Geld verdient wird im Großen.** Was zählt, ist der **Prozess** – der eigene Stil, diszipliniert durchgezogen.

DER UNTERSCHIED: DER AMATEUR WILL RECHT HABEN – DER PROFI SPIELT SEIN SPIEL

Das ist wie im Sport. Dort gewinnt auch nicht die Mannschaft, die das Glück auf ihrer Seite hat, sondern die, die über 90 Minuten ihren Stil durchzieht.

Das bringt uns zu einer Geschichte, die Fußballgeschichte geschrieben hat. Eine Geschichte, die zeigt, wie gefährlich es ist, zu früh auf das Ergebnis zu schauen.

DIE NACHT VON BARCELONA – ALS BAYERN ZU SPIELEN AUFHÖRTE

Es ist der 26. Mai 1999. Champions-League-Finale. Das Camp Nou in Barcelona brodelt. Die Fans beider Mannschaften sind elektrisiert. Auf dem Rasen: der FC Bayern München und Manchester United.

Die Bayern starten furios. In der 6. Minute verwandelt Mario Basler einen Freistoß – direkt, clever, eiskalt. 1:0. Ein Traumstart! Die Bayern feiern, aber sie bleiben konzentriert. Sie dominieren das Spiel, verteidigen stark, setzen Nadelstiche. Die Uhr tickt. Minute 60, Minute 70, Minute 80 – das 1:0 steht.

Und dann … – verändert sich etwas!

Die Körpersprache zeigt es an: Die Bayern ziehen sich zurück. Spieler werden ausgewechselt, die für defensive Stabilität sorgen sollen. Kein Angriff mehr. Keine Bewegung nach vorn. **Sie spielen nicht mehr, sie verwalten.** Minuten verrinnen wie Stunden.

Die Nachspielzeit beginnt. Noch zwei Minuten. Die Fans stehen. Ihre Hände sind zum Himmel gereckt.

Und dann kommt die 91. Minute. Ecke Manchester. Tumult. Abpraller. »Teddy« **Sheringham schießt das 1:1.** Ein Raunen geht durchs Publikum. Entsetzen. Die Bayern stehen still – wie erstarrt.

Zwei Minuten später. Wieder Ecke Manchester. Wieder Chaos. Der Ball fällt Solskjær vor die Füße. **Tor. 1:2.** Die Bayern sinken zu Boden. Das Spiel ist vorbei. Der Pokal, der schon zum Greifen nah war, ist weg.

DIE LEKTION DIESER NACHT – UND WAS SIE MIT TRADING ZU TUN HAT

Die Bayern hatten 89 Minuten lang alles richtig gemacht. Aber dann hörten sie auf, ihr Spiel zu spielen. Sie schauten nicht mehr auf das *Wie*, sondern nur noch auf das *Was*. »Wie kriegen wir das Ergebnis über die Zeit?« statt: »Wie bleiben wir gefährlich?« Und genau das passiert auch im Trading – jeden Tag.

Ein Trader macht einige gute Trades, liegt vorn – und wird plötzlich passiv. Er will den Gewinn halten. Er zögert, zappelt, greift aber nicht mehr sauber an. Und dann kommt der Markt mit einer Volte – und der Vorsprung ist dahin. **Wer beginnt, auf das Ergebnis zu spielen, verliert oft gerade dadurch.**

Warum ist der Prozess dein einziges echtes Ziel? Weil im Trading wie im Fußball gilt: Du kannst den Markt nicht kontrollieren. Du kannst nicht entscheiden, ob der Ball reingeht. **Aber du kannst entscheiden, ob du sauber spielst.**

Ein Profi denkt nach einem Verlusttrade nicht: »Ich habe versagt.« Sondern: »War das ein sauber gespielter Angriff?«

Ein Trade mit Verlust ist kein Fehler – wenn der Prozess gestimmt hat. Ein Gewinn ist kein Erfolg – wenn du dich nicht an deinen Plan gehalten hast.

SPIELE AUF DAS 2:0 – UND NICHT AUF ZEIT

Der größte Fehler im Trading ist, zu früh auf »Verwalten« zu schalten. Wie die Bayern 1999. Wie ein Trader, der sich nach dem ersten kleinen Gewinn zurücklehnt.

Spiele dein Spiel weiter. Auch wenn du vorn liegst. Gerade dann. Denn der Markt vergibt dir nicht, wenn du passiv bist. Und der Erfolg kommt nicht durch Angst – sondern durch Konsequenz.

FAZIT: SPIELSTIL SCHLÄGT ERGEBNIS

Wenn du heute Abend deine Trades reflektierst, frag dich nicht: *»Wie viel habe ich gewonnen?«* Sondern frage dich: *»Habe ich meinen Prozess konsequent umgesetzt?« »Bin ich meinem Stil treu geblieben – oder habe ich auf das Ergebnis geschielt?«* Denn im Trading wie im Fußball gilt: **Das Spiel ist erst vorbei, wenn du aufhörst, dein Spiel zu spielen.**

SELBSTVERTRAUEN – DEIN UNSICHTBARER MUSKEL

Viele verwechseln Selbstbewusstsein mit Selbstvertrauen. Das klingt ähnlich – ist aber nicht dasselbe.

- **Selbstbewusstsein** heißt: Du bist dir deiner selbst bewusst. Du kennst deine Stärken, aber auch deine Schwächen. Du weißt, was dich ausmacht, was dir wichtig ist.
- **Selbstvertrauen** dagegen heißt: Du vertraust dir selbst. In dem, was du tust. In deinen Entscheidungen. In deinem Weg.

Und jetzt kommt das Entscheidende: Selbstvertrauen musst du dir erarbeiten. Es ist nichts, das dir in die Wiege gelegt wird. Es wächst – mit jeder Entscheidung, die du triffst. Mit jedem Rückschlag, den du aushältst. Mit jedem Moment, in dem du weitermachst, obwohl du zweifelst.

Ich kann dir gar nicht sagen, wie oft Menschen zu mir kommen und sagen: »Ja, Birger, bei dir ist das einfach mit dem Selbstvertrauen – du bist ja auch so erfolgreich.«
Und ich denke mir jedes Mal: »*Leute, ihr habt keine Ahnung!*«

Es ist genau anders herum: Ich habe kein Selbstvertrauen, *weil* ich erfolgreich bin. Ich bin erfolgreich, *weil* ich mir vertraut habe – auch in Momenten, in denen es keine sichtbaren Erfolge gab.

Wenn dein Selbstvertrauen nur auf Erfolg gegründet ist, dann hast du ein echtes Problem. Warum? Weil es beim ersten Verlust zusammenbrichst. Dann, wenn du es **am dringendsten brauchst**, steht es nicht mehr zur Verfügung. Und dann beginnt eine gefährliche Abwärtsspirale: Du zweifelst, du zögerst, du handelst nicht mehr klar – und das führt zu noch mehr Misserfolgen. Ein Teufelskreis.

DIE WICHTIGSTE LEKTION HABE ICH BEI EINEM DRAWDOWN GELERNT

Ich erinnere mich noch genau an eine Phase, die mein Selbstvertrauen richtig auf die Probe gestellt hat. Ich befand mich in einem richtig fiesen Drawdown. Und ich meine nicht zwei, drei Verlusttrades – ich spreche von Wochen, in denen einfach **gar nichts** funktionierte. Jeder neue Trade fühlte sich an wie ein Schritt auf dünnem Eis. Die alten Muster versagten. Die Emotionen waren brutal. Zweifel. Frust. Und das Gefühl, dass ich vielleicht doch nichts kann.

In früheren Zeiten hätte ich genau hier den Fehler gemacht, den so viele Trader machen: *Immer hektischer werden. Nach der einen goldenen Strategie suchen. Alles umwerfen. Noch mehr Trades. Noch mehr Risiko.* Mit dem Ergebnis: Der Drawdown wird immer tiefer. Und das Selbstvertrauen? Rutscht gleich mit in den Keller.

Doch dieses Mal war es anders. Ich blieb ruhig. Ich entschied mich, **drin zu bleiben.** Nicht im Markt – sondern in der Situation. Ich analysierte meine Trades nüchtern. Ich ging zurück auf Basis-Setups. Weniger Trades, sauber vorbereitet, konsequent umgesetzt. Ich drehte nicht am Risiko, ich drehte an der Geduld. Und es dauerte.

Aber Schritt für Schritt kam ich da wieder heraus. Nicht mit einem großen Glückstreffer – sondern systematisch. Und weißt du, was danach anders war?

Ich wusste: Ich kann mit so einer Phase umgehen. Ich kann Verluste überstehen. Ich kann mich durch Gefühle durchatmen, die alles andere als angenehm sind. Und genau da – ja, **genau da!** – ist mein echtes Selbstvertrauen entstanden.

Nicht in einer Gewinnphase. Sondern im Tal.

WIE GEWINNST DU SELBSTVERTRAUEN?

Hier ein paar konkrete Dinge, die dir helfen:

1. **Mach dir deine Erfolge bewusst – auch die kleinen.**
   Nicht alles muss 1 Million oder ein Riesenprojekt sein. Auch »Ich habe heute meine Routine durchgezogen« zählt.

2. **Triff Entscheidungen.**
   Auch wenn du nicht sicher bist. Das Vertrauen wächst, wenn du erlebst: Ich kann mit den Folgen umgehen.

3. **Zieh dein Ding durch.**
   Selbstvertrauen entsteht, wenn du siehst: Ich bin jemand, der sich auf sich selbst verlassen kann.

4. **Such nicht nach Sicherheit – such nach Stabilität in dir.**
   Die Welt da draußen ist chaotisch. Aber du kannst dir sagen: Egal was passiert, ich finde einen Weg.

5. **Trainiere. Jeden Tag ein kleines bisschen.**
   Ob im Trading, im Leben oder im Sport – je mehr du übst, desto mehr wächst das Vertrauen.

Am Ende ist Selbstvertrauen keine Superkraft. Es ist ein Ergebnis. Ein Ergebnis des Tuns. Des erneuten Tuns. Des Dranbleibens, auch wenn's schwer wird.

Du kannst es dir erarbeiten – ganz egal, wo du gerade stehst. Denn du musst nicht von Anfang an alles können. Aber du darfst dir selbst die wichtigste Frage stellen:

»Traue ich mir zu, dass ich es lernen kann?« Wenn die Antwort irgendwann »Ja« ist – dann hast du echtes Selbstvertrauen aufgebaut.

MENTALE STÄRKE IM TRADING – DIE 4 C FÜR DEINEN DURCHBRUCH

Ich erinnere mich noch genau an einen bestimmten Tag. Es war ein Dienstagmorgen, irgendwann in den Neunzigern. Ich saß allein vor meinem Röhrenmonitor, der Kaffee war kalt, die Orders rot. Ich hatte über Nacht eine Position gehalten, obwohl mein Plan etwas anderes gesagt hatte. Emotionales Over-Trading – wieder einmal.

Und da war er wieder, dieser Moment: Ich schaute mich selbst an, nicht im Spiegel, sondern im Monitor. Und ich wusste: *»Wenn du das hier ernst meinst, musst du dich verändern. Nicht dein Setup. Dich.«*

Heute, Jahrzehnte später, weiß ich:
Mentale Stärke ist nicht das Sahnehäubchen für Fortgeschrittene. Sie ist die Basis. Der Anfang. Das Fundament. Und dieses Fundament ruht auf vier Säulen – den **vier C:**

- **Commitment.**
- **Confidence.**
- **Challenge.**
- **Control.**

Das klingt einfach. Aber die 4 C sind der Grund, warum manche Trader durchhalten und wachsen – und andere trotz guter Strategie wieder vom Markt verschwinden.

Die Ausführungen dazu sind keine Theorie. Die 4 C sind mein Alltag. Und vielleicht auch bald deiner.

COMMITMENT – DIE ENTSCHEIDUNG, DIE DU NICHT JEDEN TAG NEU TREFFEN MUSST

Trading sieht für Außenstehende oft cool aus. Zwei Bildschirme, ein Chart, ein Klick – Boom, Geld. Aber das ist nicht die Wahrheit. Die Wahrheit ist: Trading ist **einsam.** Es ist **widerständig.** Es ist **anstrengend.** Und genau deshalb brauchst du kein gutes Gefühl. Sondern ein klares **Commitment.**

Die Boots-Metapher – und warum es mir ernst damit ist

Trading ist wie eine Reise über das Meer. Du startest mit einem Ziel. Vielleicht ist es die Insel der finanziellen Freiheit. Vielleicht einfach nur der Wunsch: »Ich will nicht mehr tauschen – Zeit gegen Geld.«

Aber sobald du losfährst, merkst du: Der Wind kommt nicht immer von hinten. Es gibt Strömungen. Flauten. Stürme. Manchmal verlierst du die Küste aus den Augen.

Commitment heißt in diesem Bild: Du bleibst unterwegs – auch wenn du den Kurs korrigieren musst. Du rettest dich nicht sofort in den sicheren Hafen, nur weil ein Sturm aufzieht. Du hältst den Blick auf dein Ziel gerichtet – auch wenn du eine Weile nicht direkt darauf zusteuern kannst.

Mein Sturm: Als alles auf dem Spiel stand

Ich habe einmal mein gesamtes Handelskonto verloren. Nicht weil ich keine Ahnung hatte. Sondern weil ich emotional überladen war. Ich war damals im Rechtsstreit mit einem Kunden – emotionaler Druck, der sich unbemerkt in mein Trading schlich. Ich wollte es zurückholen. Ich tradete wütend. Was mir fehlte? Sicher nicht das nötige Wissen. Ein klarer Anker. Ein echtes Commitment.

Danach habe ich mir mein Warum neu geschrieben. Nicht in ein Notizbuch. In meinen Kopf. Es lautete: »Ich will die Freiheit, arbeiten zu können, wann ich will – mit wem ich will – wo ich will.«

Und immer, wenn es schwer wurde, rief ich mir genau das wieder auf den Schirm.

Anleitung, wie du dein Commitment findest

Du brauchst nicht 100 Motivationssprüche. Du brauchst ein konkretes Commitment. So findest du deines:

1. **Schreib auf, was du wirklich willst.** Nicht »viel Geld«. Sondern: Was soll sich in deinem Leben verändern?

2. **Mach es konkret.** Kein Wunschtraum. Ein Ziel mit Bild. »Ich will meine Arbeitszeit halbieren, um die Nachmittage mit meinen Kindern zu verbringen.« Oder: »Ich will das Trading so weit meistern, dass ich nie wieder einen Chef brauche.«

3. **Mach es sichtbar.** Schreib es auf einen Zettel. Häng es an den Bildschirm. Oder mach ein Handy-Wallpaper draus. Ich meine das ernst.

Dein Commitment ist dein Kompass. Du wirst vom Kurs abkommen – aber du wirst nie ganz verloren gehen, wenn du dein Ziel nicht aus den Augen verlierst.

CONFIDENCE – VERTRAUEN, DAS DU DIR NICHT EINREDEN KANNST, SONDERN ERARBEITEN MUSST

Als ich anfing zu traden, dachte ich, dass Vertrauen irgendwann einfach »kommt«. Dass ich eines Morgens aufwache, mich vor den Chart setze und innerlich denke: »Heute bin ich ein guter Trader. Ich spüre es.« Aber so funktioniert das nicht.

Confidence – echtes Vertrauen in dich selbst, deine Entscheidungen, deinen Prozess – das **erarbeitest** du dir. Schritt für Schritt. Und das Beste (oder Herausforderndste) daran: Du kannst es **nicht vortäuschen**.

Vertrauen kommt nicht vom Wissen – sondern von der Wiederholung

In meinem Büro hatte ich früher oft Praktikanten. Hochmotivierte junge Menschen, viele mit technischem Verständnis, einige mit Trading-Erfahrung. Aber fast keiner mit echtem Vertrauen in die eigene Person.

Deshalb führten wir ein Level-System ein. Das Ziel bestand nicht darin, dass sie schnell gute Ergebnisse erzielen. Das Ziel war, dass sie den Prozess beherrschen – und zwar unter allen Bedingungen.

In der ersten Woche durften sie nur einen einzigen Markt beobachten und handeln – auf dem Demo-Konto. Aber nur, wenn sie den vollständigen Trading-Prozess sauber durchliefen: Marktscreening, Regelcheck, Entry-Planung, Risikobewertung, Tagebucheintrag – der komplette Ablauf.

Wurde auch nur ein Schritt vergessen, ging es eine Stufe zurück. Viele waren am Anfang frustriert. »Aber der Trade war doch im Plus!«, hörte ich oft. Meine Antwort war immer dieselbe: »Das interessiert mich nicht. Ich will sehen, ob du deinen Prozess führst – nicht, ob der Markt zufällig mitspielt.«

Die Bewährungsprobe

Am Ende des Praktikums gab es immer einen Moment, den ich bei keinem einzigen meiner Praktikanten vergessen werde. Ich ging zum jeweiligen Praktikanten, legte ihm meine Zugangsdaten hin und sagte: »Heute tradest du mein Live-Konto. 500.000 Euro. Und ich beobachte dich dabei.«

Und weißt du was? **Sie waren ruhig. Konzentriert. Klar.** Kein Zögern. Kein Drama. Kein Zittern. Warum? Weil sie den Prozess **nicht nur kannten – sondern sie hatten ihn Dutzende Male durchgespielt.** Sie mussten nichts »leisten«. Sie mussten sich nur an das halten, was sie längst verinnerlicht hatten. Ich erwartete keine Gewinne. Ich erwartete nur: Führung durch Struktur.

Vertrauen entsteht nicht durch Hoffnung. Es entsteht durch Training. Und auf eben diese Weise musst du auch mit dir selbst umgehen. Nicht die Ergebnisse zählen – sondern deine **Verlässlichkeit gegenüber dir selbst.**

So baust du dein Trader-Vertrauen auf:

1. **Trainiere wie im Drill.**
   Baue deinen eigenen Levelplan. Führe drei bis fünf Trades pro Woche **nach festen Regeln im Demo-Modus durch**. Erst wenn du diese Abläufe fehlerfrei wiederholen kannst, gehst du weiter – zum Beispiel auf einen zweiten Markt oder auf Echtgeld.

2. **Dokumentiere deine Wiederholungen.**
   Nicht nur Entry und Exit. Schreib auf, was du geplant hast, was du gespürt hast, ob du alles nach Prozess gemacht hast. Dein Journal wird dein persönlicher Vertrauensspeicher.

3. **Belohne Prozesstreue – nicht Profit.**
   Sag dir nicht »ich habe gewonnen«, sondern: *»Ich war diszipliniert. Ich bin den ganzen Weg gegangen.«* Das ist die Art von innerer Anerkennung, die langfristig Stärke aufbaut.

4. **Mach es schwer, solange du geschützt bist.**
   Übe im Demo-Modus mit Stoppuhr, mit Zeitdruck, mit klaren Grenzen. Dann ist Live-Trading keine Mutprobe – sondern nur die nächste Wiederholung.

Confidence ist kein Gefühl, das vom Himmel fällt. Es ist das Resultat von Vorbereitung, Drill und dem Wissen: »Ich habe das hier schon oft gemacht – und ich werde es wieder schaffen.«

CHALLENGE – DIE FREUDE AN DER REIBUNG

Viele glauben, dass Erfolg im Trading bedeutet, dass mit der Zeit alles leicht wird. Keine Fehler mehr. Keine Rückschläge. Keine Unsicherheit. Aber das Gegenteil ist wahr: Je besser du wirst, desto größer werden die Herausforderungen. Und das ist sogar gut so. Denn wenn du wirklich wachsen willst, brauchst du Reibung. Nicht als Feind – sondern als Trainingspartner.

Wachstum beginnt da, wo es wehtut. Ich erinnere mich an ein Gespräch mit einem Teilnehmer, der sagte: »Ich will endlich eine Phase ohne Drawdowns.« Ich antwortete: »Das willst du nicht. Was du wirklich willst, ist, dass du mit Drawdowns besser umgehen kannst.«

Denn mal ehrlich: Was bringt dir ein System, das nur funktioniert, wenn alles glattläuft? Der Markt ist kein Wellness-Hotel. Er ist ein Hochseilgarten. Und du musst lernen, dich bei großer Fallhöhe, Wind und Gegenlicht zu bewegen.

Ich hatte Zeiten, da war ich überheblich. Meine Trades liefen wie am Schnürchen, ich dachte: »Ich hab's raus.« Und genau in diesen Phasen kam der nächste Schock – eine politische Entscheidung, ein Kursrutsch, ein fundamentaler Bruch – und ich war nicht vorbereitet.

Was mir fehlte? Nicht das Wissen. Sondern ein bewusster Umgang mit Reibung.

CONTROL – WENN DU DEN STURM NICHT STOPPEN KANNST, WERDE SELBST ZUM RUHEPOL

Ich habe in meinem Leben Tausende Trades gemacht. Ich habe Märkte kommen und gehen sehen, Systeme gebaut, Strategien verworfen, Tools getestet. Aber der **gefährlichste Gegner** war nie der Markt. Es war nie die Volatilität, der Wirtschaftskalender oder ein News-Flash.

Es waren meine eigenen Emotionen.

Und ehrlich gesagt: Ich bin oft unterlegen gewesen. Ich habe aus Frust getradet, aus Angst gehalten, aus Gier nachgekauft. Ich habe in Phasen emotionaler Überladung alles gemacht, **außer dem, was ich mir vorgenommen hatte.**

Control – also emotionale Selbstkontrolle – ist die Königsdisziplin im Trading. Und der Moment, in dem du sie erlangst, verändert alles.

Wie es sich anfühlt, kontrolliert zu sein

Ich erinnere mich an einen Tag, der wie viele andere begann – aber ganz anders endete. Es war ein wilder Morgen: Nachrichten aus den USA, viel Bewegung im Markt, der DAX machte Sprünge, die Verlockung war riesig. Ich hatte ein Setup im Blick, aber der Einstieg kam nicht ganz sauber. Ich spürte, wie der Drang in mir hochstieg: »Einfach rein, das wird schon …«

Früher hätte ich den Trade genommen. Aus dem Bauch heraus. Heute nicht mehr. Ich atmete tief durch, stand auf, machte exakt drei Minuten Pause. Kein Bildschirm. Kein Chart. Nur ich und der Moment.

Als ich zurückkam, war die Emotion noch da – aber sie hatte ihre Macht verloren. Ich ließ den Trade aus. Und das Lustige: Der Markt lief sogar tatsächlich in meine Richtung. Aber ich war trotzdem stolz. Warum? Weil ich mich kontrolliert hatte – nicht den Markt.

Und das ist die eigentliche Freiheit im Trading: Nicht, dass du alles richtig machst. Sondern dass du nicht mehr ferngesteuert bist. Dass du wieder selbst am Steuer sitzt – auch im Sturm.

Warum Master-Trader so ruhig bleiben

Ich werde oft gefragt: »Warum sind Top-Trader immer so gelassen?« Die Antwort ist einfach – aber hart erarbeitet: Sie erwarten nicht, dass der Markt sich ändert. Sie ändern sich selbst. Sie wissen:

- Der Markt wird immer wieder die eigenen Emotionen provozieren.
- Die Gier wird immer wieder flüstern: »*Nur kurz rein!*«
- Die Angst wird immer wieder schreien: »*Rette, was zu retten ist!*«

Aber wahre Master-Trader lassen sich nicht mehr verführen. Nicht, weil sie gefühlskalt wären. Sondern weil sie ihre Gefühle kennen – und sich trotzdem an den Plan halten.

Was ich von meinen Schülern verlange

Wenn ich mit Tradern arbeite – egal ob Anfänger oder Fortgeschrittene – dann gibt es eine Regel, die ich immer aufstelle: »**Wenn du emotional bist, wird nicht gehandelt.**«

Wir haben klare Pausenregeln. Manche machen Atemübungen. Andere schreiben vor dem Entry drei Sätze auf. Ich selbst hatte früher **eine rote Karte** neben dem Monitor liegen – wie sie im Fußball eingesetzt wird.

Wenn ich merkte, dass mein Puls zu hoch war, nahm ich die Karte in die Hand und sagte mir selbst: »Du bist gerade nicht du. Du bist deine Emotion. Lass sie los – und dann triff deine Entscheidung.«

Anleitung: So gewinnst du Kontrolle über dich selbst

Nutze eine Checkliste vor jedem Trade. Stelle dir drei Fragen: Bin ich emotional gerade neutral? Entspricht dieser Trade exakt meinem Plan? Ist das Risiko angemessen – auch angesichts meines psychischen Zustands? Nur wenn du alle drei mit *Ja* beantworten kannst, klickst du.

1. **Baue Mikro-Routinen ein:**
   Drei tiefe Atemzüge, ein Glas Wasser holen, drei Minuten bewusst vom Bildschirm weggehen – das kann in kritischen Momenten den Unterschied machen.

2. **Lerne deine Trigger kennen.**
   Beobachte dich: In welchen Situationen wirst du impulsiv? Nach Verlusten? Nach Gewinnen? In bestimmten Märkten? Sobald du deine Trigger kennst, kannst du ihnen ihre verheerende Wirkung nehmen.

3. **Akzeptiere, dass du nicht perfekt sein musst.**
   Es geht nicht darum, »gefühllos« zu werden. Sondern darum, **wahrzunehmen, was in dir passiert – und bewusst zu entscheiden.**

Der wahre Kontrollverlust ist der, den du nicht bemerkst

Viele Trader denken, sie hätten den Markt nicht verstanden. Aber in Wahrheit haben sie sich selbst nicht verstanden. Und das ist mein Appell an dich: Werde zu deinem eigenen Beobachter. Nicht, um dich zu bewerten – sondern um dich zu führen.

Denn je besser du dich führen kannst, desto leichter wirst du den Markt führen lassen, was er will – ohne dass es dich aus dem Tritt bringt. Das ist Control. Und das ist Freiheit.

Die wahre Kontrolle beginnt mit deinen Fragen

Vielleicht hast du diesen Satz schon mal gehört: »Unsere Gedanken bestimmen unsere Gefühle – und unsere Gefühle unser Verhalten.« Das klingt einfach, oder? Aber was die meisten übersehen: Unsere Gedanken werden durch unsere Fragen gesteuert.

Wenn du also Kontrolle willst, musst du bei der Frage anfangen. Denn was passiert, wenn du keine bewusste Frage stellst? Dein Gehirn stellt sich trotzdem eine – aber nicht unbedingt eine, die dich weiterbringt. Es nimmt visuelle Reize, die dein Gehirn dazu bringen, alte Erfahrungen abzurufen. Das passiert automatisch – blitzschnell. Ein Beispiel:

1. **Du siehst eine große rote Kerze.**

2. Dein Gehirn assoziiert automatisch: »Der Markt bricht zusammen!«

3. Der Gedanke erzeugt die Emotion: »Ich verpasse etwas!«

4. Die Emotion führt zur Handlung: **Du springst panisch in den Markt.**

Das war kein geplanter Trade – das war ein Reflex. Ein Reflex, geboren aus einer unbewussten Frage: »Was, wenn ich jetzt den Move verpasse?«

Stattdessen brauchst du eine andere Frage – zum Beispiel: »Was ist mein Plan in genau diesem Szenario?« Oder: »Was müsste jetzt passieren, damit ich nicht einsteige?«

Fragen sind dein Steuerrad. Stell die richtigen – und du lenkst deine Gedanken bewusst. Lenkst du deine Gedanken, formst du deine Emotionen. Und wer seine Emotionen führen kann, handelt aus Stärke – nicht aus einem Impuls heraus.

Dein neues Reaktionsmuster: bewusst denken, bewusst handeln

Hier ist der Unterschied zwischen impulsivem und bewusstem Verhalten noch einmal als Gegenüberstellung:

Impulsiv	Bewusst
Reiz: große rote Kerze	Reiz: große rote Kerze
Automatischer Gedanke: »Es bricht alles zusammen!«	Bewusste Frage: »Was sagt meine Struktur dazu?«
Emotion: »Ich muss jetzt rein!«	Emotion: »Ich bin ruhig, ich folge meinem Plan.«
Handlung: Panik-Entry	Handlung: Kein Trade oder geplanter Entry

Diese kleine Korrektur im ersten Moment – **die Frage, die du dir stellst** – ist der Schlüssel zur echten Kontrolle. Und je öfter du das trainierst, desto mehr wird es deine neue Normalität.

WIE ES WEITERGEHT: WERDE ZUM ARCHITEKTEN DEINER MENTALEN STÄRKE

Commitment. Confidence. Challenge. Control. Diese vier C sind dein inneres Fundament. Nicht für ein paar gute Trades, sondern für eine echte Trading-Karriere. Und wenn du sie lebst – wirst du nicht nur anders traden. Du wirst ein anderer Mensch. Ein freierer.

Vielleicht liest du dieses Kapitel gerade und denkst dir: »Das klingt logisch. Es fühlt sich richtig an.« Aber das allein reicht nicht. Denn mentale Stärke ist kein Wissensproblem. Sie ist ein Übungsfeld. Du musst anfangen. Heute. Mit dem, was du hast. Wo du gerade stehst. Wenn du morgen wieder vor dem Chart sitzt, stell dir nicht die Frage: »Was könnte ich heute gewinnen?« Stell dir lieber die entscheidenden Fragen:

- **Wie bleibe ich meinem Commitment treu – auch wenn es ungemütlich wird?**
- **Wie kann ich meinem Prozess vertrauen – selbst wenn der Markt verrückt spielt?**
- **Welche Herausforderung suche ich mir heute ganz bewusst?**
- **Wie will ich mit meinen Emotionen umgehen, wenn es ernst wird?**

Diese Fragen sind kein Bonus. Sie sind deine tägliche Praxis. Sie entscheiden, ob du ein unsicherer Akteur bleibst – oder zum bewussten Trader wirst.

Und ja, es wird Tage geben, an denen du zweifelst. An denen du das Gefühl hast, auf der Stelle zu treten. Aber genau das sind die entscheidenden Tage. Nicht, weil du performst – sondern weil du deine Regeln durchziehst.

Also baue dein Fundament. Stein für Stein. Mit jedem Trade. Mit jeder bewussten Entscheidung. Mit jeder eingehaltenen Routine. Denn ein starker Trader zeigt sich nicht an seiner Trefferquote, sondern an der Haltung, die dahintersteht – auch wenn's schwer wird.

Die 4 C sind nicht einfach ein Konzept. Sie sind dein Werkzeug. Und du bist der Architekt.

KAPITEL 16

FEHLERANALYSE UND VERBESSERUNG

Eine entscheidende Rolle kommt im Trading dem Umgang mit eigenen Fehlern zu. Es geht darum, aus Verlusten zu lernen. Fortschritt zu erkennen. Strategien anzupassen.

AUS FEHLERN WIRD ERFAHRUNG – WENN DU HINSCHAUST

Die meisten Trader scheitern nicht am Markt, sondern an sich selbst. Ich weiß das nicht nur aus der Arbeit mit Schülern – ich habe es selbst erlebt. Meine größten Fehler am Anfang? Over-Trading, zu viele Setups auf einmal, der Glaube, irgendwo da draußen gäbe es die eine, richtige Methode, mit der ich endlich immer recht hätte. Statt mich auf eine Strategie zu konzentrieren, die mir langfristig einen Vorteil bringt, jagte ich dem Gefühl nach, richtig zu liegen. Ich handelte mit zu wenig Kapital, setzte mich unter finanziellen Druck – und legte damit die Basis für emotionale Entscheidungen.

Dabei geht es darum, Verluste nicht zu ignorieren – sondern zu integrieren.

Früher verdrängte ich Verluste. Kontoauszüge? Wurden nicht geöffnet. Die Zahlen waren sowieso nur schlechte Nachrichten. Ich wollte den Schmerz nicht fühlen – und wurde dafür vom Markt zur Auseinandersetzung gezwungen. Als es so weit war, stellten sich Scham und Schuldgefühle ein. Das Bedürfnis nach Wiedergutmachung war groß – aber völlig fehl am Platz.

Denn Verluste sind Teil des Spiels. Es war ein langer Weg, das wirklich zu akzeptieren. Heute halte ich Verluste klein, mache bewusst Pausen und sehe sie als Feedback. Aber: Ich musste lernen, schmerzhafte Situationen auszuhalten, ohne impulsiv zu handeln. Das war eine der schwierigsten Lektionen.

Fehleranalyse beginnt im Kopf: Ich versuche Verluste aktiv umzudeuten – zu »*reframen*«. Frage ich mich ehrlich, »Werde ich in einem Jahr noch an diesen Verlust denken?«, – dann lautet die Antwort fast immer: Nein. Das hilft mir, die emotionale Schärfe herauszunehmen. Der Umgang mit Verlusten ist nicht nur rational. Wir Menschen sind emotionale Wesen. Wirkliches Lernen geschieht durch Erfahrung. Es reicht nicht, sich ein Buch über Trading-Psychologie durchzulesen. Du musst durch die Täler gehen, um zu wachsen.

FORTSCHRITT MESSEN – ABER ANDERS

Der Kontostand ist kein gutes Maß für deine Fortschritte. Diese Erfahrung musste ich machen. Es gibt bessere Maße dafür, wo du als Trader stehst.

Ich messe meinen Fortschritt nicht an der Kontostand-Kurve. Mich interessiert:

- Bleibe ich ruhig?
- Habe ich das Gefühl, die Kontrolle zu behalten?
- War ich geduldig genug, mein Setup sauber umzusetzen?

Ich arbeite mit Prozesszielen, nicht mit Ergebniszielen. Denn das Ergebnis kommt langfristig von allein – wenn du konstant das Richtige tust.

DIE DREI GRÜNDE FÜR EINEN DRAWDOWN

Ich vertraue keiner Strategie, die ich nicht verstehe. Ich will wissen, warum sie funktioniert und wann sie funktioniert – und wann nicht. Es gibt keine »One-Fits-All«-Lösung. Nur weil etwas eine Weile läuft, heißt das nicht, dass es universell gültig ist. Für mich gibt es genau drei Gründe, Geld zu verlieren:

1. ein **Drawdown**, der zur Strategie gehört (statistisch normal)

2. **Fehler in der Umsetzung**

3. ein **Markt ohne klaren Vorteil**

Nur wer unterscheiden kann, welcher dieser Gründe zutrifft, kann richtig handeln. Schauen wir uns die drei Gründe für Verluste einmal genauer an:

Grund 1: Ein Drawdown, der zur Strategie gehört

Nicht jeder Drawdown ist ein Problem. Manchmal hast du einfach eine Pechsträhne erwischt, die statistisch völlig im Rahmen liegt. Ich erinnere mich an eine Bühnensituation, in der ich sagte: »Ich rechne immer damit, dass ich auch 14 Trades hintereinander verlieren kann.« Ein Zuschauer meinte daraufhin: »Dann sind Sie wohl kein guter Trader.« Ich bat ihn, das bitte einmal nachzurechnen.

Bei 10.000 Trades und einer Trefferquote von 0,5 ist es zwar unwahrscheinlich, aber absolut möglich, dass solche Serien auftreten. Genau dafür gibt es heute einfache Tools – zum Beispiel mit ChatGPT oder Excel – mit denen du anhand deiner eigenen Trefferquote und deines CRV eine Monte-Carlo-Simulation durchführen kannst. So findest du heraus, welche Drawdowns bei deinem System zufällig sind. Und wenn du so einen Drawdown erlebst, bleibst du ruhiger, weil du weißt: Das ist einkalkuliert.

HINTERGRUND:
WIE WAHRSCHEINLICH SIND 14 VERLUSTE IN FOLGE – TROTZ 50 PROZENT TREFFERQUOTE?

Stell dir vor, du machst 10.000 Trades mit einer Trefferquote von 50 Prozent – also wie beim Münzwurf: Mal gewinnst du, mal verlierst du.

Nun die spannende Frage: Wie hoch ist die Wahrscheinlichkeit, dass du dabei mindestens einmal eine Pechsträhne mit 14 Verlusten am Stück erlebst?

Schritt für Schritt:

1. **Einzelwahrscheinlichkeit eines Verlusts:**
   Da du bei jedem Trade eine 50/50-Chance hast, ist die Wahrscheinlichkeit für einen Verlust: **0,5**
2. **Wahrscheinlichkeit für 14 Verluste am Stück:**
   Dafür muss 14 Mal hintereinander ein Verlust kommen:
   0,5^14 ≈ 0,000061
   Oder anders gesagt: ca. **1 Mal in 16.384 Fällen.**
3. **Wie oft *könnte* das in 10.000 Trades passieren?**
   Es gibt etwa **9.987 mögliche Startpunkte**, an denen so eine Serie von 14 Trades beginnen könnte (der erste bei Trade 1, der letzte bei Trade 9.987).
4. **Und jetzt das Entscheidende:**
   Auch wenn eine 14er-Serie selten ist – du hast 9.987 Chancen, dass sie auftritt.
   Daraus ergibt sich eine Gesamtwahrscheinlichkeit von:
   rund 45,6 Prozent

Fazit: Auch bei 50 Prozent Trefferquote ist es fast zur Hälfte wahrscheinlich, dass du irgendwann in 10.000 Trades mal 14 Mal hintereinander verlierst.
Solche Phasen sind selten, aber normal.
Sie gehören zum Spiel – und du musst sie mental und finanziell aushalten können.

Grund 2: Fehler in der Umsetzung

Hier geht es nicht um dein System, sondern um dich. Hast du zu früh reagiert? Du hast ein Setup forciert, das nicht vollständig war? Das Risiko hochgeschraubt, weil du einen Verlust zurückholen wolltest? All das sind menschliche Fehler – und sie passieren.

Aber sie lassen sich nur erkennen, wenn du deine Trades ehrlich dokumentierst. Dein Trading-Journal ist dein Spiegel. Dort findest du Antworten auf Fragen wie: »Warum bin ich eingestiegen?«, »Habe ich das Setup so schon mal gehandelt?«, »Hatte ich emotionalen Druck?« Wer hier sauber arbeitet, erkennt sehr schnell: Lag es an der Umsetzung oder nicht?

Grund 3: Ein Markt ohne klaren Vorteil

Selbst die beste Strategie braucht passende Bedingungen. Wenn dein System auf Trendphasen ausgelegt ist, aber der Markt seit Tagen seitwärts läuft oder völlig erratisch ist, wirst du trotz regelkonformer Umsetzung Verluste erleiden.

Um das zu analysieren, hilft ein Rückblick: Definiere für dich, welche Bedingungen dein System braucht (zum Beispiel klare Struktur, Volatilität, Richtung) und schau dann in der Verlustphase, ob diese Bedingungen vorlagen. Wenn nicht, liegt das Problem weder an dir noch an deinem System – sondern an der Marktphase.

WIE FINDEST DU HERAUS, WELCHER GRUND VORLIEGT?

Um den Grund herauszufinden, gehst du am besten folgendermaßen vor:

- **Monte-Carlo-Simulation durchführen:**
  Gib deine Trefferquote, dein CRV und Anzahl der Trades in ein Simulationsmodell ein – und du bekommst ein Gefühl für typische Drawdowns deines Systems. So erkennst du, ob du dich noch im normalen Rahmen bewegst oder nicht.
- **Rückblick auf Marktbedingungen:**
  Analysiere die Zeitspanne deines Drawdowns. Wie war der Markt? Hätte deine Strategie dort statistisch einen Vorteil gehabt? Wenn nicht: Hake die Marktbedingung als Ursache ab.
- **Trading-Journal auswerten:**
  Liegen die Fehler bei dir? Warst du emotional? Hast du Regeln gebrochen? Wenn ja, liegt der Ursprung im Verhalten – nicht im Markt oder in der Strategie.

Beachte aber: In vielen Fällen gibt es keine eindeutige Ursache, sondern eine Kombination aus mehreren. Aber je klarer du analysierst, desto präziser kannst du den nächsten Schritt setzen: Weitermachen, anpassen oder pausieren.

STRATEGIE ANPASSEN – ABER NICHT ALLES ÜBER DEN HAUFEN WERFEN

Strategien müssen angepasst werden. Aber es ist nicht nötig, sie jedes Mal neu zu erfinden. Ich mache keine Komplettwechsel, sondern gezielte Justierungen. Kleine Tweaks statt radikaler Brüche. Das ist nachhaltiger und nachvollziehbarer.

WENN DU NICHT WEISST, WORAN ES LIEGT

Wenn du das Gefühl hast, deine Strategie funktioniert nicht, dann gilt: **Dokumentieren. Monitoren. Reflektieren.** Ohne klaren Überblick über dein Verhalten und deine Trades kann dir niemand helfen – auch kein Experte. Nur mit ehrlicher Selbstbeobachtung kannst du herausfinden, ob es an der Strategie liegt oder an der Art, wie du sie umsetzt. Und falls nötig: Hol dir Feedback. Aber sei vorbereitet.

LEARNINGS: VERLUSTE SIND DEIN LEHRMEISTER – ABER NICHT DEIN FEIND

Trading ist kein Spiel des Rechthabens, sondern des klugen Entscheidens. Fehler sind unvermeidlich. Entscheidend ist, wie du damit umgehst. Wer Verluste ignoriert, zahlt doppelt: mit Geld und mit Zeit. Wer sie analysiert, lernt – und wächst.

- Halte Verluste klein.
- Dokumentiere dein Tun ehrlich.
- Passe deine Strategie an – aber wirf nicht alles über Bord.

Der Fortschritt liegt nicht im Kontostand, sondern in deiner Kontrolle über dich selbst.

DER MOMENT DES RÜCKZUGS – WIE ICH GELERNT HABE, MIT DER RUHE UMZUGEHEN

Es gibt Momente im Leben, in denen alles wie von selbst zu laufen scheint. Du hast das Gefühl, dass du im Flow bist, als ob sich die Dinge einfach fügen. Das Momentum ist auf deiner Seite. Deine Trades laufen, das Business läuft, die Aufträge kommen herein, und es fühlt sich an, als würdest du auf der Welle des Erfolges reiten. Die Motivation sprudelt förmlich aus dir heraus. Es gibt keinen Zweifel, du bist auf dem richtigen Weg. Alles scheint in Einklang zu sein.

Doch was passiert, wenn dieser Flow plötzlich nachlässt? Wenn das Momentum, das dich vorangetrieben hat, sich verabschiedet und du merkst, dass nicht mehr so viele gute Trades kommen oder die Aufträge im Business ausbleiben? Was passiert, wenn das Gefühl der Bestätigung, das du so lange genossen hast, plötzlich schwindet?

Ich kenne das nur zu gut. In solchen Momenten ist es, als würdest du in ein Loch fallen. Du bist nicht mehr »on fire«, du bist nicht mehr auf der Spitze, und du fragst dich, was schiefgelaufen ist. Du beginnst, dich selbst zu hinterfragen. Vielleicht ist es die Angst, dass du wieder nicht genug tust. Vielleicht ist es die Frage, ob du jetzt wirklich versagt hast. Vielleicht ist es auch einfach der Zweifel, der sich unaufhaltsam einschleicht.

Doch im Laufe der Jahre habe ich etwas Wichtiges gelernt: Jede Phase in unserem Leben muss unterschiedlich genutzt werden. Und gerade in den ruhigen, weniger erfolgreichen Phasen habe ich gelernt, auf eine Art und Weise mit mir selbst umzugehen, die mir hilft, Stabilität zu finden. Diese Momente des »Nicht-Laufs« sind genauso wertvoll wie die Phasen des Erfolges – sie sind eine Chance, sich zu sammeln, die innere Ruhe wiederzufinden und die richtigen Grundlagen für den nächsten Aufschwung zu legen.

DIE KUNST DES RÜCKZUGS: STABILITÄT IN SCHWIERIGEN PHASEN

Ich habe für mich herausgefunden, dass es nicht darum geht, diese Phasen zu bekämpfen oder zu verdrängen. Es geht nicht darum, sofort wieder auf die nächste Erfolgswelle zu springen. Vielmehr geht es darum, diese Momente des Rückzugs bewusst zu nutzen. Ich nenne es die Phase der Ruhe.

In solchen Phasen lenke ich meine Energie nicht mehr in den Versuch, das Momentum zu erzwingen. Stattdessen fokussiere ich mich auf die Dinge, die in den Hintergrund rücken, solange alles rundläuft. Ich lasse meine Prozesse im Hintergrund weiterlaufen – in einem ruhigeren, weniger intensiven Tempo. Ich weiß, dass sie weiterhin vorankommen, auch wenn ich gerade weniger daran arbeite.

Ich gebe weniger Intention und Druck in die äußeren Ergebnisse, weil ich erkenne, dass nicht immer die richtige Zeit da ist, um etwas zu erzwingen. Stattdessen konzentriere ich mich auf meine mentale Stärke und auf meine innere Balance. Ich nehme mir Zeit, wieder zu mir zu finden, mich zu regenerieren und zu reflektieren.

Ein Beispiel, das mir in solchen Phasen sehr hilft, ist das Golf-Spiel. Es mag auf den ersten Blick nicht viel mit Trading oder Business zu tun haben, doch es bietet mir eine wundervolle Möglichkeit, den Kopf freizubekommen und meine Konzentration zu schärfen. Beim Golf geht es um Strategie, Geduld und überlegte Entscheidungen – Eigenschaften, die auch im Business und im Trading entscheidend sind. Ich genieße es, mich auf ein einfaches, aber tiefgründiges Spiel zu konzentrieren, das mir hilft, mich mental zu erholen und gleichzeitig meine körperliche und geistige Fitness zu erhalten.

DIE VORTEILE VON SOLCHEN RUHEPHASEN

Was mir in diesen Phasen auch immer wieder auffällt, ist, dass ich neue Perspektiven entwickle. Wenn alles läuft und ich mich voll auf den Erfolg konzentriere, dann kommt mir oft der Blick auf die Details und die langfristigen Grundlagen abhanden, die den Erfolg eigentlich tragen. In den ruhigeren Momenten kann ich meine Prozesse hinterfragen, sie verbessern und darauf achten, dass ich mich nicht nur auf kurzfristige Ergebnisse fixiere. Solche Zeiten der Reflexion geben mir oft wertvolle Einsichten darüber, wie ich meine Strategien langfristig optimieren kann.

Außerdem bieten mir diese Zeiten eine Gelegenheit zur Selbstpflege. Während ich die äußeren Prozesse laufen lasse, schenke ich meinem Geist und Körper die Aufmerksamkeit, die sie verdienen. Das kann Meditation sein, Sport oder auch einfach mal ein Spaziergang im Wald – es sind diese kleinen Dinge, die mir helfen, das innere Gleichgewicht wiederzufinden und gestärkt aus einer solchen Ruhephase hervorzugehen.

WARUM ES NICHT IMMER UM AKTIVITÄT GEHT

Es mag kontraintuitiv erscheinen, aber oft ist es in den ruhigeren Phasen, in denen ich am meisten wachse. Das sind die Momente, in denen ich mich nicht von äußerem Erfolg abhängig mache, sondern mein inneres Fundament wieder festige. Es sind die Momente, in denen ich mir die Zeit nehme, um mich mental und emotional neu auszurichten.

Ich habe für mich gelernt, dass Aktivität und Fortschritt nicht immer das Gleiche sind. Während die äußeren Ergebnisse in dieser Zeit vielleicht nicht sichtbar sind, arbeite ich in diesen Phasen intensiv an meiner mentalen Stärke und meiner Ausdauer. Es geht nicht darum, immer nur nach außen zu strahlen, sondern auch darum, innerlich stark zu bleiben und zu wissen, dass Ruhephasen genauso wichtig sind wie Phasen des Erfolges.

Jeder von uns wird in seinem Leben immer wieder auf Höhen und Tiefen stoßen. Es ist nur ein natürlicher Teil des Zyklus von Erfolg und Misserfolg. Doch die wahre Kunst besteht nicht darin, ständig nach dem nächsten Höhepunkt zu streben. Sondern sie liegt in der Fähigkeit, auch die ruhigeren Zeiten zu nutzen, um stabil zu bleiben, sich neu auszurichten und dann mit neuer Klarheit und Energie wieder nach vorn zu gehen.

In solchen Momenten lerne ich, dass es nicht immer darum geht, mehr zu tun, sondern im Gegenteil, dass es manchmal sogar besser ist, weniger zu tun – und darauf zu vertrauen, dass die besten Ideen und die größte Klarheit genau in diesen Pausen entstehen können.

VERTRAUEN IN DEN PROZESS

Ein weiterer Aspekt, den ich in den ruhigeren Zeiten lerne, ist das Vertrauen in den Prozess. Es gibt immer Momente, in denen wir uns fragen, ob wir auf dem richtigen Weg sind, besonders wenn die Erfolgserlebnisse vorübergehend ausbleiben. Doch gerade diese Phasen sind entscheidend, um zu erkennen, dass der Weg selbst genauso wichtig ist wie das Ziel. Das Vertrauen, dass sich der Erfolg aus den kleineren Schritten und der kontinuierlichen Arbeit entwickelt, lässt mich gelassen bleiben. Es hilft mir, mich nicht von äußeren Umständen aus der Ruhe bringen zu lassen.

Es ist auch die Zeit, in der ich meine langfristigen Ziele neu ausrichte, vielleicht anpasse oder sogar erweitere. Was ist wirklich wichtig für mich? Wo möchte ich in den nächsten Monaten oder Jahren hin? Diese Fragen tauchen oft dann auf, wenn der tägliche Stress nachlässt und Platz für tiefere Reflexion bleibt. Diese Zeit der Ruhe ermöglicht es mir, nicht nur meine strategischen Entscheidungen zu hinterfragen, sondern auch die tieferliegenden Motivationen zu verstehen, die mich antreiben.

DIE KRAFT DER GEDULD

Ein weiteres Schlüsselwort, das mir während dieser Phasen immer wieder begegnet, ist Geduld. In einer Welt, die uns ständig dazu drängt, sofortige Ergebnisse zu erzielen, ist es manchmal schwer, geduldig zu sein und auf den richtigen Moment zu warten. Doch ich habe gelernt, dass Geduld eine der wichtigsten Eigenschaften ist, um langfristig erfolgreich zu sein. Manchmal ist es einfach notwendig, abzuwarten, bis die Dinge von selbst in Bewegung kommen – ohne sie zu erzwingen.

Geduld bedeutet nicht, passiv zu sein. Es bedeutet, dass du die Kontrolle über das behältst, was du beeinflussen kannst, und den Rest loslässt, um Raum für Neues zu schaffen. Diese Haltung hat mir geholfen, das Gefühl zu verlieren, ständig aktiv etwas tun zu müssen, um voranzukommen.

DAS GROSSE GANZE SEHEN

Abschließend möchte ich sagen, dass die Phasen des Rückzugs und der Ruhe mir geholfen haben, das große Ganze zu sehen. Sie haben mir gezeigt, dass der Erfolg nicht nur aus den sichtbaren, äußeren Ergebnissen besteht, sondern vor allem auch aus dem inneren Wachstum, der Selbstakzeptanz und der Bereitschaft, den eigenen Weg auch dann weiterzugehen, wenn er nicht immer geradeaus führt. Es sind diese Phasen, in denen ich lerne, mich selbst zu verstehen und mich selbst zu schätzen – unabhängig davon, ob der Erfolg gerade »sichtbar« ist oder nicht.

Die Fähigkeit, in den ruhigeren Zeiten Stabilität zu finden, ist für mich nicht nur ein Mittel, um mich zu regenerieren, sondern auch ein Schlüssel, um langfristig erfolgreich zu bleiben. Denn am Ende des Tages geht es nicht darum, immer nur zu gewinnen, sondern auch darum, wie du mit den Rückschlägen und den ruhigeren Phasen umgehst. Es ist diese innere Stärke, die es dir ermöglicht, wieder aufzustehen und mit einem klareren Kopf weiterzugehen.

DIE NÄCHSTE WELLE KOMMT

Der wichtigste Punkt, den ich aus all dem gelernt habe, ist dieser: Die nächste Welle des Erfolges kommt. Sie wird nicht immer sofort kommen, und sie wird nicht immer so aussehen, wie du es dir vorstellst. Aber sie wird kommen, wenn du dich darauf vorbereitet hast, wenn du ruhig geblieben bist und die Zeit genutzt hast, dich innerlich zu stärken und deine Prozesse zu optimieren. Und wenn sie kommt, wirst du bereit sein, sie zu reiten – mit dem Wissen, dass du sowohl die Höhen als auch die Tiefen in deinem Leben zu deinem Vorteil nutzen kannst.

KAPITEL 17

DEINE REISE BEGINNT JETZT – WIE DU VON COACHING UND MENTORING PROFITIEREN KANNST

Im Trading kann es den entscheidenden Unterschied machen, sich nicht alles selbst zu erarbeiten, sondern von der Erfahrung anderer zu profitieren. In diesem Kapitel geht es um die Unterstützung, die du in Anspruch nehmen kannst.

WARUM ICH UNTERRICHTE

Viele Menschen stellen sich – oft zurecht – die Frage: »Wenn jemand ein erfolgreicher Trader ist, warum gibt er dann Seminare oder schreibt ein Buch?« Meine Antwort ist einfach – und doch tief verwurzelt in allem, was ich tue: Trading ist mein Leben. Es ist nicht nur mein Beruf. Es ist meine Schule, mein Spiegel, mein Spielfeld, mein Lehrer.

Ich bin kein Roboter, der mechanisch Trades abarbeitet. Um so zu traden, wie ich heute trade, hat es Jahre hingebungsvoller Arbeit gebraucht – mit Rückschlägen, Selbstzweifeln und Wachstumsphasen.

Die Gewinne meiner Arbeit sind nicht nur monetär. Mein größter Gewinn ist mein Wissen. Ein Schatz, den mir niemand nehmen kann – egal wann, egal wo. Dieses Wissen gibt mir Selbstvertrauen. Es macht mich unabhängig. Und das Schönste daran ist: Es wird wertvoller, wenn ich es teile.

Die gesamte Menschheitsgeschichte lebt davon, dass Wissen geteilt wurde. Dass jemand sagt: »Ich bin diesen Weg gegangen – komm, ich zeig dir, wie er funktioniert.«

MEIN ZIEL IST WACHSTUM

Meine Arbeit – als Trader und als Mentor – ist ein Ausdruck meines tiefsten inneren Zieles: Wachstum. Wachstum in allen Dimensionen: emotional, mental, finanziell. Denn nur was wächst, kann auch geben. Das ist ein universelles Prinzip.

Indem ich andere unterrichte, wachse ich selbst weiter. Wer jemand anderem etwas erklären will, muss es nicht nur verstanden, sondern wirklich durchdrungen haben. Ich bin überzeugt: Mein eigenes Trading ist besser geworden, seit ich lehre.

Und ich bin ehrlich: Die Arbeit mit meinen Schülern gibt mir Erfüllung. Nicht als Ersatz für den Markt – sondern als emotionale Diversifizierung. Denn Trading schwankt. Erfolge und Misserfolge wechseln sich ab. Doch wenn ich sehe, wie meine Schüler durchstarten, wie sie Krisen überstehen, wie sie mit Stolz ihren ersten stabilen Monat hinlegen – dann berührt mich das. Es zeigt mir: Das Teilen lohnt sich.

VOM NEHMEN ZUM GEBEN

Ich habe viel profitiert von anderen Tradern. Von ihren Büchern, ihren Ideen, ihren Fehlern. Ich bin dankbar für all die Menschen, die ihr Wissen geteilt haben. Heute gebe ich etwas davon zurück.

Viele Menschen denken eindimensional. Sie glauben, der einzige Output eines Traders sei Geld. Aber mein Leben ist mehr als Geld. Trading hat mich verändert. Es hat mich gelehrt, meine eigenen Grenzen zu verschieben. Und jedes Mal, wenn das gelingt, bin ich neugierig: Was ist noch möglich? Was wartet hinter der nächsten Grenze?

WENN DU BEREIT BIST, BEGLEITE ICH DICH GERN

Wenn dich dieses Buch inspiriert hat – wenn du merkst, da ist mehr in dir, was raus will – dann freue ich mich, dich auf deinem Weg zu begleiten. Nicht, weil ich muss. Sondern weil ich will. Weil ich glaube: **Wissen vermehrt sich, wenn man es teilt.** Und weil ich überzeugt bin, dass auch du es schaffen kannst – wenn du bereit bist zu wachsen.

WAS DU MITNEHMEN SOLLTEST

Du hast es bis hierhin geschafft. Du hast Hunderte von Seiten gelesen, dich mit dir selbst beschäftigt, neue Denkweisen entdeckt und möglicherweise auch ein paar alte Glaubenssätze über Geld, Risiko oder Freiheit hinter dir gelassen. Aber jetzt kommt der entscheidende Punkt: **Dieses Buch kann dir zwar den Weg zeigen – aber gehen musst du ihn selbst.**

Jetzt weißt du: Trading ist kein Glücksspiel. Es ist ein Handwerk. Und wie jedes Handwerk braucht es:

- eine solide **Grundlage**
- regelmäßiges **Üben**
- ehrliches **Feedback**
- und den **Willen, dranzubleiben**, auch wenn es mal schwer wird.

Du musst kein Genie sein. Du brauchst keine riesige Startsumme. Und du musst auch nicht alles perfekt machen. Was du brauchst, ist **Klarheit, Fokus und die Bereitschaft, Verantwortung zu übernehmen.**

WIE DU AUF DEINEM WEG VORANKOMMST

Wenn du gerade am Anfang stehst, dann mach es dir leicht. Nimm diese vier kleinen Schritte zum Start in ein Leben als Trader:

1. **Führe ein Trading-Tagebuch.** Schreib auf, was du denkst, fühlst und tust – jeden Tag, auch wenn du (noch) nicht tradest.

2. **Öffne ein Demo-Konto** bei einem seriösen Broker. Mach deine ersten Schritte in der Praxis – ohne Risiko, aber mit echtem Fokus.

3. **Plane feste Zeiten** in deinem Kalender für deine Trading-Ausbildung ein. Trading ist ein Job – behandle ihn auch so.

4. **Umgib dich mit Gleichgesinnten.** Tausch dich mit ihnen aus, stell Fragen, hol dir ehrliches Feedback.

WENN DU NICHT ALLEIN GEHEN WILLST

Ich weiß, wie es ist, wenn man mit seinen Fragen allein dasitzt. Oder wenn man nach einem Verlust überlegt, ob das alles überhaupt Sinn ergibt. Deshalb habe ich nicht nur dieses Buch geschrieben – ich habe auch eine Lernplattform aufgebaut, in der du genau das bekommst, was ich mir früher gewünscht hätte:

- eine **strukturierte Ausbildung**, Schritt für Schritt
- eine **starke Community**, die sich gegenseitig unterstützt
- **persönliche Begleitung** – von Menschen, die den Weg selbst gegangen sind

Wenn du das Gefühl hast: *»Ja, ich will Trading wirklich lernen – aber nicht auf eigene Faust«*, dann findest du auf www.tradac.de alles, was du brauchst. Ich bin gern dein Mentor – wenn du bereit bist, loszugehen.

EIN PAAR PERSÖNLICHE WORTE ZUM SCHLUSS

Ich habe dieses Buch nicht geschrieben, weil ich Theorie spannend finde. Ich habe es geschrieben, weil **Trading mein Leben verändert hat.** Nicht nur finanziell. Sondern innerlich. Trading hat mich gelehrt, mit Unsicherheit umzugehen. Verantwortung zu übernehmen. Entscheidungen zu treffen. Und: **Mir selbst zu vertrauen.**

Eine solche Erfahrung wünsche ich dir auch. Denn am Ende geht es bei finanzieller Freiheit nicht nur um Geld. Es geht darum, **dein Leben wieder in die eigene Hand zu nehmen.** Wenn du irgendwann zurückblickst, hoffe ich, du wirst sagen:

»Dieses Buch war der Anfang. Aber der Rest – das war ich.«

In diesem Sinne:
Good Trades und viel Erfolg auf deinem Weg zur Freiheit! Du bist bereit.

DER ERSTE SCHRITT ZÄHLT – UND DU MUSST IHN NICHT ALLEIN GEHEN

Du willst ins Trading starten und deine finanzielle Freiheit aktiv gestalten? Dann begleite ich dich gern persönlich auf diesem Weg. Mit einer Ausbildung bei mir bekommst du:

- strukturierte Inhalte – Schritt für Schritt
- einen klaren Fahrplan von der ersten Order bis zum professionellen Setup
- Zugang zu unserer Community und persönlichen Support
- deinen kostenlosen Einsteigerkurs im Wert von 698 Euro, wenn du über den unten abgedruckten Partnerlink ein Konto bei WH SelfInvest eröffnest.

Starte jetzt kostenlos mit dem TradAc Einsteigerkurs. Scanne den QR-Code oder besuche: www.tradac.de/90tage

Du bist nicht allein. Du bist am Anfang – und das ist gut so. Ich freue mich, dich kennenzulernen – vielleicht schon beim nächsten Live-Seminar oder in unserer Community.

Good Trades – und willkommen auf deinem Weg zur finanziellen Freiheit!

Dein
Birger Schäfermeier

GLOSSAR

Akkumulation
Phase, in der sich institutionelle Marktteilnehmer schrittweise in einen Markt einkaufen, ohne große Kursbewegungen auszulösen. Oft Vorbote eines Aufwärtstrends.

Aufwärtstrend
Marktphase mit steigenden Hochs und steigenden Tiefs. In der SQ spricht man von einem aktiven Trend, wenn die Bewegungswelle neue Hochs ausbildet.

Ausstieg (Exit)
Geplanter Punkt zum Verlassen einer Position – idealerweise basierend auf objektiven Kriterien (zum Beispiel SQ-Wechsel, Take-Profit, Reentry-Verlust).

BOR-Strategie
Steht für »Back Off Reentry«. Eine TradAc-Einstiegsstrategie in Bewegungen nach einer klaren Strukturverengung oder nach scharfer Reaktion – ideal zur Fortsetzung eines Trends.

Backtesting
Rückwirkende Überprüfung einer Strategie anhand historischer Kursverläufe.

Bewegungsphase
Aktiver Teil eines Trends – die impulsive Richtung, in der der Markt dominiert.

Break-Even-Punkt
Der Kurs, bei dem ein Trade weder Gewinn noch Verlust bringt.

Chance-Risiko-Verhältnis (CRV)
Kennzahl zur Bewertung eines Trades. Zeigt das Verhältnis von möglichem Gewinn zu möglichem Verlust.

Crash
Starker und plötzlicher Kursverfall über kurze Zeit. Meist begleitet von Panikverkäufen.

Dekadenzyklus
Langfristige Beobachtung, dass Märkte sich im Rhythmus von Jahrzehnten ähneln.

Disziplin
Die Fähigkeit, sich an Regeln und Prozesse zu halten – auch (und gerade), wenn Emotionen dazwischenfunken.

Drawdown
Rückgang des Kontostands vom letzten Hoch zum nächsten Tief. Wichtig für das psychische Kapital.

Einstieg (Entry)
Geplanter Punkt zum Öffnen eines Trades. Im besten Fall auf Basis der SQ und mit definiertem Risiko.

Elliott-Wellen
Analysemodell, das den Markt in wiederkehrende Wellenmuster gliedert. In der TradAc-Methode als zusätzliches Werkzeug zur Aggressivitätssteuerung im Level 4 integriert.

Emotionale Stabilität
Fähigkeit, unter Druck rational zu bleiben.

FOMO (Fear of Missing Out)
Angst, eine Gelegenheit zu verpassen – häufige Ursache für impulsives Overtrading.

Fahrplan
Begriff für deinen individuellen Tradingprozess, der alle Bausteine (SQ, Strategien, Verhalten) kombiniert.

Fundamentale Daten
Wirtschaftliche Kennzahlen wie Zinsen, Arbeitslosigkeit, BIP. In der TradAc-Philosophie wichtig zur Verstärkung der SQ, nicht als Hauptsignal.

Gap
Kurslücke zwischen zwei Handelstagen, bei der kein Handel stattfand.

Gewohnheiten
Wiederkehrende Verhaltensmuster, die dein Trading maßgeblich beeinflussen – positiv oder negativ.

Gleitender Durchschnitt (Moving Average)
Technischer Indikator, der den Durchschnittspreis über einen Zeitraum berechnet.

Hebel (Leverage)
Möglichkeit, mit geringem Kapitaleinsatz größere Positionen zu handeln.

Hochlaufphase
Marktphase, in der sich ein neuer Trend etabliert. Oft geprägt durch erste Ausbrüche und Strukturbrüche.

Impuls
Starke Bewegung in Trendrichtung – oft Auslöser für Einstiegssignale bei trendfolgenden Strategien.

Innenstab
Kleine Kerze, die komplett im Bereich der vorherigen liegt. Zeichen für abnehmende Volatilität – in der SQ oft Vorbote einer Bewegungswelle.

Institutionelle Trader
Professionelle Marktteilnehmer (zum Beispiel Fonds, Banken), die mit großen Volumen handeln.

Kapitalaufbau
Gezieltes Aufbauen eines Handelskontos durch diszipliniertes Sparen, Nebeneinkommen oder konsequente Umsetzung von Strategien.

Kaufsignal
Auslöser für eine Long-Position – etwa nach einem Trendbruch, einer Umkehrformation oder einem Reentry.

Korrekturphase
Gegenbewegung innerhalb eines Trends – entweder seitwärts oder leicht entgegengesetzt.

Kursziel
Geplanter Ausstiegspunkt eines Trades – sollte logisch aus der Struktur abgeleitet sein, nicht willkürlich gesetzt.

Live-Trading
Handel in Echtzeit, meist vor Publikum oder mit Bildschirmübertragung – zur Demonstration von System, Verhalten und Umsetzung.

Long
Position, bei der du auf steigende Kurse setzt.

Marktstruktur
Gesamtheit von Hochs, Tiefs, Wellen, Unterstützungen und Widerständen – Grundlage jeder SQ-Analyse.

Marktstrukturbruch (MSB)
Verletzung eines wichtigen Hoch- oder Tiefpunkts – in der SQ oft das Startsignal für einen neuen Trend.

Mindset
Gesamteinstellung zum Trading, Geld und Risiko.

Momentum
Kraft eines Trends. Hohes Momentum = starke Bewegungsphase.

Nachhaltige Gewinne
Gewinne, die nicht auf Glück basieren, sondern auf wiederholbaren, diszipliniert umgesetzten Prozessen.

News-getriebener Markt
Markt, der stark auf aktuelle Nachrichten reagiert – zum Beispiel bei Zinsentscheidungen, geopolitischen Ereignissen oder Quartalszahlen.

Order
Anweisung an den Broker, eine Position zu eröffnen oder zu schließen.

Overtrading
Zu häufiges Handeln – meist emotional getrieben und ohne klaren Plan.

Positionsgröße
Menge des gehandelten Kontrakts – zentrales Element im Risikomanagement.

Psychologisches Kapital
Deine emotionale Widerstandsfähigkeit im Trading – oft wichtiger als dein Geldkonto.

Range
Seitwärtsphase mit klarer Ober- und Untergrenze – kein klarer Trend.

Reentry
Wiedereinstieg in einen bestehenden Trend nach einer Korrektur – zentrales Konzept in TradAc-Strategien.

Reverse to Mean
Strategieansatz: Kurs kehrt nach Übertreibung wieder zum Mittelwert zurück. In Level 4 vermittelt.

Risikomanagement
System zur Begrenzung von Verlusten – unter anderem durch Stop-Loss, CRV, Positionsgrößensteuerung.

Scalping
Extrem kurzfristiger Tradingstil – Positionen werden oft nur Minuten gehalten.

Sequenzanalyse (SQ)
Eigenes TradAc-System zur Analyse von Bewegungs- und Korrekturwellen. Zeigt an, ob der Markt aktiv, korrektiv oder neutral ist.

Short
Position, bei der du auf fallende Kurse setzt.

Stop-Loss
Vordefinierter Punkt, an dem eine Position automatisch geschlossen wird, um Verluste zu begrenzen.

Strategische Inaktivität
Bewusste Entscheidung, nicht zu handeln – weil der Markt keine guten Chancen bietet.

Systembruch
Verstoß gegen das eigene Regelwerk – eine der gefährlichsten Verhaltensweisen im Trading.

Tagesziel
Im TradAc-Kontext kritisch zu betrachten – da es Trader oft daran hindert, Ausreißergewinne zuzulassen.

Take-Profit
Vordefinierter Punkt, an dem ein Trade automatisch im Gewinn geschlossen wird.

Trade Tracer
Eigene Software der TradAc zur Auswertung und Verbesserung des Tradingverhaltens.

Trendfolge
Strategie, bei der du in Richtung des übergeordneten Trends handelst.

Umkehrsignal
Hinweis, dass ein Trend möglicherweise endet oder dreht – zum Beispiel durch Strukturbruch, Candlestick-Muster oder Divergenzen.

Unterstützung
Kursniveau, bei dem Käufer aktiv werden und der Kurs oft nach oben abprallt.

Verlustserie
Mehrere Verluste in Folge – normaler Bestandteil jeder Strategie. Entscheidend ist der Umgang damit.

Volatilität
Maß für die Schwankungsbreite eines Marktes. Hohe Volatilität = größere Chancen und Risiken.

Widerstand
Kursniveau, bei dem Verkäufer aktiv werden und der Kurs oft nach unten abprallt.

Wirtschaftsdaten
Kennzahlen wie BIP, Zinsen, Arbeitsmarktzahlen – wichtig für das fundamentale Marktverständnis.

Zielsetzung
Klar definierte Absicht, zum Beispiel »30 Tage lang Regelwerk einhalten« oder »nur Trades mit CRV >2:1«.

Zyklische Märkte
Märkte, die wiederkehrenden Mustern folgen – zum Beispiel saisonal, wirtschaftlich oder politisch.

STICHWORTVERZEICHNIS

F

G

H

I

K

L

M

N

O

P

R

W

Z

NOTIZEN